# PETER L. BERNSTEIN

# Desafio aos Deuses

## A Fascinante História do Risco

ALTA BOOKS
E D I T O R A
Rio de Janeiro, 2018

**Tradução**
Ivo Korytowski

**Editoração Eletrônica**
Estúdio Castellani

**Revisão**
Andréa Campos Bivar | Jussara Bivar

**Produção Editorial**
Elsevier Editora - CNPJ: 42.546.531./0001-24

CIP-Brasil. Catalogação na fonte
Sindicato Nacional dos Editores de Livros, RJ

| | |
|---|---|
| B449d | Bernstein, Peter L., 1919-<br>Desafio aos deuses: a fascinante história do risco /<br>Peter L. Bernstein; tradução Ivo Korytowski. Rio de Janeiro:<br>Alta Books, 2018.<br>23 cm<br><br>Tradução de: Against the gods<br>Inclui bibliografia<br>ISBN 978-85-508-0273-2<br><br>1. Risco – Administração. 2. Processo decisório. I. Título. |

| | | |
|---|---|---|
| 97-1124. | | CDD: 368<br>CDU: 368 |

Rua Viúva Cláudio, 291 — Bairro Industrial do Jacaré
CEP: 20970-031 — Rio de Janeiro - RJ
Tels.: (21) 3278-8069 / 3278-8419
www.altabooks.com.br — altabooks@altabooks.com.br
www.facebook.com/altabooks

**ALTA BOOKS**
E D I T O R A

*Para Peter Brodsky*

# AGRADECIMENTOS

QUEM ME SUGERIU escrever um livro sobre risco foi o falecido Erwin Glickes, então presidente da editora The Free Press. Erwin era um homem de quem emanava imenso poder, persuasão e encanto. Embora ele considerasse minha longa experiência como investidor profissional um requisito suficiente para a tarefa que tinha em mente, eu logo descobri, como temera, que o risco não começa nem termina no pregão da Bolsa de Valores de Nova York.

A vastidão do tema é assustadora. O risco afeta os aspectos mais profundos da psicologia, matemática, estatística e história. A literatura é monumental, e as manchetes de cada dia trazem vários novos itens de interesse. Consequentemente, tive de ser seletivo. Acredito, porém, que a supressão de qualquer material importante foi resultado de uma decisão consciente, e não de um ato de omissão.

Nesse projeto, dependi de outras pessoas muito mais do que nas minhas incursões literárias anteriores. Velhos amigos e pessoas totalmente estranhas, a mim, nas mais diversas áreas forneceram um auxílio inestimável, combinado com críticas e sugestões criativas. Nesse aspecto, ampliar o número de colaboradores foi extremamente positivo. Minha gratidão para com eles é eterna. Sem eles, o livro não existiria.

Segundo reza a convenção, manifestações de estima para com esposas e editores devem figurar no final da lista de agradecimentos, mas nesse caso resolvi mencionar minha esposa e meu editor primeiro. É o lugar que eles merecem.

Barbara, minha esposa e sócia, forneceu inúmeras ideias criativas, contribuições conceituais e críticas positivas indispensáveis ao trabalho; quase não há uma página que não reflita sua influência. Além disso, seu êxito em organizar nossas vidas para a realização desse projeto significou a diferença entre o progresso e o caos.

Myles Thompson, da John Wiley, foi importantíssimo para o trabalho. Tive o privilégio de contar com suas experientes sugestões editoriais, de desfrutar sua liderança entusiasmada e de me beneficiar de sua gestão profissional. Os colegas de Myles na editora cooperaram na medida do possível do início ao fim. O trabalho de revisão de Everett Sims, além de me ajudar a tornar mais claras as passagens confusas, expurgou trechos supérfluos sem prejudicar o conteúdo.

Algumas pessoas auxiliaram-me além de suas obrigações. Sou especialmente grato a Peter Dougherty por seus inúmeros e inestimáveis comentários e sugestões. Mark Kritzman foi um incansável piloto a atravessar os meandros da matemática e da estatística. Richard Rogalski e sua equipe da Biblioteca Baker, em Dartmouth, pouparam-me inúmeras horas, tornando acessíveis suas instalações a longa distância; o bom humor e a disposição de Rich somaram-se à alegria de contar com seu generoso auxílio. Martin Leibowitz forneceu um material valiosíssimo que tornou o livro ainda mais rico. Richard e Edith Sylla foram infatigáveis pesquisadores dos pontos mais espinhosos. Stanley Kogelman deu-me inestimáveis lições de análise probabilística. Leora Klapper foi a auxiliar de pesquisa ideal: aplicada, entusiasmada, minuciosa e rápida.

Molly Baker, Peter Brodsky, Robert Ferguson, Richard Geist e William Lee fizeram a gentileza de ler trechos de versões preliminares do original. Eles me deram o estímulo de que eu necessitava para transformar rascunhos toscos em uma obra acabada.

Outros também deram contribuições importantes ao meu trabalho e merecem meus profundos agradecimentos: Kenneth Arrow, Gilbert Bassett, William Baumol, Zalmon Bernstein, Doris Bullard, Paul Davidson, Donald Dewey, David Durand, Barbara Fotinatos, James Fraser,

Greg Hayt, Roger Hertog, Victor Howe, Bertrand Jacquillat, Daniel Kahneman, Mary Kentouris, Mario Laserna, Dean LeBaron, Michelle Lee, Harry Markowitz, Morton Meyers, James Norris, Todd Petzel, Paul Samuelson, Robert Shiller, Charles Smithson, Robert Solow, Meir Statman, Marta Steele, Richard Thaler, James Tinsley, Frank Trainer, Amos Tversky* e Marina von N. Whitman.

Oito pessoas leram generosamente todo o original e expuseram suas experientes críticas e sugestões. Cada qual, a seu modo, merece meu reconhecimento pela qualidade do conteúdo e do estilo deste livro, sem que lhes caiba nenhuma responsabilidade pelas deficiências da obra. São elas: Theodore Aronson, Peter Brodsky, Jay Eliasberg, Robert Heilbroner, Peter Kinder, Charles Kindleberger, Mark Kritzman e Stephen Stigler.

Encerro com uma nota de agradecimento a meus falecidos pais, Allen M. Bernstein e Irma L. Davis, que inspiraram grande parte do entusiasmo dirigido à criação deste livro.

PETER L. BERNSTEIN

---

* Amos Tversky, que desempenha um papel importante nos Capítulos 16 e 17, morreu subitamente quando este livro estava prestes a ser impresso.

# SUMÁRIO

## 1700—1900:
## MEDIÇÕES ILIMITADAS

## 1900—1960:
## NUVENS DE INCERTEZA E A EXIGÊNCIA DE PRECISÃO

## GRAUS DE CRENÇA:
## EXPLORANDO A INCERTEZA

# INTRODUÇÃO

O QUE DISTINGUE OS milhares de anos de história do que considera-mos os tempos modernos? A resposta transcende em muito o pro-gresso da ciência, da tecnologia, do capitalismo e da democracia.

O passado remoto foi repleto de cientistas brilhantes, de matemá-ticos, de inventores, de tecnólogos e de filósofos políticos. Centenas de anos antes do nascimento de Cristo, os céus haviam sido mapeados, a grande biblioteca de Alexandria fora construída e a geometria de Eucli-des era ensinada. A demanda por inovações tecnológicas para fins bélicos era tão insaciável quanto atualmente. Carvão, óleo, ferro e cobre estive-ram a serviço dos seres humanos por milênios, e as viagens e comunica-ções marcaram os primórdios da civilização conhecida.

A ideia revolucionária que define a fronteira entre os tempos moder-nos e o passado é o domínio do risco: a noção de que o futuro é mais do que um capricho dos deuses e de que homens e mulheres não são passivos ante a natureza. Até os seres humanos descobrirem como transpor essa fronteira, o futuro era um espelho do passado ou o domínio obscuro de oráculos e adivinhos que detinham o monopólio sobre o conhecimento dos eventos previstos.

Este livro conta a história de um grupo de pensadores cuja visão notá-vel revelou como pôr o futuro a serviço do presente. Ao mostrar ao mundo como compreender o risco, medi-lo e avaliar suas consequências, eles converteram o ato de correr riscos em um dos principais catalisadores que impelem a sociedade ocidental moderna. À semelhança de Prometeu, eles desafiaram os deuses e sondaram as trevas em busca da luz que converteu o futuro, de um inimigo, em uma oportunidade. A transformação nas atitudes em relação à administração do risco desencadeada por suas realizações canalizou a paixão humana pelos jogos e apostas para o crescimento econômico, a melhoria da qualidade de vida e o progresso tecnológico.

Ao definir um processo racional de enfrentar riscos, esses inovadores forneceram o ingrediente faltante que impeliu a ciência e as empresas ao mundo da velocidade, do poder, das comunicações instantâneas e das finanças complexas, típicos de nossa própria época. Suas descobertas sobre a natureza do risco e sobre a arte e a ciência da opção são centrais à nossa moderna economia de mercado à qual as nações em todo o mundo se apressam em aderir. Dados todos os seus problemas e armadilhas, a livre economia, tendo a livre opção em seu núcleo, trouxe à humanidade um acesso sem precedentes às coisas boas da vida.

A capacidade de definir o que poderá acontecer no futuro e de optar entre várias alternativas é central às sociedades contemporâneas. A administração do risco nos guia por uma ampla gama de tomada de decisões, da alocação da riqueza à salvaguarda da saúde pública, da condução da guerra ao planejamento familiar, do pagamento de prêmios de seguros ao uso do cinto de segurança, da plantação de milho à venda de flocos de milho.

Nos velhos tempos, os instrumentos da agricultura, da indústria, da gestão empresarial e das comunicações eram simples. As panes eram frequentes, mas os reparos não exigiam a chamada de um encanador, eletricista ou cientista da computação – ou de contadores e analistas de investimentos. A falha em uma área raramente exercia impacto direto sobre outra. Os instrumentos que ora usamos são complexos e as panes podem ser catastróficas, com consequências de longo alcance. Temos de estar sempre alertas para possíveis falhas ou erros. Sem um domínio da teoria das probabilidades e de outros instrumentos de administração do risco, os engenheiros jamais teriam projetado as grandes pontes que transpõem nossos rios mais largos, os lares ainda seriam aquecidos por lareiras ou fogareiros, as usinas elétricas não existiriam, a poliomielite não teria sido erradicada, não haveria aviões e as viagens espaciais seriam apenas um sonho.* Sem o seguro em suas muitas variedades, a morte do pai de família reduziria os filhos jovens à penúria ou caridade, a assistência médica seria negada a um número ainda maior de pessoas e somente os mais ricos conseguiriam adquirir a casa própria. Se os agricultores não pudessem vender suas safras a um preço estabelecido antes da colheita, produziriam muito menos alimentos.

Se não tivéssemos mercados de capitais disponíveis onde os poupadores diversificam seus riscos, se os investidores só pudessem possuir uma ação (como ocorria nos primórdios do capitalismo), as grandes empresas inovadoras que definem nossa época – como a Microsoft, a Merck, a DuPont, a Alcoa, a Boeing e o McDonald's – talvez jamais viessem a existir. A capacidade de administrar o risco, e com ele a vontade de correr riscos e de fazer opções ousadas, são elementos-chave da energia que impulsionam o sistema econômico.

A CONCEPÇÃO MODERNA de risco tem suas raízes no sistema de numeração indo-arábico que alcançou o Ocidente há cerca de setecentos a oitocentos anos. Mas o estudo sério do risco começou no Renascimento, quando as pessoas se libertaram das restrições do passado e desafiaram abertamente as crenças consagradas. Foi uma época em que grande parte do mundo seria descoberto e seus recursos explorados. Uma época de turbulência religiosa, de capitalismo nascente e de uma abordagem vigorosa da ciência e do futuro.

Em 1654, época em que o Renascimento estava em pleno alvorecer, o cavaleiro de Méré, um nobre francês com gosto pelo jogo e pela matemática, desafiou o famoso matemático francês Blaise Pascal a decifrar um enigma. A pergunta era como dividir as apostas de um jogo de azar entre dois jogadores, que foi interrompido quando um deles estava vencendo. O enigma confundira os matemáticos desde sua formulação, duzentos anos antes, pelo monge Luca Paccioli. Este foi o homem que

---

* O cientista que desenvolveu o foguete Saturno 5, que lançou a primeira missão Apolo à Lua, expressa-o nestes termos: "Você deseja uma válvula que não vaze e faz todo o possível para desenvolvê-la. Mas no mundo real só existem válvulas que vazam. Você tem de determinar o grau de vazamento que pode tolerar." (Obituário de Arthur Rudolph, em *The New York Times*, 3 de janeiro de 1996.)

trouxe a contabilidade das partidas dobradas à atenção dos homens de negócios da época – e ensinou as tabuadas de multiplicação a Leonardo da Vinci. Pascal pediu ajuda a Pierre de Fermat, advogado que também era brilhante matemático. O resultado de sua colaboração foi pura dinamite intelectual. O que poderia parecer uma versão do século XVII do jogo da Busca Trivial levou à descoberta da teoria das probabilidades, o núcleo matemático do conceito de risco.

Sua solução do enigma de Paccioli permitiu que, pela primeira vez, as pessoas tomassem decisões e previssem o futuro com ajuda dos números. Nos mundos medieval e antigo, e mesmo nas sociedades pré-escrita e camponesas, os indivíduos conseguiam tomar decisões, defender seus interesses e praticar o comércio, mas sem uma compreensão real do risco ou da *natureza da tomada de decisões*. Atualmente, dependemos da superstição e da tradição menos do que as pessoas no passado, não por sermos mais racionais, mas porque nossa compreensão do risco permite-nos tomar decisões de modo racional.

Na época em que Pascal e Fermat irromperam no mundo fascinante da probabilidade, a sociedade experimentava uma onda extraordinária de inovação e explorações. Em 1654, era um fato estabelecido que a Terra era redonda, terras novas e vastas haviam sido descobertas, a pólvora reduzia os castelos medievais a pó, a imprensa de tipos móveis deixara de ser novidade, os artistas estavam versados no uso da perspectiva, a riqueza bafejava a Europa e a Bolsa de Valores de Amsterdã florescia. Alguns anos antes, na década de 1630, a famosa "bolha" das tulipas holandesas estourara como resultado da emissão de opções, cujas características essenciais eram idênticas aos instrumentos financeiros sofisticados atualmente em uso.

Essas evoluções tiveram consequências profundas que puseram o misticismo em retirada. Nessa época, Martinho Lutero se manifestara e as auréolas haviam desaparecido da maioria das pinturas da Santíssima Trindade e dos santos. William Harvey derrubara os ensinamentos médicos dos antigos com sua descoberta da circulação sanguínea – e Rembrandt pintara "A Lição de Anatomia" com seu corpo humano frio, pálido e nu. Em tal ambiente, alguém teria brevemente desenvolvido a teoria das probabilidades, ainda que o cavaleiro de Méré jamais desafiasse Pascal com seu enigma.

Com a passagem dos anos, os matemáticos transformaram a teoria das probabilidades de um brinquedo de apostadores em um instrumento poderoso de organização, interpretação e aplicação das informações. À medida que uma ideia engenhosa se empilhava sobre a outra, surgiram técnicas quantitativas de administração do risco que ajudaram a desencadear o ritmo dos tempos modernos.

Em 1725, os matemáticos competiam entre si na invenção de tabelas de expectativas de vida e o governo inglês se autofinanciava com a venda de anuidades vitalícias. Em meados do século, os seguros marítimos haviam emergido como um florescente e sofisticado negócio em Londres.

Em 1703, Gottfried von Leibniz comentou com o cientista e matemático suíço Jacob Bernoulli que "a natureza estabeleceu padrões que dão origem ao retorno dos eventos, mas apenas na maior parte dos casos",[1] levando assim Bernoulli a inventar a Lei dos Grandes Números e os métodos de amostragem estatística, que impelem atividades modernas tão variadas como a pesquisa de opinião, a degustação de vinhos, a escolha de ações e o teste de novos remédios.* A advertência de Leibniz "mas apenas na maior parte dos casos" – foi mais profunda do que ele possa ter percebido, pois forneceu a chave para a questão da existência do risco em primeiro lugar: sem esta ressalva, tudo seria previsível, e em um mundo onde cada evento é idêntico a um evento anterior nenhuma mudança jamais ocorreria.

Em 1730, Abraham de Moivre expôs a estrutura da distribuição normal – também conhecida como curva em sino – e descobriu o conceito de desvio-padrão. Conjuntamente, esses dois conceitos constituíram o que popularmente se conhece como a Lei das Médias e são ingredientes essenciais das técnicas modernas de quantificação do risco. Oito anos depois, Daniel Bernoulli, o sobrinho de Jacob e um matemático e cientista igualmente eminente, definiu pela primeira vez o processo sistemático pelo qual a maioria das pessoas realiza escolhas e chega a decisões. Ainda mais importante, ele propôs a ideia de que a satisfação resultante de qualquer pequeno aumento de riqueza "será inversamente proporcional à quantidade de bens anteriormente possuídos". Com essa afirmação de

---

* O Capítulo 7 descreve em detalhes as realizações de Jacob Bernoulli. A Lei dos Grandes Números prega, em essência, que a diferença entre o valor observado de uma amostragem e seu valor real diminuirá à medida que o número de observações aumentar.

aspecto inocente, Bernoulli explicou por que o rei Midas era um homem infeliz, por que as pessoas tendem a ser avessas ao risco e por que os preços têm de cair para que os clientes sejam persuadidos a comprar mais. Nos próximos 250 anos, a afirmação de Bernoulli se manteria como o paradigma dominante do comportamento racional e estabeleceria o fundamento dos princípios modernos de gestão de investimentos.

Quase exatos cem anos após a colaboração entre Pascal e Fermat, um pastor inglês dissidente chamado Thomas Bayes deu um impressionante avanço em estatística ao demonstrar como tomar melhores decisões mesclando matematicamente as novas informações com as informações velhas. O teorema de Bayes enfoca as ocasiões frequentes em que temos julgamentos intuitivos seguros sobre a probabilidade de algum evento e queremos entender como alterá-los com o desenrolar dos eventos reais.

Todas as ferramentas atualmente usadas na administração do risco e na análise das decisões e opções, da rigorosa racionalidade da teoria dos jogos aos desafios da teoria do caos, resultam das evoluções ocorridas entre 1654 e 1760, com apenas duas exceções.

Em 1875, Francis Galton, um matemático amador que era primo em primeiro grau de Charles Darwin, descobriu a regressão à média, que explica por que o orgulho precede uma queda, e por que as nuvens tendem a ter superfícies prateadas. Sempre que tomamos uma decisão baseados na expectativa de que as coisas voltarão ao "normal", estamos empregando a noção de regressão à média.

Em 1952, o ganhador do prêmio Nobel Harry Markowitz, então um jovem estudante de doutorado em pesquisa operacional na Universidade de Chicago, demonstrou matematicamente por que colocar todos os ovos na mesma cesta é uma estratégia inaceitavelmente arriscada, e por que a diversificação é o melhor negócio para um investidor ou gerente de empresa. Essa revelação desencadeou o movimento intelectual que revolucionou Wall Street, as finanças corporativas e as decisões empresariais em todo o mundo; seus efeitos até hoje se fazem sentir.

A HISTÓRIA QUE QUERO contar caracteriza-se o tempo todo por uma tensão persistente entre os que afirmam que as melhores decisões se baseiam na quantificação e nos números, sendo determinadas pelos padrões do passado, e os que baseiam suas decisões em graus de crença mais subjetivos sobre o futuro incerto. Essa é uma controvérsia jamais solucionada.

A questão reduz-se à visão da extensão em que o passado determina o futuro. Não podemos quantificar o futuro, por ser desconhecido, mas aprendemos a empregar os números para esquadrinhar o que aconteceu no passado. Mas até que ponto devemos confiar nos padrões do passado para prever o futuro? O que é mais importante quando enfrentamos um risco: os fatos como os vemos ou nossa crença subjetiva no que se oculta no vazio do tempo? A administração do risco é uma ciência ou uma arte? Conseguiremos determinar exatamente a linha divisória entre as duas abordagens?

Uma coisa é estabelecer um modelo matemático que parece explicar tudo. Mas quando enfrentamos a luta do dia a dia, das constantes tentativas e erros, a ambiguidade dos fatos, assim como o poder das emoções humanas, pode destruir rapidamente o modelo. O falecido Fischer Black, um teórico pioneiro das finanças modernas que se mudou do MIT para Wall Street, comentou: "Os mercados parecem bem menos eficientes das margens do Hudson do que das margens do Charles."[2]

Com o correr do tempo, a controvérsia entre a quantificação baseada nas observações do passado e os graus subjetivos de crença ganhou uma importância maior. O aparato baseado na matemática da moderna administração do risco contém as sementes de uma tecnologia desumanizadora e autodestrutiva. O ganhador do prêmio Nobel Kenneth Arrow advertiu: "Nosso conhecimento do funcionamento das coisas, na sociedade ou na natureza, vem a reboque de nuvens de imprecisão. Grandes males têm se seguido a uma crença na certeza."[3] No processo de libertação do passado, podemos ter nos tornado escravos de uma nova religião, um credo tão implacável, restritivo e arbitrário como o anterior.

Nossas vidas estão repletas de números, mas às vezes esquecemos que estes não passam de ferramentas. Eles não têm alma; podem até virar fetiches. Muitas de nossas decisões mais cruciais são tomadas por computadores, engenhocas que devoram números como monstros vorazes e que insistem em ser alimentados com quantidades crescentes de dígitos para mastigar, digerir e cuspir de volta.

PARA JULGAR ATÉ QUE ponto os atuais métodos de enfrentar riscos são benéficos ou ameaçadores, precisamos conhecer toda a história, desde seus primórdios. Precisamos saber por que os homens do passado tentaram – ou não – dominar o risco, como desempenharam esta tarefa, que modalidades de pensamento e de linguagem surgiram de sua experiência e como suas atividades interagiram com outros eventos, grandes e pequenos, para alterar o curso da cultura. Tal perspectiva nos trará uma compreensão maior de onde nos situamos e para onde podemos estar rumando.

No percurso, faremos muitas referências aos jogos de azar, cujas aplicações se estendem bem além do rodar da roleta. Muitas das ideias mais sofisticadas sobre a administração do risco e a tomada de decisões desenvolveram-se a partir da análise dos jogos mais pueris. Não é preciso ser um apostador ou mesmo um investidor para reconhecer o que o jogo e o investimento revelam sobre o risco.

Os dados e a roleta, junto com o mercado de ações e o mercado de títulos, são laboratórios naturais para o estudo do risco, por se prestarem tão prontamente à quantificação; sua linguagem é a dos números. Eles também revelam muito sobre nós mesmos. Quando contemos a respiração ao ver a bolinha branca girar pela roleta em movimento ou quando telefonamos ao nosso corretor a fim de comprar ou vender ações, nosso coração bate ao compasso dos números. O mesmo se dá com todos os resultados importantes que dependem do acaso.

A palavra "risco" deriva do italiano antigo *risicare,** que significa "ousar". Neste sentido, o risco é uma opção, e não um destino. É das ações que ousamos tomar que dependem de nosso grau de liberdade de opção, que a história do risco trata. E essa história ajuda a definir o que é um ser humano.

---

\* *Nota do Tradutor:* Por sua vez derivado do baixo-latim *risicu, riscu.*

# ATÉ 1200: OS PRIMÓRDIOS

# 1

# OS VENTOS DOS GREGOS
# E O PAPEL DOS DADOS

POR QUE O DOMÍNIO DO RISCO é um conceito tão tipicamente moderno? Por que a humanidade esperou os milhares de anos até o Renascimento, para romper a barreira que impedia a medição e o controle do risco?

Essas não são perguntas fáceis de responder. Mas partimos de uma pista. Desde o início da história registrada, os jogos de azar – que em sua essência representam o próprio ato de correr riscos – têm sido um passatempo popular e, muitas vezes, um vício. Foi um desses jogos – e não alguma pergunta profunda sobre a natureza do capitalismo ou visões do futuro – que inspirou a incursão revolucionária de Pascal e Fermat pelas leis das probabilidades. Contudo, até aquele momento no decorrer da história, as pessoas se entregaram a esses jogos sem recorrer a nenhum dos sistemas de probabilidades que determinam nos dias de hoje as vitórias e derrotas. O ato de enfrentar riscos era livre, não sendo regido pela teoria da administração do risco.

Os seres humanos sempre foram apaixonados pelo jogo, pois ele nos deixa frente a frente com o destino, sem restrições. Ingressamos nessa batalha assustadora por estarmos convencidos de termos um poderoso aliado: a Sorte, que se interporá entre nós e o destino (ou as probabilidades) para trazer a vitória para nosso lado. Adam Smith, um magistral estudioso da natureza humana, definiu a motivação: "A vaidade arrogante da maioria dos homens quanto às próprias habilidades e a absurda presunção na própria boa sorte."[1] Embora tivesse plena consciência de que a propensão humana em enfrentar riscos impelia o progresso econômico, Smith temia que a sociedade sofresse quando essa propensão se descontrolasse. Assim, ele equilibrou cuidadosamente os sentimentos morais com os benefícios do livre mercado. Cento e sessenta anos depois, outro grande economista inglês, John Maynard Keynes, concordou: "Quando o desenvolvimento do capital de um país se torna subproduto das atividades de um cassino, o serviço provavelmente será malfeito."[2]

Todavia, o mundo seria monótono se faltassem às pessoas a vaidade e a confiança na própria boa sorte. Keynes teve de admitir que "se a natureza humana não caísse na tentação de enfrentar riscos... talvez pouco se investisse como resultado da fria avaliação".[3] Ninguém enfrenta um risco na expectativa de fracasso. Quando os soviéticos tentaram banir da existência a incerteza por meio da regulamentação e do planejamento governamentais, sufocaram o progresso social e econômico.

OS JOGOS DE AZAR têm fascinado os seres humanos durante milênios. Os jogadores estão em toda parte, da escória da sociedade aos mais respeitáveis círculos.

Os soldados de Pôncio Pilatos sortearam o manto de Cristo enquanto Ele padecia na cruz. O imperador romano Marco Aurélio estava sempre acompanhado de seu crupiê pessoal. O conde de Sandwich inventou a refeição que tem o seu nome (sanduíche) para não precisar se afastar da mesa de jogo para comer. George Washington organizou jogos em sua tenda durante a Revolução Americana.[4] Jogatina é sinônimo de faroeste. E "Luck Be a Lady Tonight" é um dos números mais memoráveis de *Guys and Dolls,* um musical sobre um jogador compulsivo e seu jogo de dados ambulante.

O jogo de azar mais antigo que se conhece foi uma espécie de jogo de dados com o chamado astrágalo ou osso metatársico.[5] Este antigo ancestral dos dados atuais era um osso quadrado retirado do tornozelo de carneiros ou veados, sólido, sem tutano e duro a ponto de ser praticamente indestrutível. Astrágalos apareceram em escavações arqueológicas em várias partes do mundo. Pinturas de tumbas egípcias retratam jogos com o astrágalo datando de 3500 a.C. e vasos gregos mostram jovens atirando os ossos para dentro de um círculo. Embora o Egito punisse os jogadores compulsivos, forçando-os a polir pedras para as pirâmides, as escavações mostram que os próprios faraós usavam dados chumbados em seus jogos. O jogo de dados (*craps*), um invento norte-americano, deriva de diferentes jogos de dados trazidos à Europa pelos cruzados. Esses jogos costumavam ser chamados de jogos de "azar", de *al zahr,* a palavra árabe para dados.[6]

Os jogos de cartas se desenvolveram na Ásia a partir de formas antigas de leitura da sorte, mas só se popularizaram na Europa com a invenção da imprensa. Originalmente, as cartas eram grandes e quadradas, sem as identificações nos cantos. As figuras de baralho eram impressas com uma só cabeça, em vez de duas, obrigando muitas vezes os jogadores a identificá-las pelos pés – virar a carta revelaria a posse de uma carta com figura. Os cantos quadrados facilitavam a fraude, pois os jogadores podiam dobrar uma parte minúscula do canto para identificar mais tarde as cartas no baralho. As cartas de figuras com dupla cabeça e as cartas com cantos arredondados só foram adotadas no século XIX.

À semelhança do jogo de dados, o pôquer é uma variação norte-americana de uma forma mais antiga – o jogo tem apenas uns 150 anos. David Hayano descreveu o pôquer como "tramas secretas, fraudes monumentais, estratégias calculadas e crenças cegas com estruturas profundas e invisíveis... Um jogo para se experimentar, e não meramente observar".[7] De acordo com Hayano, cerca de 40 milhões de norte-americanos jogam regularmente pôquer, todos confiantes na habilidade de passar a perna nos adversários.

As formas de jogo mais viciadoras parecem ser os puros jogos de azar dos cassinos que agora proliferam como fogo na mata pelas outrora sisudas comunidades norte-americanas. Um artigo no *The New York Times* de 25 de setembro de 1995, proveniente de Davenport, Iowa, relata que o jogo é a indústria de maior crescimento nos Estados Unidos, "um negócio de US$40 bilhões que atrai mais adeptos do que os campos de beisebol ou os cinemas".[8] O *Times* cita a estimativa de um professor da Universidade de Illinois de que os governos estaduais pagam às instituições de assistência social e ao sistema de justiça penal US$3 para cada dólar arrecadado dos cassinos – um cálculo que Adam Smith poderia ter previsto.

O estado de Iowa, por exemplo, que sequer possuía uma loteria até 1985, abrigava dez grandes cassinos em 1995, além de um jóquei clube e de um clube de corridas de cães, com máquinas caça-níqueis funcionando 24 horas. Segundo o artigo, "quase nove entre dez habitantes de Iowa se entregam ao jogo", com 5,4% relatando estarem viciados, em comparação com 1,7% cinco anos antes. Trata-se de um estado onde um sacerdote católico foi parar na cadeia, na década de 1970, acusado de organizar um jogo de bingo. *Al zahr* em sua forma mais pura aparentemente não nos abandonou.

OS JOGOS DE AZAR devem ser distinguidos daqueles em que a habilidade faz a diferença. Os princípios em ação na roleta, no jogo de dados e nas máquinas caça-níqueis são idênticos, mas explicam apenas parcialmente o que está envolvido no pôquer, na aposta em cavalos e no gamão. Com um grupo de jogos, o resultado é determinado pelo destino; com o outro grupo, entra em jogo a escolha. A vantagem – a probabilidade de ganhar – é tudo o que você precisa saber para apostar em um jogo de azar, mas você precisa de muito mais informações para prever quem vencerá ou perderá, quando o resultado depende da habilidade, além da sorte. Existem jogadores de cartas e apostadores em cavalos que são verdadeiros profissionais, mas ninguém faz do jogo de dados uma profissão bem-sucedida.

Muitos observadores consideram o próprio mercado de ações pouco mais do que um cassino. Ganhar no mercado de ações é fruto da combinação de habilidade e sorte ou não passa de um golpe de sorte? Voltaremos a esta questão no Capítulo 12.

Derrotas e vitórias repetidas são comuns em jogos de azar, como acontece na vida real. Os jogadores reagem a esses eventos de forma assimétrica: eles apelam à lei das médias para acabar rapidamente com as derrotas repetidas. E eles apelam à suspensão dessa mesma lei das médias para que as vitórias repetidas perdurem indefinidamente. A lei das médias não dá ouvidos a nenhum desses apelos. A última sequência de jogadas de dados não transmite nenhuma informação sobre como será a próxima jogada. As cartas, as moedas, os dados e a roleta não têm memória.

Os jogadores podem pensar que estão apostando no vermelho, no sete ou na quadra, mas *na realidade estão apostando no relógio*. O perdedor quer que o curto prazo se assemelhe ao longo prazo, de modo que prevaleçam as chances. O vencedor quer que o longo prazo se assemelhe ao curto prazo, de modo que sejam suspensas as chances. Distantes das mesas de jogo, os gerentes de empresas seguradoras conduzem seus negócios do mesmo modo. Eles fixam seus prêmios para cobrir os prejuízos que sofrerão a longo prazo; mas quando terremotos, incêndios e furacões ocorrem todos ao mesmo tempo, o curto prazo pode ser muito doloroso. Ao contrário dos jogadores, as seguradoras aumentam o capital e formam reservas para sustentá-las durante os surtos inevitáveis de azar a curto prazo.

O tempo é o fator dominante no jogo. O risco e o tempo são as faces opostas da mesma moeda, pois sem amanhã não haveria risco. O tempo transforma o risco, e a natureza do risco é moldada pelo horizonte de tempo: o futuro é o campo de jogo.

O tempo é mais importante quando as decisões são irreversíveis. No entanto, muitas decisões irreversíveis têm de ser tomadas com base em informações incompletas. A irreversibilidade domina decisões tão variadas como pegar o metrô em vez de um táxi, construir uma fábrica de automóveis no Brasil, mudar de emprego, declarar guerra.

Se comprarmos uma ação hoje, poderemos vendê-la amanhã. Mas o que fazer quando o crupiê da roleta brada "Fim das apostas!" ou depois que uma aposta de pôquer é dobrada? Não há caminho de volta. Devemos deixar de agir na esperança de que a passagem do tempo virará a sorte ou as probabilidades a nosso favor?

Hamlet reclamou que o excesso de hesitação diante da incerteza quanto aos resultados é nocivo, porque "o primitivo verdor de nossas resoluções se estiola na pá da sombra do pensamento e... as empresas de maior alento e importância... deixam de ter o nome de ação".* Porém, uma vez que agimos, perdemos a opção de esperar por novas informações.

---

* *Nota do Tradutor*: Ato terceiro, cena I. Tradução portuguesa de F. Carlos de Almeida Cunha Medeiros e Oscar Mendes.

Por conseguinte, a inércia tem seu valor. Quanto mais incerto o resultado, maior o valor da procrastinação. Hamlet errou: quem hesita está a meio caminho do sucesso.

PARA EXPLICAR O início de tudo, a mitologia grega recorreu a um gigantesco jogo de dados para explicar o que os cientistas modernos denominam Big Bang. Três irmãos, através dos dados, partilharam o universo: Zeus ganhou os céus, Poseidon, os mares, e Hades, o perdedor, tornou-se o senhor dos infernos.

A teoria das probabilidades parece uma disciplina sob medida para os gregos, dado seu gosto pela aposta, suas habilidades como matemáticos, seu domínio da lógica e sua obsessão com a demonstração. Contudo, embora fossem o povo mais civilizado do mundo antigo, jamais se aventuraram por aquele mundo fascinante. Essa omissão é espantosa, pois os gregos tiveram a única civilização conhecida até aquela época não dominada por uma casta sacerdotal, que reivindicasse o monopólio das linhas de comunicação com os poderes do além. A civilização como a conhecemos poderia ter progredido muito mais rapidamente, se os gregos tivessem antecipado o que seus descendentes intelectuais – os renascentistas viriam a descobrir alguns milhares de anos depois.

Apesar da ênfase dos gregos na teoria, eles tinham pouco interesse na sua aplicação a qualquer tipo de tecnologia que teria mudado suas visões do controle do futuro. Quando Arquimedes inventou a alavanca, afirmou que poderia mover a Terra se encontrasse um ponto de apoio. Mas ele aparentemente não se deu ao trabalho de realizá-lo. A vida diária dos gregos e seu padrão de vida assemelhavam-se bastante à forma como seus antepassados haviam subsistido por milhares de anos. Eles caçavam, pescavam, cultivavam a terra, procriavam e usavam técnicas arquitetônicas que não passavam de variações sobre temas desenvolvidos muito antes no vale do Tigre e Eufrates e no Egito.

A genuflexão diante dos ventos foi a única forma de gestão do risco que atraiu sua atenção: seus poetas e dramaturgos cantam repetidamente a dependência em relação aos ventos e filhos amados eram sacrificados para apaziguar os ventos. Mais importante, faltava aos gregos um sistema de numeração que lhes permitisse *calcular*, em vez de apenas registrar os resultados de suas atividades.[9]

Não estou dizendo que os gregos não refletissem sobre a natureza da probabilidade. A palavra grega antiga *eikos* (*eikos*), que significava plausível ou provável, tinha o mesmo sentido do conceito moderno de probabilidade: "ser esperado com certo grau de certeza". Sócrates define *eíkos* como "semelhança com a verdade".[10]

A definição de Sócrates revela um ponto sutil de grande importância. *Semelhança com a verdade não é o mesmo que verdade.* Para os gregos, a verdade era apenas o que pudesse ser demonstrado pela lógica e a partir de axiomas. Sua insistência na demonstração contrapôs frontalmente a verdade à experimentação empírica. Por exemplo, em Fedro, Símias comenta com Sócrates que "a proposição de que a alma está em harmonia não foi absolutamente demonstrada, repousando apenas sobre a probabilidade". Aristóteles se queixa dos filósofos que "...embora falem plausivelmente... não dizem a verdade". Em outra obra, Sócrates antecipa Aristóteles ao declarar que um "matemático que argumenta com base em probabilidades na geometria não tem nenhum valor".[11] Por mais mil anos, *pensar* sobre jogos e *jogá-los* permaneceram atividades distintas.

Shmuel Sambursky, célebre historiador e filósofo da ciência israelense, fornece a única tese convincente que encontrei para explicar por que os gregos deixaram de dar o passo estratégico de desenvolver uma abordagem quantitativa da probabilidade.[12] Com sua rígida distinção entre verdade e probabilidade, argumenta Sambursky em um artigo de 1956, os gregos não conseguiam conceber qualquer tipo de estrutura sólida ou de harmonia na natureza confusa da existência do dia a dia. Embora Aristóteles afirmasse que as pessoas deveriam tomar decisões com base no "desejo e raciocínio dirigidos para certo fim", ele não forneceu nenhuma orientação quanto à probabilidade de um resultado bem-sucedido. Os dramas gregos contam uma história após a outra sobre a impotência dos seres humanos à mercê do destino impessoal. Quando os gregos desejavam uma previsão do que o amanhã poderia reservar, recorriam aos oráculos, em vez de consultar os filósofos mais sábios.

Os gregos acreditavam que a ordem só se encontra nos céus, onde os planetas e as estrelas surgem em seus lugares certos com uma regularidade insuperável. Os gregos respeitavam profundamente esse funcionamento harmonioso, e seus matemáticos o estudaram intensamente. Mas a perfeição dos céus servia apenas para realçar a confusão da vida na Terra. Além disso, a previsibilidade do firmamento contrastava em cheio com o comportamento dos deuses volúveis e insensatos que habitavam as alturas.

Os antigos filósofos talmúdicos judeus talvez tenham se aproximado um pouco mais da quantificação do risco. Mas também em seu caso não encontramos indicações de que levaram adiante seu raciocínio desenvolvendo uma abordagem metódica do risco. Sambursky cita uma passagem no Talmud, *Kethuboth 9q,* em que o filósofo explica que um homem pode se divorciar de sua esposa por adultério sem nenhuma penalidade, mas não se ele alegar que o adultério ocorreu antes do casamento.[13]

"Trata-se de uma dupla dúvida", declara o Talmud. Caso se prove (o método não é especificado) que a noiva chegou ao leito nupcial não sendo mais virgem, uma parte da dupla dúvida é se o homem responsável foi o próprio futuro marido – se o evento ocorreu "sob controle dele... ou não". Quanto à segunda parte da dúvida, prossegue o argumento: "Se você disser que foi sob controle dele, resta a dúvida de se foi por violência ou por livre vontade dela." Cada parte da dupla dúvida recebe uma chance de 50-50. Com uma sofisticação estatística impressionante, os filósofos concluem que há apenas uma chance em quatro ($1/2 \times 1/2$) de que a mulher tenha cometido o adultério antes do casamento. Portanto, o marido não pode divorciar-se dela por essa razão.

SOMOS TENTADOS a supor que o lapso entre a invenção do astrágalo e a invenção das leis das probabilidades não passou de um acaso histórico. Os gregos e os talmudistas eruditos aproximaram-se tanto da análise realizada por Pascal e Fermat séculos depois que um mero empurrão os teria impelido para o passo seguinte.

Não foi por acaso que esse empurrão não aconteceu. Para que uma sociedade pudesse incorporar o conceito de risco à sua cultura, teriam de ocorrer mudanças, não nas visões do presente, mas nas atitudes quanto ao futuro.

Até a época do Renascimento, as pessoas percebiam o futuro como pouco mais do que uma questão de sorte ou o resultado de variações aleatórias, e a maioria das decisões era motivada pelo instinto. Quando as condições de vida estão tão estreitamente ligadas à natureza, pouco resta para o controle humano. Enquanto as exigências da sobrevivência limitam as pessoas às funções básicas de procriar, cultivar o solo, caçar, pescar e procurar abrigo, elas são simplesmente incapazes de conceber circunstâncias em que possam influenciar o resultado de suas decisões. Tostão poupado é tostão ganho, mas só quando o futuro é algo mais do que um buraco negro.

No decorrer dos séculos, pelo menos até as Cruzadas, a maioria das pessoas topava com poucas surpresas no ramerrão do dia a dia. Entrincheirados em uma estrutura social estável, pouca atenção prestavam às guerras que assolavam os países, às ocasiões em que maus governantes sucediam os bons ou mesmo às mudanças de religião. O clima era a variável mais aparente. Como observou o egiptólogo Henri Frankfort, "*o passado e o futuro – longe de serem um objeto de preocupação – estavam totalmente implícitos no presente*".[14]

Apesar da persistência dessa atitude em relação ao futuro, a civilização fez grandes avanços no decorrer dos séculos. Sem dúvida, a ausência de noções modernas de risco não constituía um obstáculo. Ao mesmo tempo, o avanço da civilização em si não era uma condição suficiente para motivar as pessoas curiosas a explorar as possibilidades da previsão científica.

À MEDIDA QUE O cristianismo se disseminou pelo mundo ocidental, a vontade de um Deus único emergiu como o guia orientador em relação ao futuro, substituindo a miscelânea de divindades que as pessoas haviam adorado desde o início dos tempos. Isso provocou uma grande mudança de percepção: o futuro da vida na Terra permanecia um mistério, mas passou a ser regido por um poder cujas intenções e padrões eram claros a todos que se dessem ao trabalho de aprendê-los.

À medida que a contemplação do futuro se tornou uma questão de conduta moral e de fé, o futuro deixou de parecer tão inescrutável como antes. Não obstante, ele ainda não era suscetível a nenhum tipo de expectativa matemática. Os primeiros cristãos limitaram suas profecias ao que aconteceria no além-túmulo, por mais fervorosamente que suplicassem a Deus para influenciar os eventos mundanos a seu favor.

Contudo, a busca por uma vida melhor na Terra persistiu. No ano 1000, os cristãos navegavam a grandes distâncias, conhecendo novos povos e encontrando novas ideias. Então vieram as Cruzadas – um choque cultural sísmico. Os ocidentais colidiram com um império árabe criado por ordem de Maomé em cerca de 700 d.C. e que se estendia ao leste até a Índia. Os cristãos, com fé no futuro, toparam com os árabes, que haviam atingido uma sofisticação intelectual bem superior à dos intrusos que vieram desalojá-los da Terra Santa.

Os árabes, após sua invasão da Índia, se familiarizaram com o sistema de numeração hindu, que lhes permitiu incorporar os avanços intelectuais orientais à sua própria erudição, pesquisa científica e experimentação. Os resultados foram imensos, primeiro para os árabes e depois para o Ocidente.*

Nas mãos dos árabes, os algarismos hindus transformariam a matemática e a medição em astronomia, navegação e comércio. Novos métodos de cálculo substituíram gradualmente o ábaco, que durante séculos fora o único instrumento aritmético, do império maia, no hemisfério ocidental, passando pela Europa, até a Índia e o Oriente. A palavra *ábaco* deriva da palavra grega *abax,* que significa tabuleiro de areia. Dentro dos tabuleiros, colunas de seixos eram dispostas sobre a areia.[15] A palavra *calcular* deriva de *calculus,* a palavra latina para seixo.

Nos próximos quinhentos anos, à medida que o novo sistema de numeração tomou o lugar do simples ábaco, a escrita substituiu as fichas móveis na execução dos cálculos. O cálculo por escrito estimulou o pensamento abstrato, que abriu caminho para áreas da matemática insuspeitadas no passado. Agora, as viagens marítimas poderiam ser mais longas, a medição do tempo, mais exata, a arquitetura, mais ambiciosa e os métodos de produção, mais elaborados. O mundo moderno seria bastante diferente se ainda medíssemos e contássemos através dos algarismos I, V, X, L, C, De M – ou das letras gregas ou hebraicas que representavam os números.

---

\* Peter Kinder mostrou-me uma grande ironia histórica em tudo isso. Os vikings e outros povos escandinavos que devastaram a civilização romana e destruíram os repositórios do saber no século IX reaparecem na história como os normandos que trouxeram ao Ocidente as realizações da cultura árabe no século XII.

Mas os algarismos arábicos não foram suficientes para induzir os europeus a explorar o conceito radical de substituir a aleatoriedade pela probabilidade sistemática e por sua sugestão implícita de que o futuro pode ser previsível ou mesmo controlável até certo ponto. Esse avanço teve de aguardar a percepção de que os seres humanos não são totalmente impotentes diante do destino, nem seu destino terrestre é sempre determinado por Deus.

O Renascimento e a Reforma protestante prepararam o terreno para o controle do risco. À medida que o misticismo cedeu passo à ciência e à lógica, após 1300, as formas arquitetônicas gregas e romanas começaram a substituir as formas góticas, as janelas das igrejas foram abertas à luz e as esculturas mostraram homens e mulheres erguidos firmemente sobre o solo, em vez de posarem como figuras estilizadas sem músculos nem peso. As ideias que impeliram as mudanças nas artes também contribuíram para a Reforma protestante e enfraqueceram o domínio da Igreja Católica.

A Reforma significou mais do que uma mera mudança da relação da humanidade com Deus. Ao eliminar a confissão, ela alertou as pessoas de que, dali por diante, teriam de caminhar com os próprios pés e se responsabilizar pelas consequências das próprias decisões.

Mas se os homens e as mulheres não estavam à mercê de divindades impessoais e do acaso aleatório, não poderiam continuar passivos diante do futuro desconhecido. Não tinham outra escolha senão começar a tomar decisões sobre uma faixa bem mais ampla de circunstâncias e sobre períodos de tempo bem mais extensos do que em qualquer época anterior. Os conceitos de frugalidade e abstinência que caracterizam a ética protestante evidenciaram a importância crescente do futuro em relação ao presente. Com essa abertura de opções e decisões, reconheceu-se gradualmente que o futuro oferecia oportunidades, além de perigos, que era ilimitado e cheio de promessas. Os séculos XVI e XVII foram uma época de exploração geográfica, de confronto com novas terras e novas sociedades e de experimentação na arte, nas formas poéticas, na ciência, na arquitetura e na matemática. O novo senso de oportunidade levou a uma aceleração considerável do comércio, que serviu como um estímulo poderoso à mudança e à exploração. Colombo não estava realizando um cruzeiro pelo Caribe: ele procurava uma nova rota comercial até as

Índias. A perspectiva de enriquecer é altamente motivadora, e poucas pessoas ficam ricas sem correr riscos.

Existe mais nesta afirmação do que parece à primeira vista. O comércio é um processo mutuamente benéfico, uma transação em que ambas as partes se percebem como mais ricas do que antes. Que ideia radical! Até aquela altura, as pessoas que enriqueceram o fizeram em grande parte pela exploração ou pilhagem da riqueza alheia. Embora os europeus continuassem pilhando no ultramar, em casa a acumulação de riqueza estava aberta à maioria, e não a uma minoria. Os novos ricos eram agora os talentosos, os aventureiros, os inovadores – a maioria comerciantes –, e não apenas príncipes herdeiros e seus apaniguados.

O comércio também é um negócio arriscado. À medida que o crescimento do comércio transformou os princípios do jogo em geração de riqueza, o resultado inevitável foi o capitalismo, a epítome de correr riscos. Mas o capitalismo não poderia ter florescido sem duas novas atividades que haviam sido desnecessárias, enquanto o futuro fora uma questão de acaso ou vontade divina. A primeira foi a contabilidade, atividade humilde mas que encorajou a disseminação das novas técnicas de numeração e contagem. A outra foi a previsão, uma atividade bem menos humilde e bem mais desafiadora que associa assumir riscos com as compensações diretas.

Ninguém planeja embarcar produtos através do oceano, dispor mercadorias para venda ou obter dinheiro emprestado sem antes tentar determinar o que o futuro poderá reservar. Assegurar que os materiais encomendados sejam entregues em tempo, garantir que os itens que se planeja vender sejam produzidos dentro do cronograma e providenciar os pontos de venda: tudo isso tem de ser planejado antes que os clientes apareçam e tirem a carteira do bolso. O executivo de sucesso é antes de tudo um previsor; comprar, produzir, vender, fixar preços e organizar vêm depois.

OS HOMENS QUE O leitor encontrará nos próximos capítulos reconheceram as descobertas de Pascal e Fermat como o início da sabedoria, e não uma mera solução para um enigma intelectual em torno do jogo de azar.

Eles foram ousados o suficiente para abordar as várias facetas do risco em face de questões de crescente complexidade e importância prática e para reconhecer que essas questões envolvem os aspectos filosóficos mais fundamentais da existência humana.

Mas a filosofia deve ficar de lado por enquanto, pois a história deve começar pelo princípio. Os métodos modernos de lidar com o desconhecido começam pela medição e pelas probabilidades. Os números vêm primeiro. Mas de onde vieram os números?

# 2

# FÁCIL COMO I, II, III

EM NÚMEROS, NÃO HÁ VANTAGENS nem probabilidades; sem vantagens e probabilidades, o único meio de lidar com o risco é apelar para os deuses e o destino. Sem números, o risco é uma questão de pura coragem.

Vivemos em um mundo de números e cálculos, do relógio que consultamos ao acordar ao canal de televisão que desligamos antes de dormir. No correr do dia, contamos as medidas de café que pomos na cafeteira, pagamos a empregada, consultamos as cotações de ontem da bolsa, discamos o número do telefone de um amigo, verificamos a quantidade de gasolina no tanque, controlamos a velocidade no velocímetro, pressionamos o botão do elevador no prédio de nosso escritório e abrimos a porta com o número de nosso escritório. E o dia mal começou!

É difícil imaginar uma época sem números. Contudo, se conseguíssemos transportar magicamente um homem instruído do ano 1000 até o presente, ele provavelmente não reconheceria o número zero e certamente seria reprovado em um teste de aritmética no nível do terceiro ano; poucas pessoas do ano 1500 se sairiam muito melhor.

A HISTÓRIA DOS NÚMEROS no Ocidente começa em 1202, quando a catedral de Chartres estava quase pronta e o rei João completava o terceiro ano no trono da Inglaterra. Naquele ano, um livro intitulado *Liber abaci*, ou *Livro do ábaco*, apareceu na Itália. Os quinze capítulos do livro eram totalmente manuscritos; quase trezentos anos decorreriam até a invenção da imprensa. O autor, Leonardo Pisano, embora com apenas 27 anos, era um homem de sorte: seu livro receberia a aprovação do imperador do Sacro Império Romano, Frederico II. Nenhum escritor poderia ter se saído muito melhor do que ele.[1]

Leonardo Pisano foi conhecido na maior parte de sua vida como Fibonacci, nome pelo qual é conhecido atualmente. Seu pai se chamava Bonacio, e Fibonacci é uma contração de "filho de Bonacio". Bonacio significa "simplório" e Fibonacci significa "cabeça-dura". Bonacio não deve ter sido tão simplório assim, pois foi o representante consular de Pisa em diversas cidades, e seu filho Leonardo certamente não era cabeçudo.

O que inspirou Fibonacci a escrever o *Liber abaci* foi uma visita a Bugia, uma florescente cidade argelina onde seu pai servia como cônsul de Pisa. Durante a permanência de Fibonacci nessa cidade, um matemático árabe revelou-lhe as maravilhas do sistema de numeração indo-arábico, que matemáticos árabes haviam introduzido no Ocidente, durante as Cruzadas à Terra Santa. Quando Fibonacci vislumbrou todos os cálculos possíveis com esse sistema – cálculos certamente impossíveis com os algarismos romanos –, resolveu aprender tudo o que pudesse a respeito. Para estudar com os principais matemáticos árabes da costa do Mediterrâneo, partiu em viagem que o levou ao Egito, à Síria, à Grécia, à Sicília e à Provença.

O resultado foi um livro extraordinário por qualquer padrão. O *Liber abaci* conscientizou as pessoas de todo um novo mundo em que números substituíam os sistemas hebraico, grego e romano, que usavam letras para contar e calcular. O livro atraiu rapidamente adeptos entre os matemáticos italianos e do resto da Europa.

O *Liber abaci* é muito mais do que uma cartilha para se aprender a ler e escrever os novos numerais. Fibonacci começa com instruções de como determinar, com base no número de dígitos de um numeral, se é uma unidade, um múltiplo de dez, um múltiplo de cem e assim por diante. Os capítulos posteriores exibem um nível de sofisticação maior.

Ali encontramos cálculos com números inteiros e frações, regras de proporção, extrações de raízes quadradas e de ordens maiores e até soluções de equações de primeiro e segundo graus.

Por mais engenhosos e originais que fossem os exercícios de Fibonacci, se o livro tivesse tratado apenas da teoria, provavelmente não teria atraído muita atenção além de um círculo restrito de conhecedores da matemática. No entanto, ele conquistou adeptos entusiasmados porque Fibonacci o encheu de aplicações práticas. Por exemplo, ele descreveu e ilustrou várias inovações possibilitadas pelos novos números na contabilidade comercial, como calcular a margem de lucro, o câmbio de moedas, conversões de pesos e medidas e – embora a usura ainda fosse proibida em vários lugares – chegou a incluir cálculos de pagamentos de juros.

O *Liber abaci* forneceu justamente o tipo de estímulo que um homem brilhante e criativo como o imperador Frederico decerto apreciaria. Embora Frederico, que reinou de 1211 a 1250, se mostrasse cruel e obcecado pelo poder mundano, interessava-se genuinamente pela ciência, pelas artes e pela filosofia de governo. Na Sicília, destruiu todas as praças fortes particulares e castelos feudais, tributou o clero e o baniu do serviço público. Além disso, criou uma burocracia perita, aboliu os pedágios internos, revogou todos os regulamentos que inibiam as importações e fechou os monopólios estatais.

Frederico não tolerava rivais. Ao contrário do avô, Frederico Barbaroxa, que fora humilhado pelo papa na batalha de Legnano, em 1176, esse Frederico se deleitava com suas incessantes batalhas contra o papado. Sua intransigência valeu-lhe não apenas uma excomunhão, mas duas. Da segunda vez, o papa Gregório IX exigiu a deposição de Frederico, acusando-o de herege, libertino e anti-Cristo. Frederico reagiu com um ataque selvagem ao território papal; nesse ínterim, sua frota capturou uma grande delegação de prelados a caminho de Roma, para participar do sínodo convocado para removê-lo do poder.

Frederico cercou-se dos maiores intelectuais da época, convidando muitos deles a aderir a ele em Palermo. Ele construiu alguns dos mais belos castelos da Sicília e, em 1224, fundou uma universidade para treinar funcionários públicos – a primeira universidade europeia a desfrutar de uma licença real.

Frederico fascinou-se pelo *Liber abaci*. A certa altura na década de 1220, em visita a Pisa, convidou Fibonacci para uma audiência. Durante a entrevista, Fibonacci resolveu problemas de álgebra e equações de terceiro grau, formuladas por um dos vários cientistas residentes de Frederico. Depois disso, Fibonacci escreveu um livro induzido por esse encontro, o *Liber quadratorum*, ou O *livro dos quadrados*, dedicado ao imperador.

Fibonacci é mais conhecido por uma breve passagem no *Liber abaci* que levou a uma espécie de milagre matemático. A passagem aborda o problema de quantos coelhos nascerão no decorrer de um ano a partir de um par de coelhos original, supondo-se que todo mês cada par gera outro par e que os coelhos começam a procriar com dois meses de idade. Fibonacci descobriu que o par de coelhos original teria gerado um total de 233 pares de descendentes no decurso de um ano.

Ele descobriu outra coisa muito mais interessante. Presumira que o par original só procriaria no segundo mês e, a seguir, geraria outro par a cada mês. No quarto mês, seus dois primeiros descendentes começariam a procriar. Iniciado o processo, o número total de pares de coelhos no final de cada mês seria: 1, 2, 3, 5, 8, 13, 21, 34, 55, 89, 144, 233. Cada número sucessivo é a soma dos dois números precedentes. Se os coelhos continuassem a procriar durante cem meses, o número total de pares seria de 354.224.848.179.261.915.075.

A série de Fibonacci é muito mais do que uma fonte de distração. Divida qualquer número de Fibonacci pelo número seguinte. Depois de 3, a resposta é sempre 0,625. Depois de 89, a resposta é sempre 0,618; após números maiores, mais casas decimais podem ser preenchidas.* Divida qualquer número pelo número precedente. Depois de 2, a resposta é sempre 1,6. Depois de 144, a resposta é sempre 1,618.

Os gregos conheciam essa proporção e a denominavam o "áureo meio-termo". O áureo meio-termo define as proporções do Partenon, o formato das cartas de baralho e dos cartões de crédito e as proporções da Sede da Assembleia Geral da ONU, em Nova York. A parte horizontal da maioria das cruzes cristãs divide a parte vertical na mesma proporção:

---

* Um desses estranhos truques numéricos revela que você poderá derivar 0,618 se extrair a raiz quadrada de 5 (que é 2,24), subtrair 1 e dividir o resto por 2; esse resultado é a prova algébrica da sequência de números de Fibonacci.

o comprimento da seção superior é 61,8% do comprimento da seção inferior. O áureo meio-termo também aparece através da natureza – em padrões de flores, nas folhas da alcachofra e nos ramos da palmeira. Além disso, também é a razão entre os comprimentos do corpo humano acima e abaixo do umbigo (nas pessoas com proporções normais). O comprimento de cada osso sucessivo em nossos dedos, da ponta à mão, também segue essa razão.[*]

Em uma de suas manifestações mais românticas, a razão de Fibonacci define as proporções e a forma de uma bela espiral. A figura a seguir mostra como a espiral se desenvolve a partir de uma série de quadrados cujas dimensões relativas sucessivas são determinadas pela série de Fibonacci. O processo começa com dois pequenos quadrados de mesmo tamanho. Ele então prossegue para um quadrado adjacente com o dobro do tamanho dos dois primeiros, depois para um quadrado com o triplo do tamanho dos dois primeiros, depois para um com cinco vezes o tamanho e assim por diante. Observe que a sequência produz uma série de retângulos com as proporções do áureo meio-termo. Depois, arcos de quarto de círculo ligam os ângulos opostos dos quadrados, começando pelos quadrados menores e prosseguindo em sequência.

Essa espiral de aspecto familiar aparece na forma de certas galáxias, no chifre do carneiro, em muitas conchas marinhas e na espiral das ondas marinhas que os surfistas pegam. A estrutura preserva sua forma sem alteração à medida que é aumentada e independentemente do tamanho do quadrado inicial que dá início ao processo: a forma é independente do crescimento. O jornalista William Hoffer observou: "A grande espiral áurea parece ser a forma de a natureza construir quantidade sem sacrificar a qualidade."[2]

Algumas pessoas acreditam que os números de Fibonacci permitem uma ampla variedade de previsões, especialmente sobre o mercado de ações; essas previsões funcionam com frequência bastante para não esfriar o entusiasmo. A sequência de Fibonacci exerce tamanho fascínio que a American Fibonacci Association, localizada na Universidade Santa Clara, Califórnia, publicou milhares de páginas de pesquisa sobre o assunto desde 1962.

---

[*] Em termos técnicos, a fórmula da relação de Fibonacci é: a parte menor está para a parte maior assim como a parte maior está para o todo.

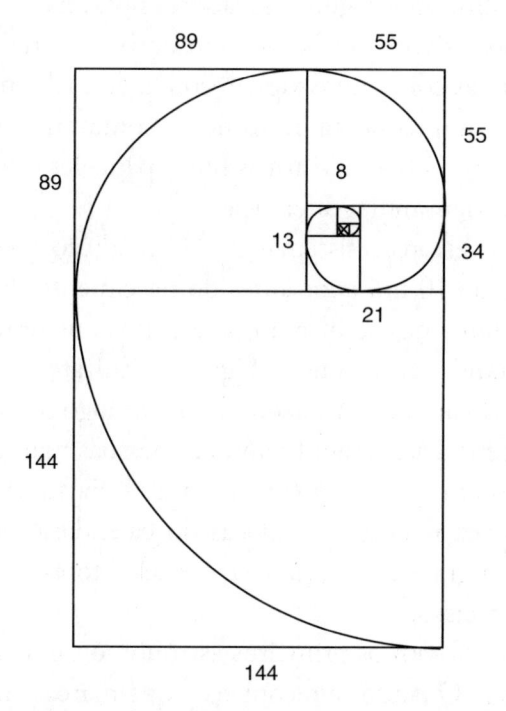

**Construção de uma espiral equiangular usando as proporções de Fibonacci**

Comece com um quadrado de 1 unidade, junte outro quadrado de 1 unidade, depois um quadrado de 2 unidades onde se encaixar, seguido de um quadrado de 3 unidades onde se encaixar e, continuando na mesma direção, junte quadrados de 5, 8, 13, 21, 34 unidades e assim por diante.

O *Liber abaci* de Fibonacci foi o primeiro passo espetacular na transformação da medição no fator-chave do controle sobre o risco. Mas a sociedade ainda não estava preparada para associar números ao risco. Na época de Fibonacci, a maioria das pessoas ainda achava que o risco derivava do capricho da natureza. Era preciso aprender a reconhecer os riscos criados pelo homem e adquirir coragem de enfrentar o destino, antes de aceitar as técnicas de controle sobre o próprio risco. Essa aceitação ainda estava pelo menos duzentos anos no futuro.

PARA AVALIAR plenamente a realização de Fibonacci, temos de retroceder à época anterior à sua explicação da diferença entre 10 e 100. Porém, mesmo ali descobriremos alguns inovadores notáveis.

Os povos primitivos como o homem de Neandertal sabiam contar, mas poucas eram as coisas que exigiam contagem. Eles marcavam a passagem dos dias em uma pedra ou tronco e contavam o número de animais que matavam. O Sol marcava as horas para eles e cinco minutos ou meia hora não faziam muita diferença.

Os primeiros esforços sistemáticos de medição e contagem foram realizados cerca de 10 mil anos antes do nascimento de Cristo.[3] Nessa época, os seres humanos se fixaram para cultivar as terras nos vales banhados pelos grandes rios como o Tigre e o Eufrates, o Nilo, o Indo, o Yang-tsê, o Mississippi e o Amazonas. Os rios logo se tornaram rotas de comércio e viagens e acabaram levando as pessoas mais aventureiras aos oceanos e mares em que desaguavam. Para os viajantes que percorriam distâncias cada vez maiores, as épocas do calendário, a navegação e a geografia tinham grande importância, e esses fatores exigiam cômputos cada vez mais precisos.

Os sacerdotes foram os primeiros astrônomos, e da astronomia surgiu a matemática. Quando se reconheceu que marcas em pedras e varas já não eram suficientes, passou-se a agrupar os números em dezenas ou vintenas, fáceis de contar nos dedos das mãos e dos pés.

Embora os egípcios se tornassem exímios em astronomia e na previsão das cheias e vazantes do Nilo, controlar ou influenciar o futuro provavelmente jamais lhes passou pela cabeça. A mudança não fazia parte de seus processos mentais, dominados pelo hábito, pela sazonalidade e pela reverência ao passado.

Em torno de 450 a.C., os gregos conceberam um sistema de numeração alfabético que usava as 24 letras do alfabeto grego e 3 letras que subsequentemente se tornaram obsoletas. Cada número de 1 a 9 tinha sua própria letra, bem como os múltiplos de dez. Por exemplo, o símbolo "pi" vem da primeira letra da palavra grega "penta", representava 5; delta, a primeira letra de "deca", a palavra para 10, representava 10; alfa, a primeira letra do alfabeto, representava 1, e rho representava 100. Assim, 115 escrevia-se rho-deca-penta, ou ρδπ. Os hebreus, cujo alfabeto guarda certa semelhança com o grego, usavam o mesmo tipo de sistema de códigos alfabéticos.[4]

Por mais que esses números-letras ajudassem as pessoas a formar estruturas mais potentes, a percorrer distâncias maiores e a medir mais precisamente o tempo, o sistema tinha graves limitações. Só se conseguia usar as letras com grande dificuldade – e quase nunca de cabeça – para adicionar, subtrair, multiplicar ou dividir. Esses substitutos dos números não passavam de um meio de registrar os *resultados* dos cálculos realizados por outros métodos, com mais frequência em um ábaco. O ábaco – o dispositivo de contagem mais antigo da história – dominou o mundo da matemática até surgir em cena o sistema de numeração indo-arábico, entre cerca de 1000 e 1200 d.C.

O ábaco funciona especificando-se um limite superior ao número de fichas em cada coluna; na adição, quando a coluna da extrema direita fica cheia, as fichas em excesso movem-se uma coluna para a esquerda e assim por diante. Nossos conceitos de "pedir um emprestado" e "vão três" remontam ao ábaco.[5]

APESAR DAS LIMITAÇÕES dessas formas antigas de matemática, elas possibilitaram grandes avanços no conhecimento, particularmente na geometria – a linguagem da forma – e em suas várias aplicações na astronomia, navegação e mecânica. Nessas áreas, os avanços mais impressionantes foram feitos pelos gregos e por seus colegas em Alexandria. Somente a Bíblia teve mais edições e impressões do que o mais famoso livro de Euclides, *Elementos*.

Apesar disso, a maior contribuição dos gregos não foi na inovação científica. Afinal, os sacerdotes dos templos do Egito e da Babilônia aprenderam muito sobre geometria bem antes do surgimento de Euclides. Mesmo o famoso teorema de Pitágoras – o quadrado da hipotenusa de um triângulo retângulo é igual à soma dos quadrados dos dois outros lados – já estava em uso no vale do Tigre-Eufrates em 2000 a.C.

A qualidade singular do espírito grego foi a insistência na *demonstração*. Para eles, "por quê?" importava mais do que "o quê?". Os gregos conseguiram reformular as derradeiras questões, porque foram a primeira civilização da história livre da camisa de força de uma casta sacerdotal toda-poderosa. Esse mesmo conjunto de atitudes fez dos gregos os primeiros turistas e colonizadores do mundo, ao tornarem a bacia do Mediterrâneo sua reserva particular.

Sendo, pois, mais cosmopolitas, os gregos se recusavam a aceitar acriticamente as regras práticas que as sociedades mais antigas lhes transmitiam. Eles não se interessavam em amostragens; seu objetivo era encontrar conceitos aplicáveis em toda a parte e em todos os casos. Por exemplo, uma simples medição confirmaria que o quadrado da hipotenusa de um triângulo retângulo equivale à soma dos quadrados dos dois outros lados. Mas os gregos perguntaram por que o mesmo devia se dar com todos os triângulos retângulos, grandes e pequenos, sem nenhuma exceção à regra. A geometria euclidiana se preocupa com demonstrações. E a demonstração – em vez do cálculo – passaria a dominar para sempre a teoria matemática.

Esse rompimento radical com as metodologias analíticas de outras civilizações faz-nos novamente indagar por que os gregos não descobriram as leis da probabilidade, o cálculo infinitesimal ou mesmo a álgebra simples. Talvez, apesar de todas as suas realizações, porque dependessem de um sistema de numeração canhestro baseado em seu alfabeto. Os romanos sofriam da mesma desvantagem. Um número simples como 9 exigia duas letras: IX. Os romanos não podiam escrever 32 como III II, pois não seria possível distinguir se isso significava 32, 302, 3020 ou alguma combinação maior de 3, 2 e 0. Os cálculos baseados em tal sistema eram inviáveis.

Mas a descoberta de um sistema de numeração superior só ocorreria em torno de 500 d.C., quando os hindus desenvolveram o sistema de numeração atualmente adotado. Quem concebeu esse milagroso invento e que circunstâncias levaram à sua disseminação pelo subcontinente indiano são ainda mistérios. Os árabes tomaram conhecimento pela primeira vez dos novos números cerca de noventa anos depois de Maomé instituir o islamismo como uma religião proselitista, em 622, e seus seguidores, unidos em uma nação poderosa, chegarem à Índia e além.

O NOVO SISTEMA de numeração exerceu um efeito galvanizante sobre a atividade intelectual nas terras a oeste. Bagdá, que já era um grande centro de saber, emergiu como um centro de pesquisa e de atividade matemática, e o califa conservou eruditos judeus para traduzir obras de pioneiros da matemática como Ptolomeu e Euclides. As grandes obras da matemática logo estavam circulando pelo império árabe e, nos séculos IX e X, eram adotados a oeste até na Espanha.

Na verdade, um ocidental sugerira um sistema de numeração pelo menos dois séculos antes dos hindus. Em torno de 250 d.C., um matemático alexandrino chamado Diofante escreveu um tratado que mostrava as vantagens de um sistema de verdadeiros números, em lugar de letras representando números.[6]

Pouco se conhece sobre Diofante, mas esse pouco é divertido. Segundo Herbert Warren Turnbull, historiador da matemática, um epigrama grego sobre Diofante afirma que "sua infância durou 1/6 de sua vida; sua barba cresceu após mais 1/12; ele se casou após mais 1/7 e seu filho nasceu cinco anos depois; o filho viveu metade dos anos do pai, e o pai morreu quatro anos após o filho". Qual a idade de Diofante ao morrer?[7] Os entusiastas da álgebra encontrarão a resposta ao final deste capítulo.

Diofante levou muito à frente a ideia de álgebra simbólica – o uso de símbolos para representar números –, mas não foi até o fim. Ele comenta "a solução impossível da equação absurda 4 = 4x + 20".[8] Impossível? Absurda? A equação exige que x seja um número negativo: – 4. Sem o conceito de zero, que Diofante desconhecia, um número negativo é uma impossibilidade lógica.

As notáveis inovações de Diofante parecem ter sido ignoradas. Quase um milênio e meio se passou até sua obra receber alguma atenção. No final, suas realizações foram reconhecidas: seu tratado desempenhou um papel central no florescimento da álgebra no século XVII. As equações algébricas com que estamos familiarizados – equações como $a + bx = c$ – são conhecidas como equações de Diofante.

O PONTO CENTRAL do sistema indo-arábico foi a invenção do zero – *sunya*, como os indianos o chamavam, e *cifr*, como se tornou em árabe.[9] O termo chegou até nós como "cifra", que significa vazio e se refere à coluna vazia no ábaco.*

O conceito de zero era de difícil compreensão para pessoas que usavam a contagem para saber o número de animais mortos, o número de dias decorridos ou o número de unidades percorridas. O zero não tinha nenhuma relação com a contagem nesse sentido. Nas palavras do filósofo inglês do século XX, Alfred North Whitehead:

> O que caracteriza o zero é que não precisamos usá-lo nas operações do dia a dia. Ninguém sai à rua para comprar zero peixe. Em certo sentido, é o mais civilizado dos cardinais, e seu uso é-nos forçado apenas pelas necessidades das formas cultas de pensamento.[10]

A expressão de Whitehead "formas cultas de pensamento" dá a entender que o conceito de zero desencadeou algo mais profundo do que um mero método aperfeiçoado de contar e calcular. Como sentira Diofante, um sistema de numeração apropriado permitiria aos matemáticos desenvolver uma ciência do abstrato, além de uma técnica de medição. O zero derrubou os limites às ideias e ao progresso.

O zero revolucionou o velho sistema de numeração de duas formas. Primeiro, permitiu que se usassem apenas dez dígitos, de zero a nove, para realizar todos os cálculos imagináveis e para escrever qualquer número concebível. Segundo, permitiu que uma sequência de números como 1, 10, 100 indicasse que o próximo número da sequência seria 1.000. O zero torna toda a estrutura do sistema de numeração imediatamente

---

* O termo árabe sobrevive até no russo, onde aparece como *tsifra*, que é a palavra para número.

visível e clara. Tente isso com os numerais romanos I, X e C ou V, L e D – qual o próximo número nestas sequências?

A MAIS ANTIGA OBRA árabe de aritmética conhecida foi escrita por al-Khowârizmî, matemático que viveu em torno de 825, uns quatrocentos anos antes de Fibonacci.[11] Embora poucos beneficiários de sua obra devam ter ouvido falar nele, a maioria de nós o conhece indiretamente. Tente dizer "al-Khowârizmî" rapidamente. É daí que vem a palavra "algoritmo", que significa regras de cálculo.[12] Foi al-Khowârizmî o primeiro matemático a estabelecer regras para a adição, a subtração, a multiplicação e a divisão com os novos numerais hindus. Em outro tratado, *Hisâb al-jahr w'almuqâbalah* ou "Ciência da transposição e cancelamento", ele especifica o processo de manipulação das equações algébricas. A palavra *al-jahr* deu-nos a palavra "álgebra", a ciência das equações.[13]

Um dos mais importantes matemáticos árabes – e certamente o mais famoso – foi Omar Khayyam, que viveu de cerca de 1050 a cerca de 1130 e compôs um conjunto de poemas conhecidos como *Rubaiyat*.[14] Sua sequência marcante de 75 poemas com quatro versos (a palavra *Rubaiyat* define a forma poética) foi traduzida na época vitoriana pelo poeta inglês Edward Fitzgerald. Nesse pequeno volume, o autor se mostra mais preocupado com os prazeres do vinho e em aproveitar a transitoriedade da vida do que com a ciência ou a matemática. De fato, no número XXVII, escreve Omar Khayyam:

> Eu mesmo frequentei nos meus tempos de moço
> Muito Doutor e Santo e, cheio de alvoroço,
> Ouvi suas razões sobre o universo para
> Pela porta sair por onde eu, crente, entrara.*

Segundo Fitzgerald, Omar Khayyam foi educado junto com dois amigos igualmente brilhantes: Nizam al Mulk e Hasan al Sabbah. Um dia, Hasan propôs que, como pelo menos um dos três alcançaria a riqueza

---

* *Nota do Tradutor*: Tradução portuguesa de Jamil Almansur Haddad.

e o poder, eles deveriam jurar que "quem quer que seja bafejado por essa sorte deverá compartilhá-la equitativamente com os outros, abrindo mão da proeminência". Todos fizeram o juramento e, no devido tempo, Nizam tornou-se vizir do sultão. Seus dois amigos procuraram-no e reivindicaram seu quinhão, que ele concedeu como prometido.

Hasan solicitou e obteve um posto no governo; porém, insatisfeito com seu avanço, abandonou-o para se tornar o líder de uma seita de fanáticos que espalharam o terror pelo mundo muçulmano. Muitos anos depois, Hasan acabaria assassinando seu velho amigo Nizam.

Omar Khayyam não pediu título nem cargo público. "A maior dádiva que podeis me conceder", disse a Nizam, "é deixar-me viver a um canto sob a sombra de vossa fortuna para propagar as vantagens da ciência e orar por vossa longa vida e prosperidade". Embora o sultão adorasse Omar Khayyam e o cumulasse de favores, "a audácia epicurista de pensamento e linguagem de Omar fez com que fosse visto com desconfiança em sua época e em seu país".

Omar Khayyam valeu-se do novo sistema de numeração para desenvolver uma linguagem de cálculo que transcendesse os esforços de al-Khowârizmî e que servisse de base para a linguagem mais complicada da álgebra. Além disso, Omar Khayyam, fundado em observações matemáticas técnicas, reformou o calendário e concebeu uma nova disposição triangular dos números que facilitou o cálculo de quadrados, de cubos e de potências mais altas da matemática; esse triângulo formou a base de conceitos desenvolvidos pelo matemático francês do século XVII Blaise Pascal, um dos pais da teoria da escolha, das chances e das probabilidades.

As realizações impressionantes dos árabes mostram, outra vez, que por mais que uma ideia avance, ela pode estancar antes da conclusão lógica. Por que, dadas suas ideias matemáticas avançadas, os árabes não prosseguiram até a teoria das probabilidades e a gestão do risco? Acredito que a resposta esteja ligada à sua visão da vida. Quem determina nosso futuro: o destino, os deuses ou nós mesmos? A ideia da gestão do risco emerge apenas quando os indivíduos acreditam ser, até certo ponto, agentes livres. À semelhança dos gregos e dos primeiros cristãos, os muçulmanos fatalistas ainda não estavam preparados para dar esse salto.

NO ANO 1000, o novo sistema de numeração se disseminava pelas universidades mouras na Espanha e em outros países e pelos sarracenos na Sicília. Uma moeda siciliana, cunhada pelos normandos e datada de "1134 Annoy Domini" é o primeiro exemplo conhecido de uso do novo sistema. Não obstante, os novos números foram pouco usados antes do século XIII.

Apesar do apoio de Frederico ao livro de Fibonacci e de sua ampla distribuição pela Europa, a adoção do sistema de numeração indo-arábico acarretou uma intensa e acirrada resistência até o início do século XVI. O atraso é explicável por dois fatores.

Parte da resistência derivou das forças inerciais que se opõem a qualquer mudança em hábitos consagrados por séculos de uso. Aprender métodos radicalmente novos nunca é bem aceito.

O segundo fator tinha uma base mais sólida: os novos números eram mais fáceis de fraudar do que os velhos. Transformar um 0 em um 6 ou um 9 era tentadoramente fácil, e um 1 podia ser facilmente convertido em um 4, 6, 7 ou 9 (razão pela qual em certos países se escreve o sete com um traço). Embora os novos números ganhassem sua primeira cabeça de ponte na Itália, onde os níveis de instrução eram elevados, em 1229 Florença emitiu um édito que proibiu os banqueiros de usar os símbolos dos "infiéis". Como resultado, muitas pessoas que queriam aprender o novo sistema tiveram de se disfarçar de muçulmanos.[15]

A invenção da imprensa com tipos móveis, em meados do século X, foi o catalisador que acabou derrubando a oposição à plena adoção dos novos números. Agora, as alterações fraudulentas deixaram de ser possíveis e as complicações ridículas do uso dos numerais romanos saltaram aos olhos de todos. O avanço deu um novo estímulo às transações comerciais. As tabuadas de multiplicação de al-Khowârizmî tornaram-se algo que todos os colegiais dali para a frente tiveram de aprender. Finalmente, com as primeiras noções das leis das probabilidades, o jogo assumiu uma dimensão totalmente nova.

EIS A SOLUÇÃO algébrica do epigrama sobre Diofante. Se *x* foi sua idade ao morrer, então

$$x = 1/6x + 1/12x + 1/7x + 5 + 1/2x + 4.$$

Diofante viveu até os 84 anos.

# 1200–1700:
# MIL FATOS NOTÁVEIS

# 3

# O JOGADOR DO RENASCIMENTO

IERO DELLA FRANCESCA, autor do quadro da Virgem "A Madona de Brera" (ver ilustração), viveu de cerca de 1420 a 1492, mais de duzentos anos após Fibonacci. Estas datas situam-no no centro do Renascimento italiano, e sua obra caracteriza o rompimento do novo espírito do século XV com o espírito medieval.

As figuras de della Francesca, mesmo a da própria Virgem, representam seres humanos. Eles não têm auréolas, erguem-se solidamente sobre o chão, são retratos de indivíduos e ocupam seu próprio espaço tridimensional. Embora estejam supostamente ali para receber a Virgem e o Menino Jesus, quase todos parecem dirigir a atenção para outros assuntos. O uso gótico de sombras no espaço arquitetônico para criar mistério desapareceu; aqui as sombras servem para enfatizar o peso da estrutura e a delineação do espaço que enquadra as figuras.

O ovo parece pender sobre a cabeça da Virgem. Um estudo mais atento da pintura revela certa incerteza quanto ao ponto exato de onde pende esse símbolo celestial da fertilidade. E por que esses homens e mulheres mundanos e de ar nada devoto estão tão alheios ao estranho fenômeno que surgiu sobre eles?

A filosofia grega fora virada de cabeça para baixo. Agora, o mistério está no céu. Na Terra, homens e mulheres são seres humanos livres.

**Madona do duque Frederico II de Montefeltro, Pinacoteca de Brera, Milão, Itália**

(Reprodução por cortesia de Scala/Art Resource, Nova York.)

Respeitam as representações da divindade, mas não são nada subservientes a ela – mensagem repetida inúmeras vezes na arte do Renascimento. A encantadora estátua de Davi, de Donatello, foi uma das primeiras esculturas de nu masculino desde a época da Grécia e de Roma clássicas; o grande herói-poeta do Velho Testamento ergue-se confiantemente diante de nós, sem vergonha do corpo de pré-adolescente, a cabeça de Golias aos pés. A catedral de Brunelleschi em Florença, com sua grande cúpula, massa claramente definida e interior despojado, proclama que a religião desceu literalmente à Terra.

O Renascimento foi uma época de descobertas. Colombo içou as velas no ano da morte de Piero; pouco depois, Copérnico revolucionou a visão da humanidade em relação ao próprio firmamento. As realizações de Copérnico exigiram um alto nível de habilidade matemática, e durante o século XVI os avanços na matemática foram rápidos e empolgantes, sobretudo na Itália. Após a introdução da imprensa com tipos móveis, ao redor de 1450, muitos dos clássicos da matemática foram traduzidos para o italiano e publicados em latim ou no vernáculo. Os matemáticos entregaram-se a animados debates públicos sobre as soluções de complexas equações algébricas, enquanto as multidões incentivavam seus favoritos.

O estímulo de grande parte desse interesse data de 1494, com a publicação de um notável livro de um monge franciscano chamado Luca Paccioli.[1] Paccioli nasceu em torno de 1445, em Borgo San Sepulcro, cidade natal de Piero della Francesca. Embora a família exortasse o menino a se preparar para uma carreira nos negócios, Piero ensinou-lhe literatura, arte e história e recomendou que frequentasse a famosa biblioteca da corte vizinha de Urbino. Ali, os estudos de Paccioli formaram a base da fama subsequente como matemático.

Aos vinte anos, Paccioli conseguiu um emprego em Veneza como preceptor dos filhos de um mercador rico. Ele comparecia a preleções públicas sobre filosofia e teologia e estudou matemática com um professor particular. Hábil estudante, escreveu sua primeira obra de matemática publicada na estada em Veneza. Seu tio Benedetto, oficial do Exército baseado em Veneza, ensinou a Paccioli arquitetura e questões militares.

Em 1470, Paccioli transferiu-se para Roma a fim de prosseguir os estudos e, aos 27 anos, tornou-se monge franciscano. Entretanto, ele continuou suas perambulações. Lecionou matemática em Perugia, Roma,

Nápoles, Pisa e Veneza, antes de se fixar como professor de matemática em Milão, em 1496. Dez anos antes, recebera o título de *magister,* equivalente a um doutorado.

A obra-prima de Paccioli, *Summa de arithmetic, geometria et proportionalità* (as obras acadêmicas mais sérias ainda eram escritas em latim), apareceu em 1494. Escrito em elogio à "imensa abstração e sutileza da matemática", a *Summa* reconhece a dívida de Paccioli para com o *Liber abaci,* de Fibonacci, elaborado quase trezentos anos antes. A *Summa* fixa os princípios básicos da álgebra e contém todas as tabuadas de multiplicação até 60 × 60 – um recurso útil em uma época em que a imprensa disseminava o uso do novo sistema de numeração.

Uma das contribuições mais notáveis do livro foi sua apresentação da contabilidade por partidas dobradas. Embora não fosse inventada por Paccioli, recebeu o mais extenso tratamento até então. A noção de contabilidade por partidas dobradas já se esboçara no *Liber abaci,* de Fibonacci, e aparecera em um livro publicado em torno de 1305 pela filial londrina de uma empresa italiana. Qualquer que seja sua origem, essa inovação revolucionária nos métodos contábeis teve importantes consequências econômicas, comparáveis à descoberta da máquina a vapor trezentos anos depois.

Em sua estada em Milão, Paccioli entrou em contato com Leonardo da Vinci, que se tornou seu amigo íntimo. Paccioli ficou impressionadíssimo com os talentos de Leonardo e comentou sobre sua "inestimável obra sobre o movimento espacial, a percussão, o peso e todas as forças".[2] Eles devem ter tido muito em comum, pois Paccioli se interessava pelas inter-relações entre matemática e arte. Certa vez, ele observou que "se você diz que a música satisfaz a audição, um dos sentidos naturais... (a perspectiva) fará o mesmo para a visão, que é muito mais valiosa por ser a principal porta do intelecto".

Leonardo sabia pouca matemática até conhecer Paccioli, embora fosse dotado de um senso intuitivo de proporção e geometria. Seus cadernos de notas estão repletos de desenhos feitos com régua e compasso, mas Paccioli encorajou-o a dominar os conceitos que vinha usando intuitivamente. Martin Kemp, um dos biógrafos de Leonardo, afirma que Paccioli "forneceu o estímulo para uma transformação súbita nas ambições matemáticas de Leonardo, efetuando uma reorientação no interesse de Leonardo que nenhum outro pensador da época conseguiu". Leonardo, por sua vez, forneceu desenhos complexos para a outra grande obra de Paccioli, *De divine proportione*, que apareceu em dois belos manuscritos em 1498. A edição impressa veio a lume em 1509.

Leonardo possuía um exemplar da *Summa* e deve tê-la estudado com grande afinco. Seus cadernos registram várias tentativas de compreender os múltiplos e as frações como uma ajuda para seu uso da proporção. Em certo ponto, ele se propõe a "aprender a multiplicação das raízes com mestre Luca". Atualmente, Leonardo mal conseguiria acompanhar uma aula de aritmética do terceiro ano primário.

O fato de que um gênio do Renascimento como da Vinci tivesse tamanha dificuldade com a aritmética elementar revela o estado dos conhecimentos matemáticos no fim do século XV. Como os matemáticos conseguiram evoluir desse estado de coisas aos primeiros passos de um sistema de medição e controle do risco?

O PRÓPRIO PACCIOLI sentiu o poder que o milagre dos números poderia liberar. No decorrer da *Summa*, ele propõe este problema:

A e B estão empenhados em um honesto jogo de *balla*. Eles concordam em continuar até que um deles vença seis rodadas. O jogo realmente termina quando A venceu cinco, e B, três rodadas. Como devem ser divididas as apostas?[3]

Esse problema aparece várias vezes nas obras de matemáticos durante os séculos XVI e XVII. Muitas são as variações, mas a questão permanece a mesma: como dividir as apostas em um jogo interrompido? As respostas diferiam e provocavam acalorados debates.

O enigma, que acabou conhecido como o problema dos pontos, é mais significativo do que aparenta. A resolução de como dividir as apostas em um jogo interrompido marcou o início da análise sistemática da probabilidade – a medida de nossa confiança em que algo vai acontecer. *Ele nos leva ao limiar da quantificação do risco.*

Embora possamos compreender que as superstições medievais impuseram uma poderosa barreira a investigações que levassem à teoria das probabilidades, é interessante especular novamente sobre a razão do desinteresse dos gregos, ou mesmo dos romanos, em enigmas como o de Paccioli.

Os gregos compreendiam que mais coisas poderiam acontecer no futuro do que realmente *acontecerão*. Eles reconheciam que as ciências naturais são "a ciência do provável", para usar a terminologia de Platão. Aristóteles, em *De Caelo*, afirma: "Ter sucesso em muitas coisas, ou muitas vezes, é difícil; por exemplo, repetir o mesmo lance de dados 10 mil vezes seria impossível, enquanto obtê-lo uma ou duas vezes é relativamente fácil."[4]

A simples observação teria confirmado essas afirmações. Contudo, os gregos e romanos jogavam jogos de azar com regras que não fazem sentido na atualidade. Essa deficiência é muito curiosa, pois esses jogos foram populares através da Antiguidade (os gregos já conheciam o dado de seis faces), proporcionando um laboratório vivo para o estudo das vantagens e probabilidades.

Consideremos os jogos com astrágalos, os ossos empregados como dados. Esses objetos eram oblongos, com dois lados estreitos e dois lados largos. Os jogos costumavam envolver o arremesso conjunto de quatro astrágalos. Obviamente, é mais fácil obter um lado largo do que um lado estreito. Assim, seria de esperar que um lado estreito valesse mais pontos do que um lado largo. Mas o total de pontos dos lados estreitos, mais difíceis – 1 em um lado e 6 em outro – equivalia aos pontos dos lados largos, mais fáceis – 3 e 4. A jogada de "Vênus", em que cada um dos quatro lados – 1, 3, 4 e 6 – aparece, valia o máximo de pontos, mas jogadas igualmente prováveis como 6, 6, 6, 6 ou 1, 1, 1, 1 valiam menos pontos.[5]

Ainda que fosse de conhecimento geral que longas rodadas de sucesso, ou de fracasso, eram menos prováveis do que rodadas curtas, como observara Aristóteles, essas expectativas eram qualitativas, e não quantitativas: "...obtê-lo uma ou duas vezes é relativamente fácil".[6] Embora as pessoas se entregassem a esses jogos com entusiasmo insaciável, parece que ninguém parou para calcular as probabilidades.

A razão provável era que os gregos pouco se interessaram pela experimentação; a teoria e a demonstração era tudo o que importava. Aparentemente, nunca lhes ocorreu a ideia de reproduzir certo fenômeno com uma frequência suficiente para demonstrar uma hipótese, supostamente por não admitirem a possibilidade de regularidade nos eventos terrestres. A precisão era monopólio dos deuses.

ENTRETANTO, NA ÉPOCA do Renascimento, todos de cientistas a exploradores, de pintores a arquitetos – se envolveram na investigação, experimentação e demonstração. Alguém que jogasse dados com frequência certamente ficaria curioso sobre as regularidades, que surgiam no decorrer do tempo.

Girolamo Cardano, médico do século XVI, foi justamente uma dessas pessoas. As simples credenciais de Cardano como jogador inveterado já justificariam sua aparição na história do risco, mas ele demonstrou talentos extraordinários em muitas outras áreas também. O surpreendente é que Cardano seja tão pouco conhecido, pois foi o típico homem renascentista.[7]

Cardano nasceu em Milão em torno de 1500 e morreu em 1571, tendo sido um contemporâneo exato de Benvenuto Cellini. À semelhança de Cellini, foi uma das primeiras pessoas a deixar uma autobiografia. Cardano denominou seu livro *De vita propria liber* (*O livro de minha vida*) – e que vida! De fato, a curiosidade intelectual de Cardano era bem mais forte do que seu ego. Por exemplo, em sua autobiografia, ele lista as quatro principais realizações da época em que viveu: a nova era de exploração dos dois terços do mundo que os antigos jamais conheceram, a invenção de armas de fogo e explosivos, a invenção da bússola e a invenção da imprensa com tipos móveis.

Cardano era um homem magro, de pescoço comprido, lábio inferior grosso, uma verruga sobre um olho e uma voz tão alta que até os amigos se queixavam dela. Segundo seu próprio relato, sofria de diarreia, hérnia, problemas nos rins, palpitações, até de infecção em um mamilo. E ele se vangloriou: "Sempre fui estourado, obstinado e mulherengo", bem como "astuto, ardiloso, sarcástico, diligente, impertinente, triste, traiçoeiro, mago e feiticeiro, miserável, odioso, lascivo, obsceno, mentiroso, obsequioso, amigo da tagarelice de homens velhos".

Cardano era o rei da jogatina. Ele confessou "devoção imoderada aos jogos de mesa e de dados... Durante muitos anos... não joguei de vez em quando, mas, envergonha-me confessar, diariamente". Ele jogava de tudo: dados, cartas, xadrez. Chegou ao ponto de recomendar o jogo como benéfico "em períodos de grande ansiedade e dor... Encontrei grande consolo no constante jogo de dados". Ele desprezava os espectadores e sabia tudo sobre trapaças; em particular, advertiu contra os jogadores que "lambuzam as cartas com sabão de modo que deslizem facilmente e possam ser trocadas uma pela outra". Em sua análise matemática das probabilidades das jogadas de dados, ele cuidadosamente restringe seus resultados a "...se o dado for honesto". Mesmo assim, ele perdeu muitas vezes grandes somas para concluir que "a maior vantagem do jogo é simplesmente não jogá-lo". Provavelmente, foi a primeira pessoa na história a escrever uma análise séria dos jogos de azar.

Cardano foi muito mais do que um jogador e matemático em tempo parcial. Ele foi o médico mais famoso de sua época. O papa e as famílias reais e imperiais da Europa solicitavam avidamente seus conselhos. Entretanto, ele não quis se envolver com as intrigas das cortes e declinou seus convites. Ele forneceu a primeira descrição clínica dos sintomas do tifo, escreveu sobre a sífilis e desenvolveu uma nova técnica de operação de hérnias. Além disso, afirmou que "um homem nada é senão sua mente; se ela não estiver em ordem, tudo estará perdido, e se ela estiver bem, o resto será tranquilo". Ele foi um dos primeiros entusiastas dos banhos e chuveiradas. Em 1552, ao ser convidado para tratar da asma do arcebispo da Escócia, em Edimburgo, valeu-se de seus conhecimentos de alergia para recomendar roupas de cama de seda não fiada em vez de penas, uma fronha de linho em vez de couro e o uso de um pente de marfim. Antes de deixar Milão a caminho de Edimburgo, ele combinara honorários diários de dez coroas de ouro por seus serviços; porém, ao partir cerca de quarenta dias depois, seu paciente agradecido pagou-lhe 1.400 coroas, além de cumulá-lo de vários presentes de grande valor.

Cardano deve ter sido um homem ocupado. Ele escreveu 131 obras publicadas, alega ter queimado outras 170 antes da publicação e ao morrer deixou 111 manuscritos. Suas obras abarcaram uma enorme variedade de assuntos, entre os quais matemática, astronomia, física, urina, dentes, a vida da Virgem Maria, o horóscopo de Jesus Cristo, moralidade, imortalidade, Nero, música e sonhos. Seu best-seller foi *De subtilitate rerum* (*Sobre a sutileza das coisas*), uma coletânea de artigos que chegou à sexta edição; ela tratava de ciência e filosofia, bem como de superstição e histórias estranhas.

Cardano teve dois filhos, que só lhe trouxeram sofrimento. Em *De vita*, Cardano descreve Giambattista, o mais velho e favorito, como "surdo do ouvido direito e com olhos pequenos, brancos e inquietos. Ele tinha dois dedos no pé esquerdo; o terceiro e quarto contando o dedão, se não me engano, estavam unidos por uma membrana. Suas costas eram ligeiramente acorcundadas..." Giambattista casou-se com uma moça de má reputação que lhe era infiel; nenhum de seus três filhos, como ela própria admitia, tiveram por pai o marido. Desesperado após três anos de casamento infernal, Giambattista ordenou ao criado que preparasse um bolo com arsênico dentro e o servisse à esposa, que morreu imediatamente. Cardano fez tudo que pôde para salvar o filho, mas Giambattista confessou o assassinato e não pôde ser salvo. A caminho da forca, seus guardas cortaram-lhe a mão direita e o torturaram. O filho mais novo, Aldo, roubou repetidamente seu pai e ficou preso em cadeias locais pelo menos oito vezes.

Cardano também teve um jovem protegido, Lodovico Ferrari, um matemático brilhante que, por certo período, foi secretário do cardeal de Mântua. Aos quatorze anos, Ferrari veio morar com Cardano, dedicouse ao homem mais velho e referia-se a si mesmo como a "criação de Cardano". Ele defendeu as opiniões de Cardano em vários confrontos com outros matemáticos, e algumas autoridades acreditam que ele foi responsável por muitas das ideias atribuídas a Cardano. Mas Ferrari não foi consolo suficiente para a tragédia dos próprios filhos de Cardano. Um homem gastador e libertino, Ferrari perdeu todos os dedos da mão direita em uma briga de bar e morreu envenenado – por sua irmã ou pelo amante dela – aos 43 anos.

O GRANDE LIVRO de matemática de Cardano, *Ars magna* (*A grande arte*), apareceu em 1545, na mesma época em que Copérnico publicava suas descobertas do sistema planetário e em que Vesálio produzia seu tratado de anatomia. O livro foi publicado apenas cinco anos após o surgimento dos símbolos "+" e "−" em *Grounde of artes* (*Fundamento das*

*artes*), de um inglês chamado Robert Record. Dezessete anos depois, um livro inglês intitulado *Whetstone of witte* (*Esmeril do conhecimento*) introduziu o símbolo "=", porque "não há duas coisas mais iguais do que um par de paralelas".[8]

*Ars magna* foi a primeira obra do Renascimento a concentrar-se na álgebra. Nela, Cardano marcha direto para as soluções de equações de segundo e terceiro graus e chega a pelejar com as raízes quadradas de números negativos, conceitos desconhecidos antes da introdução do sistema de numeração e ainda misteriosos para muitas pessoas.[9] Embora a notação algébrica fosse primitiva e cada autor escolhesse seus próprios símbolos, Cardano introduziu o uso de *a, h, c* tão familiar aos alunos atuais de álgebra. O espantoso é que Cardano não conseguiu solucionar o enigma do jogo de *balla* de Paccioli. Ele tentou, mas, como outros eminentes matemáticos da época, não logrou êxito.

O tratado de Cardano sobre o jogo intitula-se *Liber de ludo aleae* (*Livro dos jogos de azar*). A palavra *aleae* refere-se aos jogos de dados. *Aleatorius*, da mesma raiz, refere-se a jogos de azar em geral. Essas palavras chegaram até nós através da palavra aleatório, que descreve eventos cujo resultado é incerto. Assim, os romanos, com sua linguagem elegante, involuntariamente associaram para nós os significados de jogo e incerteza.

*Liber de ludo aleae* parece ter sido o primeiro esforço sério de desenvolver os princípios estatísticos da probabilidade. Esta palavra, porém, não aparece no livro. O título de Cardano e grande parte de seu texto referem-se a "chances". A raiz latina de probabilidade é uma combinação de *probare*, que significa testar, provar ou aprovar, e *ilis*, que significa capaz de ser; foi nesse sentido de passível de prova ou digno de aprovação que Cardano pode ter conhecido a palavra. A ligação entre probabilidade e aleatoriedade – a essência dos jogos de azar – só se tornou comum cerca de cem anos após a publicação de *Liber de ludo aleae*.

Segundo o filósofo canadense Ian Hacking, a raiz latina de probabilidade sugere algo como "digno de aprovação".[10] Foi este o significado da palavra por um longo período. Como exemplo, Hacking cita uma passagem do romance de Daniel Defoe de 1724, *Roxana, or the fortunate mistress*. A dama em questão, tendo persuadido um homem de posses a cuidar dela, comenta: "Essa foi minha primeira visão de uma vida confortável, e foi um meio bastante *provável* (*probable*)." O significado disso é que ela atingiu um modo de vida que justifica a estima de seus superiores; ela estava, nas palavras de Hacking, "a uma boa distância de sua origem miserável".[11]

Hacking cita outro exemplo do significado mutável de probabilidade.[12] Galileu, usando explicitamente a palavra *probabilità*, referiu-se à teoria de Copérnico de que a Terra gira ao redor do Sol como "improvável", por contradizer o que se podia ver com os próprios olhos – o Sol girando ao redor da Terra. Tal teoria era improvável por não contar com aprovação. Menos de um século depois, usando um novo (mas ainda não o mais novo) significado, o sábio alemão Leibniz considerou a hipótese copernicana "incomparavelmente a mais provável". Para Leibniz, escreve Hacking, "a probabilidade é determinada pela evidência e razão".[13] De fato, a palavra alemã, *wahrscheinlich*, capta bem esse sentido do conceito: sua tradução literal é "com a aparência de verdade".

A probabilidade sempre teve esse duplo significado, um voltado para o futuro, o outro como interpretação do passado, um preocupado com nossas opiniões, o outro preocupado com o que realmente sabemos. A distinção aparecerá várias vezes neste livro.

No primeiro sentido, probabilidade significa o grau de crença ou a demonstrabilidade de uma opinião – a visão não matemática da probabilidade. Os estudiosos usam o termo epistemológico para exprimir esse significado; epistemológico refere-se aos limites não plenamente analisáveis do conhecimento humano.

O primeiro conceito de probabilidade é de longe o mais antigo dos dois; a ideia de medir a probabilidade nasceu muito depois. Este sentido mais antigo desenvolveu-se, com o passar do tempo, a partir da ideia de aprovação: quanto do que sabemos podemos aceitar? No contexto de Galileu, probabilidade era quanto do que nos diziam poderíamos aprovar. Na acepção mais moderna de Leibniz, era quanta credibilidade poderíamos atribuir às evidências.

A visão mais recente só emergiu depois que os matemáticos desenvolveram uma compreensão teórica das frequências dos eventos passados. Cardano pode ter sido o primeiro a introduzir o lado estatístico da teoria das probabilidades, mas o significado da palavra durante sua vida ainda se restringia ao lado não matemático, sem nenhuma relação com o que ele tentava realizar pela medição.

Cardano tinha a sensação de estar ciente de algo importante. Em sua autobiografia, escreveu que *Liber de Tudo aleae* constituía uma de suas maiores realizações, afirmando ter "descoberto a razão de mil fatos espantosos". Observe as palavras "razão de". Os fatos no livro sobre a frequência dos resultados eram conhecidos por qualquer jogador; já a *teoria* que explica tais frequências não era. No livro, Cardano exprime o lamento habitual dos teóricos: "...esses fatos contribuem grandemente para a compreensão, mas quase nada para a prática do jogo".

Em sua autobiografia, Cardano revela que escreveu o *Liber de Tudo aleae* em 1525, ainda na juventude, reescrevendo-o em 1565. Apesar da extraordinária originalidade, em vários sentidos o livro é caótico. Cardano organizou-o com base em anotações desordenadas, e soluções de problemas em uma parte são seguidas de soluções que empregam métodos inteiramente diversos em outra parte. O uso assistemático dos símbolos matemáticos torna ainda mais complicada a questão. A obra nunca foi publicada durante a vida de Cardano e foi descoberta entre seus manuscritos após sua morte. Foi publicada na Basileia em 1663. A essa altura, um progresso impressionante na teoria das probabilidades fora realizado por outros, que ignoravam os esforços pioneiros de Cardano.

Se não tivesse decorrido um século até a obra de Cardano tornar-se disponível aos outros matemáticos, suas generalizações sobre as probabilidades no jogo teriam acelerado bastante o avanço da matemática e da teoria das probabilidades. Pela primeira vez, ele definiu a forma agora convencional de expressar a probabilidade como uma fração: o número de resultados favoráveis dividido pelo "circuito" – o número total de resultados possíveis. Dizemos, por exemplo, que a chance de dar cara é de 50/50, cara sendo um dentre dois casos igualmente prováveis. A probabilidade de obter uma rainha de um baralho de cartas é de 1/13, pois há quatro rainhas em um baralho de 52 cartas; a chance de obter a rainha de espadas, porém, é de 1/52, pois o baralho possui apenas uma rainha de espadas.

Sigamos a linha de raciocínio de Cardano ao detalhar a probabilidade de cada jogada em um jogo de dados.* No seguinte parágrafo do Capítulo 15 do *Liber de ludo aleae*, "Sobre a jogada de um só dado", ele enuncia os princípios gerais que ninguém jamais apresentara antes:

---

* Os leitores desinteressados dos detalhes técnicos desta discussão poderão saltar à próxima seção sem nenhuma perda de continuidade.

Metade do número total de faces representa sempre a igualdade; assim, as chances são as mesmas de que um dado ponto seja obtido em três arremessos, pois o circuito total é completado em seis, ou novamente de que um dentre três pontos especificados seja obtido em um arremesso. Por exemplo, posso obter um, três ou cinco tão facilmente como dois, quatro ou seis. As apostas ali são feitas de acordo com essa igualdade, caso o dado seja honesto.[14]

Ao avançar nessa linha de raciocínio, Cardano calcula a probabilidade de obter qualquer um dentre dois números – digamos, 1 ou 2 – em uma só jogada. A resposta é uma chance em três, ou 33%, porque o problema envolve dois números dentre um "circuito" de seis faces do dado. Ele também calcula a probabilidade de repetir jogadas favoráveis com um só dado. A probabilidade de obter 1 ou 2 duas vezes sucessivamente é de 1/9, que é o quadrado de uma chance em três, ou 1/3 multiplicado por si mesmo. A probabilidade de obter 1 ou 2 três vezes consecutivamente seria de 1/27, ou 1/3 × 1/3 × 1/3, enquanto a probabilidade de obter 1 ou 2 quatro vezes sucessivamente seria de 1/3 elevado à quarta potência.

Cardano calcula então a probabilidade de obter 1 ou 2 com um par de dados, em vez de um só dado. Se a probabilidade de obter 1 ou 2 com um só dado for de uma em três, segundo a intuição, obter 1 ou 2 com dois dados teria uma probabilidade duas vezes maior, ou de 67%. Na verdade, a resposta correta são cinco em nove, ou 55,6%. Ao se atirarem dois dados, existe uma chance em nove de obter 1 ou 2 em ambos os dados na mesma jogada, mas a probabilidade de 1 ou 2 em cada um dos dados já foi calculada; portanto, temos de deduzir essa probabilidade de 1/9 dos 67% que a intuição prevê. Desse modo, 1/3 + 1/3 – 1/9 = 5/9.

Cardano desenvolve os cálculos para jogos com mais dados e para mais vitórias mais vezes em seguida. No final, sua pesquisa leva-o a generalizações sobre as leis das probabilidades que convertem a experimentação em teoria.

Cardano deu um passo decisivo em sua análise do que acontece quando passamos de um dado para dois. Examinemos com mais detalhes sua linha de raciocínio. Embora dois dados tenham um total de doze faces, Cardano não define a probabilidade de obter 1 ou 2 com dois dados como limitada a apenas doze resultados possíveis. Ele reconheceu que um jogador poderia, por exemplo, obter 3 em um dado e 4 em outro dado, mas que poderia igualmente obter 4 no primeiro dado e 3 no segundo.

O número de combinações possíveis que compõem o "circuito" – o número total de resultados possíveis – resulta em muito mais do que o número total de doze faces encontradas, nos dois dados. O reconhecimento de Cardano do papel poderoso das *combinações* de números foi o passo mais importante que ele deu no desenvolvimento das leis das probabilidades.

O jogo de dados (*craps*) é um bom exemplo da importância das combinações no cálculo das probabilidades. Como demonstrou Cardano, atirar um par de dados de seis lados produzirá, não onze (de dois a doze), mas 36 combinações possíveis, desde o duplo um até o duplo seis.

Sete, o número-chave no jogo de dados, é o mais fácil de obter. Ele é seis vezes mais provável do que o duplo um ou duplo seis e três vezes mais provável do que onze, o outro número-chave. As seis maneiras diferentes de obter sete são 6 + 1, 5 + 2, 4 + 3, 3 + 4, 2 + 5 e 1 + 6; observe que este padrão não passa das somas de cada uma de três diferentes combinações – 5 e 2, 4 e 3, 1 e 6. O onze só pode aparecer de duas maneiras, pois é a soma de apenas uma combinação: 5 + 6 ou 6 + 5.

Só existe uma maneira de aparecer o duplo um ou o duplo seis. Os entusiastas do jogo de dados fariam bem em memorizar esta tabela:

## PROBABILIDADE DE CADA SOMA NO ARREMESSO DE UM PAR DE DADOS

| Soma | Probabilidade |
|------|---------------|
| 2 | 1/36 |
| 3 | 2/36 ou 1/18 |
| 4 | 3/36 ou 1/12 |
| 5 | 4/36 ou 1/9 |
| 6 | 5/36 |
| 7 | 6/36 ou 1/6 |
| 8 | 5/36 |
| 9 | 4/36 ou 1/9 |
| 10 | 3/36 ou 1/12 |
| 11 | 2/36 ou 1/18 |
| 12 | 1/36 |

No gamão, outro jogo em que os jogadores arremessam dois dados, os números em cada dado podem ser adicionados ou considerados separadamente. Isso significa, por exemplo, que quando dois dados são arremessados, um 5 pode aparecer de quinze formas diferentes:

$$5 + 1$$
$$5 + 2$$
$$5 + 3$$
$$5 + 4$$
$$5 + 6$$
$$1 + 5$$
$$2 + 5$$
$$3 + 5$$
$$4 + 5$$
$$6 + 5$$
$$1 + 4$$
$$4 + 1$$
$$2 + 3$$
$$3 + 2$$

A probabilidade de obter 5 é de 15/36, ou cerca de 42%.[15]

A semântica é importante aqui. Segundo Cardano, a *probabilidade de* um resultado é a razão entre os resultados favoráveis e o conjunto total de oportunidades. A *vantagem* (*odds*) de um resultado é a razão entre os resultados favoráveis e os resultados desfavoráveis. A vantagem depende, sem dúvida, da probabilidade, mas é ela que importa quando se está fazendo uma aposta.

Se a probabilidade de obter 5 no gamão for de 15 em cada 36 arremessos, a vantagem de um 5 será de 15 para 21. Se a probabilidade de obter 7 no jogo de dados for de uma em cada seis arremessos, a vantagem de um número diferente de 7 será de 5 para 1. Isso significa que você não deve apostar mais de US$1 em que a próxima jogada dará 7, caso o adversário aposte US$5 em que não dará. A probabilidade de obter cara em um arremesso de moeda são 50/50, ou uma em duas; como a vantagem das caras é equilibrada, nunca aposte mais do que seu adversário nesse jogo. Se a vantagem de um azarão no jóquei for de 20 para 1, a probabilidade teórica da vitória daquele cavalo será de uma em 21, ou 4,8%, e não 5%.

Na verdade, a vantagem é substancialmente inferior a 5%, porque, ao contrário do jogo de dados, a corrida de cavalos não pode ocorrer na sala de estar de alguém. As corridas de cavalos requerem uma pista, e os proprietários da pista e o estado que licencia a pista têm direito a uma parcela do total das apostas. Se exprimirmos a vantagem de cada cavalo em uma corrida em termos de probabilidades – por exemplo, o azarão de 20 para 1 tem uma probabilidade de vitória de 4,8% – e somar todas as probabilidades, constataremos que o total ultrapassa 100%. A diferença entre o total e 100% é um indicador do montante que os proprietários e o estado estão embolsando.

JAMAIS SABEREMOS SE Cardano escreveu *Liber de ludo aleae* como um compêndio de administração do risco para jogadores ou como uma obra teórica sobre as leis das probabilidades. Dada a importância do jogo em sua vida, as regras do jogo devem ter sido uma importante inspiração para sua obra. Mas isso não é tudo. O jogo é um laboratório ideal para experiências sobre a quantificação do risco. A intensa curiosidade intelectual de Cardano e os complexos princípios matemáticos que ele teve a temeridade de abordar em *Ars magna* indicam que ele não buscava apenas meios de vencer nas mesas de jogo.

Cardano inicia seu *Liber de ludo aleae* com um espírito experimental, mas culmina no conceito teórico de combinações. Acima de suas visões originais sobre o papel da probabilidade nos jogos de azar e além do poder matemático que Cardano aplicou aos problemas que desejava solucionar, *Liber de ludo aleae* é o primeiro esforço conhecido de pôr a medição a serviço do risco. Foi através desse processo, que Cardano levou a cabo com tamanho sucesso, que a administração do risco evoluiu. Qualquer que fosse sua motivação, o livro é uma realização monumental em termos de originalidade e ousadia matemática.

Todavia, o verdadeiro herói da história não é Cardano, mas a época em que viveu. A oportunidade de descobrir o que ele descobriu existira por milhares de anos. Além disso, o sistema de numeração indo-arábico chegara à Europa pelo menos trezentos anos antes de Cardano escrever *Liber de ludo aleae*. Os ingredientes que faltavam eram a liberdade de pensamento, a paixão pela experimentação e o desejo de controlar o futuro desencadeados no Renascimento.

O ÚLTIMO ITALIANO DE alguma importância a lidar com a questão da probabilidade foi Galileu, nascido em 1564, mesmo ano do nascimento de William Shakespeare. Naquela época, Cardano já era idoso.[16] Como muitos de seus contemporâneos, Galileu gostava de experimentar e mantinha-se atento a tudo que ocorria a seu redor. Ele chegou a se basear na própria pulsação como um auxílio na medição do tempo.

Certo dia, no ano de 1583, ao assistir a um serviço religioso na catedral de Pisa, Galileu observou uma lâmpada que balançava no teto acima de sua cabeça. De acordo com a intensidade das brisas na catedral, a lâmpada oscilava irregularmente, alternando entre arcos amplos e estreitos. Ao observá-los, ele notou que cada oscilação levava precisamente a mesma quantidade de tempo, independentemente da largura ou estreiteza do arco. O resultado dessa observação casual foi a introdução do pêndulo na fabricação de relógios. Em trinta anos, o erro médio na medição do tempo reduziu-se de quinze minutos diários para menos de dez segundos. Desse modo, o tempo casou-se com a tecnologia. Era assim que Galileu gostava de despender o tempo.

Quase quarenta anos depois, como empregado como Primeiro e Extraordinário Matemático da Universidade de Pisa e Matemático de Sua Sereníssima Alteza, Cosimo II, o grão-duque de Toscana, Galileu escreveu um breve ensaio sobre o jogo "de modo a obsequiar aquele que me ordenou a apresentar o que me ocorre sobre o problema".[17] O título do ensaio foi *Sopra le scoperte dei dadi* (*Sobre o jogo de dados*). O emprego do italiano, em vez do latim, indica que Galileu não tinha em grande conta um assunto que considerava indigno de consideração séria. Ele parece ter cumprido uma obrigação desagradável para melhorar o desempenho de seu patrão, o grão-duque, no jogo.

No decorrer do ensaio, Galileu rememora grande parte da obra de Cardano, embora o tratado de Cardano sobre o jogo só viesse a ser publicado quarenta anos depois. Porém, é perfeitamente possível que Galileu conhecesse as realizações de Cardano. Segundo a historiadora e estatística Florence Nightingale David, Cardano entreteve essas ideias por tanto tempo que deve certamente tê-las discutido com os amigos. Além disso, ele era um conferencista popular. Assim, os matemáticos podem muito bem ter se familiarizado com o conteúdo do *Liber de ludo aleae*, embora nunca o lessem.[18]

Assim como Cardano, Galileu trata de jogadas de um ou mais dados, extraindo conclusões gerais sobre a frequência de diferentes combinações e tipos de resultado. No decorrer do trabalho, ele afirma que a metodologia era algo que qualquer matemático poderia copiar. Aparentemente, o conceito aleatório de probabilidade estava tão consagrado em 1623 que Galileu sentiu que restava pouco mais a ser descoberto.

Todavia, restava muito ainda a se descobrir. Ideias sobre probabilidade e risco emergiam em ritmo acelerado, à medida que o interesse no assunto se espalhava pela França e para a Suíça, Alemanha e Inglaterra.

Nos séculos XVII e XVIII, a França em particular foi o cenário de uma verdadeira explosão de inovação matemática que foi bem além das experiências empíricas de arremessos de dados de Cardano. Avanços no cálculo infinitesimal e na álgebra levaram a conceitos cada vez mais abstratos que forneceram a base de muitas aplicações práticas da probabilidade, de seguros e investimentos a assuntos mais distantes como a medicina, a hereditariedade, o comportamento das moléculas, a condução da guerra e a previsão do tempo.

O primeiro passo foi conceber técnicas de medição capazes de determinar o grau de ordem que estaria oculto no futuro incerto. No início do século XVII, havia grande empenho no sentido de descobrir tais técnicas. Em 1619, por exemplo, um pastor puritano chamado Thomas Gataker publicou uma obra influente, *Of the nature and use of lots* (*Da natureza e do uso dos sorteios*), cujo argumento era que a lei natural, e não a lei divina, determinava o resultado dos jogos de azar.[19] No final do século XVII, cerca de cem anos após a morte de Cardano e menos de cinquenta anos após a morte de Galileu, os principais problemas da análise das probabilidades estavam resolvidos. O passo seguinte era abordar a questão de como os seres humanos reconhecem as probabilidades com que se defrontam e como reagem a elas. Em última análise, esse é o objeto da administração do risco e da tomada de decisões e é aí que o equilíbrio entre a medição e a emoção torna-se o ponto focal de toda a história.

# 4

# A CONEXÃO FRANCESA

NEM CARDANO, NEM GALILEU perceberam que estavam prestes a enunciar a mais poderosa ferramenta de administração do risco já inventada: as leis das probabilidades. Cardano procedera de uma série de experiências para algumas generalizações importantes, mas estava empenhado apenas em desenvolver uma teoria do jogo, e não uma teoria das probabilidades. Galileu sequer estava interessado em desenvolver uma teoria do jogo.

Galileu morreu em 1642. Decorridos doze anos, três franceses deram um grande salto à frente na análise das probabilidades, fato que é o tema deste capítulo. Menos de dez anos após esse avanço, o que fora apenas um esboço tornou-se uma teoria plenamente desenvolvida que abriu caminho para importantes aplicações práticas. Um holandês chamado Huygens publicou um livro-texto extensamente lido sobre probabilidade em 1657 (cuidadosamente lido e anotado por Newton em 1664); por volta da mesma época, Leibniz excogitava se era possível aplicar a probabilidade a problemas legais; e em 1662 os monges de um mosteiro parisiense chamado Port-Royal produziram uma obra pioneira de filosofia e probabilidade que intitularam de *Lógica*. Em 1660, um inglês chamado John Graunt publicou os resultados de seu trabalho de generalizar dados demográficos a partir de uma amostragem estatística de registros de mortalidade mantidos por igrejas locais. No final da década de 1660, as cidades holandesas que tradicionalmente financiavam suas despesas pela venda de anuidades lograram dar a essas apólices uma sólida base atuarial. Em 1700, como já mencionamos, o governo inglês financiava seus déficits orçamentários pela venda de anuidades vitalícias.

A história dos três franceses começa com um trio incomum que enxergou além das mesas de jogo e deu forma aos fundamentos sistemáticos e teóricos da medição das probabilidades. O primeiro, Blaise Pascal, era um brilhante e jovem dissoluto que, mais tarde, tornou-se um fanático religioso e acabou por rejeitar o uso da razão. O segundo, Pierre de Fermat, era um advogado bem-sucedido para quem a matemática era uma atividade paralela. O terceiro membro do grupo era um nobre, o cavaleiro de Méré, que combinou seu gosto pela matemática com uma irresistível atração pelos jogos de azar; sua fama deve-se simplesmente à formulação da pergunta que impeliu os outros dois ao caminho da descoberta.

Nem o jovem dissoluto, nem o advogado precisaram recorrer à experimentação para confirmar suas hipóteses. Ao contrário de Cardano, eles trabalharam indutivamente na criação, pela primeira vez, de uma *teoria* das probabilidades. A teoria forneceu uma medida da probabilidade em termos de números exatos, um rompimento fundamental com a tomada de decisões baseada em graus de crença.

PASCAL, QUE SE TORNOU um célebre matemático e um filósofo ocasional, nasceu em 1623, aproximadamente na época em que Galileu estava dando os últimos retoques em *Sopra Te scoperte dei dadi*. Nascido na esteira das guerras religiosas do século XVI, Pascal passou metade da vida dividido entre seguir uma carreira matemática ou ceder às convicções religiosas que eram essencialmente anti-intelectuais. Embora fosse um brilhante matemático, orgulhoso de suas realizações como "geomestre", sua paixão religiosa acabou dominando sua vida.[1]

Pascal começou a vida como um menino prodígio. Ele era fascinado por formas e figuras e descobriu por si mesmo quase toda a geometria euclidiana desenhando diagramas nos ladrilhos do chão de seu quarto de brincar.

Aos 16 anos, escreveu um artigo sobre a matemática do cone; o artigo era tão avançado que o próprio Descartes ficou impressionado.

Esse entusiasmo pela matemática foi uma vantagem para o pai de Pascal, que era matemático amador e auferia uma boa renda como coletor de impostos, um funcionário conhecido na época como "lavrador" de impostos. O lavrador de impostos adiantava dinheiro ao monarca – o equivalente ao plantio de sementes – para mais tarde coletá-lo dos cidadãos – o equivalente à colheita, cujo valor derradeiro, como acontece com todos os lavradores, ele esperava que excedesse o custo das sementes.

Ainda no início da adolescência, Pascal inventou e patenteou uma máquina de calcular para facilitar as enfadonhas contas diárias do pai. Esse dispositivo, com engrenagens e rodas que avançavam e retrocediam para somar e subtrair, assemelhava-se às máquinas de calcular mecânicas precursoras das atuais calculadoras eletrônicas. O jovem Pascal também conseguiu multiplicar e dividir em sua máquina e começou a pesquisar um método de extrair raízes quadradas. Infelizmente para os escreventes e contadores dos próximos 250 anos, ele não conseguiu comercializar seu invento devido aos custos de produção proibitivos.

Reconhecendo o gênio do filho, o pai de Blaise apresentou-o, aos 14 anos, a um seleto grupo de discussão semanal que se reunia na casa de um sacerdote jesuíta chamado Marin Mersenne, localizada perto da Place Royal, em Paris. O abade Mersenne fizera de si mesmo o centro do mundo científico e matemático, na primeira metade do século XVII. Além de reunir semanalmente em sua casa intelectuais de peso, ele informava por via postal a todo mundo, com seus garranchos, o que havia de novo e importante.[2]

Na ausência das sociedades científicas, de revistas técnicas e de outros meios de troca de ideias e informações, Mersenne deu uma contribuição valiosa ao desenvolvimento e à disseminação das novas teorias científicas. A Académie des Sciences em Paris e a Royal Society em Londres, fundadas cerca de vinte anos após a morte de Mersenne, foram descendentes diretos das atividades do abade.

Embora os primeiros artigos de Blaise Pascal sobre geometria e álgebra avançadas impressionassem os matemáticos altamente dotados que ele conheceu na casa do abade Mersenne, ele logo adquiriu um interesse conflitante. Em 1646, seu pai escorregou no gelo e fraturou o quadril; os ortopedistas chamados para cuidar dele eram membros da seita católica proselitista dos jansenistas. Estes acreditavam que o único caminho para a salvação era o ascetismo, o sacrifício e o apego determinado à retidão e ao rigor. Eles pregavam que quem não procurar constantemente atingir níveis cada vez superiores de pureza resvalará de volta na imoralidade. Emoção e fé eram tudo que importava; a razão bloqueava o caminho para a redenção.

Após recuperar o quadril de Pascal pai, os jansenistas permaneceram mais três meses para cuidar da alma de Pascal filho, que aceitou sua doutrina com entusiasmo. Blaise abandonou a matemática e a ciência, bem como os prazeres de sua vida anterior de farrista. A religião atraiu sua plena atenção. Tudo o que ele podia oferecer como explicação era indagar: "Quem me colocou nestas condições? Por ordem e obra de quem me foram designados este lugar e este momento? O silêncio eterno desses espaços infinitos me apavora."[3]

O terror tomou-se tão esmagador que, em 1650, aos 27 anos, Pascal sucumbiu a uma paralisia parcial, dificuldade de engolir e fortes dores de cabeça. Como terapia, os médicos recomendaram que se animasse e retomasse seus hábitos hedonistas. Sem delongas, seguiu-lhes os conselhos. À morte do pai, Pascal comentou com a irmã: "Não soframos como os pagãos que não têm esperança."[4] Em suas atividades renovadas, chegou a exceder os prazeres anteriores e tornou-se frequentador assíduo das mesas de jogo de Paris.

Pascal retomou também as pesquisas matemáticas e de áreas afins. Em uma de suas experiências, provou a existência do vácuo, uma questão controvertida desde que Aristóteles declarara que a natureza abomina o vácuo. Nessa experiência, demonstrou que a pressão barométrica poderia ser medida em diferentes alturas através de mercúrio em um tubo esvaziado de todo o ar.

APROXIMADAMENTE NESSA ÉPOCA, Pascal conheceu o cavaleiro de Méré, que se orgulhava de sua habilidade matemática e de sua capacidade de calcular as vantagens nos cassinos. Em uma carta a Pascal, a certa altura no final da década de 1650, ele se vangloria: "Descobri na matemática coisas tão raras que os maiores sábios dos tempos antigos jamais as imaginaram e com que os melhores matemáticos da Europa se surpreenderam."[5]

O próprio Leibniz deve ter se impressionado, pois descreveu o cavaleiro como "um homem de inteligência penetrante que foi tanto jogador como filósofo". Mas a seguir Leibniz deve ter pensado melhor, pois prosseguiu nestes termos: "Quase ri com os ares que o cavaleiro de Méré assume em sua carta a Pascal."[6]

Pascal concordou com Leibniz. "M. de Méré", escreveu a um colega, "tem boa inteligência, mas não é um geômetra, o que, como pode perceber, é um grave defeito".[7] Aqui Pascal soa como o acadêmico que tem prazer em menosprezar um não acadêmico. De qualquer modo, ele subestimou de Méré.[8]

Entretanto, o próprio Pascal é nossa fonte de informações sobre o senso intuitivo de probabilidades de Méré. O cavaleiro apostava repetidamente em resultados com apenas uma estreita margem a favor, resultados que seus adversários consideravam aleatórios. Segundo Pascal, de Méré sabia que a probabilidade de obter 6 com um só dado elevava-se acima de 50% com quatro jogadas – para 51,77469136%. A estratégia do cavaleiro era vencer uma quantia minúscula em um grande número de jogadas, em vez de apostar o castelo em apenas umas poucas. Essa estratégia também exigia grandes quantidades de capital, porque um 6 poderia deixar de aparecer por várias jogadas em uma série, até aparecer em um grupo que trouxesse sua aparição média para além de 50%.[9]

De Méré tentou uma variação de seu sistema, apostando que *sonnez* – o termo para o duplo seis – tinha uma probabilidade superior a 50% de aparecer em 24 jogadas de dois dados. Ele perdeu dinheiro suficiente nessas apostas para aprender que a probabilidade do duplo seis era, de fato, de apenas 49,14% em 24 jogadas. Tivesse ele apostado em 25 jogadas, onde a probabilidade de obter *sonnez* chega a 50,55%, teria sido um homem mais rico. A história da administração do risco escreve-se com tinta vermelha, tanto quanto com tinta preta.

Na época em que conheceu Pascal, o cavaleiro discutia com vários matemáticos franceses o velho problema de Paccioli dos pontos – em um jogo de *balla,* como dois jogadores devem dividir o prêmio quando deixam o jogo incompleto? Ninguém encontrara ainda uma resposta.

Embora o problema dos pontos fascinasse Pascal, ele relutou em explorá-lo sozinho. No mundo moderno, ele seria objeto de um painel em um encontro anual de alguma sociedade científica. No mundo de Pascal, tal fórum inexistia. Um pequeno grupo de estudiosos poderia discutir o assunto na intimidade da casa do abade Mersenne, mas o procedimento consagrado era iniciar uma correspondência privada com outro matemático que pudesse contribuir com a investigação. Em 1654, Pascal recorreu a Pierre de Carcavi, membro do grupo do abade Mersenne, que o pôs em contato com Pierre de Fermat, um advogado em Toulouse.

Pascal não poderia ter contatado alguém mais competente para ajudá-lo a solucionar o problema dos pontos. A erudição de Fermat era assombrosa.[10] Ele falava todos os principais idiomas europeus e chegou a compor poesias em alguns deles, e era um comentarista ativo da literatura dos gregos e romanos. Além disso, era um matemático de raro poder. Ele foi um inventor independente da geometria analítica, contribuiu com o desenvolvimento inicial do cálculo infinitesimal, realizou pesquisas sobre o peso da Terra e trabalhou na refração luminosa e em ótica. No decorrer do que se revelaria uma extensa correspondência com Pascal, deu uma contribuição importante à teoria das probabilidades.

Mas a principal realização de Fermat foi na teoria dos números – a análise da estrutura subjacente às relações de cada número individual com todos os outros. Essas relações apresentam inúmeros enigmas, nem todos solucionados até agora. Por exemplo, os gregos descobriram o que denominaram números perfeitos, números que são a soma de todos os seus divisores, exceto eles próprios, como 6 = 1 + 2 + 3. O próximo número perfeito após 6 é 28 = 1 + 2 + 4 + 7 + 14. O terceiro número perfeito é 496, seguido de 8.128. O quinto número perfeito é 33.550.336.

Pitágoras descobriu o que denominou números amigáveis, "um que é o outro eu", números cujos divisores totalizam um ao outro. Todos os divisores de 284 que são 1, 2, 4, 71 e 142 totalizam 220; todos os divisores de 220 que são 1, 2, 4, 5, 10, 11, 20, 22, 44, 55 e 110 – totalizam 284.

Ninguém descobriu ainda uma regra para obter todos os números perfeitos ou todos os números amigáveis existentes, nem conseguiu explicar todas as sequências variáveis em que eles se seguem uns aos outros. Dificuldades semelhantes surgem com os números primos, números como 1, 3 ou 29, divisíveis apenas por 1 e por si próprios. A certa altura,

Fermat acreditou ter descoberto uma fórmula que geraria sempre números primos como sua solução, mas advertiu que não conseguia demonstrar *teoricamente* que a fórmula se comportaria sempre assim. Sua fórmula gerou 5, depois 17, depois 257 e finalmente 65.537, todos eles números primos; o próximo número resultante da fórmula foi 4.294.967.297.

Fermat talvez seja mais famoso por ter proposto o que passou a ser conhecido como o "Último Teorema de Fermat", uma nota que ele rabiscou na margem de seu exemplar do livro de Diofante, *Aritmética*. A noção é fácil de explicar, apesar da complexidade de sua prova.

O matemático grego Pitágoras foi o primeiro a demonstrar que o quadrado do lado mais longo de um triângulo retângulo, a hipotenusa, equivale à soma dos quadrados dos dois outros lados. Diofante, um antigo explorador das maravilhas das equações de segundo grau, escrevera uma expressão semelhante: $x^4 + y^4 + z^4 = u^2$. "Por que", indaga Fermat, "Diofante não procurou duas potências de quatro (em vez de três) cuja soma seja quadrada? O problema é, de fato, impossível, como sou capaz de provar com todo rigor mediante meu método".[11] Fermat observa que Pitágoras tinha razão de que $a^2 + b^2 = c^2$, mas $a^3 + b^3$ não seria igual a $c^3$, nem nenhum inteiro superior a 2 serviria: o teorema de Pitágoras só funciona para o quadrado.

A seguir, escreveu Fermat: "Tenho uma demonstração realmente maravilhosa desta proposição que esta margem é estreita demais para conter."[12] Com este simples comentário, ele deixou os matemáticos atônitos durante mais de 350 anos, ao lutarem para descobrir uma justificação teórica de algo que uma intensa experimentação empírica revelara ser verdadeiro. Em 1993, um matemático inglês chamado Andrew Wiles afirmou que solucionara esse quebra-cabeça após sete anos de trabalho em um sótão em Princeton. Os resultados de Wiles foram publicados nos *Annals of Mathematics* em maio de 1995, mas os matemáticos continuaram discutindo o que exatamente ele alcançara.

O Último Teorema de Fermat é mais uma curiosidade do que uma revelação sobre o funcionamento do mundo. Mas a solução de Fermat e Pascal para o problema dos pontos há muito vem pagando dividendos sociais, como a base do seguro moderno e de outras formas de administração do risco.

A SOLUÇÃO DO PROBLEMA dos pontos começa pelo reconhecimento de que o jogador que está vencendo quando o jogo é interrompido teria maiores probabilidades de vitória se o jogo prosseguisse. Mas quão maiores são essas chances do jogador que está vencendo? Quão pequenas são as chances do jogador que está perdendo? Como esses enigmas acabam se traduzindo na ciência da previsão?

A correspondência de 1654 sobre este assunto entre Pascal e Fermat representou um marco na história da matemática e da teoria das probabilidades.* Em resposta à curiosidade do cavaleiro de Méré sobre o velho problema, eles elaboraram um método sistemático de análise de resultados futuros. Quando mais coisas podem acontecer do que realmente acontecerão, Pascal e Fermat expõem uma maneira para se determinar a probabilidade de cada um dos resultados possíveis – presumindo-se sempre que os resultados podem ser matematicamente medidos.

Eles atacaram o problema de diferentes perspectivas. Fermat voltou-se para a álgebra pura. Pascal foi mais inovador: usou um formato geométrico para esclarecer a estrutura algébrica subjacente. Sua metodologia é simples e aplicável a uma ampla variedade de problemas de probabilidade.

O conceito matemático básico por trás dessa álgebra geométrica foi reconhecido muito antes de Fermat e Pascal o adotarem. Omar Khayyam estudara-o cerca de 450 anos antes. Em 1303, um matemático chinês chamado Chu Shih-chieh, que expressamente negava qualquer originalidade, abordou o problema mediante um dispositivo que denominou o "Espelho Precioso dos Quatro Elementos". Cardano também mencionara tal dispositivo.[13]

O espelho precioso de Chu passou a ser conhecido como o Triângulo de Pascal. "Que ninguém me acuse de não ter dito nenhuma novidade", vangloria-se Pascal em sua autobiografia. "A disposição do assunto é nova. Quando jogamos tênis, ambos usamos a mesma bola, mas um de nós a coloca melhor."[14]

---

* O texto completo dessa correspondência, traduzido para o inglês, figura em David, 1962, Apêndice 4.

1
1 1
1 2 1
1 3 3 1
1 4 6 4 1
1 5 10 10 5 1
1 6 15 20 15 6 1

Todos os tipos de padrões saltam aos olhos à primeira vista do Triângulo de Pascal, mas a estrutura subjacente é bastante simples: cada número é a soma dos números à direita e à esquerda na linha superior.

A análise das probabilidades começa pela enumeração das diferentes formas pelas quais um evento específico pode ocorrer – o "circuito" de Cardano. É isso que a sequência de números em cada uma dessas linhas crescentes pretende fornecer. A linha superior mostra a probabilidade de um evento que não pode deixar de ocorrer. Aqui só há um resultado possível, com incerteza zero; este caso é irrelevante para a análise probabilista. A próxima linha é a primeira que interessa. Ela mostra uma situação de 50-50: a probabilidade de resultados como nascer um menino – ou uma menina – em uma família que planeja ter apenas um filho, ou obter cara no primeiro arremesso de uma moeda. Some os números da linha. Com um total de apenas duas possibilidades, o resultado é uma coisa ou outra, um menino ou uma menina, cara ou coroa; as probabilidades de ter um menino, em vez de uma menina, ou de tirar cara, em vez de coroa, são de 50%.

O mesmo processo aplica-se ao descermos no triângulo. A terceira fila mostra as combinações possíveis de meninos e meninas em uma família que tem dois filhos. A soma da linha mostra que existem quatro resultados possíveis: uma chance de dois meninos, uma chance de duas meninas e duas chances de um de cada – um menino seguido de uma menina ou uma menina seguida de um menino. Ora, pelo menos um menino (ou uma menina) aparece em três dos quatro resultados, fixando as probabilidades de pelo menos um menino (ou uma menina) em uma família de dois filhos em 75%; as probabilidades de um menino mais uma menina são de 50%. O processo depende obviamente de combinações de números de uma forma que Cardano reconhecera, mas que não fora publicada quando Pascal se dedicou ao assunto.

A mesma linha de análise gerará uma solução para o problema dos pontos. Mudemos o cenário do jogo de *balla* de Paccioli para o jogo de beisebol. Qual a probabilidade de que seu time vença o campeonato mundial depois de perder o primeiro jogo? Se pressupormos, como em um jogo de azar, que os dois times estão equilibrados, este problema será idêntico ao problema dos pontos abordado por Fermat e Pascal.[15]

Como o outro time já venceu uma partida, o torneio será definido agora pela melhor de quatro em seis jogos, em vez de quatro em sete. Quantas sequências diferentes de seis jogos são possíveis, e quantas dessas vitórias e derrotas resultariam nas quatro vitórias de seu time necessárias para ganhar o troféu? Seu time poderia vencer o segundo jogo, perder o terceiro e depois vencer os três últimos. Ele poderia perder dois em seguida e vencer os próximos quatro. Ou poderia ter as quatro vitórias necessárias de cara, deixando os adversários com apenas um jogo a seu favor.

Em seis partidas, quantas dessas combinações de vitórias e derrotas existem? O triângulo nos dirá. Basta que encontremos a linha apropriada.

Observe que a segunda linha do triângulo, a linha de 50-50, diz respeito a uma família com um filho único ou a um único arremesso de uma moeda e resulta em um total de dois resultados possíveis. A linha seguinte mostra a distribuição de resultados para uma família de dois filhos, ou para dois arremessos de moeda, e resulta em quatro resultados, ou $2^2$. A próxima linha resulta em oito resultados, ou $2^3$, e mostra o que poderia acontecer com uma família de três filhos. Restando seis jogos para decidir o campeonato, devemos consultar a linha cujo total seja $2^6$, ou dois multiplicado por si seis vezes, que conterá 64 sequências de vitórias e derrotas possíveis.* A sequência de números dessa linha é:

$$1 \ 6 \ 15 \ 20 \ 15 \ 6 \ 1$$

Lembre-se de que seu time necessita ainda de quatro partidas para ganhar o troféu, enquanto o time adversário necessita de apenas três. Só existe uma forma de seu time vencer todos os jogos – vencendo todos

---

* Os matemáticos notarão que Pascal forneceu realmente aqui a expansão binomial, ou os coeficientes de cada multiplicação sucessiva de $(a + b)$ por si mesmo. Por exemplo, a primeira linha é $(a + b)^0 = 1$, enquanto a quarta linha é $(a + b)^3 = 1a^3 + 3a^2b + 3ab^2 + 1b^3$.

os jogos enquanto os adversários não vencem nenhum; o número 1 no início da linha refere-se a essa possibilidade. Avançando-se na linha, o próximo número é 6. Existem seis sequências diferentes em que seu time (S) ganharia o troféu enquanto seus adversários (A) vencem apenas mais um jogo:

ASSSSS SASSSS SSASSS SSSASS SSSSAS SSSSSA

E existem quinze sequências diferentes em que seu time venceria quatro jogos enquanto seus adversários vencem dois.

Todas as outras combinações gerariam pelo menos três vitórias para o time adversário e menos do que as quatro necessárias para você. Isso significa que há 1 + 6 + 15 = 22 combinações em que seu time sairia vencedor após perder o primeiro jogo e 42 combinações em que o time adversário seria campeão. Como resultado, as probabilidades de que seu time saia da retaguarda para vencer quatro jogos, antes que o outro time tenha vencido três jogos, são de 22/64 – ligeiramente superiores a uma em três.

Os exemplos revelam algo estranho. Por que seu time jogaria todas as seis partidas restantes em sequências onde teriam ganho o troféu antes de completar essas partidas? Ou por que jogariam todas as quatro partidas quando poderiam vencer em menos partidas?

Embora nenhum time na vida real estenda os jogos além do mínimo necessário para definir o campeonato, uma solução logicamente completa do problema seria impossível sem *todas* as possibilidades matemáticas. Como observou Pascal em sua correspondência com Fermat, as leis matemáticas devem dominar os desejos dos próprios jogadores, que são apenas abstrações de um princípio geral. Ele declara que "é absolutamente indiferente e irrelevante para ambos se deixam a competição seguir seu curso natural".

A CORRESPONDÊNCIA ENTRE Pascal e Fermat deve ter sido para ambos uma empolgante exploração de novo território intelectual. Fermat escreveu a Carcavi sobre Pascal: "Acredito que ele seja capaz de resolver qualquer problema a que se dedique." Em uma carta a Fermat, Pascal admitiu que "seus arranjos numéricos... estão muito além de minha compreensão". Em outra carta, ele também descreve Fermat como "um homem tão excepcional em intelecto... no mais alto grau de excelência... que suas obras o tornarão supremo entre os geomestres da Europa".

Mais do que a matemática estava em jogo para Pascal, tão profundamente envolvido com a religião e a moralidade, e para o jurista Fermat. De acordo com suas soluções, uma questão de *direito moral* está envolvida na divisão das apostas no jogo de *balla* interrompido de Paccioli. Embora os jogadores pudessem comodamente dividir meio a meio as apostas, essa solução seria inaceitável para Pascal e Fermat, porque seria injusta para com o jogador que teve a sorte de estar na dianteira quando o jogo cessou.[16]

Pascal é explícito sobre as questões morais envolvidas e escolhe suas palavras com cuidado. Em seus comentários sobre essa obra, ele observa que "a primeira coisa que devemos considerar é que o dinheiro que os jogadores aplicaram no jogo não mais lhes pertence... mas eles receberam em troca o direito de esperar o que a sorte lhes trará, segundo as regras com que concordaram de início". Caso decidam interromper o jogo antes do fim, voltarão aos direitos de posse originais sobre o dinheiro apostado. A essa altura, "a regra determinando que seu quinhão será proporcional ao que tiveram direito de esperar da sorte... Essa distribuição justa é conhecida como a divisão". Os princípios da teoria das probabilidades determinam a divisão, porque eles determinam a justa distribuição das apostas.

Vista nesses termos, a solução de Pascal-Fermat é claramente matizada pela noção de administração do risco, embora eles não estivessem pensando explicitamente nesses termos. Apenas o temerário corre riscos quando as regras são obscuras, seja no jogo de *balla,* na compra de ações da IBM, na construção de uma fábrica ou na submissão a uma apendicectomia.

Mas além da questão moral, as soluções propostas por Pascal e Fermat levam a generalizações precisas e a regras de cálculo das probabilidades, incluindo casos que envolvam mais de dois jogadores, dois times, dois sexos, dois dados ou moedas de dois lados. Com sua realização, eles puderam estender os limites da análise teórica para bem além da demonstração de Cardano de que dois dados de seis lados (ou duas jogadas de um dado) produziriam $6^2$ combinações ou que três dados produziriam $6^3$ combinações.

A última carta da série é datada de 27 de outubro de 1654. Menos de um mês depois, Pascal experimentou algum tipo de experiência mística.

Ele costurou uma descrição do evento no paletó para que ficasse perto do coração, clamando por "renúncia total e doce". Ele abandonou a matemática e a física, renunciou à boa vida, abandonou os velhos amigos, vendeu todos os seus bens exceto os livros religiosos e, pouco depois, fixou residência no mosteiro de Port-Royal, em Paris.

Contudo, sinais do antigo Blaise Pascal continuaram se manifestando. Ele fundou a primeira linha de ônibus comerciais de Paris, com os lucros destinados ao mosteiro de Port-Royal.

Em julho de 1660, Pascal fez uma viagem a Clermont-Ferrand, não distante da residência de Fermat, em Toulouse. Este propôs um encontro "para abraçar-te e conversar contigo por alguns dias", sugerindo um local a meio caminho entre as duas cidades; ele alegou falta de saúde como justificativa por não querer percorrer a distância toda. Pascal escreveu que volta em agosto:

> Mal me recordo da existência de algo como a Geometria (*i.e.*, matemática). Acho a Geometria tão inútil que vejo pouca diferença entre um homem que é geômetra e um artífice talentoso. Embora eu a chame de melhor ofício do mundo, ela não passa, afinal, de um ofício... É bem possível que eu jamais volte a pensar nela.[17]

PASCAL REUNIU SEUS pensamentos sobre a vida e a religião enquanto estava em Port-Royal e publicou-os sob o título *Pensamentos*.[18] No decorrer de seu trabalho nesse livro, ele preencheu ambos os lados de duas folhas de papel com o que Ian Hacking descreve como "escrita em todas as direções... cheia de rasuras, correções e aparentes reflexões posteriores". Esse fragmento passou a ser conhecido como A Aposta de Pascal (*le pari de Pascal*), que pergunta: "Deus existe ou não existe? Para que lado nos inclinaremos? A razão não o pode determinar."*

Aqui, baseando-se em sua análise dos resultados prováveis do jogo de *balla*, Pascal formula a questão em termos de um jogo de azar. Ele postula um jogo que termina em uma distância infinita no tempo. Naquele

---

* *Nota do Tradutor: Pensamentos*, artigo III, 233. Tradução portuguesa de Sérgio Milliet.

momento, uma moeda é jogada. Em que lado você apostaria: cara (Deus existe) ou coroa (Deus não existe)?

Hacking afirma que a linha de análise de Pascal na resposta a esta pergunta é o início da teoria da tomada de decisões. "A teoria da decisão", como Hacking a descreve, "é a teoria de decidir o que fazer quando é incerto o que acontecerá".[19] Tomar tal decisão é o primeiro passo essencial em qualquer esforço de administração do risco.

Às vezes, tomamos decisões com base na experiência passada, de experiências que nós ou outros conduzimos no decorrer de nossas vidas. Mas não podemos conduzir experiências que provem a existência ou não de Deus. Nossa única alternativa é explorar as *consequências* futuras da crença em Deus ou da Sua rejeição. Tampouco podemos evitar a questão, pois o mero ato de viver força-nos a participar desse jogo.

Pascal explicou que a crença em Deus não é uma decisão. Você não pode acordar uma manhã e declarar: "Hoje acho que decidirei acreditar em Deus." Você acredita ou não acredita. A decisão, portanto, é se você optará por agir de um modo que leve a acreditar em Deus, como viver entre pessoas devotas e seguir uma vida de "água benta e sacramentos". Quem seguir esses preceitos estará apostando na existência de Deus. Os que não quiserem se dar a esse trabalho estarão apostando que Deus não existe.

O único meio de optar entre uma aposta na existência de Deus e uma aposta em que Deus não existe ao longo daquela distância infinita do jogo de cara ou coroa de Pascal é decidir se um resultado em que Deus existe é preferível – mais valioso em certo sentido – a um resultado em que Deus não existe, embora as probabilidades possam ser apenas de 50-50. Essa visão é o que conduz Pascal rumo a uma decisão – uma opção em que o valor do resultado e a probabilidade de sua ocorrência diferirão porque as *consequências* dos dois resultados são diferentes.*

Caso Deus não exista, será indiferente se você levar uma vida devota ou pecaminosa. Mas suponha que Deus exista. Então, se você apostar contra a existência de Deus, recusando-se a viver uma vida de devoção e sacramentos, correrá o risco da danação eterna; o vencedor da aposta de que Deus existe tem a possibilidade da salvação. Como a salvação é claramente

---

\* Neste ponto, Pascal antecipa o avanço revolucionário de Daniel Bernoulli de 1738 na análise de decisões, que abordaremos em detalhes no Capítulo 6.

preferível à danação eterna, a decisão correta é agir com base na existência de Deus. "Para que lado nos inclinaremos?" A resposta era óbvia a Pascal.

PASCAL PRODUZIU UM subproduto interessante ao decidir canalizar os lucros de sua linha de ônibus para ajudar a sustentar o mosteiro de Port-Royal.[20] Em 1662, um grupo de seus companheiros no mosteiro publicou uma obra de grande importância, *La logique, ou l'art de penser* (*Lógica, ou a arte de pensar*), um livro que atingiu cinco edições entre 1662 e 1668.* Embora de autoria não revelada, acredita-se que o principal autor – mas não o único – tenha sido Antoine Arnauld, um homem caracterizado por Hacking como "talvez o teólogo mais brilhante de sua época".[21] O livro foi imediatamente traduzido para outras línguas através da Europa e ainda era usado como livro-texto no século XIX.

A última parte do livro contém quatro capítulos sobre probabilidades que abordam o processo de desenvolvimento de uma hipótese com base em um conjunto limitado de fatos; atualmente, esse processo chama-se inferência estatística. Entre outros assuntos, esses capítulos contêm uma "regra para o uso apropriado da razão na determinação de quando aceitar a autoridade humana", regras para a interpretação de milagres, uma base de interpretação de eventos históricos e a aplicação de medições numéricas à probabilidade.[22]

O capítulo final descreve um jogo em que dez jogadores arriscam cada qual uma moeda na esperança de ganhar as nove moedas dos colegas. O autor observa então que há "nove graus de probabilidade de perder a moeda para apenas um de ganhar nove".[23] Embora a observação seja trivial, a frase tornou-se imortal. Segundo Hacking, essa é a primeira vez na literatura impressa "em que a probabilidade, assim chamada, é medida".[24]

A passagem merece a imortalidade por mais razões do que esta. O autor admite que os jogos descritos são de caráter trivial, mas traça uma analogia com os eventos naturais. Por exemplo, as probabilidades de ser atingido por um raio são pequenas, mas "muitas pessoas... morrem de medo quando ouvem trovões".[25] A seguir, faz uma afirmação importantíssima: "O medo

---

\* O título latino desse livro foi *Ars cogitandi*. Ver Hacking, 1975, pp. 12 e 24.

do dano deveria ser proporcional, não apenas à gravidade do dano, mas também à probabilidade do evento."[26] Eis outra grande inovação: a ideia de que tanto a gravidade como a probabilidade devem influenciar uma decisão. Poderíamos inverter essa asserção e afirmar que uma decisão deve envolver a força de nosso desejo de um resultado específico, assim como o grau de nossa crença na probabilidade daquele resultado.

A força de nosso desejo de algo, que passou a ser conhecida como utilidade, logo se tornaria mais do que uma mera auxiliar da probabilidade. A utilidade estava prestes a assumir um lugar central em todas as teorias de tomada de decisões e enfrentamento de riscos. Ela reaparecerá repetidamente nos capítulos à frente.

OS HISTORIADORES COSTUMAM se referir a ocasiões em que o alvo foi errado por pouco – ocasiões em que algo importantíssimo quase aconteceu, mas, por uma ou outra razão, deixou de acontecer. A história do Triângulo de Pascal é um exemplo notável disso. Vimos como prever o número provável de meninos ou meninas em uma família com vários filhos. Avançamos ainda mais para prever o resultado provável de um campeonato mundial (para times equilibrados) depois que uma parte do torneio já foi disputada.

Em suma, temos feito previsões! Pascal e Fermat detiveram a chave de um método sistemático de cálculo das probabilidades de eventos futuros. Embora não tivessem dado a volta completa, eles inseriram a chave na fechadura. A importância de seu trabalho pioneiro para a gestão empresarial, para a administração do risco e, em particular, para os seguros seria percebida por outros – para os quais a *Lógica* de Port-Royal seria um importante passo inicial. A ideia de prever tendências econômicas ou de usar a probabilidade para prever prejuízos econômicos era remota demais para que Pascal e Fermat percebessem o que estavam perdendo. É apenas com a visão retrospectiva que podemos ver quão perto eles chegaram.

A incerteza inevitável do futuro sempre nos impedirá de banir totalmente o destino de nossas esperanças e temores; porém, após 1654, a feitiçaria deixaria de ser o método de previsão favorito.

# 5

# AS NOÇÕES NOTÁVEIS DO HOMEM
# DAS NOÇÕES NOTÁVEIS

ODOS TEMOS DE TOMAR decisões com base em poucos dados. Um gole, ou mesmo o aroma, de um vinho já indica se a garrafa inteira é bebível. A corte à futura esposa é mais curta do que a vida em comum pela frente. Algumas gotas de sangue podem revelar padrões de DNA que condenarão ou absolverão um acusado de assassinato. As pesquisas de opinião entrevistam 2 mil pessoas para apurar o estado de espírito do país inteiro. O índice Dow-Jones nos Estados Unidos consiste em apenas trinta ações, mas o usamos: para medir mudanças em trilhões de dólares no patrimônio de milhões de famílias e de milhares de grandes instituições financeiras. Foi preciso George Bush comer só um pouco de brócolos para saber que não gostava daquela verdura.

A maioria das grandes decisões seria inviável sem a amostragem. Quando você terminar de beber a garrafa de vinho, será tarde demais para dizer se ele é ou não bebível. O médico não pode extrair todo o seu sangue para decidir que remédio prescrever ou para examinar seu DNA. O presidente não pode realizar referendos mensais de 100% do eleitorado para decidir o que este deseja – nem pode comer todos os brócolos do mundo para concluir que não gosta deles.

A amostragem é essencial para se enfrentar riscos. Constantemente, usamos amostras do presente e do passado para adivinhar o futuro. "Na média" é uma expressão familiar. Mas quão confiável é a média a que nos referimos? Quão representativa é a amostra em que baseamos nosso julgamento? O que é "normal", de qualquer modo? Os estatísticos brincam sobre o homem com os pés no forno e a cabeça no refrigerador: na média, ele se sente muito bem. A fábula dos cegos e do elefante é famosa precisamente porque cada homem tomou uma amostra tão minúscula do animal inteiro.

A AMOSTRAGEM ESTATÍSTICA teve uma longa história, e as técnicas do século XX são muito avançadas em relação aos métodos primitivos de épocas anteriores. O mais interessante uso da amostragem em épocas antigas era uma cerimônia conhecida como o Teste do Pyx, conduzida pelo rei da Inglaterra, ou por seus representantes nomeados, e instituída em 1279, quando Eduardo I proclamou o procedimento a ser seguido.[1]

O propósito do teste era assegurar que a cunhagem de moedas pelo Royal Mint observasse as quantidades de ouro ou prata definidas por sua declaração de padrões. A estranha palavra "pyx" deriva da palavra grega para caixa e se refere ao recipiente que continha as moedas a serem verificadas. Essas moedas eram selecionadas, supostamente de modo aleatório, dentre a produção do Mint; no teste, elas eram comparadas com uma barra de ouro real armazenada em uma sala de tesouro com três trancas denominada Chapel of the Pyx, na abadia de Westminster. O procedimento permitia uma variação especificamente definida em relação ao padrão, pois não se poderia esperar que toda moeda correspondesse precisamente ao ouro com que estava sendo comparada.

Um esforço mais ambicioso e influente de utilização do processo estatístico de amostragem foi relatado em 1662, oito anos após a correspondência entre Pascal e Fermat (e ano em que Pascal finalmente descobriu para si se Deus existe ou não). A obra em questão foi um pequeno livro publicado em Londres e intitulado, *Natural and political observations made upon the bills of mortality* (*Observações naturais e políticas sobre os registros de óbito*). O livro continha uma compilação dos nascimentos e das mortes em Londres entre 1604 e 1661, junto com um extenso comentário que interpretava os dados. Nos anais da pesquisa estatística e sociológica, o pequeno livro foi um avanço revolucionário, um salto ousado no uso de métodos de amostragem e no cálculo das probabilidades – a matéria-prima de todo método de administração do risco, dos seguros e da medição de riscos ambientais ao projeto dos mais complexos derivativos.

O autor, John Graunt, não era estatístico nem demógrafo – naquela época, disciplinas totalmente separadas.[2] Tampouco era um matemático, um atuário, um cientista, um professor universitário ou um político. Graunt, então com 42 anos, passara toda a vida adulta como mercador de "aviamentos", como botões e agulhas.

Graunt deve ter sido um bom comerciante. Ele ganhou dinheiro suficiente para poder se dedicar a interesses menos triviais do que vender mercadorias de corte e costura. Segundo John Aubrey, um biógrafo da época, Graunt era "uma pessoa muito engenhosa e estudiosa... que ia de manhã cedo ao seu escritório antes do horário comercial... muito jocoso e fluente em sua conversa".[3] Ele se tornou amigo íntimo de alguns dos mais eminentes intelectuais da época, inclusive William Petty, que ajudou Graunt em algumas dificuldades sobre estatísticas populacionais da obra.

Petty foi um homem notável. Originalmente um médico, sua carreira incluiu os cargos de agrimensor da Irlanda e professor de anatomia e música. Ele acumulou uma fortuna substancial como aproveitador durante as guerras na Irlanda e foi o autor de um livro chamado *Political arithmetick* (*Aritmética política*), que lhe valeu o título de fundador da economia moderna.[4]

O livro de Graunt atingiu pelo menos cinco edições e atraiu seguidores dentro e fora da Inglaterra. A resenha de Petty no *Journal des Sçavans* parisiense, em 1666, inspirou os franceses a se aventurarem em uma pesquisa semelhante em 1667. Além disso, as realizações de Graunt atraíram suficiente atenção pública para que Carlos II o convidasse para a recém-constituída Royal Society. Os membros dessa sociedade não ficaram muito entusiasmados com a perspectiva de admitir um simples comerciante, mas o rei advertiu-os de que "se encontrassem outros desses comerciantes, fariam bem em admitir todos eles, sem maiores delongas". Graunt venceu.

A Royal Society deve suas origens a um homem chamado John Wilkins (1617-1672), que formara um clube seleto de amigos brilhantes que se reuniam em seus aposentos no Wadham College.[5] O clube era uma cópia do grupo do abade Mersenne, em Paris. Wilkins subsequentemente transformou essas reuniões informais na primeira, e mais afamada, das academias científicas fundadas no fim do século XVII; a Académie des Sciences francesa foi fundada pouco depois, tendo a Royal Society como modelo.

Wilkins veio a se tornar bispo de Chichester, mas ele é mais interessante como um pioneiro da ficção científica, enfeitada com referências à probabilidade. Uma de suas obras teve o arrebatante título de *The discovery of a world in the moon or a discourse tending to prove that is probable there may be another habitable world in that planet (A descoberta de um mundo na lua ou um discurso tendendo a provar que é provável que exista outro mundo habitável naquele planeta)*, publicado em 1640. Antecipando Júlio Verne, Wilkins também trabalhou em projetos de um submarino para ser enviado sob o oceano Ártico.

NÃO SABEMOS O QUE inspirou Graunt a realizar sua compilação dos nascimentos e das mortes em Londres, mas ele admite que teve "grande prazer em deduzir tantas inferências abstrusas e inesperadas desses pobres e desprezados Registros de Óbito... E há prazer em fazer algo de novo, embora nunca tão pequeno".[6] Mas ele também tinha um objetivo sério: "Saber quantas pessoas existem de cada sexo, estado, idade, religião, profissão, posição ou grau etc., conhecimento este que pode tornar o comércio e o governo mais seguros e regulares; pois se os homens conhecerem as pessoas como mencionado, poderão saber que consumo teriam, de modo que o comércio não seja esperado onde é impossível."[7] É bem possível que ele tenha inventado o conceito de pesquisa de mercado, e ele decerto forneceu ao governo as primeiras estimativas do número de pessoas disponíveis para o serviço militar.

Informações sobre nascimentos e mortes há muito estavam disponíveis nas igrejas paroquiais, e a própria cidade de Londres começara a fazer contagens semanais a partir de 1603. Dados adicionais estavam disponíveis na Holanda, onde as cidades arrecadavam dinheiro através de anuidades vitalícias – apólices compradas por uma soma vultosa que pagavam uma renda vitalícia ao detentor e, ocasionalmente, a herdeiros. As igrejas francesas também mantinham registros dos batismos e das mortes.

Hacking relata que Graunt e Petty não tinham conhecimento de Pascal ou de Huygens; porém, "quer motivadas por Deus, pelo jogo, pelo comércio ou pelo direito, o mesmo tipo de ideias emergia simultaneamente em várias mentes".[8] Sem dúvida, Graunt escolhera um momento propício para publicar e analisar informações importantes sobre a população da Inglaterra.

Graunt mal desconfiava de que era o inovador da teoria da amostragem. Na verdade, ele trabalhou com o conjunto completo de registros de mortalidade, e não com uma amostra. Mas ele raciocinou sistematicamente sobre dados crus de forma que ninguém jamais tentara antes. A maneira como ele analisou os dados estabeleceu os fundamentos da ciência da estatística.[9] A palavra "estatística" deriva-se da análise de fatos quantitativos sobre o Estado. Graunt e Petty podem ser considerados os cocriadores desse importante campo de estudo.

Graunt realizou seu trabalho em uma época em que a sociedade essencialmente agrícola da Inglaterra estava se transformando em uma sociedade cada vez mais sofisticada, com possessões e empreendimentos comerciais ultramarinos. Hacking observa que, enquanto a tributação se baseou nas propriedades rurais e nas terras cultivadas, ninguém deu importância ao número de pessoas que lá viviam. Por exemplo, a pesquisa de 1085 de Guilherme, o Conquistador, o denominado Domesday Book, incluía os cadastros – registros de posse e valor dos imóveis –, mas ignorava o número de seres humanos envolvidos.

Entretanto, à medida que um número crescente de pessoas passou a viver nos vilarejos e cidades, sua contagem começou a importar. Petty menciona a importância das estatísticas populacionais na estimativa do número de homens em idade de prestar serviço militar e do potencial de arrecadação fiscal. Mas para Graunt, que parece ter sido antes de tudo um comerciante, em uma época de prosperidade crescente, as considerações políticas tinham menos interesse.

Havia outro fator em jogo. Dois anos antes da publicação das *Observations* de Graunt, Carlos II fora chamado de volta do exílio na Holanda. Com a Restauração a pleno vapor, os ingleses viram-se enfim livres da repressão intelectual que os puritanos haviam imposto à nação. A morte do absolutismo e do republicanismo levou a um novo sentimento de liberdade e progresso no país. Grandes riquezas estavam começando a chegar das colônias no outro lado do Atlântico, bem como da África e Ásia. Isaac Newton, agora com 28 anos, estava levando as pessoas a mudar o pensamento sobre o planeta em que viviam. O próprio Carlos II era uma alma livre, um Monarca Alegre que não se vexava em desfrutar as coisas boas da vida.

Era tempo de se erguer e olhar em torno. John Graunt o fez e começou a contar.

EMBORA O LIVRO DE Graunt forneça dados interessantes para estudiosos de sociologia, medicina, ciência política e história, sua maior novidade é o uso da amostragem. Graunt percebeu que as estatísticas disponíveis representavam uma mera fração de todos os nascimentos e mortes já ocorridos em Londres, mas isso não o impediu de tirar amplas conclusões dos dados disponíveis. Sua linha de análise é conhecida atualmente como "inferência estatística" – inferir uma estimativa global de uma amostra de dados; os estatísticos subsequentes descobririam como calcular o erro provável entre a estimativa e os valores reais. Com seu esforço inovador, Graunt transformou o processo simples de coleta de informações em um instrumento poderoso e complexo de interpretação do mundo – e dos céus – ao nosso redor.

A matéria-prima que Graunt reuniu estava contida nos "Registros de Óbito" que a cidade de Londres começara a coletar em 1603. Aliás, esse fora o ano da morte da rainha Elizabeth; além disso, foi o ano em que Londres sofreu um dos piores surtos de peste. O conhecimento exato do que se passava na área da saúde pública estava se tornando cada vez mais importante.[10]

Os registros de óbito revelavam as causas das mortes, além do número de mortes, e também listavam o número de crianças batizadas a cada semana. A ilustração da página 82 mostra os documentos de duas semanas no ano de 1665. Houve 7.165 mortes por peste apenas na semana de 12 a 19 de setembro, e apenas quatro das 130 paróquias foram poupadas da doença.[11]

Graunt estava particularmente interessado nas causas das mortes, sobretudo "aquele extraordinário e grande desastre", a peste, e no modo como as pessoas viviam sob a constante ameaça da epidemia devastadora. No ano de 1632, por exemplo, ele relacionou quase sessenta causas diferentes de morte, com 628 óbitos sob a rubrica de "idosos". As outras variavam de "aterrorizado" e "mordido por cão raivoso" (uma pessoa cada) a "lombrigas", "amigdalite" e "morto sob cuidados da enfermeira". Houve apenas sete "assassinatos" em 1632 e apenas quinze suicídios.

Ao observar que "poucos são assassinados... enquanto em Paris poucas noites transcorrem sem essa tragédia", Graunt atribui esse fato ao governo e à guarda civil da cidade de Londres. Ele também o atribui ao "natural e costumeiro repúdio desse crime desumano e de todo derramamento de sangue pela maioria dos ingleses", observando que mesmo os "usurpadores" durante as revoluções inglesas executaram apenas poucos de seus compatriotas.

Graunt fornece o número de mortos pela peste em determinados anos; um dos piores foi 1603, quando 82% dos enterros foram de vítimas da peste. De 1604 a 1624, ele calculou que 229.250 pessoas morreram de todas as moléstias e "tragédias", cerca de um terço das quais por doenças infantis. Constatando que as crianças representaram metade das mortes por outras enfermidades, ele concluiu que "cerca de 36% de todas as crianças nascidas morriam antes dos seis anos de idade". Menos de 4 mil morreram de "doenças manifestas, como cânceres, fístulas, feridas, úlceras, membros quebrados e contundidos, abscessos, escrófula, lepra, doenças do escalpo, catapora, tumores etc.".

Graunt afirma que a predominância de doenças agudas e epidêmicas poderia dar "uma indicação do estado e da disposição deste clima e do ar... bem como dos alimentos". Ele prossegue observando que poucos morrem de fome e que os mendigos, "enxameando por toda a cidade... parecem, em sua maioria, saudáveis e fortes". Ele recomenda que o Estado os "sustente" e que sejam ensinados a trabalhar "de acordo com a condição e capacidade de cada".

Após comentar a incidência de acidentes – a maioria, segundo ele, relacionados à profissão –, Graunt se refere a "uma tragédia em nossos registros, sobre a qual diariamente se fala, mas com pouco efeito". Essa tragédia é a pústula francesa – um tipo de sífilis – "contraída em geral menos pela imoderação no sexo (*Venery*)* (que causa, isso sim, a

---

* A palavra *venery* deriva da palavra francesa medieval *vener*, caçar (da qual deriva também a palavra *venison* – carne de veado) e de Vênus (de que deriva a palavra "venéreo"). Uma palavra assaz venerável!

## The Diseases and Casualties this Week.

| | | | |
|---|---|---|---|
| A Bortive | 5 | French-pox | 3 |
| Aged | 38 | Griping in the Guts | 14 |
| Broken legge | 1 | Head-mould-shot | 1 |
| Cancer | 1 | Imposthume | 4 |
| Childbed | 8 | Infants | 7 |
| Chrisoms | 18 | Kingsevill | 2 |
| Consumption | 56 | Overlaid | 4 |
| Convulsion | 25 | Plurisie | 2 |
| Dropsie | 21 | Rickets | 4 |
| Drowned at St. Kath. Tower | 1 | Rising of the Lights | 8 |
| Executed | 6 | Rupture | 1 |
| Feaver | 34 | Scurvy | 1 |
| Fistula | 1 | Spotted Feaver | 8 |
| Flox and Small-pox | 13 | Stilborn | 7 |
| Flux | 2 | Stone | 1 |
| Found dead (an Infant) at St. Giles in the Fields | 1 | Stopping of the Stomach | 8 |
| | | Strangury | 1 |
| | | Suddenly | 1 |
| | | Surfeit | 9 |
| | | Teeth | 17 |
| | | Thrush | 3 |
| | | Tissick | 3 |
| | | Ulcer | 1 |
| | | Wormes | 1 |

| Christned | Males — 117 | Buried | Males — 185 | |
| | Females — 120 | | Femaes — 159 | Plague 0 |
| | In all — 237 | | In all — 344 | |

Decreased in the Burials this Week — 38
Parishes clear of the Plague — 130    Parishes Infected — 0

*The Assize of Bread set forth by Order of the Lord Maior and Court of Aldermen;*
*A penny Wheaten Loaf to contain Ten Ounces, and three*
*half-penny White Loaves the like weight.*

---

## The Diseases and Casualties this Week.

| | | | |
|---|---|---|---|
| A Bortive | 5 | Iaundies | 5 |
| Aged | 43 | Imposthume | 11 |
| Ague | 2 | Infants | 16 |
| Apoplexie | 1 | Killed by a fall from the Belfrey at Alhallowes the Great | 1 |
| Bleeding | 1 | Kingsevil | 2 |
| Burnt in his Bed by a Candle at St. Giles Cripplegate | 1 | Lethargy | 1 |
| Canker | 1 | Palsie | 1 |
| Childbed | 42 | Plague | 7165 |
| Chrisomes | 18 | Rickets | 17 |
| Consumption | 134 | Rising of the Lights | 11 |
| Convulsion | 64 | Scowring | 5 |
| Cough | 2 | Scurvy | 2 |
| Dropsie | 33 | Spleen | 1 |
| Feaver | 309 | Spotted Feaver | 101 |
| Flox and Small-pox | 5 | Stilborn | 17 |
| Frighted | 3 | Stone | 2 |
| Gowt | 1 | Stopping of the stomach | 9 |
| Grief | 1 | Strangury | 1 |
| Griping in the Guts | 51 | Suddenly | 1 |
| | | Surfeit | 49 |
| | | Teeth | 121 |
| | | Thrush | 5 |
| | | Timpany | 1 |
| | | Tissick | 11 |
| | | Vomiting | 3 |
| | | Winde | 3 |
| | | Wormes | 15 |

| Christned | Males — 95 | Buried | Males — 4095 | |
| | Females — 81 | | Females — 4202 | Plague 7165 |
| | In all — 176 | | In all — 8297 | |

Increased in the Burials this Week — 607
Parishes clear of the Plague — 4    Parishes Infected — 126

*The Assize of Bread set forth by Order of the Lord Maior and Court of Aldermen,*
*A penny Wheaten Loaf to contain Nine Ounces and a half, and three*
*half-penny White Loaves the like weight.*

---

SEMANA DE 11-18 DE ABRIL DE 1665          SEMANA DE 12-19 DE SETEMBRO DE 1665

*(Reprodução por cortesia de Stephen Stigler)*

gota) do que de mulheres vulgares". Graunt indaga por que os registros mostram tão poucos óbitos por sífilis, pois "grande parte dos homens contraiu, em uma ou outra época, alguma espécie dessa doença". Ele conclui que a maioria das mortes por úlceras e feridas foram, de fato, causadas por doenças venéreas, os diagnósticos registrados representavam um mero eufemismo. Segundo Graunt, seria necessário que uma pessoa passasse dos limites para que as autoridades reconhecessem a causa verdadeira da morte: "somente pessoas odiadas, ou aquelas cujos próprios narizes foram corroídos, eram registradas... como vítimas dessa doença frequente".

Embora os registros de óbito fornecessem um valioso conjunto de fatos, Graunt estava consciente das deficiências dos dados com que trabalhava. Os diagnósticos médicos eram incertos, "pois a pessoa mais sábia da paróquia conseguiria detectar pouquíssimas doenças a uma mera inspeção do cadáver", advertiu Graunt. Além disso, somente os fiéis da Igreja Anglicana eram tabulados, o que significava a exclusão de dissidentes e católicos.

A REALIZAÇÃO DE Graunt foi deveras impressionante. Em suas palavras, tendo descoberto "que algumas verdades e opiniões pouco comuns emergiram de minhas meditações sobre esses registros negligenciados, fui em frente para considerar que benefício o conhecimento das mesmas traria ao mundo". Sua análise incluiu um registro das incidências variáveis de diferentes enfermidades de ano para ano, dos movimentos populacionais para dentro e para fora de Londres "em épocas de febre" e a relação entre homens e mulheres.

Entre seus esforços mais ambiciosos, Graunt fez a primeira estimativa racional da população de Londres e destacou a importância dos dados demográficos, para se determinar se a população londrina estava aumentando ou diminuindo e se ela se tornara "suficientemente grande, ou grande demais". Ele também reconheceu que uma estimativa da população total ajudaria a revelar a probabilidade de um indivíduo sucumbir à peste. Além disso, ele tentou vários métodos de estimativa para verificar a confiabilidade dos resultados.

Um de seus métodos partiu do pressuposto de que o número de mulheres férteis correspondia ao dobro do número de nascimentos, pois "tais mulheres... dificilmente têm mais de um filho em dois anos".[12] Em média, os enterros anuais estavam em torno de 13 mil – mais ou menos o mesmo que as mortes não provocadas por peste a cada ano. Observando que os nascimentos costumavam ser em número menor do que os enterros, ele arbitrariamente escolheu 12 mil como a média de nascimentos, a partir daí concluiu que havia 24 mil mulheres férteis. Ele estimou os membros das "famílias", incluindo empregados e hóspedes, como oito por domicílio e calculou que o número de domicílios totalizava aproximadamente o dobro do número de domicílios com uma mulher em idade fértil. Assim, oito membros de 48 mil famílias forneceram uma estimativa de 384 mil pessoas como a população total de Londres. Essa cifra pode ser baixa demais, mas provavelmente estava mais próxima da verdade do que a suposição comum na época de que 2 milhões de pessoas viviam em Londres.

Outro dos métodos de Graunt começou por um exame de um mapa de Londres de 1658 e por uma hipótese de que 54 famílias viviam em cada cem jardas quadradas – cerca de duzentas pessoas por acre*. A suposição gerou uma estimativa de 11.800 famílias vivendo dentro das muralhas de Londres. Os Registros de Óbito mostravam que 3.200 das 13 mil mortes ocorreram dentro das muralhas, uma razão de 1:4. Quatro vezes 11.880 dá uma estimativa de 47.520 famílias. Estaria Graunt calculando de trás para diante a partir da estimativa produzida por seu primeiro método? Jamais saberemos.

GRAUNT NÃO USA a palavra "probabilidade" em nenhum ponto, mas aparentemente ele conhecia bem o conceito. Por coincidência, ele repetiu o comentário da *Lógica* de Port-Royal sobre temores infundados de temporais:

---

* *Nota do Tradutor*: Quase 50 hab/km².

Considerando que muitas pessoas vivem com grande medo e apreensão de algumas das doenças mais formidáveis e notórias, calcularei quantas morreram de cada: os respectivos números, comparados com o total de 229.520 (a mortalidade em vinte anos), permitirão a essas pessoas compreender melhor o risco que correm.

Em outro ponto, ele comenta: "Dado que se considera uma aposta equilibrada, se determinado homem viverá mais dez anos, supus que equivalesse a se um dentre dez quaisquer fosse morrer dentro de um ano."[13] Ninguém jamais propusera esse problema nesses termos, como um caso de probabilidade. Tendo prometido "parágrafos sucintos, sem nenhuma sequência longa de deduções loquazes", Graunt não leva em frente seu raciocínio. Mas seu propósito aqui foi de uma originalidade impressionante. Ele estava tentando estimar idades médias de morte esperadas, dado que os registros de óbito não forneciam.

Baseado em sua afirmação de que "cerca de 36% de todas as crianças nascidas morriam antes dos seis anos de idade" e na hipótese de que a maioria das pessoas morre antes dos 75 anos, Graunt criou uma tabela que mostrava o número de sobreviventes entre 6 e 76 anos de um grupo de 100 pessoas; à guisa de comparação, a coluna direita da tabela a seguir mostra os dados norte-americanos de 1993 para os mesmos níveis etários.

| Idade | Graunt | 1993 |
|-------|--------|------|
| 0 | 100 | 100 |
| 6 | 64 | 99 |
| 16 | 40 | 99 |
| 26 | 25 | 98 |
| 36 | 16 | 97 |
| 46 | 10 | 95 |
| 56 | 6 | 92 |
| 66 | 3 | 84 |
| 76 | 1 | 70 |

*Fontes*: Para Graunt, Hacking, 1975, p. 108; para 1993, "This Is Your Life Table", *American Demographics*, fevereiro de 1995, p. 1.

Ninguém sabe ao certo como Graunt montou sua tabela, mas suas estimativas tiveram ampla circulação e se revelaram bons palpites. Serviram de inspiração para Petty insistir com o governo no sentido de estabelecer um escritório central de estatísticas.

O próprio Petty tentou estimar a expectativa de vida média no nascimento, embora reclamasse que "dispus apenas da cara e coragem, em vez dos muitos outros auxílios que tal trabalho exige".[14] Usando a palavra "probabilidade" (*likelihood*) sem qualquer necessidade aparente de explicar de que se tratava, Petty baseou sua estimativa nas informações de uma única paróquia na Irlanda. Em 1674, ele informou à Royal Society que a expectativa de vida era de 18 anos; a estimativa de Graunt fora de 16 anos.[15]

Os fatos reunidos por Graunt mudaram a percepção das pessoas acerca da realidade do país em que viviam. No processo, ele divulgou uma pauta de pesquisa dos problemas sociais do país e do que poderia ser feito para melhorar as coisas.

O trabalho pioneiro de Graunt revelou os conceitos teóricos básicos necessários à tomada de decisões sob condições de incerteza. Amostragens, médias e noções do que é normal compõem a estrutura que iria, mais à frente, abrigar a ciência da análise estatística, colocando a informação a serviço da tomada de decisões e influenciando nossos graus de crença sobre as probabilidades de eventos futuros.

CERCA DE TRINTA ANOS após a publicação de *Natural and political observations*, surgiu outra obra semelhante à de Graunt, mas ainda mais importante para a história da administração do risco. O autor dessa obra, Edmund Halley, cientista muito conceituado, estava familiarizado com a obra de Graunt, cuja análise conseguiu levar adiante. Todavia, sem o esforço inicial de Graunt, a ideia de tal estudo jamais teria ocorrido a Halley.

Embora Halley fosse inglês, os dados que usou provieram da cidade silesiana de Breslau – Breslaw, como se escrevia na época –, localizada no extremo leste da Alemanha; desde o fim da Segunda Guerra Mundial, a cidade pertence à Polônia e é agora conhecida como Wrozlaw.

Os padres da cidade de Breslaw tinham um antigo hábito de manter um registro meticuloso dos nascimentos e das mortes.

Em 1690, um cientista e clérigo local chamado Caspar Naumann examinou os registros de Breslaw com o fim de "refutar certas superstições correntes sobre o efeito das fases da Lua e dos denominados anos 'climatérios' sobre a saúde". Naumann enviou os resultados de seu estudo a Leibniz, que por sua vez enviou-os à Royal Society de Londres.[16]

Os dados de Naumann logo atraíram a atenção de Halley. Este tinha então apenas 35 anos, mas já era um dos astrônomos mais famosos da Inglaterra. De fato, foi ele quem, em 1684, persuadiu Isaac Newton a publicar seus *Principia*, obra em que Newton apresentou pela primeira vez as leis da gravidade. Halley pagou todos os custos de publicação com seus próprios parcos recursos, corrigiu as provas e interrompeu seu próprio trabalho até o fim da tarefa. O historiador James Newman conjectura que, sem os esforços de Halley, os *Principia* talvez jamais tivessem aparecido.

Amplamente reconhecido como um gênio precoce em astronomia, Halley trouxe consigo o telescópio de 61cm ao chegar no Queen's College, em Oxford, para os estudos universitários. Entretanto, ele deixou Oxford sem colar grau e pôs-se a estudar o céu no hemisfério sul; os resultados desse estudo firmaram sua reputação antes mesmo que chegasse aos vinte anos. Aos 22 anos, já era membro da Royal Society. Em 1691, Oxford negou-lhe uma cátedra de professor, devido às suas "visões materialistas" que não se coadunavam com a ortodoxia religiosa de Oxford. Mas em 1703, os professores voltaram atrás e lhe concederam o cargo. Em 1721, ele se tornou astrônomo real em Greenwich. Nesse ínterim, colara grau por ordem do rei.

Halley viveria até a idade de 86 anos. Parece ter sido um homem alegre, com uma "animação e vivacidade fora do comum", e fez muitas amizades calorosas, entre as quais com Pedro, o Grande, da Rússia. Em 1705, em seu trabalho pioneiro sobre as órbitas dos cometas, Halley identificou um total de 24 cometas que passaram entre os anos 1337 e 1698. Três eram tão parecidos que ele concluiu serem o mesmo cometa que aparecera em 1531, 1607 e 1682. Observações desse cometa haviam sido relatadas já em 240 a.C. A previsão de Halley de que o cometa reapareceria em 1758 eletrizou o mundo, quando o cometa passou exatamente dentro do cronograma. O nome de Halley é celebrado a cada 76 anos, quando seu cometa varre os céus.

Os registros de Breslaw não se enquadravam exatamente na linha de trabalho principal de Halley, mas ele prometera à Royal Society uma série de artigos para sua recém-fundada revista científica, *Transactions,* e vinha procurando algo extraordinário sobre o que escrever. Ele estava ciente de certas falhas no trabalho de Graunt, aliás reconhecidas pelo próprio Graunt, e decidiu aproveitar o ensejo para preparar um artigo para *Transactions* sobre os dados de Breslaw, aventurando-se pela análise da estatística social, em vez da estatística celeste, para variar.

Graunt, na falta de qualquer cifra confiável da população total de Londres, tivera de estimá-la com base em informações dispersas. Ele dispunha da quantidade e das causas das mortes, mas carecia dos registros completos das idades em que as pessoas haviam morrido. Dado o movimento constante de pessoas para dentro e para fora de Londres no decorrer dos anos, a confiabilidade da estimativa de Graunt estava agora sendo questionada.

Os dados fornecidos por Leibniz à Royal Society continham os registros mensais de Breslaw de 1687 a 1691 e, segundo Halley, "pareciam apurados com toda a exatidão e sinceridade possíveis"; os dados incluíam a idade e o sexo de todas as pessoas mortas e o número de nascimentos a cada ano. Breslaw, observou ele, ficava longe do mar, de modo que a "confluência de estrangeiros é pequena". Os nascimentos excediam os "funerais" por apenas uma pequena margem e a população era muito mais estável do que a londrina. Faltava apenas o número da população total. Halley estava convicto de que as cifras de mortalidade e nascimentos eram bastante precisas para que ele obtivesse uma estimativa confiável desse total.

Ele encontrou uma média de 1.238 nascimentos e 1.174 mortes anuais por um período de cinco anos, uma diferença anual ao redor de 64, número que ele supôs "fosse talvez contrabalançado pelos recrutamentos para o Exército do imperador em suas guerras". Concentrando-se nos 1.238 nascimentos anuais e examinando a distribuição etária das mortes, Halley calculou que "apenas 692 das pessoas nascidas sobrevivem a seis anos completos", uma proporção bem inferior à estimativa de Graunt de que 64% de todos os nascidos sobreviviam além dos seis anos. Por outro lado, cerca de doze das mortes em Breslaw ocorreram entre as idades de

81 e 100. Combinando uma variedade de estimativas da porcentagem de cada grupo etário que morre a cada ano, Halley retrocedeu da distribuição etária das pessoas mortas anualmente para uma estimativa de uma população total de 34 mil na cidade.

O passo seguinte foi criar uma tabela que decompusesse a população em uma distribuição etária "do nascimento à extrema velhice". Segundo Halley, essa tabela teria várias utilidades e forneceria "uma ideia do estado e da condição da humanidade mais exata do que qualquer coisa que exista no momento". Por exemplo, a tabela dava informações úteis sobre o número de homens em idade de prestar serviço militar – 9 mil –, e Halley sugeriu que essa estimativa de 9/34 da população poderia "servir de regra para outros lugares".

A análise inteira de Halley incorpora o conceito de probabilidade e esbarra na administração do risco. Halley demonstra que essa tabela "mostra as chances" de uma "faixa" de qualquer idade "não vir a morrer no decorrer de um ano". Como exemplo, ele cita o grupo etário de 25 anos, em número de 567, enquanto o grupo de 26 anos era em número de 560. A diferença de apenas 7 entre os dois grupos etários significava que as chances de uma pessoa com 25 anos morrer no decorrer de um ano eram de 7/567, uma vantagem de 80 para 1 de que uma pessoa de 25 anos chegaria aos 26. Usando o mesmo procedimento de subtração entre uma idade posterior e determinada idade e tomando por base a idade dada, a tabela revelou também as chances de um homem com quarenta anos atingir os 47; a resposta neste caso foi uma vantagem de 5½ para 1.

Halley levou a análise adiante: "Caso se pergunte com que número de anos será equilibrada a aposta de que uma pessoa de dada idade irá morrer, essa tabela prontamente dá uma resposta." Por exemplo, havia 531 pessoas com 30 anos, metade deste número sendo 265. Então, poder-se-ia procurar na tabela o grupo etário em número de 265, achando-se entre 57 e 58. Logo, seria "equilibrada a aposta de que... um homem de 30 anos poderia razoavelmente esperar viver mais 27 a 28 anos".

O próximo nível da análise de Halley foi o mais importante. A tabela podia ser usada para se calcular o preço de seguros de vida para diferentes idades, as vantagens "sendo de 100 para 1 de que um homem de 20 anos não morrerá dentro de um ano, mas de 38 para 1 para um homem de 50 anos". Com base nas chances de se morrer a cada ano, a tabela forneceu as informações necessárias para o cálculo do valor das anuidades. Nesse ponto, Halley mergulha em uma análise matemática detalhada da cotação das anuidades, inclusive as que cobrem duas e três vidas, além de uma. Ao mesmo tempo, ele oferece uma tabela de logaritmos para reduzir a "aritmética vulgar" imposta pela massa de cálculos necessários.

A necessidade desse trabalho já era antiga. O primeiro registro conhecido do conceito de anuidades remonta a 225 d.C., quando um conjunto abalizado de tabelas de expectativas de vida foi desenvolvido por um importante jurista romano chamado Ulpiano. As tabelas de Ulpiano foram a última palavra durante mais de 1.400 anos!

O trabalho de Halley inspirou subsequentemente importantes esforços de cálculo de expectativas de vida no continente europeu, mas seu próprio governo não deu muita atenção às suas tabelas na época. Inspirando-se no uso holandês das anuidades como um instrumento de financiamento, o governo inglês tentara arrecadar um milhão de libras pela venda de anuidades que ressarciriam ao comprador o preço de compra original no decorrer de um período de quatorze anos – mas o contrato era igual para todos, independentemente da idade! O resultado foi um dispositivo financeiro onerosíssimo para o governo. Contudo, a política de venda de anuidades a preços iguais para todos prosseguiu na Inglaterra até 1789. A suposição de que a expectativa de vida média no nascimento era de cerca de 14 anos ao menos foi um progresso em relação às estimativas anteriores: em 1540, o governo inglês vendera anuidades que ressarciam o preço de compra em sete anos, independentemente da idade do comprador.[17]

Após a publicação das tabelas de expectativas de vida de Halley, em *Transactions,* em 1693, um século decorreria até que os governos e as empresas seguradoras levassem em conta as expectativas de vida baseadas nas probabilidades. À semelhança de seu cometa, as tabelas de Halley se revelaram mais do que um clarão no céu que aparece uma vez na vida: sua manipulação de números simples foi a base para a formação dos bancos de dados utilizados atualmente pelo setor dos seguros de vida.

EM UMA TARDE de 1637, quando Graunt contava apenas 17 anos e Halley ainda não havia nascido, um estudante cretense chamado Canopius sentou-se em seu aposento no Balliol College, em Oxford, e preparou uma xícara de café forte. Acredita-se que essa foi a primeira vez em que se bebeu café na Inglaterra; a bebida, quando oferecida ao público, se tornou tão popular que logo centenas de cafés funcionavam em Londres.

Qual a relação entre o café de Canopius e Graunt ou Halley, ou o conceito de risco? Simplesmente, um café foi o berço da Lloyd's de Londres, durante mais de dois séculos a mais famosa de todas as empresas seguradoras.[18] Os seguros são um negócio que depende totalmente do processo de amostragem, do cálculo de médias, da autonomia das observações e da noção de normal que motivaram Graunt a pesquisar a população de Londres, e Halley, a de Breslaw. O rápido desenvolvimento do ramo de seguros em torno da época em que Graunt e Halley publicaram suas pesquisas não é coincidência. Foi um sinal dos tempos, em que inovações nos negócios e nas finanças estavam florescendo.

A palavra inglesa para corretor da bolsa – *stock jobber* – surgiu ao redor de 1688, 100 anos antes que as pessoas começassem a negociar ações ao redor do sicômoro em Wall Street, Nova York. Empresas de todos os tipos surgiram subitamente em cena, muitas com nomes curiosos como a Lute-String Company, a Tapestry Company e a Diving Company. Houve até uma Royal Academies Company que prometia contratar os maiores sábios da época para ensinar aos 2 mil ganhadores de uma enorme loteria um assunto de sua própria escolha.

A segunda metade do século XVII foi também uma era de comércio florescente. Os holandeses eram a potência comercial predominante da época, e a Inglaterra era sua principal rival. Diariamente, navios chegados das colônias e de fornecedores em todo o mundo descarregavam uma profusão de produtos que antes eram luxos raros ou desconhecidos – açúcar e especiarias, café e chá, algodão bruto e porcelana fina. A riqueza deixou de ser algo que tinha de ser herdado das gerações precedentes: agora ela podia ser adquirida, descoberta, acumulada, investida e protegida da perda.

Além disso, no final do século, os ingleses tiveram de financiar a série de guerras dispendiosas contra os franceses iniciadas com a malograda invasão da Inglaterra por Luís XIV em maio de 1692, e encerrada com a vitória inglesa em Blenheim e a assinatura do Tratado de Utrecht, em 1713. Em 15 de dezembro de 1693, a Câmara dos Comuns criou a dívida nacional inglesa com a emissão do milhão de libras de anuidades já mencionadas. Em 1849, Thomas Babington Macaulay, o célebre historiador inglês, descreveu esse importante evento com estas palavras pomposas: "Tal foi a origem daquela dívida que desde então se tornou o maior prodígio que já desconcertou a sagacidade e confundiu o orgulho de estadistas e filósofos."[19]

Essa foi uma época de Londres fazer um exame de consciência e avaliar seu papel no mundo. Também foi uma época de aplicar as técnicas financeiras sofisticadas exigidas pela guerra, por uma classe abastada em rápido crescimento e pelo comércio ultramarino crescente. Informações sobre áreas remotas do mundo tornaram-se de crucial importância para a economia doméstica. Com a constante expansão do volume de navegação, era forte a demanda por informações atualizadas que permitissem estimar o tempo de navegação entre os destinos, os padrões climáticos e os riscos de se aventurar por mares desconhecidos.

Na ausência dos meios de comunicação de massa, os cafés emergiram como a fonte principal de notícias e de boatos. Em 1675, Carlos II, desconfiado, como é comum em muitos dirigentes, de locais onde o público trocasse informações, fechou os cafés; porém, o clamor foi de tal ordem que ele teve de retroceder ao cabo de 16 dias. Samuel Pepys frequentava um café para obter notícias da chegada dos navios em que estava interessado; ele considerava as informações lá recebidas mais confiáveis do que as obtidas em seu emprego na Marinha.

O café fundado por Edward Lloyd em 1687 próximo ao Tâmisa, na Tower Street, era o ponto de encontro favorito dos marujos dos navios atracados nas docas de Londres. O estabelecimento era "espaçoso... bem construído e frequentado por competentes comerciantes", segundo uma publicação da época. Tornou-se tão popular que, em 1691, Lloyd transferiu-o para dependências muito maiores e mais luxuosas na Lombard Street. Nat Ward, um taberneiro que Alexander Pope acusou de trocar rimas indecentes por tabaco, relatou que as mesas na nova casa eram "muito asseadas e brilhavam de tanto ser polidas". Cinco atendentes serviam chá e sorvete, além de café.

Lloyd crescera sob o governo de Oliver Cromwell e sobrevivera à peste, ao incêndio, à invasão holandesa até o Tâmisa, em 1667, e à Revolução Gloriosa de 1688. Ele era muito mais do que um competente proprietário de café. Reconhecendo o valor de sua base de clientes e respondendo à insistente demanda por informações, em 1696 ele lançou a "Lloyd's List", recheando-a de informações sobre as chegadas e partidas de navios e as condições no exterior e no mar. Tais informações eram fornecidas por uma rede de correspondentes nos principais portos da Europa continental e Inglaterra. Leilões de navios ocorriam regularmente nas dependências do café, e Lloyd fornecia obsequiosamente o papel e a tinta necessários ao registro das transações. Um canto estava reservado aos capitães dos navios, onde podiam trocar informações sobre os riscos de todas as novas rotas que se abriam – rotas que os levavam para mais longe do que nunca a leste, ao sul e a oeste. O estabelecimento de Lloyd ficava aberto quase 24 horas por dia e estava sempre apinhado.

Então, como agora, quem precisasse de um seguro procurava um corretor, que oferecia o risco aos enfrentadores de riscos individuais que se reuniam nos cafés ou nos recintos da Royal Exchange. Quando um negócio era fechado, quem assumia o risco confirmava sua concordância em cobrir o prejuízo em troca de um prêmio específico assinando seu nome sob (*under*) os termos do contrato; logo esses operadores de seguros individuais passaram a ser chamados de "*underwriters*".

O espírito de jogatina daquela era de prosperidade encorajou rápidas inovações no ramo segurador londrino. Os seguradores estavam dispostos a emitir apólices de seguros contra quase todo tipo de risco, inclusive, segundo um relato, roubos em residências, roubos nas estradas, morte por excesso de gim, morte de cavalos e "seguro da castidade feminina" dos quais todos, exceto o último, ainda são seguráveis.[20] Por motivos mais graves, a demanda por seguros contra incêndios se expandira rapidamente após o grande incêndio de Londres em 1666.

O café de Lloyd's serviu desde o início de sede para os seguradores marítimos, em parte devido às suas excelentes ligações mercantis e na navegação. A Lloyd's List acabou sendo ampliada para fornecer notícias diárias sobre os preços das ações, os mercados estrangeiros e as marés altas na Ponte de Londres, além das notícias habituais das chegadas e partidas de navios e de notícias de acidentes e naufrágios.* A publicação era tão conhecida que seus correspondentes enviavam suas mensagens pelo correio endereçadas simplesmente a "Lloyd's". O governo chegou a usar a Lloyd's List para publicar as últimas notícias sobre batalhas marítimas.

Em 1720, supostamente sucumbindo a uma propina de 300 mil libras, o rei Jorge I autorizou o estabelecimento da Royal Exchange Assurance Corporation e da London Assurance Corporation, as duas primeiras empresas seguradoras da Inglaterra, "excluindo todas as outras empresas e sociedades". Embora a concessão desse monopólio impedisse a criação de outras *empresas* seguradoras, "pessoas particulares" continuaram autorizadas a operar no ramo. Na verdade, as empresas estavam em constantes dificuldades pela incapacidade de persuadir seguradores experientes a trabalhar nelas.

Em 1771, quase cem anos depois de Edward Lloyd abrir seu café na Tower Street, 79 dos seguradores que negociavam no Lloyd's subscreveram cem libras cada e se uniram na Society of Lloyd's, um grupo de empresários individuais não constituídos em pessoa jurídica que operavam sob um código de conduta autorregulamentado. Esses foram os Membros do Lloyd's originais; mais tarde, os membros passaram a ser conhecidos como "*Names*". Os *Names* empenhavam todos os seus bens terrenos e todo seu capital financeiro para cumprir a promessa de cobrir os prejuízos dos clientes. Esse empenho foi uma das principais razões do rápido crescimento dos negócios fechados na Lloyd's no correr dos anos. Desse modo, a xícara de café de Canopius levou ao estabelecimento da mais famosa empresa seguradora da história.

Na década de 1770, um setor segurador surgira também nas colônias norte-americanas, embora as apólices maiores continuassem sendo emitidas na Inglaterra. Benjamin Franklin fundara uma empresa de seguros contra incêndios chamada First American, em 1752; o primeiro seguro de vida foi emitido pelo Presbyterian Ministers' Fund, fundado em 1759. Depois, com a irrupção da Revolução, os norte-americanos, privados dos serviços da Lloyd's, não tiveram outra escolha senão criar mais empresas seguradoras próprias. A primeira empresa de capital aberto foi

---

* Lloyd's, em suma, foi o antecessor da enorme rede de notícias comerciais de nossa época.

a Insurance Company of North America, na Filadélfia, que emitia apólices de seguros contra incêndios e seguros marítimos e emitiu as primeiras apólices norte-americanas de seguro de vida – apólices com seis condições para capitães de navios.*[21]

OS SEGUROS ATINGIRAM seu pleno desenvolvimento como conceito comercial somente no século XVIII, mas o negócio de seguros remonta a além do século XVIII a.C. O Código de Hamurábi, que surgiu ao redor de 1800 a.C., dedica 282 cláusulas ao tema da "bodemeria". A bodemeria era um empréstimo ou uma hipoteca contraída pelo proprietário de um navio para financiar sua viagem. Nenhum prêmio, como se conhece hoje, era pago. Se o navio fosse a pique, o empréstimo não precisava ser reembolsado.** Essa versão antiga de seguro marítimo continuava em uso na época romana, quando começaram a surgir os seguradores. O imperador Cláudio (10 a.C-54 d.C.), ávido por fomentar o comércio de cereais, tornou-se ele próprio uma empresa seguradora de um só homem e sem cobrar prêmio, assumindo a responsabilidade pessoal pelos prejuízos acarretados por tempestades aos mercadores romanos, à semelhança da ajuda que os governos atuais fornecem a áreas atingidas por terremotos, furacões e enchentes.

As guildas profissionais da Grécia e de Roma mantinham cooperativas cujos membros contribuíam para um fundo que amparava uma família, caso seu chefe morresse prematuramente. Essa prática persistiu até o tempo de Edward Lloyd, quando "sociedades beneficentes" ainda forneciam essa forma simples de seguro de vida.***

O aumento do comércio na Idade Média acelerou o crescimento das finanças e dos seguros. Grandes centros financeiros se desenvolveram em

---

* A companhia fiduciária de Boston foi fundada por Nathaniel Bowditch na década de 1810 para servir o mesmo mercado.
** Esse princípio aplicava-se também a seguros de vida. As dívidas de um soldado que morresse em batalha eram perdoadas e não precisavam ser reembolsadas.
*** Nos Estados Unidos ela sobreviveu até o século XX, onde era conhecida como "seguro industrial" e costumava cobrir as despesas funerárias. Meu sogro tinha um pequeno livro em que registrava os prêmios semanais que pagava para uma dessas apólices.

Amsterdã, Augsburg, Antuérpia, Frankfurt, Lyons e Veneza; Bruges estabeleceu uma Câmara de Seguros em 1310. Nem todas essas cidades eram portos marítimos; a maior parte do comércio ainda se dava por terra. Novos instrumentos, como letras de câmbio, passaram a facilitar a transferência de dinheiro do cliente ao fornecedor, do credor ao mutuário, do mutuário ao credor e, em somas imensas, do vasto domínio da Igreja a Roma.

Ao lado das formas financeiras de administração do risco, os mercadores aprenderam desde cedo a empregar a diversificação para diminuir os riscos. Antônio, o mercador de Veneza na peça de Shakespeare, seguiu essa prática:

> Todas as minhas cargas não estão confiadas a um só navio, nem as dirijo para um só ponto; nem o total de meus bens está à mercê dos contratempos do presente ano. Não são, pois, minhas especulações que me fazem ficar triste. (Ato I, Cena 1)*

O uso de seguros não se limitava absolutamente a remessas de produtos. Os agricultores, por exemplo, dependem tanto da natureza que suas fortunas são tipicamente vulneráveis a desastres imprevisíveis, mas devastadores, como a seca, as enchentes e as pragas. Por serem em sua essência independentes entre si e dificilmente estarem sob controle do agricultor, esses fenômenos proporcionam o ambiente perfeito para os seguros. Na Itália, por exemplo, os agricultores criavam cooperativas agrícolas para proteger uns aos outros contra as intempéries; os agricultores de áreas com uma estação de boas colheitas concordavam em indenizar as vítimas de um clima menos favorável. O Monte dei Paschi, que se tornou um dos maiores bancos da Itália, foi fundado em Siena em 1473 para servir de intermediário em tais acordos.[22] Acordos semelhantes existem atualmente em países menos desenvolvidos fortemente dependentes da agricultura.[23]

Embora todos esses sejam casos em que um grupo concorda em indenizar outro grupo de prejuízos, o processo segurador como um todo funciona exatamente da mesma forma. As empresas seguradoras usam os prêmios pagos por pessoas que não tiveram prejuízos para indenizar

---

\* *Nota do Tradutor*: Tradução de F. Carlos de Almeida Cunha Medeiros e Oscar Mendes.

pessoas que os tiveram. O mesmo se aplica aos cassinos, que premiam os vencedores com base no bolo constantemente reforçado pelos perdedores. Devido ao anonimato proporcionado pela empresa seguradora ou pelo cassino que agem como intermediários, a troca real é menos visível. Entretanto, os mais elaborados sistemas de seguro e de jogo são meras variações sobre o tema do Monte dei Paschi.

Os seguradores ativos na Itália no século XIV nem sempre deixavam satisfeitos seus clientes, e as reclamações são familiares. Um mercador florentino chamado Francesco di Marco Datini, que negociou com lugares tão distantes como Barcelona e Southampton, escreveu uma carta à esposa reclamando de seus seguradores. "De quem eles seguram", escreveu, "adoram arrancar o dinheiro; mas quando sobrevém o desastre, a situação muda, e cada homem dá as costas e tenta não pagar".[24] Francesco sabia de que estava falando, pois, ao morrer, deixou quatrocentas apólices de seguros marítimos em seu legado.

A atividade seguradora ganhou impulso em torno de 1600. O termo "apólice", então já de uso generalizado, deriva do italiano "polizza", que significa uma promessa. Em 1601, Francis Bacon apresentou um projeto de lei ao Parlamento que regulamentava as apólices de seguro, "de uso corrente entre mercadores deste reino e das nações estrangeiras".

O LUCRO DE UM investimento em produtos que tenham de ser expedidos por longas distâncias antes de alcançarem seu mercado não depende apenas do clima. Depende também de avaliações fundamentadas das necessidades dos consumidores, dos níveis de preços e da moda na época da chegada da carga, para não falar do custo do financiamento dos produtos até serem entregues, vendidos e terem seu custo ressarcido. Como resultado, a previsão – por muito tempo denegrida como uma perda de tempo, na melhor hipótese, e um pecado, na pior – tornou-se uma necessidade absoluta no decorrer do século XVII para os empresários aventureiros dispostos a correr o risco de moldar o futuro de acordo com seu próprio desígnio.

Por mais banal que se afigure hoje, o desenvolvimento da previsão comercial no final do século XVII foi uma grande inovação. Enquanto

**O Temporal no Mar da Galileia, de Rembrandt**

*(Reprodução por cortesia do museu Isabella Stewart Gardner, de Boston)*

Todas as minhas cargas não estão confiadas a um só navio,
nem as dirijo para um só ponto;
nem o total de meus bens está à mercê dos contratempos do presente ano.
Não são, pois, minhas especulações que me fazem ficar triste.

(Ato I, Cena 1)

os matemáticos excluíram as aplicações comerciais de suas inovações teóricas, os avanços rumo a uma ciência da administração do risco tiveram de esperar por alguém que formulasse novas questões – questões que, como as de Graunt, transcendessem os limites do jogo de *balla* e dos dados. A própria contribuição ousada de Halley aos cálculos das expectativas de vida não passou, para ele, de um estudo sociológico ou de um exercício aritmético para a diversão de seus colegas cientistas; a ausência de referências ao trabalho teórico de Pascal de trinta anos antes sobre as probabilidades é reveladora.

Uma enorme barreira conceitual teve de ser transposta para se passar da identificação de probabilidades matemáticas inexoravelmente determinadas à estimativa da probabilidade de resultados incertos, da coleta de dados brutos à decisão do que fazer com eles uma vez disponíveis. Os avanços intelectuais desse ponto em diante são, em muitos aspectos, mais espantosos do que os avanços que testemunhamos até agora.

Alguns dos inovadores extraíram sua inspiração da contemplação das estrelas, outros, da manipulação do conceito de probabilidade de formas jamais sonhadas por Pascal e Fermat. Mas a próxima figura que abordaremos foi a mais original de todas: ele voltou a atenção à questão da riqueza. Valemo-nos de suas respostas quase todos os dias de nossas vidas.

# 1700–1900:
# MEDIÇÕES ILIMITADAS

# 6

# CONSIDERANDO A
# NATUREZA DO HOMEM

EM POUCOS ANOS, as grandiosas realizações matemáticas de Cardano e Pascal ergueram-se a domínios jamais sonhados. Primeiro, Graunt, Petty e Halley aplicaram o conceito de probabilidade à análise de dados brutos. Aproximadamente na mesma época, o autor da *Lógica* de Port-Royal combinara a medição com as crenças subjetivas ao escrever: "O medo do dano deveria ser proporcional, não apenas à gravidade do dano, mas também à probabilidade do evento."

Em 1738, os *Autos da Academia Imperial de Ciências de São Petersburgo* publicaram um ensaio com este tema central: "O *valor* de um item não deve se basear em seu *preço*, mas na *utilidade* que ele produz."[1] O artigo fora apresentado originalmente à Academia em 1731, sob o título *Specimen theoriae novae de mensura sortis* (*Exposição de uma nova teoria sobre a medição do risco*); seu autor adorava itálicos, e os itálicos em todas as três palavras na citação anterior são dele.* O mesmo se dá nas citações à frente.

É pura conjectura de minha parte que o autor do artigo de 1738 tenha lido a *Lógica* de Port-Royal, mas a ligação intelectual entre as duas obras é impressionante. O interesse na *Lógica* era generalizado na Europa Ocidental durante o século XVIII.

---

* Como de praxe, o ensaio foi publicado em latim. O título latino da publicação em que apareceu foi *Commentarii Academiae Scientiarum Imperialis Petropolitanae, Tomus V*.

Ambos os autores basearam seus argumentos na proposição de que qualquer decisão relativa a riscos envolve dois elementos distintos, porém inseparáveis: os fatos objetivos e a visão subjetiva do desejo do que será ganho, ou perdido, com a decisão. Tanto a medição objetiva como os graus de crença subjetivos são essenciais; nenhum deles é suficiente isoladamente.

Cada autor tem sua abordagem preferida. O autor de Port-Royal argumenta que apenas o patologicamente avesso ao risco faz opções baseadas nas consequências sem considerar as probabilidades envolvidas. O autor da *Nova teoria* argumenta que apenas o temerário faz opções baseadas nas probabilidades de um resultado sem considerar suas consequências.

O AUTOR DO ARTIGO de São Petersburgo foi um matemático suíço chamado Daniel Bernoulli, então com 38 anos.[2] Embora o nome de Daniel Bernoulli só seja familiar para os cientistas, seu artigo é um dos documentos mais profundos já escritos, não apenas sobre o tema do risco, mas também sobre o comportamento humano. A ênfase de Bernoulli nas relações complexas entre medição e sentimento aborda quase todos os aspectos da vida.

Daniel Bernoulli pertencia a uma família notável. Do final do século XVII ao final do século XVIII, oito Bernoulli foram reconhecidos como matemáticos célebres. Esses homens geraram o que o historiador Eric Bell descreve como "um enxame de descendentes... a maioria dessa posteridade alcançando distinção – às vezes, chegando à eminência – no direito, no mundo acadêmico, na literatura, nas profissões eruditas, na administração e nas artes. Nenhum deles foi um fracasso".[3]

O patriarca dessa tribo foi Nicolaus Bernoulli, um abastado mercador de Basileia cujos antepassados protestantes haviam fugido da Antuérpia, dominada pelos católicos, em torno de 1585. Nicolaus teve vida longa, de 1623 a 1708, e três filhos: Jacob, Nicolaus (conhecido como Nicolaus I) e Johann. Reveremos Jacob em breve, como o descobridor da Lei dos Grandes Números em seu livro *Ars conjectandi* (*A arte da conjectura*). Jacob foi um grande professor que atraía alunos de toda a Europa e um aclamado gênio em matemática, engenharia e astronomia. O estatístico vitoriano Francis Galton descreve-o como dotado de "temperamento bilioso e melancólico... seguro mas lento".[4] Seu relacionamento com o pai era tão difícil que ele adotou como lema *Invito patre sidera verso* – "estou entre os astros não obstante meu pai".[5]

Galton não limitou suas observações cáusticas a Jacob. Apesar das provas fornecidas pela família Bernoulli, em confirmação da teoria da eugenia de Galton, ele a retrata em seu livro *Hereditary genius* (*Gênio hereditário*) como "assaz briguenta e ciumenta".[6]

Esses traços parecem ter sido comuns na família. O irmão mais novo e colega matemático de Jacob, Johann, o pai de Daniel, é descrito por James Newman, um antologista da ciência, como "violento, ofensivo... e, quando necessário, desonesto".*[7] Quando Daniel ganhou um prêmio da Academia de Ciências francesa por seu trabalho sobre as órbitas planetárias, seu pai, que cobiçava o prêmio para si, expulsou-o de casa. Newman relata que Johann viveu até os oitenta anos, "conservando seus poderes e sua mesquinhez até o fim".

Houve também o filho do irmão do meio de Nicolaus I, conhecido como Nicolaus II. Quando seu tio Jacob morreu, em 1705, após uma longa enfermidade e deixando *A arte da conjectura* quase pronta, foi-lhe solicitado que organizasse a obra para publicação, embora tivesse apenas 18 anos à época. Nicolau II levou oito anos para concluir a tarefa! Em sua introdução, ele confessa o longo atraso e reconhece o estímulo frequente por parte da editora, mas dá como justificativa "minha ausência em viagens" e o fato de que "eu era jovem e inexperiente demais para saber como completá-la".[8]

Talvez ele mereça o benefício da dúvida: ele despendeu aqueles oito anos consultando as opiniões dos principais matemáticos da época, inclusive Isaac Newton. Além de manter uma ativa correspondência para a troca de ideias, ele viajou a Londres e Paris para consultar pessoalmente destacados sábios. Além disso, deu várias contribuições próprias à matemática, inclusive uma análise da aplicação da teoria das conjecturas e probabilidades ao direito.

---

* Newman não é fácil de caracterizar, embora seu *The world of mathematics* fosse uma fonte importante para este livro. Foi um estudante de filosofia e de matemática e se tornou um altamente bem-sucedido advogado e funcionário público. Ex-membro sênior do Conselho Editorial da *Scientific American*, foi colecionador ávido de documentos científicos de relevância histórica. Faleceu em 1966.

Para complicar ainda mais as coisas, Daniel Bernoulli tinha um irmão cinco anos mais velho, também chamado Nicolaus; por convenção,
esse Nicolaus é conhecido como Nicolaus III, seu avô não tendo número,
seu tio sendo Nicolaus I e seu primo-irmão mais velho, Nicolaus II. Foi
Nicolaus III, ele próprio um destacado sábio, quem iniciou Daniel na
matemática quando este tinha apenas 11 anos. Como filho primogênito,
Nicolaus III fora encorajado pelo pai a se tornar matemático. Quando
tinha apenas 8 anos, já sabia falar quatro idiomas; tornou-se doutor em
filosofia em Basileia aos 19 anos e foi nomeado professor de matemática
em São Petersburgo em 1725, aos 30 anos. Ele morreu de certo tipo de
febre apenas um ano depois.

Daniel Bernoulli recebeu um cargo em São Petersburgo no mesmo
ano que Nicolaus III e permaneceu ali até 1733, quando retornou à cidade
natal da Basileia como professor de física e filosofia. Ele foi um dos primeiros, entre vários sábios destacados, convidados por Pedro, o Grande, a
vir à Rússia, na esperança de fazer de sua nova capital um centro de atividade intelectual. Segundo Galton, Daniel era "físico, botânico, anatomista
e autor sobre hidrodinâmica muito precoce".[9] Além disso, foi um poderoso
matemático e estatístico, com um interesse especial em probabilidade.

Bernoulli foi o protótipo do homem de seu tempo. O século XVIII
veio a adotar a racionalidade, em reação à paixão das guerras religiosas
incessantes do século anterior. Quando o conflito sangrento enfim se-
renou, a ordem e o apreço pelas formas clássicas substituíram o fervor
da contrarreforma e o caráter emocional do estilo barroco nas artes. Um
sentimento de equilíbrio e respeito pela razão caracterizou o Iluminismo.
Foi nesse cenário que Bernoulli transformou o misticismo da *Lógica* de
Port-Royal em um argumento lógico, voltado para tomadores de decisões racionais.

O ARTIGO DE São Petersburgo de Daniel Bernoulli começa com um
parágrafo que expõe a tese que ele deseja atacar:

> Desde que os matemáticos começaram a estudar a medição do risco, tem
> vigorado um consenso geral sobre esta proposição: *os valores esperados são*

*calculados multiplicando-se cada ganho possível pelo número de meios pelos quais pode ocorrer, e depois dividindo-se a soma desses produtos pelo número total de casos.*[*][10]

Bernoulli acha falha esta hipótese como descrição de como as pessoas tomam decisões na vida real, por focalizar apenas os fatos; ela ignora as consequências de um resultado provável para uma pessoa que tem de tomar uma decisão quando o futuro é incerto. O preço – e as probabilidades – não são suficientes para determinar o valor de algo. Embora os fatos sejam idênticos para todos, "a utilidade... depende das circunstâncias específicas de quem faz a estimativa... Não há razão para supor que... os riscos estimados por cada indivíduo devam ser considerados de mesmo valor". A cada qual o seu próprio.

O conceito de utilidade é experimentado intuitivamente. Ele transmite o sentido de utilidade, desejo ou satisfação. A noção que provocou a impaciência de Bernoulli com os matemáticos – "valor esperado" – é mais técnica. Como observa Bernoulli, o valor esperado equivale à soma dos valores de cada um dentre diversos resultados multiplicados cada qual pela respectiva probabilidade em relação a todas as outras possibilidades. Às vezes, os matemáticos ainda usam o termo "expectativa matemática" para valor esperado.

Uma moeda possui dois lados, cara e coroa, cada qual com 50% de chance de cair para cima – uma moeda não pode cair mostrando cara e coroa ao mesmo tempo. Qual é o valor esperado de um arremesso de moeda? Multiplicamos 50% por um para cara e fazemos o mesmo para coroa, pegamos a soma – 100% – e dividimos por dois. O valor esperado da aposta em um arremesso de moeda é 50%. Você pode esperar cara ou coroa, com a mesma probabilidade.

Qual o valor esperado do arremesso de dois dados? Se somarmos os onze resultados possíveis: 2 + 3 + 4 + 5 + 6 + 7 + 8 + 9 + 10 + 11 + 12 –, o total será 77. O valor esperado do arremesso de dois dados são 77/11, ou exatamente 7.

---

* O tio de Daniel, Jacob, que desempenhará um papel importante no próximo capítulo, escreveu certa vez que "o valor de nossa expectativa significa sempre algo na metade entre o melhor que podemos esperar e o pior que podemos temer". (Hacking, 1975, p. 144.)

Contudo, esses onze números não têm a mesma probabilidade de surgir. Como demonstrou Cardano, com 36 combinações diferentes que produzem os onze resultados de 2 a 12, alguns resultados são mais prováveis do que outros; por exemplo, 2 só pode ser gerado pelo duplo um, mas 4 pode ser gerado de três formas: por 3 + 1, por 1 + 3 e por 2 + 2. A útil tabela de Cardano (página 54) lista o número de combinações em que cada um dos onze resultados pode ocorrer:

O valor esperado, ou a expectativa matemática, do arremesso de dois dados é exatamente 7, confirmando nosso cálculo de 77/11. Agora podemos entender por que uma sequência de sete jogadas desempenha um papel tão crucial no jogo de *craps*.

Bernoulli reconhece que esses cálculos são ótimos para jogos de azar, mas insiste que no dia a dia as coisas são diferentes. Mesmo quando as probabilidades são conhecidas (uma supersimplificação que matemáticos posteriores rejeitariam), os tomadores de decisões racionais tentarão maximizar a *utilidade* – proveito ou satisfação – esperada, em vez de o valor esperado. A utilidade esperada é calculada pelo mesmo método de cálculo do valor esperado, mas com a utilidade servindo de peso.[11]

| Resultado | Probabilidade | Probabilidade Ponderada |
|:---:|:---:|:---:|
| 2 | 1/36 | $2 \times 1/36 = 0,06$ |
| 3 | 2/36 | $3 \times 2/36 = 0,17$ |
| 4 | 3/36 | $4 \times 3/36 = 0,33$ |
| 5 | 4/36 | $5 \times 4/36 = 0,56$ |
| 6 | 5/36 | $6 \times 5/36 = 0,83$ |
| 7 | 6/36 | $7 \times 6/36 = 1,17$ |
| 8 | 5/36 | $8 \times 5/36 = 1,11$ |
| 9 | 4/36 | $9 \times 4/36 = 1,00$ |
| 10 | 3/36 | $10 \times 3/36 = 0,83$ |
| 11 | 2/36 | $11 \times 2/36 = 0,61$ |
| 12 | 1/36 | $12 \times 1/36 = 0,33$ |
| | | Total 7,00 |

Por exemplo, Antoine Arnauld, o célebre autor da *Lógica* de Port-Royal, acusou as pessoas com medo de tempestades de superestimar a baixa probabilidade de serem atingidas por um raio. Ele estava errado. Era ele quem estava ignorando algo. Os fatos são os mesmos para todos, e mesmo aqueles que tremem ao primeiro soar do trovão sabem perfeitamente ser muito improvável um raio atingir exatamente onde estão. Bernoulli viu a situação com mais clareza: as pessoas com fobia de ser atingidas por um raio atribuem tamanho peso às consequências desse resultado que tremem mesmo sabendo que as chances de serem atingidas são mínimas.

O sentimento rege a medição. Pergunte aos passageiros de um avião durante uma turbulência se todos sentem o mesmo grau de ansiedade. A maioria das pessoas sabe perfeitamente que viajar de avião é muito mais seguro do que dirigir um automóvel, mas alguns passageiros darão trabalho às aeromoças, enquanto outros cochilarão tranquilamente em qualquer circunstância. E isso é positivo. Se todos avaliassem cada risco exatamente da mesma forma, muitas oportunidades arriscadas seriam perdidas. Pessoas aventureiras atribuem grande utilidade à baixa probabilidade de ganhos imensos e baixa utilidade à probabilidade maior de perda. Outras atribuem pouca utilidade à probabilidade de ganho, porque sua meta principal é preservar o capital. Onde um vê tempo bom, o outro vê tormenta. Sem o aventureiro, o mundo progrediria bem mais lentamente. Pense em como seria a vida se todos tivessem fobia de raios, de voar de avião e de investir em empresas novas. É realmente uma sorte que os seres humanos difiram em sua atração pelo risco.

UMA VEZ QUE Bernoulli estabeleceu sua tese básica de que as pessoas atribuem ao risco valores diferentes, ele introduziu uma ideia central: "*A utilidade resultante de qualquer pequeno aumento da riqueza será inversamente proporcional à quantidade de bens anteriormente possuídos.*" Depois, ele observa: "Considerando a natureza do homem, parece-me que a hipótese anterior tende a ser válida para muitas pessoas a quem essa espécie de comparação pode ser aplicada."

A hipótese de que a utilidade está inversamente relacionada à quantidade de bens anteriormente possuídos é um dos grandes saltos intelectuais na história das ideias. Em menos de uma página impressa, Bernoulli converte o processo de calcular probabilidades em um procedimento de introdução de considerações subjetivas nas decisões com resultados incertos.

O brilho da formulação de Bernoulli está no reconhecimento de que, enquanto o papel dos fatos é fornecer uma resposta única ao valor esperado (os fatos são os mesmos para todos), o processo subjetivo produzirá tantas respostas quantos os seres humanos envolvidos. Mas ele vai ainda mais longe, ele sugere uma abordagem sistemática para se determinar quanto a mais ou a menos cada indivíduo deseja: o desejo é inversamente proporcional à quantidade de bens possuídos.

Pela primeira vez na história, Bernoulli está aplicando a medição a algo que *não pode ser contado*. Ele agiu como intermediário no casamento da intuição com a medição. Cardano, Pascal e Fermat forneceram um método para calcular os riscos de cada arremesso dos dados, mas Bernoulli nos apresenta àquele que está disposto a correr riscos – o jogador que escolhe quanto apostar ou se irá apostar. Enquanto a teoria das probabilidades estabelece as opções, Bernoulli define as *motivações* das pessoas que optam. Essa é uma área de estudos e um corpo teórico totalmente novos. Bernoulli estabeleceu a base intelectual de muito do que se seguiria, não apenas em economia, mas em teorias sobre como as pessoas tomam decisões e fazem escolhas em todos os aspectos da vida.

BERNOULLI FORNECE em seu artigo uma série de aplicações interessantes para ilustrar sua teoria. A mais fascinante, e a mais famosa, passou a ser conhecida como o Paradoxo de São Petersburgo, que lhe fora originalmente sugerido pelo "respeitável primo, o célebre Nicolau Bernoulli" o lento organizador de *A arte da conjectura*.

Nicolaus propõe um jogo a ser disputado entre Pedro e Paulo, em que Pedro joga uma moeda e continua jogando-a até obter cara. Pedro pagará a Paulo um ducado se der cara na primeira jogada, dois ducados se der cara na segunda jogada, quatro ducados na terceira e assim por diante. A cada jogada adicional, dobra o número de ducados que Pedro tem de pagar a Paulo.* Quanto alguém deveria pagar a Paulo – que tem

---

* Com o auxílio de Richard Sylla e Leora Klapper, a melhor informação que consegui obter sobre o valor dos ducados no início do século XVIII é que um ducado poderia valer cerca de quarenta dólares em moeda atual. Baumol e Baumol, Apêndice, fornecem uma confirmação aproximada dessa estimativa. Ver também McKuster, 1978, e Warren e Pearson, 1993.

a perspectiva de embolsar uma boa soma de dinheiro – pelo privilégio de tomar o seu lugar nesse jogo?

O paradoxo emerge porque, segundo Bernoulli, "o método de cálculo aceito (valor esperado) avalia, realmente, as perspectivas de Paulo como infinitas, mas ninguém estaria disposto a comprar essas perspectivas por um preço moderadamente elevado. Qualquer homem dotado de alguma sensatez venderia sua chance, com grande prazer, por vinte ducados".*

Bernoulli realiza uma extensa análise matemática do problema, baseado no pressuposto de que os aumentos de riqueza são inversamente proporcionais à riqueza inicial. Segundo esse pressuposto, o prêmio que Paulo poderia ganhar na ducentésima jogada teria apenas uma quantidade infinitesimal de utilidade adicional em relação ao que receberia na centésima jogada; mesmo na 51ª jogada, o número de ducados ganhos já teria ultrapassado 1.000.000.000.000.000. (Medida em dólares, a dívida pública atual total do governo norte-americano é de apenas quatro seguido de doze zeros.)

Seja em ducados ou em dólares, a avaliação da expectativa de Paulo vem, há muito tempo, atraindo a atenção de destacados estudiosos da matemática, filosofia e economia. Uma história da matemática inglesa de Isaac Todhunter, publicada em 1865, faz inúmeras referências ao Paradoxo de São Petersburgo e discute algumas das soluções propostas por diferentes matemáticos até então.[12] Nesse ínterim, o artigo de Bernoulli permaneceu em seu latim original até surgir uma tradução alemã em 1896. Mesmo tratamentos matemáticos mais sofisticados e complexos do paradoxo apareceram depois que John Maynard Keynes lhe fez uma breve referência em seu *Treatise on probability* (*Tratado sobre a probabilidade*), publicado em 1921. Mas foi apenas em 1954 – 216 anos após a publicação original – que o artigo de Bernoulli apareceu finalmente em uma tradução inglesa.

O Paradoxo de São Petersburgo é mais do que um exercício acadêmico sobre expoentes e raízes do arremesso de moedas. Considere uma empresa de grande crescimento cujas perspectivas são tão brilhantes que

---

* A solução de Bernoulli ao paradoxo tem sido criticada, porque ele não leva em consideração um jogo em que o prêmio subisse a uma taxa maior do que a que Nicolaus especificou. Não obstante, a não ser que haja um ponto onde o jogador tenha interesse zero em qualquer riqueza adicional, o paradoxo acabará entrando em jogo qualquer que seja a taxa.

parecem estender-se ao infinito. Mesmo sob o pressuposto absurdo de que possamos fazer uma previsão exata do rendimento de uma empresa até o infinito – já é muita sorte conseguirmos fazer uma previsão exata do rendimento do próximo trimestre –, qual o valor de uma ação dessa empresa? Uma quantidade infinita?*

Houve ocasiões em que na vida real investidores profissionais acalentaram sonhos tão exagerados como este – quando as leis da probabilidade são esquecidas. No final da década de 1960 e início da década de 1970, grandes administradores de carteiras institucionais ficaram tão fascinados com a ideia de crescimento em geral – e com as ações de rápido crescimento denominadas "Nifty-Fifty" em particular – que estiveram dispostos a pagar qualquer preço pelo privilégio de possuir ações de empresas como a Xerox, a Coca-Cola, a IBM e a Polaroid. Esses gerentes de investimentos definiram o risco nas Nifty-Fifty, não como o risco de pagar demais por elas, mas como o risco de *não possuí-las*: a perspectiva de crescimento parecia tão segura que o nível futuro de rendimento e dividendos, no devido tempo, justificaria sempre qualquer preço pago por elas. Eles consideraram o risco de pagar demais ínfimo se comparado com o risco de comprar ações, mesmo a preços baixos, de empresas como a Union Carbide e a General Motors, cujos destinos eram incertos diante da exposição aos ciclos econômicos e à concorrência.

Essa visão chegou a tamanhos extremos que os investidores acabaram atribuindo a empresas pequenas como a International Flavors and Fragrances, com vendas de apenas US$138 milhões, o mesmo valor de mercado total de empresas menos badaladas como a U.S. Steel, com vendas de US$5 bilhões. Em dezembro de 1972, o valor de mercado da Polaroid era 96 vezes superior à receita de 1972, o do McDonald's, 80 vezes e o da IFF, 73 vezes; o Índice Standard & Poor de 500 ações valia em média 19 vezes. Os lucros distribuídos pelas Nifty-Fifty foram em média inferiores à metade do rendimento médio das 500 ações do Índice S&P.

Os resultados dessa expectativa exagerada foram amargos. As perspectivas estonteantes de rendimentos ilimitados revelaram-se ilusórias.

---

* Uma exploração teórica dessa questão aparece em Durand, 1959, que previu os eventos descritos nos próximos parágrafos.

Em 1976, o preço da ação da IFF caíra 40%, mas o da U.S. Steel mais do que dobrara. Computando-se os dividendos mais as mudanças de preços, o S&P 500 ultrapassara seu pico anterior no final de 1976, mas as NiftyFifty só ultrapassaram seu pico de 1972 em julho de 1980. Ainda pior, uma carteira equilibrada das Nifty-Fifty não acompanhou o desempenho do S&P 500 de 1976 a 1990.

Mas onde entra o infinito no mundo dos investimentos? Jeremy Siegel, professor da Wharton School of Business da Universidade da Pensilvânia, calculou o desempenho das Nifty-Fifty em detalhes do final de 1970 ao final de 1993.[13] Uma carteira equilibrada das cinquenta ações Nifty-Fifty, ainda que compradas no pico de dezembro de 1972, teria fornecido um retorno total, no final de 1993, menos de um ponto percentual inferior ao retorno do Índice S&P. Se as mesmas ações tivessem sido compradas apenas dois anos antes, em dezembro de 1970, a carteira teria superado o desempenho do S&P por um ponto percentual ao ano. A diferença negativa entre o custo e o valor de mercado no auge da baixa de 1974 também teria sido menor.

Para indivíduos realmente pacientes, que se sintam mais seguros como acionistas de empresas familiares e de produtos de alta qualidade, cuja maioria encontrem em seu percurso diário pelo comércio, um investimento nas Nifty-Fifty teria sido de grande utilidade. A utilidade da carteira teria sido bem inferior para um investidor menos paciente, sem gosto por uma carteira de cinquenta ações das quais cinco deram prejuízo em 21 anos, vinte renderam menos do que a rolagem de letras do Tesouro de noventa dias e apenas onze superaram as S&P 500. Mas, como o próprio Bernoulli poderia ter dito em um momento mais informal, quem paga é você, portanto você escolhe.

BERNOULLI INTRODUZIU outra ideia nova que os economistas atuais consideram uma força propulsora do crescimento econômico – o capital humano. Essa ideia surgiu de sua definição de riqueza como "tudo que possa contribuir para a satisfação adequada de qualquer tipo de necessidade... Nesse sentido, não existe ninguém de quem se possa dizer que nada possui, a não ser que esteja morrendo de fome".

Que forma assume a riqueza da maioria das pessoas? Bernoulli afirma que bens tangíveis e títulos financeiros são menos valiosos do que a capacidade produtiva, inclusive o talento do mendigo. Segundo ele, um homem capaz de obter dez ducados ao ano mendigando rejeitará provavelmente uma oferta de cinquenta ducados para parar de mendigar: após gastar os cinquenta ducados, ele não teria como se sustentar. Entretanto, deve haver uma quantia que ele aceitaria em troca da promessa de nunca voltar a mendigar. Se essa quantia fosse, por exemplo, de cem ducados, "poderíamos dizer que o mendigo possui uma riqueza no valor de cem".

Atualmente, consideramos a ideia do capital humano – a soma da educação, do talento natural, do treinamento e da experiência que constituem a fonte dos futuros fluxos de rendimentos – fundamental para a compreensão das grandes mudanças na economia global. O capital humano desempenha o mesmo papel para um empregado que a fábrica e os equipamentos para o empregador. Apesar do enorme crescimento da riqueza tangível desde 1738, o capital humano ainda é de longe o maior ativo gerador de renda para a grande maioria das pessoas. Por que outra razão tantos chefes de família gastariam seu suado dinheiro em apólices de seguro de vida?

Para Bernoulli, os jogos de azar e os problemas abstratos não passavam de ferramentas para formular sua tese principal do desejo de riqueza e oportunidade. Sua ênfase estava na tomada de decisões, e não nos meandros matemáticos da teoria das probabilidades. Ele anuncia de saída que seu objetivo é estabelecer "regras pelas quais qualquer um poderia estimar suas perspectivas em qualquer empreendimento arriscado à luz de suas circunstâncias financeiras específicas". Essas palavras vêm a calhar para todo economista financeiro, gerente de empresa e investidor contemporâneos. O risco deixou de ser algo por enfrentar; ele se tornou um conjunto de oportunidades abertas à opção.

A noção de utilidade de Bernoulli – e sua ideia de que a satisfação derivada de um aumento de riqueza especificado seria inversamente proporcional à quantidade de bens anteriormente possuída – foi bastante sólida para exercer uma influência duradoura sobre a obra dos grandes pensadores que se seguiram. A utilidade forneceu a base da Lei da Oferta e da Procura, uma inovação impressionante dos economistas vitorianos que possibilitou a compreensão de como os mercados se comportam e de como compradores e vendedores chegam a um acordo sobre o preço. A utilidade foi um conceito tão poderoso que, nos duzentos anos seguintes, formou a base do paradigma dominante que explicava a tomada de decisões humana e das teorias da escolha em áreas bem além das questões financeiras. A teoria dos jogos – a abordagem inovadora do século XX à tomada de decisões na guerra, na política e na gestão empresarial – faz da utilidade uma parte integral de todo seu sistema.

A utilidade exerceu uma influência igualmente profunda sobre a psicologia e a filosofia, pois Bernoulli fixou o padrão de definição da racionalidade humana. Por exemplo, as pessoas para quem a utilidade da riqueza *aumenta* à medida que se tornam mais ricas são consideradas pela maioria dos psicólogos – e moralistas – como neuróticas; a ganância não fazia parte da visão de Bernoulli, nem está incluída na maioria das definições modernas de racionalidade.

A teoria da utilidade requer que uma pessoa racional seja capaz de medir a utilidade sob todas as circunstâncias e de fazer opções e tomar decisões de acordo com ela – uma condição ambiciosa dadas as incertezas com que nos defrontamos no decorrer da vida. A tarefa é suficientemente difícil mesmo quando, como supôs Bernoulli, os fatos são os mesmos para todos. Em muitas ocasiões, os fatos não são os mesmos para todos. Pessoas diferentes dispõem de informações diferentes; cada um de nós tende a matizar a informação de que dispõe à sua própria maneira. Mesmo o mais racional dentre nós muitas vezes discordará sobre o significado dos fatos.

Por mais moderno que pareça Bernoulli, ele foi um homem típico de seu tempo. Seu conceito de racionalidade humana enquadrava-se perfeitamente no ambiente intelectual do Iluminismo. Essa foi uma época em que escritores, artistas, compositores e filósofos políticos abraçaram as ideias clássicas de ordem e forma e insistiram que, pelo acúmulo de conhecimentos, a humanidade conseguiria penetrar nos mistérios da vida. Em 1738, ao surgir o artigo de Bernoulli, Alexander Pope estava no auge da carreira, enfeitando seus poemas com alusões clássicas, alertando que "a falta de conhecimentos é algo perigoso" e proclamando que "o objeto de estudo apropriado da humanidade é o homem". Denis Diderot logo começaria a trabalhar na enciclopédia de 28 volumes e Samuel Johnson estava prestes a preparar o primeiro dicionário da língua inglesa. Os pontos de vista antirromânticos de Voltaire sobre a sociedade ocupavam uma posição central nos círculos intelectuais. Em 1750, Haydn definira a forma clássica da sinfonia e sonata.

A filosofia otimista das capacidades humanas do Iluminismo se manifestaria na Declaração da Independência e ajudaria a moldar a Constituição dos recém-formados Estados Unidos da América. Levado ao seu extremo violento, o Iluminismo inspirou os cidadãos da França a decapitar Luís XVI e a entronizar a razão no altar de Notre Dame.

A INOVAÇÃO MAIS ousada de Bernoulli foi a noção de que cada um de nós-mesmo o mais racional – possui um conjunto de valores único e responderá de acordo com ele, mas sua genialidade esteve no reconhecimento de que tinha de ir mais longe do que isso. Ao formalizar sua tese afirmando que a utilidade é inversamente proporcional à quantidade de bens possuídos, descortina uma visão fascinante do comportamento humano e do modo como chegamos às decisões e opções em face do risco.

Segundo Bernoulli, nossas decisões têm uma estrutura previsível e sistemática. Em um mundo racional, todos prefeririam ser ricos a ser pobres, mas a intensidade do desejo de se tornar mais rico é temperada por quão ricos nós já somos. Há muitos anos, um de meus clientes como consultor de investimentos fez um sinal de desaprovação com o dedo em nossa primeira reunião e me advertiu: "Lembre-se, moço, de que você não precisa me tornar rico. Eu já sou rico!"

A consequência lógica da visão de Bernoulli leva a uma intuição nova e poderosa sobre o ato de correr riscos. Se a satisfação derivada do enriquecimento progressivo for inferior à satisfação derivada do aumento da riqueza já acumulada, segue-se que a *des*utilidade trazida por um prejuízo excederá sempre a utilidade positiva proporcionada por um ganho de mesmo montante. Essa foi a mensagem de meu cliente para mim.

Pense em sua riqueza como uma pilha de tijolos, com tijolos grandes na base e uma diminuição gradual do tamanho dos tijolos à medida que aumenta a altura. Qualquer tijolo que você remova do topo da pilha será maior do que o próximo tijolo que pudesse acrescentar. O desgosto resultante da perda de um tijolo é maior do que o prazer resultante do ganho de um tijolo.

Bernoulli fornece este exemplo: dois homens, cada qual com um patrimônio de 100 ducados, decidem jogar um jogo equitativo, como cara ou coroa, em que a chance de ganhar ou perder seja de 50-50, sem nenhuma parcela para o cassino ou qualquer outra dedução das apostas. Cada homem aposta 50 ducados na jogada, o que significa que cada um tem a mesma chance de acabar com um patrimônio de 150 ou de apenas 50 ducados.

Um homem racional se empenharia nesse jogo? A expectativa matemática da riqueza de cada homem após disputado o jogo com esse conjunto de alternativas de 50-50 são precisamente 100 ducados (150 + 50 divididos por 2), que é exatamente aquilo com que cada apostador começou. O valor esperado por cada um é o que teriam se tivessem originalmente decidido não disputar o jogo.

A teoria da utilidade de Bernoulli revela uma assimetria que explica por que um jogo equilibrado como esse é pouco atraente. Os 50 ducados que o perdedor pagaria têm mais utilidade do que os 50 ducados que o vencedor embolsaria. À semelhança da pilha de tijolos, perder 50 ducados desagrada ao perdedor mais do que ganhar 50 ducados agrada ao vencedor.* Em um sentido matemático, um jogo de soma zero é desinteressante quando avaliado em termos de utilidade. A melhor decisão para ambos é recusar-se a disputar o jogo.

Bernoulli vale-se deste exemplo para alertar os apostadores de que, mesmo em um jogo equitativo, eles sofrerão uma perda de utilidade. Esse resultado deprimente, observa ele, é

> a advertência da natureza para se evitarem totalmente os dados... Quem aposta qualquer parte de sua fortuna, por menor que seja, em um jogo de azar matematicamente equitativo age irracionalmente... a imprudência de um apostador será tanto maior quanto mais de sua fortuna ele expuser a um jogo de azar.

---

* Esta é uma supersimplificação. A utilidade de qualquer perda absoluta depende da riqueza do perdedor. Aqui o pressuposto implícito é que ambos os apostadores são igualmente ricos.

A maioria de nós concordaria com Bernoulli que um jogo equitativo é desinteressante em termos de utilidade. Somos o que os psicólogos e economistas denominam "avessos ao risco". A expressão tem um significado preciso com implicações profundas.

Imagine que você pudesse optar entre um presente certo de US$25 ou a oportunidade de disputar um jogo com uma chance de 50% de ganhar US$50 e uma chance de 50% de não ganhar nada. A expectativa matemática do jogo são US$25 – a mesma quantia do presente –, mas essa expectativa é incerta. Pessoas avessas ao risco prefeririam o presente à aposta. Entretanto, diferentes pessoas são avessas ao risco em diferentes graus.

Você pode testar sua própria aversão ao risco determinando seu "equivalente de segurança". Que altura a expectativa matemática do jogo teria de atingir para você preferir a aposta ao presente? Uma expectativa de US$30 de uma chance de 50% de ganhar US$60 e uma chance de 50% de não ganhar nada? Então, a expectativa de US$30 da aposta equivaleria aos US$25 garantidos. Mas talvez você escolhesse a aposta com uma expectativa de apenas US$26. Você poderia até descobrir que, no fundo, é *amigo do risco*, estando disposto a disputar o jogo mesmo quando a expectativa matemática da recompensa é inferior ao retorno garantido de US$25. Por exemplo, isso ocorreria em um jogo cuja recompensa diferisse de 50-50 em que você ganhasse US$40 se tirasse coroa e zero se tirasse cara – ou seja, um valor esperado de apenas US$20. Mas a maioria de nós preferiria um jogo cujo valor esperado seja algo superior aos US$50 do exemplo. A popularidade das loterias é uma exceção interessante a essa afirmação, porque a parte do leão que cabe ao Estado é tamanha que a maioria das loterias é tremendamente injusta com os participantes.

Um princípio importante está em ação aqui. Suponha que seu corretor recomende um fundo mútuo que invista em uma seleção das menores ações negociadas no mercado. Nos últimos 69 anos, os 20% inferiores do mercado de ações proporcionaram uma renda média da valorização do capital mais dividendos de 18% ao ano. Trata-se de uma taxa de retorno generosa. Mas a volatilidade nesse setor também tem sido elevada: dois terços dos retornos têm se situado entre – 23% e +59%; retornos negativos em períodos de doze meses têm ocorrido em quase um de cada três anos, com uma média de 20%. Assim, as perspectivas para qualquer dado ano têm sido muito incertas, independentemente dos altos retornos médios dessas ações a longo prazo.

Como uma alternativa, suponha que um outro corretor recomende um fundo constituído das quinhentas ações que formam o Índice Composto Standard & Poor. O retorno médio anual dessas ações nos últimos 69 anos tem sido de cerca de 13%, mas dois terços dos retornos anuais têm se situado na faixa mais estreita de – 11% a + 36%; os retornos negativos têm sido em média de 13%. Supondo-se que o futuro se assemelhará aproximadamente ao passado, mas supondo-se também que você não pode esperar setenta anos para saber o resultado do fundo, pergunta-se: o maior retorno médio esperado do fundo de pequenas ações é suficiente para justificar sua muito maior volatilidade de retornos? Que fundo mútuo você escolheria?

DANIEL BERNOULLI transformou o palco em que é representado o drama do enfrentamento de riscos. Sua descrição de como os seres humanos empregam tanto a medição como o sentimento na tomada de decisões quando os resultados são incertos foi uma realização notável. Como ele próprio se vangloria em seu artigo, "como todas as nossas proposições se harmonizam perfeitamente com a experiência, seria um erro rejeitá-las como abstrações baseadas em hipóteses precárias".

Um ataque poderoso cerca de duzentos anos depois acabou revelando que as proposições de Bernoulli não se harmonizam tão perfeitamente assim com a experiência, em grande parte porque suas hipóteses sobre a racionalidade humana eram mais precárias do que ele, como homem do Iluminismo, gostaria de admitir. Contudo, até ser desferido o ataque, o conceito de utilidade floresceu no debate filosófico sobre a racionalidade que predominou por quase duzentos anos após a publicação do artigo de Bernoulli. Este mal poderia ter imaginado o longo período em que seu conceito de utilidade sobreviveria – graças, em grande parte, a autores posteriores que chegaram a ele por si próprios, sem conhecer seu trabalho pioneiro.

# 7

# A BUSCA DA CERTEZA MORAL

E M UMA NOITE DE INVERNO, durante um dos inúmeros ataques aéreos alemães contra Moscou, na Segunda Guerra Mundial, um eminente professor de Estatística soviético apareceu em seu abrigo antiaéreo local. Era a primeira vez que dava as caras. "Há sete milhões de pessoas em Moscou", costumava afirmar. "Por que devo esperar que me atinjam?" Seus amigos ficaram espantados ao vê-lo e perguntaram o que acontecera para que mudasse de ideia. "Vejam bem", explicou ele, "há 7 milhões de pessoas em Moscou e 1 elefante. Na noite passada, eles atingiram o elefante".

Esta história é uma versão moderna das fobias de tempestades analisadas na *Lógica* de Port-Royal, mas difere em um ponto muito importante da moral do exemplo lá citado. Neste caso, o indivíduo em questão conhecia perfeitamente as probabilidades matemáticas de ser atingido por uma bomba. O que a experiência do professor realmente esclarece, portanto, é o caráter dual de tudo relacionado à probabilidade: as frequências passadas podem colidir com graus de crença quando escolhas arriscadas têm de ser feitas.

A história mostra mais do que isso. Ela reflete as preocupações de Graunt, Petty e Halley. Quando o conhecimento completo do futuro – ou mesmo do passado – é uma impossibilidade, quão representativas são as informações de que dispomos? Quem conta mais, os sete milhões de seres humanos ou o elefante? Como devemos avaliar novas informações e incorporá-las aos graus de crença desenvolvidos com base em informações anteriores? A teoria das probabilidades é um brinquedo matemático ou um instrumento de previsão sério?

A teoria das probabilidades é um instrumento de previsão sério, mas o diabo, como dizem, está nos detalhes – na qualidade das informações que formam a base das estimativas probabilísticas. Este capítulo descreve uma sequência de passos gigantescos durante o século XVIII que revolucionou o emprego das informações e a forma como a teoria das probabilidades pode ser aplicada às decisões e escolhas no mundo moderno.

A PRIMEIRA PESSOA a estudar as ligações entre a probabilidade e a qualidade das informações foi outro Bernoulli mais antigo: Jacob, tio de Daniel, que viveu de 1654 a 1705.[1] Jacob era criança quando Pascal e Fermat realizaram seus feitos matemáticos e morreu quando seu sobrinho Daniel tinha apenas cinco anos. Talentoso como todos os Bernoullis, ele foi um contemporâneo de Isaac Newton e tinha o mesmo mau humor e orgulho dos Bernoulli para se considerar um rival do grande cientista inglês.

A mera formulação das questões que Jacob levantou foi um feito intelectual em si mesmo, independentemente das respostas apresentadas. Jacob incumbiu-se dessa tarefa, pelo que nos conta, após ter meditado a respeito por vinte anos; ele só completou o trabalho ao se aproximar dos 50 anos, pouco antes de morrer em 1705.

Jacob foi um Bernoulli excepcionalmente melancólico, sobretudo no final da vida, embora vivesse na época dissoluta e alegre que se seguiu à restauração de Carlos III, em 1660.* Um dos contemporâneos mais eminentes de Jacob, por exemplo, foi John Arbuthnot, médico da rainha

---

* Sua alma foi bastante poética a ponto de ele pedir que a bela espiral de Fibonacci fosse gravada em sua lápide, argumentando que o modo como conseguia crescer sem mudar de forma era "um símbolo da fortaleza e constância na adversidade: ou mesmo da ressurreição de nossa carne". Além disso, ele pediu que se gravasse o epitáfio *"Eadem mutata resurgo"* (por mais que tenha mudado, é sempre o mesmo). Ver David, 1962, p. 139.

Ana, membro da Royal Society e matemático amador com interesse na probabilidade, que demonstrava com uma generosa coleção de exemplos apimentados para ilustrar seus argumentos. Em um dos artigos de John Arbuthnot, ele considerou as chances de "uma mulher de vinte anos ainda ser virgem" ou de "um libertino dessa idade não ter tido doença venérea".[2]

Jacob Bernoulli levantara pela primeira vez a questão de como desenvolver probabilidades a partir de amostras de dados em 1703. Em uma carta ao amigo Leibniz, ele comentou que achava estranho sabermos as chances de obter sete em vez de oito com um par de dados, mas não sabermos as probabilidades de um homem com 20 anos sobreviver a um de 60. Não poderíamos, indaga ele, encontrar a resposta a esta pergunta examinando um grande número de pares de homens com essas idades?

Na resposta a Bernoulli, Leibniz mostrou-se pessimista quanto a essa abordagem: "A natureza estabeleceu padrões que dão origem à recorrência dos acontecimentos", escreveu, "mas apenas na maior parte. Doenças novas assolam a raça humana; assim, por mais experimentos que você tenha feito com cadáveres, isso não significa que você tenha imposto um limite à natureza dos eventos, impedindo assim sua variação futura".[3] Embora Leibniz escrevesse essa carta em latim, ele inseriu a expressão "mas apenas na maior parte" em grego: ωζ επι το πολυ. Talvez o fizesse para enfatizar sua opinião de que um número finito de experimentos, como sugeriu Jacob, seria inevitavelmente uma amostra pequena demais para um cálculo exato das intenções da natureza.*

Jacob não foi dissuadido pela resposta de Leibniz, mas mudou o método de resolução do problema. A advertência grega de Leibniz não seria esquecida.

O esforço de Jacob em revelar as probabilidades com base em amostras de dados aparece em sua *Ars conjectandi* (*A arte da conjectura*), obra que seu sobrinho Nicolaus finalmente publicou em 1713, oito anos após a morte de Jacob.[4] Seu interesse foi em demonstrar onde termina a arte

---

* Mais adiante na correspondência com Jacob, Leibniz observou: "Com certeza, quem tentasse usar observações modernas de Londres e Paris para julgar as taxas de mortalidade dos Patriarcas antes do dilúvio se desviaria enormemente da verdade." (Hacking, 1975, p. 164.)

de pensar – a análise objetiva – e começa a arte da conjectura. Em certo sentido, a conjectura é o processo de estimar o todo a partir das partes.

A análise de Jacob começa com a observação de que a teoria das probabilidades alcançou o ponto onde, para chegar a uma hipótese sobre a probabilidade de um evento, "basta que se calcule exatamente o número de casos possíveis e, depois, determine o grau em que um caso é mais provável de acontecer do que o outro". A dificuldade, como Jacob passa a observar, é que as aplicações da probabilidade se limitam quase exclusivamente aos jogos de azar. Até aquela altura, a realização de Pascal pouco mais fora do que uma curiosidade intelectual.

Para Jacob, essa limitação era gravíssima, como ele revela em uma passagem que reflete as preocupações de Leibniz:

> Mas que mortal... poderia determinar o número de doenças, contando todos os casos possíveis, que afligem o corpo humano... e o grau em que uma doença é mais provavelmente fatal do que outra – a peste do que a hidropisia... ou a hidropisia do que a febre – e baseado nisso fazer uma previsão sobre a relação entre vida e morte nas futuras gerações?... Quem pode afirmar ter penetrado tão profundamente na natureza da mente humana ou na estrutura maravilhosa do corpo que, em jogos que dependam... da perspicácia mental ou da agilidade física dos jogadores, se aventure a prever quando esse ou aquele jogador sairia vitorioso ou derrotado?

Jacob está traçando uma distinção crucial entre realidade e abstração na aplicação das leis das probabilidades. Por exemplo, o jogo incompleto de *balla* de Paccioli e o hipotético campeonato mundial de beisebol interrompido que analisamos ao discutir o Triângulo de Pascal não guardam nenhuma semelhança com situações do mundo real. Neste, os disputantes de um jogo de *balla* ou de um torneio têm diferentes "perspicácias mentais ou agilidades físicas", qualidades que ignorei nos exemplos supersimplificados do uso da probabilidade para prever resultados. O Triângulo de Pascal fornece apenas pistas do desenlace desses jogos da vida real.

A teoria das probabilidades consegue definir as probabilidades no cassino ou na loteria – não é preciso girar a roleta ou contar os bilhetes de loteria para estimar a natureza do resultado – mas, na vida real, informações pertinentes são essenciais. E o problema é que nunca dispomos de todas as informações de que gostaríamos. A natureza estabeleceu padrões, mas apenas na maior parte. A teoria, que abstrai com base na natureza, é mais generosa: ou bem dispomos das informações de que precisamos, ou bem não precisamos de informações. Conforme a citação de Fischer Black na Introdução, o mundo parece bem mais organizado visto dos recintos do MIT, junto ao rio Charles, do que do tumulto de Wall Street, às margens do Hudson.

Em nossa discussão do jogo hipotético de *balla* de Paccioli e do torneio de beisebol imaginário, o histórico de longo prazo, as capacidades físicas e o QI dos jogadores eram irrelevantes. Até a natureza do próprio jogo era irrelevante. A teoria substituía totalmente a informação.

Os fãs de beisebol da vida real, como os aficionados do mercado de ações, colecionam resmas de estatísticas exatamente por precisarem dessas informações para chegar a avaliações sobre as capacidades dos jogadores e times – ou sobre a perspectiva de lucro das empresas negociadas na bolsa. E mesmo com milhares de fatos, o currículo dos especialistas, seja nos esportes ou nas finanças, prova que suas estimativas das probabilidades dos resultados finais estão abertas à dúvida e à incerteza.

O Triângulo de Pascal e todo o trabalho inicial sobre probabilidades respondiam somente a uma pergunta: quais as probabilidades desse ou daquele resultado? A resposta a esta pergunta tem valor limitado na maioria dos casos, pois não nos deixa nenhum senso de generalidade. O que sabemos realmente quando raciocinamos que o jogador A tem 60% de chance de vencer um jogo específico de *balla*? Essa probabilidade consegue nos informar se ele é hábil o suficiente para vencer 60% das vezes contra o jogador B? A vitória em um conjunto de jogos não basta para confirmar essa expectativa. Quantas vezes os srs. A e B têm de jogar até termos confiança de que A é um jogador superior? O que o resultado do campeonato de beisebol deste ano nos informa sobre a probabilidade de que o time vencedor seja melhor o tempo todo, e não apenas naquela série específica? O que a alta proporção de mortes por câncer do pulmão entre os fumantes indica sobre as chances de que fumar o matará antes do tempo? O que a morte de um elefante revela sobre o valor de procurar um abrigo antiaéreo?

Mas as situações da vida real com frequência exigem que avaliemos as probabilidades exatamente dessa forma – da amostra ao universo. Apenas em raros casos a vida imita os jogos de azar, em que podemos determinar as probabilidades de um resultado *antes* que um evento chegue a ocorrer – *a priori*, nas palavras de Jacob Bernoulli. Na maioria dos casos, temos de estimar as probabilidades com base no que aconteceu *após* o fato – *a posteriori*. A própria noção de *a posteriori* implica a experimentação e graus de crença mutáveis. Havia 7 milhões de pessoas em Moscou, mas depois que um elefante foi morto por uma bomba nazista, o professor decidiu que chegara a hora de procurar o abrigo antiaéreo.

A CONTRIBUIÇÃO DE Jacob Bernoulli ao problema de desenvolver probabilidades a partir de quantidades limitadas de informações sobre a vida real foi dupla. Primeiro, ele definiu o problema nesses termos antes que qualquer outra pessoa sequer tivesse reconhecido a necessidade de uma definição. Segundo, ele sugeriu uma solução com apenas uma exigência: temos de pressupor que, "sob condições similares, a ocorrência (ou não ocorrência) de um evento no futuro seguirá o mesmo padrão observado no passado".[5]

Essa é uma suposição de peso. Jacob pode ter reclamado que na vida real poucos são os casos em que as informações são suficientemente completas para que as regras simples da probabilidade nos permitam prever o resultado. Mas ele admite que uma estimativa das probabilidades *após* o *fato* também é impossível, a não ser que possamos supor que o passado seja um guia confiável para o futuro. A dificuldade dessa atribuição é evidente.

O passado, ou quaisquer dados que optemos por analisar, é apenas um fragmento da realidade. A qualidade fragmentária é crucial na passagem dos dados para uma generalização. Nunca temos ou conseguimos adquirir todas as informações de que precisamos para obtermos o mesmo grau de confiança com que sabemos, além de qualquer sombra de dúvida, que um dado tem seis lados, cada qual com um número diferente, ou que uma roleta europeia tem 37 divisões (e a norte-americana, 38), novamente cada qual com um número diferente. A realidade é uma série de eventos interligados, cada um dependente de outro, radicalmente diferentes dos jogos de azar em que o resultado de qualquer jogada individual tem influência zero sobre o resultado da próxima jogada. Os jogos de azar reduzem tudo a um número exato, mas na vida real usamos medidas como "um pouco", "muito" ou "não tanto, por favor" com muito mais frequência do que medidas quantitativas precisas.

Sem querer, Jacob Bernoulli definiu a agenda do resto deste livro. Deste ponto em diante, o debate sobre a gestão do risco convergirá nas aplicações de seus três pressupostos obrigatórios: plena informação, tentativas independentes e a relevância da avaliação quantitativa. A relevância destes pressupostos é crucial na determinação do grau de sucesso com que podemos aplicar a medição e a informação para prever o futuro. De fato, os pressupostos de Jacob moldam a forma como vemos o próprio passado: após o fato, conseguimos explicar o que ocorreu, ou devemos atribuir o evento à pura sorte (que não passa de outra forma de dizer que somos incapazes de explicar o que ocorreu)?

APESAR DE TODOS os obstáculos, a prática exige que pressuponhamos, às vezes explicitamente, mas mais amiúde implicitamente, que as condições necessárias de Jacob são cumpridas, mesmo quando sabemos muito bem que a realidade difere do caso ideal. Nossas respostas podem ser descuidadas, mas a metodologia desenvolvida por Jacob Bernoulli e pelos outros matemáticos mencionados neste capítulo fornece-nos um poderoso conjunto de ferramentas para desenvolver as probabilidades de resultados futuros com base nos dados limitados do passado.

O teorema de Jacob Bernoulli para o cálculo *a posteriori* das probabilidades é conhecido como Lei dos Grandes Números. Ao contrário da visão popular, a lei não fornece um método de validação dos fatos observados, que não passam de uma representação incompleta da verdade total. Tampouco ela afirma que um número crescente de observações aumentará a probabilidade de que o que você vê é o que você obterá. A lei não é um projeto para melhorar a qualidade de testes empíricos: Jacob seguiu à risca o conselho de Leibniz e rejeitou a ideia original de encontrar respostas firmes mediante testes empíricos.

Jacob estava em busca de uma probabilidade diferente. Suponha que você atire uma moeda repetidamente. A Lei dos Grandes Números não diz que a média de suas jogadas se aproximará de 50% à medida que você aumentar o número de jogadas; a matemática elementar diz isto, poupando-lhe a tediosa tarefa de atirar a moeda repetidamente. Pelo contrário, a lei enuncia que aumentar o número de jogadas aumentará igualmente a probabilidade de que a razão entre as caras e o total de jogadas se desviará de 50% abaixo de uma quantidade especificada, por menor que seja. A palavra "desviará" é o que importa. Não se está em busca da média real de 50%, mas da probabilidade de que o erro entre a média observada e a média real seja inferior a, digamos, 2% – em outras palavras, de que o aumento do número de jogadas aumente a probabilidade de que a média observada não se desvie em mais de 2% da média real.

Isso não significa que não haverá erro após um número infinito de jogadas; Jacob exclui explicitamente essa possibilidade. Também não significa que os erros se tornarão forçosamente pequenos o suficiente para serem ignorados. *Tudo que a lei nos informa é que a média de um grande número de jogadas diferirá por menos do que certa quantidade especificada da média real mais provavelmente do que a média de um pequeno número de jogadas.* Além disso, sempre haverá uma possibilidade de que o resultado observado difira da média real por uma quantidade maior do que o limite especificado. Sete milhões de pessoas em Moscou aparentemente não foram suficientes para satisfazer o professor de estatística.

A Lei dos Grandes Números não é a mesma coisa que a Lei das Médias. Segundo a matemática, as probabilidades de que qualquer arremesso individual de moeda resulte em cara é de 50% – mas o resultado de cada arremesso é independente de todos os outros. Ele não é influenciado por arremessos anteriores, nem influencia arremessos futuros. Consequentemente, a Lei dos Grandes Números não pode prometer que as probabilidades de cara subirão além de 50% em qualquer jogada individual, caso a primeira centena, ou milhão, de jogadas resulte em apenas 40% de cara. Não há nada na Lei dos Grandes Números que prometa salvá-lo quando você está em uma maré de azar.

Para ilustrar sua Lei dos Grandes Números, Jacob imaginou um jarro repleto com 3 mil pedras brancas e 2 mil pedras pretas, um dispositivo que, desde então, tornou-se um dos favoritos dos teóricos da probabilidade e dos inventores de quebra-cabeças matemáticos. Ele estipula que não podemos saber o número de pedras de cada cor. Retiramos um número crescente de pedras do jarro, anotando com cuidado a cor de cada pedra antes de devolvê-la ao jarro. Se a retirada de um número crescente de pedras puder enfim nos dar a "certeza moral" – ou seja, a certeza como uma questão prática, em vez da certeza absoluta – de que a razão é de 3:2, Jacob conclui que "podemos determinar *a posteriori* o número de casos com quase a mesma precisão se o conhecêssemos *a priori*".[6] Seu cálculo indica que bastariam 25.550 retiradas do jarro para mostrar, com uma chance superior a 1.000/1.001, que o resultado não se desviaria mais de 2% da razão real de 3:2. Isso é certeza moral para você.

Jacob não emprega a expressão "certeza moral" levianamente. Ele a deriva de sua definição de probabilidade, que ele extrai de um trabalho anterior de Leibniz. "Probabilidade", declara ele, "é grau de certeza e difere da certeza absoluta como a parte difere do todo".[7]

Mas Jacob vai além de Leibniz no exame do que significa "certeza". São nossos julgamentos individuais da certeza que atraem a atenção de Jacob, e existe uma condição de certeza moral quando estamos *quase* totalmente certos. Quando Leibniz introduziu o conceito, ele o definira como "infinitamente provável". O próprio Jacob se satisfaz com uma proximidade de 1.000/1.001, mas ele está disposto a ser flexível: "Seria útil se os magistrados definissem limites fixos para a certeza moral."[8]

JACOB TRIUNFA. Agora, declara ele, podemos fazer uma previsão sobre qualquer quantidade incerta tão científica como as previsões dos jogos de azar. Ele elevou a probabilidade do mundo da teoria para o mundo da realidade:

> Se, por exemplo, em vez do jarro tomarmos a atmosfera do corpo humano, que esconde dentro de si uma série dos mais variados processos ou doenças, assim como o jarro esconde as pedras, também para eles conseguiremos determinar por observação a diferença de frequência entre dois eventos.[9]

Todavia, Jacob parece ter tido problemas com seu jarro de pedras. Seu cálculo de que seriam necessárias 25.550 tentativas para estabelecer a certeza moral deve tê-lo impressionado como um número intoleravelmente grande; a população inteira de sua cidade natal da Basileia na época era inferior a 25.550. É de se supor que ele não soube o que fazer a seguir, pois termina o livro exatamente ali. Nada se segue, a não ser um comentário melancólico sobre a dificuldade de encontrar casos da vida real em que todas as observações cumpram a exigência de independência umas das outras:

> Se, assim, todos os eventos por toda a eternidade pudessem ser repetidos, constatar-se-ia que tudo no mundo ocorre devido a causas definidas e segundo regras definidas e que seríamos forçados a presumir, em meio às coisas mais aparentemente fortuitas, certa necessidade ou, por assim dizer, o DESTINO.[10]

Não obstante, o jarro de pedras de Jacob merece a imortalidade que conquistou. Essas pedras tornaram-se o veículo da primeira tentativa de medição da incerteza – ou melhor, definição – e do cálculo da probabilidade de um número empiricamente determinado aproximar-se de um valor real *mesmo quando* o *valor real é uma incógnita.*

JACOB BERNOULLI morreu em 1705. Seu sobrinho Nicolaus – Nicolaus, o Lerdo – levou à frente os esforços do tio Jacob de derivar probabilidades futuras de observações conhecidas, ao mesmo tempo em que gradualmente completava a *Ars conjectandi.* Os resultados de Nicolaus foram publicados em 1713, mesmo ano em que apareceu finalmente o livro de Jacob.

Jacob começara com as probabilidades de que o erro entre um valor observado e o valor real se situasse dentro de algum limite especificado; a seguir, ele calculou o número de observações necessárias para elevar as probabilidades àquela quantia. Nicolaus tentou inverter a versão da probabilidade de seu tio. Tomando o número de observações como um dado, calculou a probabilidade de que se situassem dentro de um limite especificado. Ele usou um exemplo cem que presumiu que a razão entre os nascimentos masculinos e femininos fosse de 18:17. Com, digamos, um total de 14.000 nascimentos, o número de nascimentos masculinos esperado seria 7.200. Ele então calculou que as vantagens são pelo menos de 43,58 para 1 de que o número real de nascimentos masculinos se situe entre 7.200 + 163 e 7.200 − 163, ou entre 7.363 e 7.037.

Em 1718, Nicolaus convidou um matemático francês chamado Abraham de Moivre para se juntar à sua pesquisa, mas este recusou o convite: "Gostaria de ser capaz de... aplicar a Doutrina dos Acasos a Usos *Econômicos* e *Políticos,* mas de bom grado renuncio à minha parte da tarefa, a favor de melhores Mãos."[11] Não obstante, a resposta de Moivre a Nicolaus revela o quanto a aplicação da probabilidade e da previsão progredira em apenas poucos anos.

De Moivre nascera em 1667 − treze anos após Jacob Bernoulli − como protestante em uma França cada vez mais hostil a quem não fosse católico.[12] Em 1685, quando de Moivre tinha 18 anos, o rei Luís XIV revogou o édito de Nantes, promulgado em 1598 sob o rei Henrique − nascido protestante, para garantir aos protestantes − conhecidos como huguenotes − direitos políticos iguais aos dos católicos. Após a revogação, o exercício da religião reformada foi proibido, as crianças tiveram de ser educadas como católicas e a emigração foi proibida. De Moivre passou dois anos na prisão devido às suas crenças. Com ódio à França e a tudo ligado a ela, conseguiu fugir para Londres em 1688, onde a Revolução Gloriosa acabara de banir os últimos vestígios do catolicismo oficial. Ele nunca retornou ao país natal.

De Moivre levou uma vida frustrante e melancólica na Inglaterra. Apesar dos vários esforços, ele nunca conseguiu ascender a uma posição acadêmica apropriada. Ele se sustentou lecionando matemática e como consultor de aplicações da teoria das probabilidades para jogadores e corretores de seguros. Com esse fim, mantinha um escritório informal no Slaughter's Coffee House, na St. Martin's Lane, para onde ia quase todas as tardes após concluir suas tarefas de professor particular. Embora ele e Newton fossem amigos e embora ele fosse eleito para a Royal Society com apenas 30 anos, permaneceu um homem amargo, introspectivo e antissocial. Morreu em 1754, cego e pobre, aos 87 anos.

Em 1725, de Moivre publicara uma obra intitulada *Annuities upon lives* (*Anuidades vitalícias*) que incluía uma análise das tabelas de Halley da vida e morte em Breslaw. Embora o livro fosse sobretudo uma obra de matemática, ele sugeria importantes questões relacionadas aos enigmas que os Bernoulli vinham tentando resolver e que de Moivre exploraria mais tarde em grandes detalhes.

Stephen Stigler, um historiador da estatística, fornece um exemplo interessante das possibilidades levantadas pela obra de de Moivre sobre as anuidades. A tabela de Halley mostrava que, dentre 346 homens com 50 anos em Breslaw, apenas 142, ou 41%, sobreviviam até os 70. Tratava-se apenas de uma pequena amostra. Até que ponto poderíamos usar o resultado para generalizar sobre a expectativa de vida de homens de 50 anos? De Moivre não conseguiu usar esses números para determinar as probabilidades de um homem com 50 anos ter uma chance inferior a 50% de morrer aos 70 anos, mas ele conseguiria responder a esta pergunta: "Se a chance real fosse de 1/2, qual a probabilidade da ocorrência de uma razão tão pequena como 142/346 ou ainda menor?"

A primeira incursão direta de de Moivre no tema da probabilidade foi uma obra intitulada *De mensura sortis* (literalmente, *Sobre a medição da sorte*). Essa obra foi publicada originalmente em 1711 em uma edição das *Philosophical transactions*, a publicação da Royal Society. Em 1718, de Moivre lançou uma edição inglesa bastante ampliada intitulada *The doctrine of chances* (*A doutrina das chances*), dedicada ao bom amigo Isaac Newton. O livro foi um grande sucesso e teve duas edições posteriores, em 1738 e 1756. Newton ficou suficientemente impressionado para recomendar em ocasiões aos discípulos: "Procurem o Senhor de Moivre; ele sabe essas coisas melhor do que eu." *De mensura sortis* talvez seja a primeira obra que define explicitamente o risco como chance de perda: "O risco de perder qualquer soma é o inverso da expectativa; e sua verdadeira medida é o produto da Soma arriscada pela Probabilidade de Perda."

Em 1730, de Moivre voltou-se finalmente para o projeto de Nicolaus Bernoulli de determinar a fidelidade com que uma amostra de fatos representava o universo real de que fora extraída. Ele publicou sua solução completa em 1733 e incluiu-a nas segunda e terceira edições de *The doctrine of chances*. Ele começa reconhecendo que Jacob e Nicolaus Bernoulli "mostraram grande perícia... Contudo, algumas outras coisas eram necessárias". Em particular, a abordagem dos Bernoulli parecia "tão trabalhosa e de tamanha dificuldade que poucas pessoas enfrentaram a tarefa".

A necessidade de 25.550 tentativas era, claramente, um obstáculo. Mesmo que, como sugerira James Newman, Jacob Bernoulli estivesse disposto a concordar pela "certeza imoral" de uma aposta equilibrada – probabilidade de 50/100 – que o resultado não se desviaria mais de 2% da razão real de 3:2, 8.400 tentativas seriam necessárias. A seleção de probabilidades de 1.000/1.001 por Jacob é curiosa pelos padrões atuais, pois a maioria dos estatísticos aceita vantagens de 1 em 20 como prova suficiente de que um resultado é significante (o jargão moderno para certeza moral), não se devendo ao mero acaso.

O avanço de de Moivre na resolução desses problemas está entre as realizações mais importantes da matemática. Baseando-se no cálculo infinitesimal e na estrutura subjacente ao Triângulo de Pascal, conhecida como o teorema binomial, de Moivre demonstrou como um conjunto de sorteios aleatórios, como na experiência da jarra de Jacob Bernoulli, se distribuiria em torno de seu valor médio. Por exemplo, suponha que você apanhou seguidamente cem pedras da jarra de Jacob, sempre devolvendo cada pedra apanhada, e anotou a razão entre pedras brancas e pretas. Depois, suponha que você fizesse uma série de sorteios sucessivos, cada um de cem pedras. De Moivre conseguiria dizer de antemão aproximadamente quantas dessas razões chegariam perto da razão média do número total de sorteios e como essas razões individuais se distribuiriam em torno de grande média.

A distribuição de de Moivre é conhecida atualmente como uma curva normal ou, devido à semelhança com um sino, curva em sino. A distribuição, quando representada como uma curva, mostra o maior número de observações agrupadas no centro, próximas da média do número total de observações. A curva então cai simetricamente, com um número igual de observações em ambos os lados da média, bruscamente de início e exibindo depois uma curva descendente mais suave em ambas as extremidades. Em outras palavras, as observações distantes da média são menos frequentes do que as observações próximas da média.

A forma da curva de de Moivre permitiu-lhe calcular uma medida estatística de sua dispersão em torno da média. Essa medida, agora conhecida como desvio-padrão, é importantíssima quando se julga se um conjunto de observações compreende uma amostra suficientemente representativa do universo de que apenas faz parte. Em uma distribuição normal, aproximadamente 68% das observações se situarão dentro de um desvio-padrão da média de todas as observações e 95% delas se situarão dentro de dois desvios-padrão da média.

O desvio-padrão consegue nos informar se estamos lidando com um caso de "cabeça no forno e pés no refrigerador", em que a condição média do pobre homem é inexpressiva em termos de como ele se sente. A maioria das leituras estaria longe da média de como ele se sente no meio. O desvio-padrão também nos informa que as 25.550 retiradas de pedras de Jacob dariam uma estimativa extremamente precisa da divisão entre pedras pretas e brancas dentro do jarro, pois relativamente poucas observações seriam remotas, distantes da média.

De Moivre impressionou-se com a ordem que surgia à medida que aumentava o número de observações aleatórias e independentes entre si; ele atribui essa ordem aos planos do Todo-poderoso. Ela traz a promessa de que, sob as condições corretas, as medições conseguem realmente conquistar a incerteza e domar o risco. Enfatizando através de grifo a importância do que tinha a dizer, de Moivre sintetizou sua realização: *"Embora o Acaso produza Irregularidades, as Chances serão infinitamente grandes de que, no decorrer do Tempo, essas Irregularidades não guardem nenhuma proporção com a repetição daquela Ordem que é fruto naturalmente do PROJETO ORIGINAL."*[13]

A DÁDIVA DE de Moivre para os matemáticos foi um instrumento que possibilitou avaliar a probabilidade de um dado número de observações se situar dentro de algum limite especificado em torno de uma razão real. Essa dádiva tem permitido muitas aplicações práticas.

Por exemplo, todos os fabricantes temem que produtos defeituosos possam escapar da linha de produção até as mãos dos clientes. Uma perfeição de 100% é uma impossibilidade prática na maioria dos casos – o mundo como o conhecemos parece dotado do hábito incurável de nos negar a perfeição.

Suponhamos que o gerente de uma fábrica de alfinetes esteja tentando limitar o número de unidades defeituosas a um máximo de 10 entre cada 100 mil produzidas, ou 0,01% do total.[14] Para ver como andam as coisas, ele apanha uma amostra aleatória de 100 mil alfinetes saídos da linha de montagem e encontra 12 alfinetes sem cabeça – dois a mais do que a média de 10 que esperava alcançar. Quão importante é essa diferença? Quais as probabilidades de encontrar 12 unidades defeituosas em uma amostra de 100 mil se, *na média,* a fábrica estiver gerando 10 alfinetes defeituosos para cada 100 mil produzidos? A distribuição normal e o desvio padrão de de Moivre fornecem a resposta.

Mas este não é o tipo de pergunta para a qual as pessoas costumam querer uma resposta. É mais comum elas não saberem, antes do fato, exatamente quantas unidades defeituosas a fábrica produzirá *em média.* Apesar das boas intenções, a proporção real de unidades defeituosas poderia se revelar superior a 10 por 100 mil na média. O que a amostra de 100 mil alfinetes revela sobre as probabilidades de a proporção média de produtos defeituosos exceder 0,01% do total? Quanto mais conseguiríamos saber com uma amostra de 200 mil? Quais as probabilidades de que a proporção média de produtos defeituosos se situe entre 0,009% e 0,011%? Ou entre 0,007% e 0,013%? Quais as probabilidades de que qualquer alfinete individual que eu por acaso apanhe esteja defeituoso?

Neste cenário, dispomos dos dados –10 alfinetes, 12 alfinetes, 1 alfinete – e desconhecemos a probabilidade. Perguntas assim formuladas são o objeto do que se conhece como *probabilidade inversa:* com 12 alfinetes defeituosos entre 100 mil, qual a probabilidade de que a proporção média real de produtos defeituosos seja de 0,01%?

UM DOS TRATAMENTOS mais eficazes de tais questões foi proposto por um pastor chamado Thomas Bayes, que nasceu em 1701 e viveu em Kent.[15] Bayes era um inconformista; ele rejeitava a maioria dos rituais cerimoniais que a Igreja Anglicana preservara da Igreja Católica após sua separação na época de Henrique VIII.

Pouco se conhece sobre Bayes, embora fosse membro da Royal Society. Um livro-texto de estatística em geral seco e impessoal chegou ao ponto de caracterizá-lo de "enigmático".[16] Em vida, não publicou nada sobre matemática, deixando apenas dois trabalhos, que foram publicados após sua morte mas receberam pouca atenção ao aparecerem.

Contudo, um desses artigos, *Essay towards solving a problem in the doctrine of chances* (*Ensaio sobre a solução de um problema da doutrina das chances*) foi uma obra de originalidade impressionante que imortalizou Bayes entre os estatísticos, economistas e outros cientistas sociais. O artigo estabeleceu a base do moderno método de inferência estatística, a grande questão levantada pela primeira vez por Jacob Bernoulli.

Quando Bayes morreu, em 1761, seu testamento, datado do ano anterior, legou o manuscrito desse ensaio, além de 100 libras esterlinas, a "Richard Price, que agora suponho seja um pregador em Newington Green".[17] É estranho que Bayes fosse tão vago sobre a localização de Richard Price, pois este era mais do que um simples pregador em uma aldeia de Kent.

Richard Price era um homem de altos padrões morais e uma crença apaixonada na liberdade humana em geral e na liberdade religiosa em particular. Ele estava convicto de que a liberdade era de origem divina e, portanto, essencial para a conduta moral; declarou que era preferível ser livre e pecar a se tornar escravo de alguém. Na década de 1780, escreveu um livro sobre a Revolução Americana com o título quase interminável de *Observations on the importance of the American Revolution and the means of making it a benefit to the world* (*Observações sobre a importância da Revolução Americana e os meios de torná-la benéfica ao mundo*), em que expressou sua crença de que a revolução fora ordenada por Deus. Correndo certo risco pessoal, ele cuidou dos prisioneiros de guerra norte-americanos transferidos para campos na Inglaterra. Benjamin Franklin era um bom amigo e Adam Smith um conhecido. Price e Franklin leram e criticaram os manuscritos de alguns capítulos de *A riqueza das nações* que Smith estava escrevendo.

Uma liberdade incomodava Price: a liberdade de contrair empréstimos. Ele se preocupava profundamente com a galopante dívida nacional, agravada pelas guerras contra a França e a guerra contra as colônias na América do Norte. Ele reclamou que a dívida estava "financiando a eternidade" e apelidou-a de "Grande Mal Nacional".[18]

Mas Price não foi apenas um pastor e um defensor apaixonado da liberdade humana. Ele foi também um matemático cujo trabalho no campo da probabilidade foi suficientemente impressionante para torná-lo membro da Royal Society.

Em 1765, três homens de uma empresa seguradora chamada Equitable Society pediram ajuda a Price na criação de tabelas de mortalidade nas quais basear seus prêmios de seguros de vida e anuidades. Após estudar os trabalhos de Halley e de Moivre, entre outros, Price publicou dois artigos sobre o assunto nas *Philosophical transactions*; seu biógrafo, Carl Cone, relata que os cabelos de Price teriam ficado grisalhos durante uma noite de concentração intensa no segundo desses artigos.

Price começou estudando registros mantidos em Londres, mas as expectativas de vida nesses registros se revelaram bem abaixo das taxas de mortalidade reais.[19] Ele se voltou então ao condado de Northampton, cujos registros eram mais cuidadosos do que os londrinos. Em 1771, publicou os resultados de seu estudo em um livro intitulado *Observations on reversionary payments* (*Observações sobre pagamentos reversíveis*), considerado a bíblia do assunto até grande parte do século XIX. Esse trabalho valeu-lhe o título de pai da ciência atuarial – o complexo trabalho matemático de probabilidade realizado hoje em dia em todas as empresas seguradoras como base do cálculo dos prêmios.

Entretanto, o livro de Price continha graves e custosos erros, em parte devido a uma base de dados inadequada que omitia o grande número de nascimentos sem registro. Além disso, ele superestimou as taxas de morte em idades mais jovens e subestimou-as em idades maiores, e suas estimativas de migração para dentro e para fora de Northampton estavam erradas. Mais grave, ele parece ter subestimado as expectativas de vida, com o resultado de que os prêmios dos seguros de vida foram muito maiores do que necessário. A Equitable Society floresceu graças a esse erro; o governo britânico, usando as mesmas tabelas para determinar os pagamentos de anuidades aos seus pensionistas, amargou prejuízos.[20]

DOIS ANOS DEPOIS, após a morte de Bayes, Price enviou uma cópia do artigo "muito inteligente" de Bayes a um certo John Canton, outro membro da Royal Society, acompanhado de uma carta que nos informa muita coisa sobre as intenções de Bayes ao escrever o artigo. Em 1764, a Royal Society publicou o ensaio de Bayes nas *Philosophical transactions,* mas mesmo então o trabalho mofou na obscuridade por mais vinte anos.

Eis como Bayes colocou o problema que estava tentando resolver:

## PROBLEMA

*Dado* o número de vezes em que um evento desconhecido ocorreu e falhou, *pede-se* a chance de que a probabilidade de seu acontecimento em uma única tentativa resida em algum ponto entre dois graus quaisquer de probabilidade que podem ser especificados.[21]

O problema formulado aqui é exatamente o inverso do problema conforme definido por Jacob Bernoulli uns sessenta anos antes (página 122). Bayes está perguntando como podemos determinar a probabilidade de que um evento ocorrerá sob circunstâncias em que nada sabemos sobre ele, exceto que ocorreu certo número de vezes e que deixou de ocorrer certo número de outras vezes. Em outras palavras, um alfinete poderia estar defeituoso ou perfeito. Se identificarmos dez alfinetes defeituosos em uma amostra de cem, qual a probabilidade de que a produção *total* de alfinetes – e não apenas qualquer amostra de cem – conterá entre 9% e 11% com defeito?

A carta de Price a Canton reflete o quanto a análise da probabilidade avançou no mundo real da tomada de decisões em apenas cem anos. "Toda pessoa criteriosa", escreve Price, "terá o bom-senso de reconhecer que o problema ora mencionado não é absolutamente uma especulação curiosa sobre a doutrina das chances, mas um problema de resolução necessária para termos uma base segura em todos os nossos raciocínios sobre os fatos passados e o que poderá acontecer daqui para a frente".[22] Ele prossegue dizendo que nem Jacob Bernoulli, nem de Moivre formularam a questão precisamente nesses termos, embora de Moivre tivesse descrito a dificuldade de alcançar sua própria solução como "a mais difícil a ser proposta sobre o tema do acaso".

Bayes valeu-se de um formato estranho para provar seu argumento, sobretudo em se tratando de um pastor dissidente: uma mesa de bilhar. Uma bola é rolada sobre a mesa, livre para parar em qualquer lugar e depois disso permanecer em repouso. Em seguida, uma segunda bola é rolada repetidamente da mesma forma, e conta-se o número de vezes em que para à direita da primeira bola. Este número é "o número de vezes em que um evento desconhecido ocorreu". A falha – o número de vezes em que o evento não acontece – ocorre quando a bola para à esquerda. A probabilidade da localização da primeira bola – uma única tentativa – deve ser deduzida dos "sucessos" e "fracassos" da segunda.[23]

A principal aplicação do sistema de Bayes é no uso de novas informações para revisar probabilidades baseadas em informações antigas, ou, no linguajar dos estatísticos, para comparar a probabilidade posterior com a anterior. No caso das bolas de bilhar, a primeira bola representa a anterior e a revisão contínua das estimativas de sua localização, à medida que a segunda bola é repetidamente jogada, representa a probabilidade posterior.

Este procedimento de revisar inferências sobre informações antigas à medida que surgem novas informações emerge de um ponto de vista filosófico que torna a contribuição de Bayes impressionantemente moderna: em um mundo dinâmico, não há uma resposta única sob condições de incerteza. O matemático A. F. M. Smith sintetizou-o bem: "Qualquer abordagem da inferência científica que tente legitimar *uma* resposta à incerteza complexa é, a meu ver, uma paródia totalitária de um processo de aprendizado pseudorracional."[24]

Embora o sistema de inferência de Bayes seja complexo demais para ser exposto aqui em detalhes, um exemplo típico de aplicação da análise de Bayes aparece no apêndice deste capítulo.

O ASPECTO MAIS empolgante de todas as realizações mencionadas neste capítulo é a ideia ousada de que a incerteza pode ser medida. Incerteza significa probabilidades desconhecidas; invertendo a descrição de Hacking da certeza, podemos dizer que algo é incerto quando nossa informação está correta e um fato deixa de ocorrer ou quando nossa informação é incorreta e um fato ocorre.

Jacob Bernoulli, Abraham de Moivre e Thomas Bayes mostraram como inferir probabilidades anteriormente desconhecidas dos fatos empíricos da realidade. Essas realizações são impressionantes pela mera agilidade mental exigida e audaciosas pelo ataque corajoso ao desconhecido. Quando de Moivre invocou o *PROJETO ORIGINAL,* não escondeu sua admiração pelas próprias realizações. Ele gostava de recorrer a tais expressões; em outro ponto, escreve: "Se não nos cegarmos com a poeira metafísica, seremos conduzidos por um caminho curto e óbvio ao reconhecimento do grande *CRIADOR* e *GOVERNADOR* de tudo."[25]

Estamos agora bem avançados no século XVII, quando o Iluminismo identificou a busca do conhecimento como a forma mais elevada de atividade humana. Foi uma época de os cientistas afastarem a poeira metafísica dos olhos. Desapareceram as inibições diante da exploração do desconhecido e da criação do novo. Os grandes avanços nos esforços de domar o risco, nos anos anteriores a 1800, ganhariam um impulso redobrado à aproximação no novo século, e a era vitoriana forneceria ainda mais impulso.

## APÊNDICE: EXEMPLO DO SISTEMA DE BAYES DE INFERÊNCIA ESTATÍSTICA EM AÇÃO

Voltemos ao fabricante de alfinetes. A empresa possui duas fábricas, das quais a mais antiga produz 40% da produção total. Isso significa que um alfinete apanhado aleatoriamente tem 40% de probabilidade de advir da fábrica mais antiga, seja defeituoso ou perfeito; esta é a probabilidade anterior. Constatamos que a fábrica mais antiga produz duas vezes mais alfinetes defeituosos do que a fábrica mais nova. Se um cliente telefonar reclamando que encontrou um alfinete defeituoso, para qual das duas fábricas o gerente deve telefonar?

Segundo a probabilidade anterior, é mais provável que o alfinete defeituoso tenha vindo da fábrica nova, que produz 60% do total. Por outro lado, essa fábrica produz apenas um terço do total de alfinetes defeituosos da empresa. Ao revisarmos a probabilidade anterior para refletir esta informação adicional, descobrimos que a probabilidade de que a nova fábrica tenha produzido o alfinete defeituoso é de apenas 42,8%; existe uma probabilidade de 57,2% de que a fábrica mais antiga seja a culpada. Esta nova estimativa torna-se a probabilidade posterior.

# 8

# A LEI SUPREMA DA IRRACIONALIDADE

DURANTE OS ÚLTIMOS 27 anos de sua vida, encerrada em 1855 aos 78 anos, Carl Friedrich Gauss dormiu apenas uma vez fora de sua casa em Göttingen.[1] Na verdade, ele recusara cátedras e distinções das mais eminentes universidades europeias, devido à sua aversão por viagens.

A exemplo de muitos matemáticos antes e depois dele, Gauss também foi um menino prodígio – fato que desagradou ao seu pai tanto quanto parece ter agradado à sua mãe. Seu pai era um trabalhador rude que desprezava a precocidade intelectual do filho e dificultou ao máximo sua vida. Sua mãe lutou para protegê-lo e encorajar seu progresso; Gauss permaneceu profundamente devotado a ela, enquanto ela viveu.

Os biógrafos de Gauss contam todas as histórias habituais de milagres matemáticos em uma idade em que a maioria das pessoas mal consegue dividir 24 por 12. Sua memória para números era tamanha que ele sabia as tábuas de logaritmos de cor, disponíveis a qualquer momento. Aos 18 anos, ele fez uma descoberta sobre a geometria de um polígono de 17 lados; nada desse porte acontecera na matemática desde os dias dos grandes matemáticos gregos, 2 mil anos antes. Sua tese de doutorado, "Uma nova prova de que toda função inteira racional de uma variável pode ser resolvida em fatores reais do primeiro ou segundo grau" é reconhecida pelos conhecedores como o teorema fundamental da álgebra. O conceito não era novo, mas a prova sim.

A fama de Gauss como matemático tornou-o uma celebridade mundial. Em 1807, quando o exército francês se aproximava de Göttingen, Napoleão ordenou às suas tropas que poupassem a cidade porque "o maior matemático de todos os tempos mora lá".[2] Foi um gesto de generosidade do imperador, mas a fama é uma faca de dois gumes. Quando os franceses, embriagados com a vitória, decidiram punir os alemães com multas, exigiram 2 mil francos de Gauss. Em poder aquisitivo, isso equivalia a US$5 mil atuais – uma multa pesada para um professor universitário.* Um amigo rico ofereceu ajuda, mas Gauss a recusou. Antes que Gauss pudesse dizer não pela segunda vez, a multa foi paga por um eminente matemático francês, o marquês Pierre Simon de Laplace (1749-1827). Laplace anunciou que realizara a boa ação por considerar Gauss, que era 29 anos mais novo, "o maior matemático do mundo",[3] classificando assim Gauss alguns degraus abaixo da avaliação de Napoleão. Em seguida, um admirador alemão anônimo enviou mil francos a Gauss para que pudesse reembolsar parcialmente Laplace.

Laplace era uma personalidade brilhante que merece aqui uma breve digressão; nós o encontraremos novamente no Capítulo 12.

Gauss vinha explorando algumas das mesmas áreas da teoria das probabilidades que ocuparam a atenção de Laplace por muitos anos. Assim como Gauss, Laplace fora uma criança prodígio em matemática e fora fascinado por astronomia. Mas como veremos, a semelhança terminava aqui. A vida profissional de Laplace abarcou a Revolução Francesa, a era napoleônica e a restauração da monarquia. Era uma época que exigia muito jogo de cintura para uma pessoa ambiciosa galgar os altos postos. Laplace era realmente ambicioso, tinha jogo de cintura e ascendeu aos altos postos.[4]

Em 1784, o rei nomeou Laplace examinador da Artilharia Real, um posto que pagava um polpudo salário. Mas sob a República, Laplace não tardou em proclamar seu "ódio eterno à realeza".[5] Quase imediatamente

---

* A taxa de câmbio franco/dólar mantivera-se notadamente estável através dos anos em torno de 5:1. Portanto, 2 mil francos equivaliam a quatrocentos dólares em poder aquisitivo de 1807. Um dólar em 1807 tinha cerca de doze vezes o poder de compra do dólar atual.

após Napoleão subir ao poder, Laplace anunciou seu apoio entusiástico ao novo líder, que lhe concedeu a pasta do Interior e o título de conde; contar com o mais célebre cientista francês em sua equipe tornava mais respeitável o jovem governo de Napoleão. Mas este, tendo decidido conceder o cargo de Laplace ao próprio irmão, demitiu o sábio após apenas seis semanas, observando: "Ele foi um administrador mais do que medíocre que procurava sutilezas por toda parte e trouxe aos assuntos do governo o espírito do infinitamente pequeno."[6] Tal é o destino dos acadêmicos que flertam com o poder!

Mais tarde, Laplace foi à forra. Ele dedicara a edição de 1812 de sua magistral *Théorie analytique des probabilités* (*Teoria analítica das probabilidades*) a "Napoleão, o Grande", mas excluiu a dedicatória da edição de 1814. Em seu lugar, ele associou a mudança nos ventos políticos ao tema do tratado: "A queda de impérios que aspiraram ao domínio universal", escreveu, "poderia ser prevista com altíssima probabilidade por alguém versado no cálculo das chances".[7] Luís XVIII recompensou-o devidamente ao assumir o trono: Laplace tornou-se marquês.

AO CONTRÁRIO DE Laplace, Gauss era recluso e obsessivamente reservado. Ele se absteve de publicar uma grande quantidade de pesquisas matemáticas importantes – tão grande, realmente, que outros matemáticos tiveram que redescobrir trabalhos que ele já realizara. Além disso, sua obra publicada enfatizava os resultados, em vez da metodologia, muitas vezes obrigando os matemáticos a procurar o caminho até suas conclusões. Eric Temple Bell, um dos biógrafos de Gauss, acredita que a matemática poderia ter estado cinquenta anos à frente se Gauss fosse mais acessível: "Coisas soterradas durante anos ou décadas em seu diário teriam feito meia dúzia de grandes reputações se tivessem sido publicadas prontamente."[8]

A fama e a reserva combinaram-se para fazer de Gauss um incurável esnobe intelectual. Embora sua principal realização fosse na teoria dos números, a mesma área que fascinara Fermat, não deu muito valor ao trabalho pioneiro de Fermat. Ele rejeitou o Último Teorema de Fermat, um fascinante desafio para os matemáticos por mais de cem anos, como "uma proposição isolada de pouquíssimo interesse para mim, pois eu poderia facilmente forjar uma multiplicidade dessas proposições que ninguém conseguiria provar nem se desembaraçar delas".[9]

Isso não foi pura bazófia. Em 1801, aos 24 anos, Gauss publicara as *Disquisitiones arithmeticae,* escritas em elegante latim, uma obra pioneira e histórica na teoria dos números. Grande parte do livro é obscura para um não matemático, mas ele viu grande beleza no que escreveu.[10] Ele descobriu "um encanto mágico" na teoria dos números e gostou de descobrir e depois provar a generalidade de relações como:

$$1 = 1^2$$
$$1 + 3 = 2^2$$
$$1 + 3 + 5 = 3^2$$
$$1 + 3 + 5 + 7 = 4^2$$

Ou, em geral, a soma dos primeiros números ímpares sucessivos é $n^2$. Com isso, a soma dos primeiros cem números ímpares, de 1 a 199, seria $100^2$, ou 10.000; e a soma dos números de 1 a 999 seria de 250.000.

Gauss se dignou a demonstrar que seu trabalho teórico tinha importantes aplicações. Em 1800, um astrônomo italiano descobriu um pequeno planeta novo – tecnicamente, um asteroide – que denominou Ceres. Um ano depois, Gauss pôs-se a calcular-lhe a órbita; ele já calculara tabelas lunares que permitiram às pessoas descobrir o dia da Páscoa a cada ano. Gauss foi em grande parte motivado pelo desejo de conquistar uma reputação pública. Mas ele também queria se juntar aos seus eminentes antecessores matemáticos de Ptolomeu, passando por Galileu, a Newton na pesquisa da mecânica celeste, bem como superar o trabalho astronômico de seu contemporâneo e benfeitor Laplace. De qualquer modo, esse problema específico era instigante em si mesmo, dada a escassez de dados pertinentes e a velocidade com que Ceres girava ao redor do Sol.

Depois de um acesso de cálculos fervorosos, ele apareceu com uma solução precisamente correta e foi capaz de prever a exata localização de Ceres a qualquer momento. No processo, ele desenvolveu conhecimento suficiente em mecânica espacial para poder calcular a órbita de um cometa em uma hora ou duas, uma tarefa que exigia três ou quatro dias de outros matemáticos.

Gauss sentia-se especialmente orgulhoso das realizações em astronomia, sentindo que estava seguindo as pegadas de Newton, seu grande herói. Dada sua admiração pelas descobertas de Newton, ficava furioso com qualquer referência à história de que Newton fora inspirado pela queda de uma maçã na sua cabeça a descobrir a lei da gravidade. Gauss descreveu essa fábula como:

> Boba! Um homem estúpido e intrometido perguntou a Newton como ele descobrira a lei da gravitação. Vendo que teria de lidar com um intelecto de criança, e querendo se ver livre do chato, Newton respondeu que uma maçã caíra sobre seu nariz. O homem foi embora plenamente satisfeito e completamente esclarecido.[11]

Gauss tinha uma visão sombria da humanidade em geral, deplorava a popularidade crescente dos sentimentos nacionalistas e as glórias da guerra e considerava a conquista de outros países uma "loucura incompreensível". Suas atitudes misóginas podem ter sido a razão pela qual permaneceu tão perto de casa por tanto tempo em sua vida.[12]

GAUSS NÃO TINHA nenhum interesse específico na administração do risco como tal. Mas ele foi atraído pelas questões teóricas levantadas pelo trabalho em probabilidades, números grandes e amostragem iniciado por Jacob Bernoulli e levado adiante por de Moivre e Bayes. Apesar de sua falta de interesse na administração do risco, suas realizações nessa área formam a essência das técnicas modernas de controle do risco.

As primeiras tentativas de Gauss em lidar com a probabilidade apareceram em um livro intitulado *Theoria Motus* (*Teoria do movimento*), publicado em 1809, sobre o movimento dos corpos celestes. No livro, Gauss explicou como estimar uma órbita baseado na trajetória que apareceu com mais frequência em várias observações separadas. Quando *Theoria Motus* despertou a atenção de Laplace, em 1810, ele se entregou à sua leitura com entusiasmo e pôs-se a esclarecer a maioria das ambiguidades que Gauss deixara de elucidar.

A contribuição mais valiosa de Gauss para a probabilidade resultaria do trabalho em uma área totalmente diversa: a medição geodésica, ou o uso da curvatura da Terra para melhorar a exatidão das medições geográficas. Como a Terra é redonda, a distância entre dois pontos na superfície difere da distância entre aqueles dois pontos em linha reta. Essa variação é irrelevante para distâncias de poucos quilômetros, mas se torna significativa para distâncias superiores a cerca de 16 quilômetros.

Em 1816, Gauss foi convidado para conduzir uma pesquisa geodésica da Baviera e concatená-la com medições já realizadas por outros para a Dinamarca e o norte da Alemanha. Essa tarefa não deve ter sido muito divertida para um acadêmico antiquado como Gauss. Ele teve de trabalhar ao ar livre em terrenos irregulares, tentando comunicar-se com funcionários públicos e outros que considerava intelectualmente inferiores inclusive colegas cientistas. No final, o estudo se estendeu até 1848 e preencheu dezesseis volumes quando os resultados foram publicados.

Dada a impossibilidade de medir cada centímetro quadrado da superfície terrestre, a medição geodésica consiste em fazer estimativas baseadas em amostras de distâncias dentro da área sob estudo. Ao analisar a distribuição dessas estimativas, Gauss observou que elas variavam grandemente; porém, com o aumento do número de estimativas, elas pareciam se agrupar ao redor de um ponto central. Esse ponto central era a média de todas as observações; as observações também se distribuíam em uma série simétrica em ambos os lados da média. Quanto maior o número de medições de Gauss, mais claro se tornava o quadro e mais se assemelhava à curva em sino a que de Moivre chegara 83 anos antes.

A ligação entre o risco e a medição da curvatura da Terra é maior do que possa parecer. Dia após dia, Gauss fez uma medição geodésica após a outra pelas montanhas da Baviera em um esforço por estimar a curvatura da Terra, até acumular um número realmente grande de medições. Assim como revisamos a experiência passada ao fazer um julgamento sobre a probabilidade de que as coisas se resolverão no futuro em uma direção, em vez de em outra, Gauss teve de examinar os padrões formados por suas observações e fazer um julgamento sobre como a curvatura da Terra afetava as distâncias entre diferentes pontos da Baviera. Ele conseguiu determinar a exatidão de suas observações vendo como se distribuíam em torno da média do número total de observações.

As perguntas a que ele tentou responder não passavam de variações sobre os tipos de perguntas que formulamos quando tomamos uma decisão arriscada. Em média, quantos pés-d'água podemos esperar em Nova York em abril e com que segurança podemos deixar nossa capa de chuva em casa se formos passar uma semana nessa cidade? Se formos dirigir pelo campo, qual o risco de sofrermos um acidente automobilístico durante o percurso de 4.800 quilômetros? Qual o risco de a bolsa cair mais de 10% no próximo ano?

A ESTRUTURA DESENVOLVIDA por Gauss para responder a tais perguntas é-nos atualmente tão familiar que raramente paramos para refletir sobre sua origem. Entretanto, sem essa estrutura, careceríamos de um método sistemático para decidir se devemos ou não correr certo risco ou para avaliar os riscos com que nos defrontamos. Seríamos incapazes de determinar a exatidão das informações disponíveis. Não teríamos como estimar a probabilidade de ocorrência de um evento – chuva, a morte de um homem de 85 anos, uma queda de 20% da bolsa de valores, uma vitória russa na Copa Davis, uma maioria democrata no Congresso norte-americano, falhas dos cintos de segurança ou a descoberta de um poço de petróleo por uma empresa de prospecção de risco.

O processo começa com a curva em sino, cujo principal objetivo não é indicar a exatidão, mas o erro. Se cada estimativa que fazemos fosse uma medição precisamente correta do que estamos medindo, tudo estaria resolvido. Se cada ser humano, elefante, orquídea e pinguim fosse precisamente como todos os outros de sua espécie, a vida sobre a Terra seria bem diferente do que é. Mas a vida é uma coleção de semelhanças, e não de identidades; nenhuma observação individual é um exemplo perfeito da generalidade. Ao revelar a distribuição normal, a curva em sino transforma essa confusão em ordem. Francis Galton, que encontraremos no próximo capítulo, louvou a distribuição normal:

A "Lei da Frequência dos Erros"... reina serenamente e com completa discrição em meio à maior das confusões. Quanto maior a turba... mais perfeito é o domínio dela. É a lei suprema da Irracionalidade. Sempre que uma grande amostra de elementos caóticos é levada em consideração... uma forma insuspeitada e belíssima de regularidade mostra que esteve latente o tempo todo.[13]

A maioria dos norte-americanos topou com a curva em sino nos anos de escola. O professor avaliava os trabalhos "dentro da curva", em vez de dar notas absolutas – este é um trabalho de grau A, este, de grau C+. Os alunos medianos recebiam uma nota média, como B ou C+ ou 80%. Os alunos piores e melhores recebiam notas distribuídas simetricamente ao redor da nota média. Mesmo que todos os trabalhos fossem excelentes ou todos fossem péssimos, o melhor do grupo recebia um A e o pior, um D, com a maioria das notas situadas entre estas duas.

Muitos fenômenos naturais, como as alturas de um grupo de pessoas ou os comprimentos de seus dedos médios, enquadram-se em uma distribuição normal. Segundo Galton, duas condições são necessárias para que as observações se distribuam normalmente, ou simetricamente, em torno de sua média. Primeira, o número de observações deve ser o maior possível. Segunda, as observações devem ser independentes, como os arremessos de um dado. *A ordem só conseguirá ser achada se existir desordem primeiro.*

As pessoas podem cometer graves erros ao coletar dados que não sejam independentes. Em 1936, uma revista já desaparecida chamada *Literary Digest* fez uma eleição simulada para prever o resultado da eleição presidencial iminente entre Franklin Roosevelt e Alfred Landon. A revista enviou cerca de 10 milhões de cédulas em forma de cartões-resposta para nomes selecionados de listas telefônicas e registros de automóveis. Uma alta proporção das cédulas foi devolvida, com 59% favorecendo Landon e 41% favorecendo Roosevelt. No dia da eleição, Landon obteve 39% dos votos e Roosevelt, 61%. As pessoas que tinham telefones e guiavam automóveis em meados da década de 1930 dificilmente constituíam uma amostra aleatória dos eleitores norte-americanos: suas preferências eleitorais eram todas condicionadas por um ambiente a que a massa da população da época não tinha acesso.

OBSERVAÇÕES REALMENTE independentes fornecem uma grande quantidade de informações úteis sobre as probabilidades. Tomemos como exemplo os arremessos de dados.

Cada um dos seis lados de um dado tem a mesma chance de cair para cima. Se traçássemos um gráfico das probabilidades de aparição de cada número em um único arremesso de um dado, obteríamos uma linha horizontal com seis divisões para cada um dos seis lados. Esse gráfico não guardaria a menor semelhança com uma curva normal, e uma amostra de um arremesso nada informaria sobre o dado, exceto que tem um número específico marcado nele. Seríamos como um dos cegos que tateiam o elefante.

Ora, arremessemos o dado seis vezes para ver o que acontece. (Pedi a meu computador que o fizesse para mim, para me assegurar de que os números fossem aleatórios.) A primeira tentativa de seis arremessos produziu quatro 5, um 6 e um 4, com uma média de exatamente 5,0. A segunda foi outra miscelânea, com três 6, dois 4 e um 2, com uma média de 4,7. Pouca informação até então.

Após dez tentativas de seis arremessos cada, as médias dos seis arremessos começaram a se agrupar ao redor de 3,5, a média de 1 + 2 + 3 + 4 + 5 + 6 ou dos seis lados do dado – e precisamente metade da expectativa matemática do arremesso de dois dados. Seis de minhas médias estiveram abaixo de 3,5 e quatro, acima. Um segundo conjunto de dez tentativas teve resultados mistos: três delas tiveram médias inferiores a 3,0 e quatro, superiores a 4,0; houve uma média acima de 4,5 e uma abaixo de 2,5.

O passo seguinte na experiência foi calcular as médias das dez primeiras tentativas de seis arremessos cada. Embora cada uma dessas dez tentativas exibisse uma distribuição incomum, a média das médias foi 3,48! A média era tranquilizadora, mas o desvio-padrão de 0,82 era maior do que eu gostaria.* Em outras palavras, sete entre dez tentativas situaram-se entre 3,48 + 0,82 e 3,48 – 0,82, ou entre 4,30 e 2,66; o resto esteve ainda mais longe da média.

Agora, ordenei ao computador que simulasse 256 tentativas de seis arremessos cada. As primeiras 256 tentativas geraram uma média quase

---

* O desvio-padrão foi o dispositivo descoberto por de Moivre para medir a dispersão das observações ao redor de sua média. Aproximadamente dois terços das observações (68,26%) se situarão dentro de um intervalo de mais ou menos um desvio-padrão ao redor da média; 95,46% se situarão dentro de dois desvios-padrão ao redor da média.

na mosca, de 3,49; com o desvio-padrão agora reduzido a 0,69, dois terços das tentativas situaram-se entre 4,18 e 2,80. Apenas 10% das tentativas tiveram médias inferiores a 2,5 ou superiores a 4,5, enquanto mais da metade situaram-se entre 3,0 e 4,0.

Com o computador ainda ativo, as 256 tentativas foram repetidas dez vezes. Calculada a média daquelas dez amostras de 256 tentativas cada, a grande média foi 3,499. (Mostro o resultado com três casas decimais para demonstrar como cheguei próximo exatamente de 3,5.) Mas a mudança impressionante foi a redução do desvio-padrão para apenas 0,044. Assim, sete das dez amostras de 256 tentativas situaram-se no intervalo estreito entre 3,455 e 3,543. Cinco situaram-se abaixo de 3,5 e cinco, acima. Quase perfeito.

A quantidade importa, como descobrira Jacob Bernoulli. Esta versão particular de sua percepção – a descoberta de que médias de médias reduzem milagrosamente a dispersão ao redor da grande média – é conhecida como o teorema do limite central. Esse teorema foi apresentado pela primeira vez por Laplace em 1809, em uma obra que completara e publicara pouco antes de travar conhecimento com a *Theoria Motus*, de Gauss, em 1810.

As médias de médias revelam algo ainda mais interessante. Começamos a experiência recém-descrita com um dado de, como de hábito, seis lados, cada qual com a mesma chance de cair para cima. A distribuição então era nivelada, sem nenhuma semelhança com uma distribuição normal. À medida que o computador jogou repetidamente o dado, acumulando um número crescente de amostras, vislumbramos cada vez mais informações sobre as características do dado.

Pouquíssimas das médias de seis jogadas aproximaram-se de um ou seis; muitas situaram-se entre dois e três ou entre quatro e cinco. Essa estrutura é precisamente a que Cardano elaborou para seus amigos jogadores, cerca de 250 anos antes, ao desbravar as leis das chances. Muitas jogadas de um único dado terão como média 3,5. Por conseguinte, muitas jogadas de dois dados terão como média o dobro de 3,5, ou 7,0. Como Cardano demonstrou, os números em ambos os lados de 7 aparecerão com uma frequência cada vez menor, à medida que nos afastarmos de 7 em direção aos limites 2 e 12.

A DISTRIBUIÇÃO NORMAL forma o núcleo da maioria dos sistemas de administração do risco. A distribuição normal é fundamental para o setor dos seguros, pois um incêndio em Chicago não será causado por um incêndio em Atlanta, e a morte de um indivíduo em determinada hora e lugar não guarda relação com a morte de outro indivíduo em outro momento e em lugar diferente. Como as amostras das empresas seguradoras abrangem as experiências de milhões de indivíduos de diferentes idades e de ambos os sexos, as expectativas de vida começam a se distribuir em uma curva normal. Consequentemente, as empresas de seguros de vida conseguem obter estimativas confiáveis das expectativas de vida de cada grupo. Elas conseguem estimar não apenas as expectativas de vida médias, mas também os intervalos dentro dos quais a experiência real provavelmente variará de ano para ano. Refinando essas estimativas com dados adicionais, como históricos médicos, hábitos tabagistas, domicílio e ocupação, as empresas conseguem estabelecer estimativas ainda mais exatas das expectativas de vida.*

Às vezes, a distribuição normal fornece informações ainda mais importantes do que apenas uma medida da confiabilidade das amostras. Uma distribuição normal é bastante improvável, embora não impossível, quando as observações são dependentes umas das outras – ou seja, quando a probabilidade de um evento é determinada por um evento precedente. Por exemplo, a distribuição não será normal se duas altas em seguida tiverem uma grande probabilidade de produzir três outras altas em seguida, ou se um arqueiro tiver um problema de visão e tender a atirar mais para a esquerda da mosca do que a distribuir seus erros uniformemente em ambos os lados. Dificilmente poderemos esperar uma distribuição normal se os dados estiverem viciados, de modo que um número caia sempre com mais frequência do que os outros cinco. Sob tais circunstâncias, as observações não se distribuirão simetricamente ao redor da média.

Em tais casos, podemos proveitosamente raciocinar ao inverso. Se a independência for a condição necessária para uma distribuição normal, poderemos presumir que evidências que se distribuam em uma curva em

---

* A experiência de Richard Price lembra-nos que os próprios dados devem ser de boa qualidade. Senão, teremos entrada de lixo e saída de lixo.

sino advenham de observações independentes entre si. Agora podemos começar a formular algumas perguntas interessantes.

Até que ponto as mudanças nos preços das ações assemelham-se a uma distribuição normal? Algumas autoridades sobre o comportamento do mercado insistem que os preços das ações seguem uma marcha aleatória que eles se assemelham aos movimentos incertos e não planejados de um bêbado que tenta se apoiar em um poste. Eles acreditam que os preços das ações têm tanta memória quanto uma roleta ou um par de dados, e que cada observação é independente da observação anterior. A oscilação de preços de hoje será o que for, independentemente do que aconteceu há um minuto, ontem, no dia anterior ou um dia antes.

A melhor forma de determinar se as mudanças nos preços das ações são de fato independentes é descobrir se elas se enquadram em uma distribuição normal. Evidências impressionantes respaldam a opinião de que as mudanças nos preços das ações são normalmente distribuídas. Isso não deve constituir uma surpresa. Em mercados de capitais tão fluidos e competitivos como os nossos, onde cada investidor está tentando ser mais esperto do que os outros, as novas informações refletem-se rapidamente nos preços das ações. Se a General Motors divulgar rendimentos desapontadores ou se a Merck anunciar a descoberta de um novo remédio importante, os preços das ações não ficarão parados enquanto os investidores contemplam a notícia. Nenhum investidor pode se dar ao luxo de esperar que os outros ajam primeiro. Assim, eles tendem a agir em bloco, mudando imediatamente o preço da ação da General Motors ou da Merck para um nível que reflita essa nova informação. *Mas informações novas chegam de modo aleatório.* Consequentemente, os preços das ações mudam de formas imprevisíveis.

Provas interessantes que corroboram esta visão foram apresentadas na década de 1950 por Harry Roberts, professor da Universidade de Chicago.[14] Roberts extraiu números aleatórios por computador de uma sequência com a mesma média e o mesmo desvio-padrão das mudanças de preços no mercado de ações. Em seguida, ele traçou um gráfico que mostrava as mudanças sequenciais desses números aleatórios. Os resultados mostraram padrões idênticos aos de que dependem os analistas do mercado de ações quando tentam prever os rumos do mercado. Os movimentos dos preços reais e os números aleatórios gerados pelo computador eram indistinguíveis entre si. Talvez seja verdade que os preços das ações não tenham memória.

Os gráficos da página seguinte mostram as mudanças percentuais mensais, trimestrais e anuais do Índice Standard & Poor de 500 ações, o índice do mercado de ações preferido pelos investidores profissionais norte-americanos. Os dados vão de janeiro de 1926 a dezembro de 1995, com 840 observações mensais, 280 observações trimestrais e 70 observações anuais.*

Embora os gráficos difiram entre si, eles têm duas características em comum. Primeira, como se supõe que J. P. Morgan disse, "o mercado flutuará". O mercado de ações é um local volátil, onde muita coisa pode acontecer em ambas as direções: para cima ou para baixo. Segunda, mais observações situam-se à direita do que à esquerda de zero: o mercado de ações subiu, em média, mais do que desceu.

A distribuição normal fornece um teste mais rigoroso da hipótese da marcha aleatória. Mas uma ressalva é importante. Mesmo que a marcha aleatória seja uma descrição válida da realidade do mercado de ações – mesmo que as mudanças nos preços das ações exibam uma distribuição normal perfeita –, a média será algo diferente de zero. A tendência ascendente não deve surpreender. A riqueza dos detentores de ações ordinárias aumentou a longo prazo, à medida que a economia e as receitas e os lucros das empresas cresceram. Como mais ações subiram do que caíram de preço, a mudança média nos preços das ações deve resultar em mais de zero.

Os dados anuais indicam que nenhuma média da oscilação anual dos preços de ações é típica. Os resultados se distribuem desordenadamente ao redor da média de 7,7%.** O desvio-padrão é 19,3%, o que significa que, em dois terços das vezes, os preços das ações em um ano qualquer oscilarão provavelmente dentro de uma faixa entre +27,0% e -12,1%.

---

* Os leitores versados em estatística protestarão que eu deveria ter usado a análise logarítmica normal na discussão seguinte. Para os leitores não versados, a apresentação desta forma é muito mais inteligível, e a perda de precisão pareceu-me modesta demais para justificar uma complicação adicional.

** Os dados aqui referem-se apenas às oscilações dos preços das ações, sem incluir o rendimento dos dividendos. Computando-se o retorno total, a média foi de 12,3% e o desvio-padrão, de 20,5%.

## 280 Trimestres: 1º trim. de 1926 ao 4º trim. de 1995

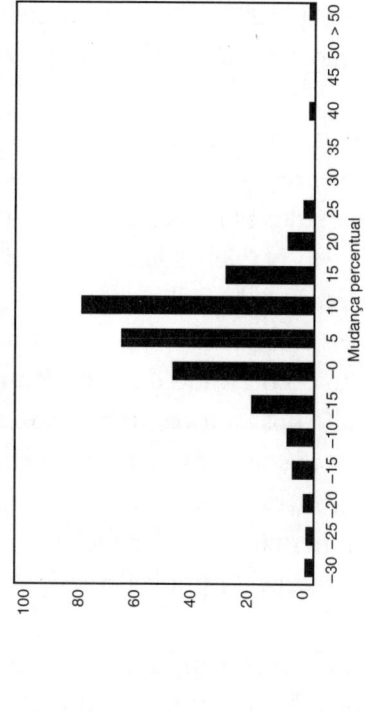

## 70 Anos: 1926 a 1995

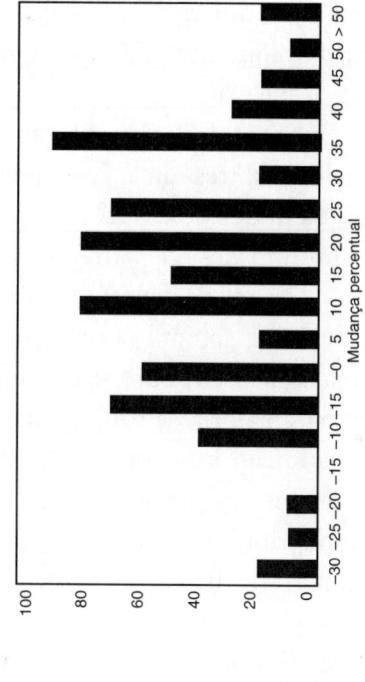

## 840 Meses: janeiro de 1926 a dezembro de 1995

Gráficos das oscilações percentuais de preços mensais, trimestrais e anuais do Índice Standart & Poor de 500 ações de janeiro de 1926 a dezembro de 1995.

Embora apenas 2,5% dos anos – um ano em cada quarenta – resultarão talvez em mudanças de preços superiores a +46,4%, é animador constatar que somente 2,5% dos anos produzirão mercados em baixa piores do que –31,6%.

Os preços das ações subiram em 47 dos 70 anos desta amostra, ou em dois de cada três anos. Isso significa que os preços caíram em 23 desses anos; e em dez desses 22 anos, ou quase metade, os preços despencaram mais de um desvio-padrão – mais de 12,1%. Na verdade, os prejuízos nesses 22 anos desfavoráveis foram, em média, de –15,2%.

Será que setenta observações são provas suficientes para chegarmos a uma conclusão sobre se o comportamento do mercado de ações é uma marcha aleatória? Provavelmente não. Sabemos que os arremessos de um dado são independentes entre si, mas nossas tentativas de apenas seis arremessos produziram tipicamente resultados pouco semelhantes a uma distribuição normal. Só depois de aumentarmos substancialmente o número de arremessos e de tentativas, a teoria e a prática começaram a se encontrar.

As 280 observações trimestrais assemelham-se muito mais a uma curva normal do que as observações anuais. Não obstante, a dispersão ainda é grande e de modo nenhum simétrica, com um pequeno número de mudanças enormes. A oscilação trimestral média é de +2,0%, mas o desvio-padrão de 12,0% indica que +2,0% não é muito típico do que podemos esperar de um trimestre para o outro. Dos trimestres, 45% estiveram abaixo da média de 2,0%, enquanto 55% estiveram acima dela.

Um investidor que tivesse comprado e conservado uma carteira de ações por setenta anos teria se dado bem. Já um investidor que esperasse ganhar 2% a cada período de três meses teria sido um tolo. (Note que estou usando o tempo passado aqui; não há nenhuma garantia de que o comportamento passado do mercado de ações definirá seu futuro.)

As 840 oscilações mensais de preço estiveram muito mais estreitamente agrupadas do que as oscilações anuais ou trimestrais, além de parecerem mais ordeiras. A oscilação mensal média foi de +0,6%. Se deduzirmos este percentual de cada uma das observações para descontarmos a tendência ascendente natural do mercado de ações no decorrer do tempo, a oscilação média será +0,00000000000000002%, com 50,6% de meses positivos e 49,4% de meses negativos. A primeira observação quartil, 204 abaixo do ponto médio, foi -2,78%; a terceira observação quartil, 204 acima do ponto médio, foi +2,91 %. A simetria é quase perfeita.

A natureza aleatória das 840 oscilações mensais também se revela pelo pequeno número de sequências – ou seja, meses em que o mercado de ações repetiu a direção do mês anterior. Uma repetição da direção por dois meses seguidos ocorreu apenas metade das vezes; sequências de até cinco meses ocorreram apenas 10% das vezes.

Assim, o desempenho do mercado de ações guardou certa semelhança com uma marcha aleatória, pelo menos com base nessas 840 observações mensais, pois os dados não exibiriam essa distribuição ao redor da média se as oscilações dos preços das ações não fossem independentes entre si – a exemplo dos arremessos de dados. Depois de descontada a tendência ascendente, as oscilações foram quase tão provavelmente descendentes quanto ascendentes; oscilações sequenciais de mais de um mês foram raras; os graus de volatilidade através do tempo aproximaram-se bastante do que estipula a teoria.

Supondo-se que possamos aplicar a restrição de Jacob Bernoulli de que o futuro se assemelhará ao passado, podemos usar esta informação para calcular o risco de que os preços das ações oscilem certo percentual em determinado mês. A oscilação de preços mensal média da tabela do Índice Standard & Poor foi de 0,6%, com um desvio-padrão de 5,8%. Se as oscilações de preços distribuírem-se aleatoriamente, existe uma chance de 68% de que os preços em determinado mês não cairão abaixo de -5,2%, nem subirão acima de +6,4%. Suponhamos que queiramos saber as probabilidades de uma queda dos preços em determinado mês. A resposta é 45% – ou pouco menos de metade das vezes. Mas uma queda superior a 10% em determinado mês tem probabilidade de apenas 3,5%, o que significa que ocorrerá em apenas um em cada trinta meses; oscilações de 10% em qualquer das duas direções ocorrerão em apenas um em cada quinze meses.

Na realidade, 33 das 840 observações mensais, ou cerca de 4% do total, afastaram-se mais de dois desvios-padrão da média mensal de +0,6% – ou seja, abaixo de -11% ou acima de 12,2%. Embora 33 superoscilações sejam menos do que esperaríamos em uma série de observações perfeitamente aleatórias, 21 delas foram descendentes; pelo acaso, esse número seria de 16 ou 17. Um mercado com uma tendência ascendente no longo prazo embutida deveria ter ainda menos desastres do que 16 ou 17 em 816 meses.

Nos extremos, o mercado não é uma marcha aleatória. Nos extremos, o mercado tende mais a destruir fortunas do que a criá-las. O mercado de ações é um lugar arriscado.

ATÉ ESTE PONTO, nossa história tem girado em torno dos números. Os matemáticos ocuparam o primeiro plano, à medida que estudamos as inovações desde os antigos hindus, árabes e gregos até Gauss e Laplace, no século XIX. A probabilidade, e não a incerteza, tem sido nosso tema principal.

Agora, o cenário deverá mudar. A vida real não é como o jogo de *balla* de Paccioli, uma sequência de eventos independentes ou não relacionados. O mercado de ações parece bastante com uma marcha aleatória, mas a semelhança é imperfeita. As médias são guias úteis em certas ocasiões, mas enganadoras em outras. Em ainda outras ocasiões, os números não fornecem nenhuma ajuda, e somos obrigados a rastejar futuro adentro guiados apenas por palpites.

Isso não significa que os números sejam inúteis na vida real. O segredo está em desenvolver uma sensibilidade de quando são relevantes e de quando não o são. Portanto, temos agora todo um novo conjunto de perguntas por responder.

Por exemplo, o que define o risco de ser atingido por uma bomba: 7 milhões de pessoas ou um elefante? Qual das médias seguintes deveríamos usar para definir o desempenho normal do mercado de ações: a oscilação de preços mensal média de +0,6% entre 1926 e 1995, a média insignificante de apenas +0,1% ao mês de 1930 a 1940 ou a média atraente de +1,0% ao mês de 1954 a 1964?

Em outras palavras, o que queremos dizer por "normal"? Até que ponto uma média específica define a normalidade? Quando as observações afastam-se da média do passado, quais as probabilidades de regressarem àquela média no futuro? E se regressarem, pararão na média ou a ultrapassarão?

E quanto àquelas raras ocasiões em que o mercado de ações sobe cinco meses em seguida? É verdade que tudo que sobe tem de cair? O orgulho sempre antecede a queda? Quais as probabilidades de que uma empresa em apuros consiga pôr em ordem seus negócios? Uma personalidade maníaca cairá em depressão dentro em pouco, ou vice-versa? Quando terminará a seca? A prosperidade é iminente?

As respostas a todas essas perguntas dependem da capacidade de distinguir entre normal e anormal. Grande parte do ato de correr riscos baseia-se em oportunidades desenvolvidas a partir de desvios da normalidade. Quando os analistas nos dizem que sua ação preferida está "subavaliada", estão dizendo que um investidor poderá lucrar comprando a ação agora e aguardando seu valor retornar ao normal. Por outro lado, as depressões mentais ou os estados maníacos duram, às vezes, a vida toda. E a economia em 1932 recusou-se a sair do buraco, embora o presidente Hoover e seus conselheiros estivessem convencidos de que a intervenção governamental apenas a impediria de se recuperar por si mesma.

À semelhança do conceito de "média", o conceito de "normal" não foi uma descoberta individual. Mas Francis Galton, um cientista amador da Inglaterra vitoriana, tomou o fundamento que Gauss e seus predecessores haviam criado em apoio ao conceito de média – a distribuição normal – e ergueu uma nova estrutura para ajudar as pessoas a distinguir entre o risco mensurável e o tipo de incerteza que nos obriga a adivinhar o que o futuro reserva.

Galton não foi um cientista em busca de verdades imutáveis. Ele era um homem prático, entusiasmado com a ciência, mas mesmo assim um amador. Contudo, suas inovações e realizações exerceram um impacto duradouro sobre a matemática e a tomada de decisões prática no mundo cotidiano.

# 9

# O HOMEM COM O CÉREBRO TORCIDO

FRANCIS GALTON (1822-1911) foi um esnobe que nunca trabalhou para ganhar a vida, exceto um breve emprego em um hospital aos vinte e poucos anos.[1] Contudo, ele foi um dos mais encantadores e agradáveis dos muitos personagens mencionados neste relato. Ele era primo em primeiro grau de Charles Darwin, um inventor ocasional e um ávido explorador de regiões da África onde os brancos jamais haviam sido vistos. Ele deu uma contribuição primordial à teoria da administração do risco, mas o fez na busca obstinada de um conceito maligno.

As medições eram o hobby de Galton – ou melhor, a obsessão. "Sempre que puder, conte", costumava dizer.[2] Ele tomava nota do tamanho de cabeças, narizes, braços, pernas, alturas e pesos, das cores dos olhos, da esterilidade das herdeiras, do número de vezes em que as pessoas se mexiam nervosamente na cadeira ao assistirem a conferências e das graduações de mudança de cor nos rostos dos espectadores do Derby, ao observarem os cavalos correndo. Ele classificava o grau de atratividade das moças por quem passava na rua, perfurando um cartão no bolso esquerdo quando uma moça era atraente e um cartão no bolso direito quando era sem graça. Em seu "Mapa da Beleza" da Grã-Bretanha, as moças de Londres eram campeãs, e as de Aberdeen, as piores colocadas. Ele examinou as sentenças de 10 mil juízes e observou que a maioria obedecia a intervalos regulares de 3, 6, 9, 12, 15, 18 e 24 anos, enquanto nenhuma foi de 17 anos e pouquíssimas, de 11 ou 13. Em uma exposição de gado, ele tabulou o palpite de oitocentos visitantes quanto ao peso de um boi e descobriu que a *"vox populi* média acertou com uma diferença de 1% em relação ao valor real".[3]

O Laboratório Antropométrico de Galton, que ele fundou em 1884, mantinha registros da amplitude e natureza de toda medida possível do corpo humano, chegando a incluir as impressões digitais. Estas fascinaram Galton, pois, ao contrário das outras partes do corpo, sua configuração nunca muda à medida que a pessoa envelhece. Em 1893, ele publicou um livro de duzentas páginas sobre o assunto que logo levou à adoção generalizada das impressões digitais pela polícia.

A compulsão de Galton pela medição evidenciou-se até em uma viagem à África, em 1849, para caçar animais selvagens no que hoje constitui a Namíbia. Ao chegar em uma aldeia de hotentotes, ele descobriu "figuras que deixariam as mulheres de nossa terra desesperadas – figuras que podiam se dar ao luxo de zombar da crinolina".[*4] Uma mulher em particular chamou-lhe a atenção.[5] Como homem de ciência, ele ficou "extremamente ansioso por obter medições exatas de sua forma". Incapaz de falar hotentote e sem saber como realizar essa pesquisa premente, mesmo assim ele atingiu o objetivo:

> De súbito, meu olho deu com o sextante; o pensamento brilhante me acometeu, *e; fiz uma série de observações de sua figura em todas as direções... Isso feito, saquei ousadamente de minha fita métrica e medi a distância que nos separava, e, tendo assim obtido a base e os ângulos, calculei os resultados através da trigonometria e dos logaritmos.*

Galton foi a personificação do inglês vitoriano que percorria a Terra como se fosse sua reserva particular. Em outra ocasião durante sua viagem de caça à África, ele temeu que um chefe de uma tribo pudesse atacar seu acampamento. Trajado com seu casaco vermelho de caça, boné e botas de cano alto, ele montou em um boi, se dirigiu à maior choça da aldeia e forçou a cabeça do boi para dentro da choça. O acampamento jamais foi atacado.

---

\* *Nota do Tradutor:* Antiga anágua de tecido rijo que servia para armar a saia.

Em outra aldeia, ele cometeu uma gafe recusando-se a participar de um ritual em que o anfitrião gargareja e, depois, cospe o líquido na face do hóspede. E quando o rei Nangoro ofereceu-lhe a princesa Chapange para uma noite de prazer, Galton ficou horrorizado quando ela surgiu para a ocasião "tingida de ocre e manteiga". "Eu estava trajado em meu único terno de linho branco bem preservado, de modo que a expulsei sem muita cerimônia."

O rei Nagoro custou a acreditar que houvesse lugares no mundo habitados inteiramente por pessoas de pele clara. Para ele, Galton e seus amigos eram animais migratórios raros ou alguma espécie de anomalia. Um dos companheiros de Galton teve de se despir repetidamente diante do rei para provar que era todo branco.

A curiosidade de Galton era insaciável. Quando um circo itinerante passou por Cambridge, ao estudar nessa cidade, ele entrou direto na jaula do leão, sendo a quarta pessoa a fazê-lo em toda a história daquele circo. Ele evitava cair no sono, durante as horas de estudo favoritas, das 22 hors às 2 horas, com sua "máquina de despertar o juízo", uma engenhoca por ele inventada que mantinha a cabeça molhada com água fria. Mais tarde na vida, ele inventou um dispositivo para ler em baixo d'água; certa vez, quase se afogou ao submergir na banheira enquanto curtia um bom livro.

COMO VEREMOS EM BREVE, o fascínio de Galton pela medição e seu talento para as inovações tiveram consequências nefastas. Mesmo assim, temos de reconhecer sua notável contribuição para a estatística e a administração do risco. À semelhança de Cardano, a insistência no teste experimental de suas ideias levou a uma nova teoria estatística, ainda que a busca de uma nova teoria não fosse seu objetivo principal.

Galton traz-nos ao mundo da vida diária, onde as pessoas respiram, suam, copulam e pensam no futuro. Estamos agora bem distantes das mesas de jogo e dos astros, os meios escolhidos pelos matemáticos anteriores para validar suas teorias. Galton tomou as teorias como as achou e tentou descobrir o que as fazia funcionar.

Embora Galton nunca faça alusão a Jacob Bernoulli, sua obra reflete a insistência de Bernoulli de que o estudo das probabilidades é uma ferramenta essencial para a análise das doenças, da acuidade mental e da agilidade física. Além disso, ele segue as pegadas de Graunt e Price, cujo interesse principal era a organização da sociedade humana, e não a ciência da natureza. O que Galton e esses outros inovadores aprenderam com seus estudos culminou no surgimento dos atuais instrumentos complexos de controle e medição do risco nos negócios e nas finanças.

GALTON CRESCEU EM um ambiente de afluência e atividade intelectual intensa. Seu avô, Erasmus Darwin, foi um dos médicos mais famosos de sua época e um homem com muitos interesses além da medicina. Ele inventou um vagão impelido por maquinário, em vez de puxado por animais, e uma privada com descarga, fez experiências com moinhos e motores a vapor e escreveu *The loves of the plants* (*Os amores das plantas*), 2 mil linhas de poesia descrevendo em detalhe científico os processos reprodutivos de várias plantas diferentes. Em 1796, aos 65 anos de idade, Erasmus publicou uma obra em dois volumes intitulada *Zooeconomia, or the theory of generations* (*Zoonomia ou a teoria das gerações*). Embora tirasse três edições em sete anos, o livro não impressionou a comunidade científica, devido ao excesso de teoria e falta de fatos. Não obstante, *Zoonomia* guarda uma semelhança impressionante com *A origem das espécies*, publicado 63 anos depois pelo neto mais famoso de Erasmus, Charles Darwin.

Aos quatro anos, Galton declarou que conseguia ler qualquer livro escrito em inglês. Ele sabia recitar "todos os substantivos, adjetivos e verbos ativos latinos, além de 52 linhas de poesia latina" e sabia multiplicar por 2, 3, 4, 5, 6, 7 e 10.[6]

Aos 16 anos, começou a estudar medicina em Birmingham, mas descreveu suas visitas às enfermarias e necrotérios como "horror-horror--horror!".[7] Depois que Charles Darwin o aconselhou a "ir correndo estudar matemática", Galton rumou a Cambridge a fim de estudar matemática e os clássicos.[8]

Galton tinha 22 anos quando seu pai morreu, deixando um patrimônio substancial para os sete filhos sobreviventes. Concluindo que poderia fazer agora tudo que quisesse, logo optou por abandonar os estudos formais. Inspirado pela viagem de Darwin às ilhas Galápagos, fez a primeira de duas viagens à África, subindo o Nilo de barco e, depois, viajando de camelo a Cartum – uma distância total de 1.600km. Após o retorno à Inglaterra, ficou ocioso por quatro anos, após o que fez uma segunda viagem à África. Em 1853, escreveu um livro sobre a África que fez com que fosse convidado para a Royal Geographic Society, da qual recebeu uma medalha de ouro, e que promoveu sua aceitação pela comunidade científica. Em 1856 tornou-se membro da Royal Society.

Sua segunda viagem à África, aos 27 anos, deixou Galton "com a saúde um tanto abalada", o resultado de uma combinação de exaustão física com surtos de depressão, que voltariam com frequência, embora brevemente, no decorrer de sua vida. Nessas ocasiões, ele se referia a si mesmo como alguém com um "cérebro torcido".[9]

GALTON FOI UM cientista amador com um vivo interesse pela hereditariedade, mas desinteressado pelos negócios ou pela economia. Contudo, seus estudos do "tipo filial médio ideal", "tipo paterno" e "tipo ancestral médio" levaram-no a uma descoberta estatística essencial para a previsão e a administração do risco.

O estudo da hereditariedade ocupa-se da transmissão de características-chave, como a inteligência, a cor dos olhos, o tamanho e o comportamento de geração para geração. Ela observa os indivíduos atípicos – aqueles cujas características não se conformam à norma –, mas presta mais atenção à tendência de todos os membros de uma espécie de se parecerem entre si. Dentro dessa tendência à homogeneidade – a tendência da média de dominar – oculta-se uma poderosa ferramenta estatística relacionada com vários aspectos da administração do risco.

O objetivo principal de Galton era compreender como o talento persiste geração após geração em certas famílias, inclusive na família Darwin – e, não incidentalmente, na família Bernoulli. Galton esperara ver o talento reproduzido em seus próprios descendentes, mas ele e sua esposa não tiveram filhos, assim como dois de seus irmãos e uma de suas irmãs. Acima de tudo, ele procurou identificar "naturezas proeminentemente nobres" entre os membros das famílias que ele classificou de mais talentosas.

Em 1883, ele rotulou esse campo de estudo "eugenia", palavra cuja raiz grega significa bom ou bem. A adoção do termo meio século depois pelos nazistas associou-se ao extermínio de milhões de seres humanos, que eles identificaram como totalmente desprovidos de talento ou valor.

Se devemos responsabilizar Galton por esse resultado maligno tem sido objeto de acirrados debates. Nada nesse homem indica que ele teria tolerado tal conduta bárbara. Para ele, a sociedade justa era uma sociedade com obrigação de ajudar e educar os indivíduos "altamente dotados", independentemente de sua riqueza, classe social ou antecedentes raciais. Ele propôs que a Grã-Bretanha convidasse e recebesse "emigrantes e refugiados de outras terras" e encorajasse seus descendentes a se tornar cidadãos. Contudo, ao mesmo tempo, ele parece ter procurado formas de limitar a reprodução de pessoas menos talentosas ou enfermas; ele dá a entender que a sociedade justa seria também uma sociedade "onde os fracos encontrariam recepção e refúgio em mosteiros ou irmandades de celibatários".[10]

Independentemente do uso que os outros fizeram da obra de Galton sobre eugenia, sua importância transcende em muito as questões paroquiais que ele abordou diretamente. Em suma, ela deu mais credibilidade ao truísmo de que a variedade é o que dá graça à vida. Quando Enobarbo prestou homenagem a Cleópatra, observou: "A idade não consegue murchá-la, nem o costume comprometer sua variedade infinita." Embora sempre a mesma mulher, ela era alternadamente amante, amiga, fria, quente, sedutora, inimiga, submissa e exigente. Uma pessoa pode ser várias.

Podemos reconhecer como um indivíduo cada um dos 5,5 bilhões atualmente vivos. Um sem-número de aceráceas cresce nas florestas de Vermont, cada qual diferente de todas as demais aceráceas, mas nenhuma delas seria confundida com um vidoeiro ou uma cicuta. A General Electric e a Biogen têm suas ações negociadas na Bolsa de Valores de Nova York, mas cada qual é influenciada por tipos de risco totalmente diferentes.

Qual dos vários aspectos de Cleópatra, dos bilhões de seres humanos atualmente vivos, das aceráceas, vidoeiros e cicutas em Vermont ou das ações negociadas na Bolsa de Nova York é o exemplar prototípico de sua classe? Quanto os membros de cada classe diferem uns dos outros?

Quanto uma criança de Uganda difere de uma velhinha de Estocolmo? As variações são sistemáticas ou resultam meramente de influências aleatórias? De novo, o que queremos dizer, afinal, por normal?

Ao procurar as respostas a tais perguntas, Galton quase não menciona os matemáticos anteriores e ignora estatísticos sociais como Graunt. No entanto, ele cita extensamente um conjunto de estudos empíricos realizados nas décadas de 1820 e 1830 por um cientista belga chamado Lambert Adolphe Jacques Quetelet. Quetelet era vinte anos mais velho do que Galton, um investigador obstinado das condições sociais e, como o próprio Galton, obcecado por medições.[11]

QUETELET TINHA apenas 23 anos ao receber o primeiro doutorado em ciência concedido pela nova Universidade de Ghent. Àquela altura, ele já estudara arte, escrevera poesias e fora coautor de uma ópera.

Ele também foi o que o historiador da estatística Stephen Stigler denomina "um empreendedor da ciência, bem como um cientista".[12] Ajudou a fundar várias associações estatísticas, inclusive a Royal Statistical Society de Londres e o Congresso Estatístico Internacional, e por muitos anos foi correspondente regional do escritório de estatística do governo belga. Ao redor de 1820, tornou-se líder de um movimento pela fundação de um novo observatório na Bélgica, embora seus conhecimentos de astronomia na época fossem parcos. Uma vez estabelecido o observatório, persuadiu o governo a financiar uma estadia de três meses em Paris para que pudesse estudar astronomia e meteorologia e aprender a administrar um observatório.

Durante seu tempo em Paris, encontrou-se com muitos dos grandes astrônomos e matemáticos franceses, com os quais aprendeu muito sobre probabilidade. Ele pode até ter conhecido Laplace, então com 74 anos e prestes a produzir o volume final de sua obra-prima, *Mécanique céleste*. Quetelet era fascinado pelo tema da probabilidade. Subsequentemente, escreveu três livros sobre o assunto, o último em 1853. Além disso, aplicou na prática – e beneficamente – o que aprendeu a respeito.

Embora Quetelet continuasse a trabalhar no Observatório Real, em Bruxelas, após retornar de Paris em 1820, também realizou pesquisas ligadas às estatísticas populacionais francesas e começou a planejar o censo próximo de 1829. Em 1827, publicou uma monografia intitulada "Pesquisas sobre população, nascimentos, mortes, prisões e lares pobres etc. no Reino dos Países Baixos", em que criticou os procedimentos usados na coleta e análise de estatísticas sociais. Quetelet estava ansioso por aplicar um método que Laplace desenvolvera nos idos da década de 1780 para estimar a população da França. O método de Laplace consistia em obter uma amostra aleatória de um grupo diversificado de trinta *départements* e, baseado nela, estimar a população total.

Um colega logo persuadiu Quetelet a abandonar aquela abordagem. O problema era que as autoridades incumbidas do censo francês não teriam como saber o grau de representatividade de sua amostra. Cada localidade tinha certos costumes e convenções que influenciavam a taxa de natalidade. Além disso, como Halley e Price haviam descoberto, a representatividade de uma pesquisa, mesmo em uma área pequena, podia ser afetada por movimentos da população. Ao contrário de Enobarbo, Quetelet encontrou variedade demais na estrutura sociológica francesa para que alguém generalizasse baseado em uma amostra limitada. Desse modo, decidiu-se por um censo completo da França.

Essa experiência fez Quetelet começar a usar medições sociais na tentativa de explicar por que existem tais diferenças entre pessoas e lugares – qual a origem da variedade que dá a graça? Se as diferenças fossem aleatórias, os dados teriam mais ou menos o mesmo aspecto sempre que se obtivesse uma amostra; se as diferenças fossem sistemáticas, cada amostra pareceria diferente das demais.

Essa ideia levou Quetelet a uma orgia de medições, que Stigler descreve assim:

> Ele examinou taxas de natalidade e mortalidade por mês e cidade, pela temperatura e pela hora do dia... Ele investigou a mortalidade por idade, por profissão, por local, por estação, nas prisões e nos hospitais. Ele considerou... altura, peso, taxa de crescimento e força... e desenvolveu estatísticas sobre alcoolismo, insanidade, suicídios e crime.[13]

O resultado foi o *Tratado sobre o homem e o desenvolvimento de suas faculdades,* publicado originalmente em francês, em 1835, e traduzido a seguir para o inglês. A expressão francesa escolhida por Quetelet para "faculdades" foi *"physique social"*. Essa obra firmou a reputação de Quetelet. O autor de uma resenha em três partes em uma importante revista científica observou: "Consideramos a aparição desses volumes como um marco na história literária da civilização."[14]

O livro consistiu em mais do que meras estatísticas áridas e um texto pesado. Quetelet deu-lhe um herói que vive até hoje: *l'homme moyen*, ou o homem médio. Essa invenção conquistou a imaginação pública e aumentou a fama crescente de Quetelet.

Quetelet tentou definir as características do homem *médio* (ou mulher, em certos casos), que se tornava depois o modelo do grupo particular de que fora extraído, fosse de criminosos, bêbados, soldados ou pessoas mortas. Quetelet chegou a especular que "se um indivíduo em qualquer época da sociedade possuísse todas as qualidades do homem médio, representaria tudo que há de grande, bom ou belo".[15]

Nem todos concordaram. Um dos críticos mais veementes do livro de Quetelet foi Antoine-Augustin Cournot, um famoso matemático e economista e uma autoridade em probabilidade. Cournot sustentou que, a não ser que observemos as regras das probabilidades, "não conseguiremos obter uma ideia clara da precisão de medições realizadas nas ciências da observação... ou das condições que levam ao sucesso de empreendimentos comerciais".[16] Cournot ridicularizou o conceito de homem médio. Uma média de todos os lados de um grupo de triângulos retângulos, alegou ele, não seria um triângulo retângulo, e um homem totalmente médio não seria um homem, mas algum tipo de monstruosidade.

Quetelet não esmoreceu. Ele estava convencido de que conseguiria identificar o homem médio para qualquer idade, profissão, local ou origem étnica. Além disso, alegava que encontraria um método para prever por que dado indivíduo pertencia a um grupo, em vez de a outro. Esse foi um passo novo, pois ninguém até então ousara usar matemática e estatística para separar causa de efeito. "Os efeitos são proporcionais às causas", escreveu, e prosseguiu com estas palavras grifadas: *"Quanto maior o número de indivíduos observados, mais as peculiaridades, sejam físicas ou morais, se apagam e permitem a predominância dos fatos gerais, pelos quais a sociedade existe e é preservada."*[17] Em 1836, Quetelet expandira essas noções em um livro sobre a aplicação da probabilidade às "ciências morais e políticas".

O estudo de Quetelet das causas e efeitos constitui uma leitura fascinante. Por exemplo, ele realizou uma análise extensa dos fatores que influenciam os índices de condenação das pessoas acusadas de crimes. Uma média de 61,4% de todos os acusados eram condenados, mas a probabilidade era inferior a 50% de que fossem condenados por crimes contra pessoas e superior a 60% de que fossem condenados por crimes contra a propriedade. A probabilidade de condenação era inferior a 61,4% se o acusado fosse uma mulher com mais de 30 anos, que se apresentasse voluntariamente para o julgamento, em vez de fugir, e que fosse esclarecida e culta. Quetelet também procurou determinar se os desvios da média de 61,4% eram significativos ou aleatórios: ele procurou a certeza moral nos julgamentos dos imorais.

Quetelet via curvas em sino para onde quer que olhasse. Em quase todos os casos, os "erros" ou desvios da média distribuíam-se obedientemente segundo as previsões de Laplace e Gauss – de forma normal, caindo simetricamente em ambos os lados da média. Esse arranjo belamente equilibrado, com o pico na média, foi o que convenceu Quetelet da validade de seu adorado homem médio. Ele subjazia a todas as inferências que ele desenvolveu a partir de suas investigações estatísticas.

Por exemplo, em uma experiência, Quetelet mediu os tórax de 5.738 soldados escoceses. Ele forjou uma distribuição normal para o grupo e, depois, comparou o resultado real com o resultado teórico. A correspondência foi quase perfeita.[18]

Já fora demonstrado que as distribuições normais de Gauss são típicas através da natureza; agora, elas pareciam estar enraizadas nas estruturas sociais e nos atributos físicos dos seres humanos. Assim, Quetelet concluiu que a proximidade dos soldados escoceses de uma distribuição normal significava que os desvios ao redor da média eram aleatórios, e não o resultado de quaisquer diferenças sistemáticas dentro do grupo. O grupo, em outras palavras, era basicamente homogêneo, e o soldado escocês médio representava plenamente todos os soldados escoceses. Cleópatra era uma mulher antes de tudo.

No entanto, um dos estudos de Quetelet revelou uma correspondência imperfeita com a distribuição normal. Sua análise das alturas de 100 mil recrutas franceses revelou que um número excessivo enquadrava-se na classe dos baixinhos para que a distribuição fosse normal. Como ser baixinho era uma desculpa para a isenção do serviço militar, Quetelet afirmou que as medições deviam ter sido fraudadas para permitir que as pessoas escapassem do serviço militar.

A observação de Cournot de que o homem médio seria algum tipo de monstruosidade refletia sua descrença na aplicação da teoria das probabilidades aos dados sociais, em oposição aos naturais. Os seres humanos, argumentou ele, se prestam a uma variedade desconcertante de classificações. Quetelet acreditava que um conjunto normalmente distribuído de medições humanas continha apenas diferenças aleatórias entre a amostra de pessoas que estava examinando. Mas Cournot suspeitou que as diferenças pudessem não ser aleatórias. Considere-se, por exemplo, como se poderia classificar o número de nascimentos masculinos em determinado ano: pela idade dos pais, por local geográfico, pelo dia da semana, pela origem étnica, pelo peso, pelo tempo de gestação, pela cor dos olhos ou pelo comprimento dos dedos médios, para nomear apenas algumas possibilidades. Como, então, você poderia especificar com alguma certeza qual bebê era o bebê *médio*? Cournot alegou que seria impossível determinar quais dados eram importantes e quais não passavam de resultados do acaso: "O mesmo desvio do tamanho (em relação à média) pode levar a muitos julgamentos diferentes."[19] O que Cournot não mencionou, mas que os estatísticos modernos conhecem bem, é que a maioria das medições humanas reflete diferenças de nutrição, o que significa que tende a retratar diferenças de posição social também.

Hoje em dia, os estatísticos referem-se à prática que despertou a suspeita de Cournot como "mineração de dados". Eles afirmam que, se você torturar os dados o tempo suficiente, os números provarão tudo que você deseja. Cournot sentiu que Quetelet trilhava um terreno perigoso ao extrair generalizações tão amplas de um número limitado de observações. Um segundo conjunto de observações obtidas de um grupo de mesmo tamanho poderia, com a mesma probabilidade, revelar um padrão diferente do primeiro.

Não há dúvida de que a paixão de Quetelet pela distribuição normal levou-o a afirmar mais do que deveria. Não obstante, sua análise teve grande influência na época. Um famoso matemático e economista de uma época posterior, Francis Ysidro Edgeworth, cunhou o termo

"Quetelismo" para descrever a popularidade crescente da descoberta de distribuições normais em lugares onde não existiam ou que não satisfaziam as condições que identificam distribuições normais genuínas.[20]

QUANDO GALTON travou conhecimento com a obra de Quetelet, em 1863, ficou profundamente impressionado. "Uma média não passa de um fato solitário", escreveu ele, "enquanto se outro fato individual lhe for acrescentado, todo um esquema normal, quase correspondente àquele observado, virá potencialmente à existência. Algumas pessoas odeiam o próprio nome da estatística, mas eu a acho cheia de beleza e interesse".[21]

Galton ficou fascinado com a descoberta de Quetelet de que "a mui curiosa lei teórica do desvio da média" – a distribuição normal – era onipresente, sobretudo em medições como a altura do corpo e a circunferência do tórax.[22] O próprio Galton encontrara curvas em sino nas 78.634 notas dos alunos de Cambridge tentando obter uma distinção na prova final de matemática, oscilando da nota máxima a "mal se pode dizer que profundeza."[23] Ele encontrou padrões estatísticos semelhantes nas notas das provas dos candidatos à admissão no Royal Military College de Sandhurst.

O aspecto da curva em sino que mais impressionou Galton foi sua indicação de que certos dados estavam correlacionados e podiam ser analisados como uma entidade relativamente homogênea. O inverso, então, também seria verdadeiro: a ausência da distribuição normal indicaria "sistemas dessemelhantes". Galton foi enfático: "Esse pressuposto nunca é desmentido."[24]

Mas eram as diferenças, e não a homogeneidade, que Galton buscava: Cleópatra, e não a mulher. Ao desenvolver seu novo campo de estudo, a eugenia, ele procurou diferenças mesmo dentro de grupos cujos aspectos mensuráveis pareciam enquadrar-se em uma distribuição normal. Seu objetivo era classificar as pessoas por "habilidade natural", pelo que queria dizer

... aquelas qualidades do intelecto e da disposição que impelem e capacitam um homem a realizar atos que levam à reputação... Quero dizer, uma natureza que, deixada sozinha, impelida por um estímulo inerente, subirá o caminho que leva à superioridade, e dotada da força para atingir o cume... Os homens que atingem a eminência e os que são naturalmente capazes são, em grande parte, idênticos.[25]

Galton partiu dos fatos. De 1866 a 1869, coletou massas de evidências para provar que o talento e a superioridade são atributos hereditários. Em seguida, sintetizou suas descobertas em sua obra mais importante, *Hereditary genius* (*Gênio hereditário*, que inclui um apêndice sobre a obra de Quetelet, bem como a própria avaliação cáustica de Galton da personalidade tipicamente irascível dos Bernoullis). O livro começa com uma estimativa da proporção da população geral que Galton acreditava poder classificar como "superior". Baseado nos obituários do *London Times* e em um guia biográfico, ele calculou que a superioridade só se dava entre o povo inglês após a meia-idade a uma razão de um em cada 4 mil, ou cerca de 5 mil pessoas na Grã-Bretanha àquela época.

Embora afirmasse que não pretendia se ocupar com as pessoas cujos dotes estivessem abaixo da média, Galton estimou o número de "idiotas e imbecis", dentre os vinte milhões de habitantes britânicos, como sendo de 50 mil, ou um em quatrocentos, tornando-os dez vezes mais predominantes do que seus cidadãos eminentes.[26] Mas eram os "superiores" que lhe interessavam. "Estou certo", concluiu ele, de que ninguém "pode duvidar da existência de grandes animais humanos, de naturezas preeminentemente nobres, de indivíduos nascidos para serem reis dos homens."[27] Galton não ignorou "mulheres muito poderosas", mas concluiu que, "felizmente talvez para o sossego do outro sexo, tais mulheres dotadas são raras".[28]

Galton estava convencido de que, se a altura da pessoa e a circunferência do tórax correspondiam à hipótese de Quetelet, o mesmo se daria com o tamanho da cabeça, o peso do cérebro e as fibras nervosas – bem como a capacidade mental. Ele demonstrou quão bem as descobertas de Quetelet correspondiam às suas próprias estimativas da distribuição dos britânicos da superioridade, em uma extremidade, à idiotia, na outra. Ele chegou à "conclusão inegável, mas inesperada, de que os homens eminentemente dotados erguem-se acima da mediocridade tanto quanto os idiotas afundam abaixo dela".[29]

Mas além disso tudo, Galton queria provar que a hereditariedade *sozinha* era a fonte de talentos especiais, e não "o berçário, a escola, a universidade ou as carreiras profissionais".[30] A hereditariedade parecia relevante, pelo menos dentro dos parâmetros fixados por Galton. Por exemplo, ele descobriu que um entre cada nove parentes diretos de 286 juízes era pai, filho ou irmão de outro juiz, uma proporção bem superior à da população em geral. Ainda melhor, ele descobriu que muitos parentes de juízes também eram almirantes, generais, romancistas, poetas e médicos.* (Galton excluiu explicitamente os clérigos dentre os superiores.) Desapontado, observou que suas "impressões digitais" não distinguiam entre homens superiores e "idiotas congênitos".[31]

Contudo, Galton descobriu que essa superioridade não dura muito tempo; no jargão dos físicos, ela tem uma meia-vida curta. Ele descobriu que somente 36% dos filhos de homens eminentes eram, eles próprios, eminentes; ainda pior, apenas 9% de seus netos se sobressaíam. Ele tentou explicar por que as famílias eminentes tendiam a se extinguir, citando seu hábito aparente de desposar herdeiras. Por que culpá-las? Porque as herdeiras devem provir de famílias inférteis, argumentou; se tivessem tido grande número de irmãos com quem compartilhar a riqueza da família, não teriam herdado o suficiente para serem classificadas como herdeiras. Tratou-se de uma afirmação surpreendente, em vista do conforto com que Galton viveu após compartilhar o patrimônio do pai com seis outros irmãos.

APÓS LER *Hereditary genius,* Charles Darwin disse a Galton: "Acho que nunca na vida li algo mais interessante e original... uma obra memorável."[32] Darwin sugeriu-lhe continuar sua análise da estatística da hereditariedade, mas Galton não precisava ser encorajado. Ele estava agora a caminho de desenvolver a ciência da eugenia e ávido por descobrir e preservar o que

---

* Galton certamente classificaria Cardano como superior, mas o que diria de sua desastrosa descendência? Gauss, igualmente um homem superior, saiu-se melhor. Ele gerou cinco filhos sobreviventes, dos quais um foi eminente engenheiro e dois emigraram para os Estados Unidos para dirigir negócios bem-sucedidos (mas também para escapar da influência dominadora do pai); um deles foi também brilhante poliglota, jogador e hábil matemático.

considerava a nata da humanidade. Ele queria que as melhores pessoas tivessem mais descendentes e que as piores exercessem a contenção.

Mas a lei do desvio da média erguia-se teimosamente em seu caminho. De algum modo, ele tinha de explicar diferenças *dentro* da distribuição normal. Ele percebeu que o único modo de fazê-lo seria descobrir por que os dados se dispunham em uma curva em sino antes de mais nada. Essa pesquisa levou-o a uma descoberta extraordinária que influencia a maioria das decisões que tomamos atualmente, tanto pequenas quanto grandes.

Galton relatou o primeiro passo em um artigo publicado em 1875, em que sugeriu que a onipresente distribuição simétrica ao redor da média poderia resultar de influências elas próprias dispostas segundo uma distribuição normal, variando de condições mais raras a condições mais frequentes e, depois, caindo para um conjunto de tipos opostos de influências novamente menos frequentes. Mesmo dentro de cada tipo de influência, especulou Galton, haveria um intervalo semelhante de menos poderoso a mais poderoso e, depois, caindo de volta para menos poderoso. O núcleo de seu argumento foi que influências "moderadas" ocorrem com muito mais frequência do que influências extremas, tanto boas como ruins.

Galton demonstrou essa ideia à Royal Society em torno de 1874 através de um dispositivo que denominou Quincunx.[33] O Quincunx parecia-se bastante com um fliperama de pé. Possuía um gargalo estreito como de uma ampulheta, com cerca de vinte pinos fixados na área do gargalo. Embaixo, onde o Quincunx era mais largo, enfileiravam-se pequenos compartimentos. Quando grãos de chumbo eram jogados pelo gargalo, atingiam os pinos aleatoriamente e tendiam a se distribuir pelos compartimentos da forma gaussiana clássica – a maioria empilhada no meio, com números menores em ambos os lados e assim por diante em números decrescentes.

Em 1877, conjuntamente com a revisão de um importante artigo intitulado "Leis Típicas da Hereditariedade", Galton introduziu um novo modelo do Quincunx. (Não sabemos se ele chegou a construir um.) Esse modelo continha um conjunto de compartimentos médios, nos quais grãos de chumbo caíam e se distribuíam como ocorrera nos compartimentos inferiores do primeiro modelo. Quando qualquer um desses

compartimentos médios era aberto, os grãos de chumbo nele deposita-
dos caíam nos compartimentos inferiores, onde se dispunham – adivi-
nhe! – dentro da distribuição normal.

A descoberta foi grandiosa. Todo grupo, não importa quão pequeno
ou quão diferente de algum outro grupo, tende a se dispor de acordo com
a distribuição normal, com a maioria das observações caindo no centro,
ou, para usar a expressão mais familiar, na média. Quando todos os grupos são combinados em um, como demonstrou o Quincunx I, os grãos
de chumbo também se dispõem em uma distribuição normal. A grande
normal, portanto, é uma média das médias dos subgrupos pequenos.

O Quincunx II forneceu uma versão mecânica de uma ideia que Galton descobrira durante uma experiência proposta por Darwin em 1875.
A experiência não envolvia dados, estrelas nem mesmo seres humanos,
mas ervilhas-de-cheiro – ou ervilhas na vagem. As ervilhas-de-cheiro
são robustas e prolíficas, com pouca tendência de fecundação cruzada.
As ervilhas em cada vagem têm um tamanho essencialmente uniforme.
Após pesar e medir milhares de ervilhas-de-cheiro, Galton enviou dez
espécimes de cada um de sete pesos diferentes para nove amigos, entre
os quais Darwin, espalhados pelas Ilhas Britânicas, com instruções para
as plantarem sob condições cuidadosamente especificadas.

Após analisar os resultados, Galton relatou que a descendência dos
sete diferentes grupos se distribuíra, por peso, precisamente como o
Quincunx teria previsto. A descendência de cada conjunto individual
de espécimes estava normalmente distribuída, e a descendência de cada
um dos sete grandes grupos também estava normalmente distribuída.
Esse resultado poderoso, argumentou ele, não era consequência de "influências *triviais* em diferentes combinações" (o grifo é de Galton). Pelo
contrário, "os processos da hereditariedade... não eram influências triviais, mas muito importantes".[34] Como poucos indivíduos dentro de um
grupo de seres humanos são superiores, poucos de seus descendentes
serão também superiores; e como a maioria das pessoas é mediana, sua
descendência será mediana. A mediocridade sempre supera em número
o talento. A sequência de distribuições pequena-grande-pequena entre
as ervilhas-de-cheiro de acordo com a distribuição normal confirmou
para Galton o predomínio da ascendência na determinação da natureza
da descendência.

A experiência revelou algo mais, como mostra a tabela a seguir, com os diâmetros das ervilhas matrizes e de sua descendência.

## DIÂMETROS DE ERVILHAS MATRIZES E DA DESCENDÊNCIA[35] (EM CENTÉSIMOS DE POLEGADA)

| Matriz | 15 | 16 | 17 | 18 | 19 | 20 | 21 |
|---|---|---|---|---|---|---|---|
| Diâmetro médio da descendência | 15,4 | 15,7 | 16,0 | 16,3 | 16,6 | 17,0 | 17,3 |

Observe que a distribuição dos diâmetros entre as matrizes foi mais ampla do que a dispersão entre a descendência. O diâmetro médio das matrizes foi de 0,18 polegada, dentro de um intervalo de 0,15 a 0,21 polegada, ou 0,03 em ambos os lados da média. O diâmetro médio da descendência foi de 0,163 dentro de um intervalo de 0,154 a 0,173 polegada, ou apenas cerca de 0,01 polegada em ambos os lados da média. A descendência teve uma distribuição global mais limitada do que a distribuição das matrizes.

Essa experiência levou Galton a propor um princípio que passou a ser conhecido como a regressão, ou reversão, à média. "A reversão", escreveu ele, "é a tendência do tipo filial médio ideal de afastar-se do tipo paterno, revertendo ao que podemos grosseiramente e talvez justamente descrever como o tipo ancestral médio".[36] Se esse processo de estreitamento não estivesse em jogo – se ervilhas grandes produzissem uma descendência cada vez maior e ervilhas pequenas produzissem uma descendência cada vez menor –, o mundo consistiria apenas de anões e gigantes. A natureza se tornaria cada vez mais esquisita a cada geração, tornando-se completamente louca ou caindo em extremos que sequer podemos conceber.

Galton sintetizou os resultados em um dos seus parágrafos mais eloquentes e dramáticos.

A criança herda em parte dos pais, em parte dos ancestrais... Quanto mais sua genealogia retroceder, mais numerosos e variados seus ancestrais se tornarão, até cessarem de diferir de qualquer amostra igualmente numerosa tomada por acaso da raça em geral... Essa lei nega fortemente a transmissão plenamente hereditária de qualquer dom... A lei é equilibrada; ela cobra o mesmo imposto de sucessão à transmissão da maldade e da bondade. Se ela desencoraja as expectativas extravagantes de pais talentosos de que seus filhos herdarão seus poderes, o faz igualmente com os temores extravagantes de que herdarão todas as suas fraquezas e doenças.[37]

Isso foi algo negativo para Galton, por mais elegantemente que o enunciasse, mas incentivou-o em seus esforços por promover a eugenia. A solução óbvia era maximizar a influência do "tipo ancestral médio", restringindo a produção de descendentes na extremidade inferior da escala, reduzindo assim a parte esquerda da distribuição normal.

Galton encontrou nova confirmação da regressão à média em uma experiência relatada em 1885, ao ser eleito presidente da Associação Britânica pelo Progresso da Ciência. Para essa experiência, ele reunira uma quantidade enorme de dados sobre seres humanos, recebidos em resposta a um apelo público respaldado por uma oferta de dinheiro. Ele acabou coletando observações sobre 928 filhos adultos nascidos de 205 casais de pais.

Nesse caso, Galton enfocou a altura, ou estatura na linguagem de sua época. Seu objetivo assemelhou-se ao da experiência das ervilhas-de-cheiro: observar como um atributo particular era transmitido por hereditariedade de pais para filhos. Para analisar as observações, teve de corrigir a diferença de altura entre homens e mulheres; multiplicou a altura da mulher, em cada caso, por 1,08, somou as alturas de ambos os pais e dividiu o resultado por dois. Ele se referiu às entidades resultantes como "pais médios". Além disso, teve de se certificar da inexistência de uma tendência sistemática de homens altos casarem-se com mulheres altas ou de homens baixos casarem-se com mulheres baixas; seus cálculos estiveram "suficientemente próximos" para ele presumir a inexistência de tais tendências.[38]

Os resultados foram surpreendentes, como revela a tabela da página 176. A estrutura diagonal dos números do canto inferior esquerdo ao superior direito informa-nos de imediato que pais mais altos tiveram crianças mais altas e vice-versa – a hereditariedade importa. Os grupos de números altos em direção ao centro revelam que cada grupo de altura entre os filhos estava normalmente distribuído e que cada conjunto de filhos de cada grupo de altura dos pais também estava normalmente distribuído. Finalmente, compare a coluna da extrema direita com a da

## TABULAÇÃO DE 928 FILHOS ADULTOS NASCIDOS DE 205 PAIS MÉDIOS, CLASSIFICADOS POR SUA ALTURA E PELA ALTURA DE SEUS PAIS MÉDIOS

| *Altura dos Pais Médios (em centímetros)* | *Altura do Filho Adulto* | | | | | | | | | | | | | | *Total de Filhos Adultos* | *Total de Pais Médios* | *Medianas* |
|---|---|---|---|---|---|---|---|---|---|---|---|---|---|---|---|---|---|
| | <156,7 | 158,0 | 160,5 | 163,0 | 165,6 | 168,0 | 170,7 | 173,0 | 175,7 | 178,3 | 180,8 | 183,3 | 185,9 | >192,2 | | | |
| >185,0 | – | – | – | – | – | – | – | – | – | – | – | 1 | 3 | – | 4 | 5 | – |
| 184,2 | – | – | – | – | – | – | – | 1 | 2 | 1 | 2 | 7 | 2 | 4 | 19 | 6 | 185,9 |
| 181,6 | – | – | – | – | 1 | 3 | 4 | 3 | 5 | 10 | 4 | 9 | 2 | 2 | 43 | 11 | 177,5 |
| 179,0 | 1 | – | 1 | – | 1 | 1 | 3 | 12 | 18 | 14 | 7 | 4 | 3 | 3 | 68 | 22 | 176,5 |
| 176,5 | – | – | 1 | 16 | 4 | 17 | 27 | 20 | 33 | 25 | 20 | 11 | 4 | 5 | 183 | 41 | 175,0 |
| 174,0 | 1 | – | 7 | 11 | 16 | 25 | 31 | 34 | 48 | 21 | 18 | 4 | 3 | – | 219 | 49 | 173,2 |
| 171,5 | – | 3 | 5 | 14 | 15 | 36 | 38 | 28 | 38 | 19 | 11 | 4 | – | – | 211 | 33 | 171,7 |
| 169,0 | – | 3 | 3 | 5 | 2 | 17 | 17 | 14 | 13 | 4 | – | – | – | – | 78 | 20 | 170,6 |
| 166,4 | 1 | – | 9 | 5 | 7 | 11 | 11 | 7 | 7 | 5 | 2 | 1 | – | – | 66 | 12 | 169,4 |
| 164,0 | 1 | 1 | 4 | 4 | 1 | 5 | 5 | – | 2 | – | – | – | – | – | 23 | 5 | 167,1 |
| <162,5 | 1 | – | 2 | 4 | 1 | 2 | 2 | 1 | 1 | – | – | – | – | – | 14 | 1 | – |
| Totais | 5 | 7 | 21 | 59 | 48 | 117 | 138 | 120 | 167 | 99 | 64 | 41 | 17 | 14 | 928 | 205 | – |
| Medianas | – | – | 168,4 | 172,2 | 172,5 | 172,0 | 172,5 | 173,5 | 174,0 | 175,3 | 178,0 | – | – | – | – | – | – |

(*De Francis Galton, 1886, "Regression Toward Mediocrity in Hereditary Stature"* in Journal of the Anthropological Institute, *Vol. 15, pp. 246-263.*)

extrema esquerda. ("Mediana" significa que metade do grupo era mais alto e metade era mais baixo do que o número mostrado.) Todos os pais médios com alturas a partir de 173cm tiveram filhos com alturas médias inferiores; todos os pais médios com menos de 173cm de altura tiveram filhos que tenderam a ser mais altos do que eles. Exatamente como com as ervilhas-de-cheiro.

A persistência das distribuições normais e a aparição da regressão à média permitiram que Galton calculasse a matemática do processo, como a taxa em que os pais mais altos tendem a produzir filhos altos em relação aos colegas, mas mais baixos do que os pais. Quando um matemático profissional confirmou seus resultados, Galton escreveu: "Jamais senti tal intensidade de lealdade e respeito à soberania e ao magnífico domínio da análise matemática."[39]

A linha de análise de Galton culminou no conceito de correlação, que é a medição do grau de proximidade com que duas séries variam entre si, sejam o tamanho de pais, e filhos, chuvas e colheitas, inflação e taxas de juros ou os preços das ações da General Motors e da Biogen.

KARL PEARSON, o principal biógrafo de Galton e ele próprio um notável matemático, observou que Galton criara "uma revolução em nossas ideias científicas que modificou nossa filosofia da ciência e nossa própria filosofia de vida",[40] Pearson não exagerou: a regressão à média é pura dinamite. Galton transformou a noção de probabilidade, de um conceito estático baseado na aleatoriedade e na Lei dos Grandes Números, em um processo dinâmico em que os sucessores dos indivíduos atípicos estão predestinados a aderir à multidão no centro. A mudança e o movimento dos limites externos rumo ao centro são constantes, inevitáveis, previsíveis. Dados os imperativos desse processo, nenhum resultado além da distribuição normal é concebível. A força propulsora é sempre rumo à média, rumo à restauração da normalidade, rumo ao *homme moyen* de Quetelet.

A regressão à média motiva quase toda variedade de enfrentamento de riscos e de previsão, Ela está na base de ditados como "tudo que sobe tem de cair", "o orgulho antecede a queda" e "o que os pais ganham, os filhos dissipam". José teve em mente essa sequência preordenada de eventos quando previu ao faraó que sete anos de fome se seguiriam a sete anos de fartura. Foi o que J. P Morgan teve em mente ao observar que "o mercado flutuará". É o credo a que os denominados investidores do contra prestam obediência: quando dizem que certa ação está "super-valorizada" ou "subvalorizada", querem dizer que o medo ou a cobiça encorajou a multidão a fazer o preço se afastar de um valor intrínseco ao qual certamente retornará. É o que motiva o sonho do jogador de que uma longa série de derrotas está fadada a dar lugar a uma longa série de vitórias. É o que meu médico quer dizer quando prevê que a "tintura do tempo" curará minhas mazelas. E foi o que Herbert Hoover pensou que aconteceria em 1931, ao prometer que a prosperidade era iminente – in-felizmente para ele e para todos os outros, a média não estava onde ele esperava.

Francis Galton foi um homem orgulhoso, mas nunca sofreu uma queda. Suas várias realizações foram amplamente reconhecidas. Ele en-cerrou uma vida longa e plena como um viúvo viajando e escrevendo em companhia de uma parente muito mais jovem do sexo feminino. Ele nunca permitiu que seu fascínio pelos números e pelos fatos o cegassem para as maravilhas da natureza, e adorava a diversidade:

> É difícil entender por que os estatísticos costumam limitar suas investiga-
> ções às médias e não se deleitam com visões mais abrangentes. Suas almas
> parecem tão embotadas para o encanto da variedade como a do nativo de
> um de nossos insípidos países ingleses, cuja impressão da Suíça foi que, se
> suas montanhas pudessem ser atiradas dentro dos lagos, nos livraríamos de
> dois estorvos ao mesmo tempo.[41]

# 10

# ERVILHAS E RISCOS

A REGRESSÃO À MÉDIA fornece a base filosófica de muitos sistemas de tomada de decisões. E por boa razão. Poucas são as ocasiões na vida em que os grandes são passíveis de se tornar infinitamente grandes ou os pequenos, de se tornar infinitamente pequenos. As árvores nunca chegam ao céu. Quando somos tentados – como é muito comum – a extrapolar tendências passadas para o futuro, devemos recordar as ervilhas de Galton.

Contudo, se a regressão à média segue um padrão tão constante, por que a previsão é uma atividade tão frustrante? Por que não podemos, todos nós, prever tão bem quanto José ao lidar com o faraó? A resposta mais simples é que as forças em ação na natureza não são as mesmas forças em ação na mente humana. A exatidão da maioria das previsões depende de decisões tomadas por pessoas, e não pela Mãe Natureza. Esta, com todos os seus caprichos, é muito mais confiável do que um grupo de seres humanos que tenta decidir algo.

Três são as razões pelas quais a regressão à média pode ser um guia tão frustrante à tomada de decisões. Primeira, ela às vezes avança em um ritmo tão lento que um choque perturbará o processo. Segunda, a regressão pode ser tão forte que as coisas não entram em repouso uma vez alcançada a média. Pelo contrário, elas flutuam ao redor da média, com desvios repetidos e irregulares em ambos os lados. Finalmente, a própria média pode ser instável, de modo que anormalidade de ontem pode ser suplantada hoje por uma nova normalidade da qual nada sabemos. É perigosíssimo supor que a prosperidade é iminente, apenas porque sempre o foi.

A REGRESSÃO À MÉDIA ocorre mais seguramente no mercado de ações. O folclore de Wall Street está repleto de frases de efeito como "compre na baixa e venda na alta", "você nunca empobrece ao realizar lucros" ou "quem tudo quer, tudo perde". Todas são variações sobre um tema simples: se você apostar que a normalidade de hoje se estenderá indefinidamente no futuro, enriquecerá mais cedo e correrá menos risco de falir do que se seguir a multidão. Contudo, muitos investidores ignoram este conselho diariamente por incapacidade emocional de comprar na baixa e vender na alta. Impelidos pela ganância e pelo medo, eles seguem a multidão, em vez de pensar por si mesmos.

Não é tão fácil assim manter as ervilhas em mente. Como nunca sabemos com certeza o que acontecerá amanhã, é mais fácil supor que o futuro se assemelhará ao presente do que admitir que poderá trazer alguma mudança desconhecida. Uma ação que vem subindo há algum tempo parece, de algum modo, uma compra melhor do que uma ação em queda. Supomos que um preço ascendente indica que a empresa está florescendo, e que um preço em queda significa que está em apuros. Por que arriscar?

Os profissionais tendem tanto quanto os amadores a evitar o risco. Por exemplo, em dezembro de 1994, os analistas da corretora Sanford C. Bernstein & Co. descobriram que os profissionais que tendem a prever uma taxa de crescimento acima da média para uma empresa sistematicamente superestimam os resultados reais, enquanto os pessimistas sistematicamente os subestimam.* "Na média", relataram os analistas, "as expectativas não se cumprem".[1]

---

* Aliás, não sou parente de Sanford Bernstein.

As consequências são claras: as ações com previsões cor-de-rosa galgam alturas irreais, enquanto as ações com previsões negras caem a níveis irreais. Até que a regressão à média entra em ação. Os investidores mais realistas e resolutos compram, enquanto os outros correm para vender, e vendem, enquanto os outros correm para comprar. A compensação vem quando os rendimentos reais surpreendem quem seguiu a tendência.

A história fala de muitos investidores legendários que ganharam fortunas apostando na regressão à média, comprando na baixa e vendendo na alta. Entre eles estão Bemard Baruch, Benjamin Graham e Warren Buffett. Essa posição do contra é confirmada por uma profusão de pesquisas acadêmicas.

Mas os poucos que se deram bem contrariando as apostas da multidão recebem todas as atenções. Pouco ouvimos falar dos investidores que tentaram a mesma coisa e fracassaram, quer por terem agido cedo demais ou não terem simplesmente agido, quer porque a média à qual esperavam que os preços das ações retornassem não foi a média à qual eles realmente retornaram.

Consideremos os investidores que tiveram a temeridade de comprar ações no início de 1930, logo após o Grande Crack, quando os preços haviam caído cerca de 50% em relação aos patamares anteriores. Os preços cairiam mais 80%, até finalmente atingir o fundo do poço no outono de 1932. Ou consideremos os investidores cautelosos que venderam suas ações no início de 1955, quando o índice Dow Jones recuperara enfim o patamar de 1929, tendo triplicado nos seis últimos anos. Apenas nove anos depois, os preços atingiram o dobro daqueles de 1929 e de 1955. Em ambos os casos, o retorno à "normalidade" previsto deixou de ocorrer: a normalidade mudara de lugar.

AO DISCUTIR A QUESTÃO de se a regressão à média governa o comportamento do mercado de ações, estamos realmente perguntando se os preços das ações são previsíveis e, em caso positivo, sob que condições. Nenhum investidor pode decidir que riscos correr antes de responder a esta questão.

Existem alguns indícios de que os preços de certas ações sobem "alto demais" e caem "baixo demais". Em 1985, no encontro anual da American Finance Association, os economistas Richard Thaler e Werner DeBondt apresentaram um artigo intitulado "Does the Stock Market Overreact?" ("O mercado de ações super-reage?").[2] Para testar se movimentos extremos dos preços de ações em uma direção provocam a regressão à média e são depois seguidos por movimentos extremos na direção oposta, eles estudaram os retornos trianuais de mais de mil ações de janeiro de 1926 a dezembro de 1982. Eles classificaram as ações que subiram mais ou caíram menos-do-que a média do mercado em cada período trianual como "vencedoras" e as ações que subiram menos ou caíram mais do que a média do mercado como "derrotadas". Eles então calcularam o desempenho médio de cada grupo nos três anos subsequentes.

Suas descobertas foram inequívocas: "No último meio século, as carteiras de derrotadas... superaram o desempenho do mercado em uma média de 19,6%, 36 meses após a formação da carteira. As carteiras de vencedoras, por outro lado, rendem cerca de 5,0% menos do que o mercado."[3]

Embora os métodos de teste de DeBondt e Thaler tenham sido alvo de certas críticas, suas descobertas foram confirmadas por outros analistas usando métodos diferentes. Quando os investidores super-reagem a novas informações e ignoram as tendências a longo prazo, a regressão à média transforma a vencedora média em uma derrotada e a derrotada média em uma vencedora. Essa reversão tende a se desenvolver com certa demora, exatamente o que cria a oportunidade lucrativa: poderíamos realmente dizer que primeiro o mercado super-reage a notícias de curto prazo e depois sub-reage, enquanto aguarda novas notícias de curto prazo de uma natureza diferente.[4]

A razão é bem simples. Os preços das ações costumam seguir as mudanças na sorte das empresas. Os investidores que focalizam excessivamente o curto prazo estão ignorando diversos indícios de que a maioria dos aumentos de rendimentos são insustentáveis. Por outro lado, as empresas em dificuldades não deixam as coisas degringolarem indefinidamente. Os gerentes passarão a tomar as decisões duras para trazer a empresa de volta aos trilhos – ou perderão seus empregos, sendo substituídos por outros mais zelosos.

A regressão à média decreta que as coisas não poderiam ser de outra forma. Se os vencedores continuassem vencendo e os derrotados continuassem perdendo, nossa economia consistiria em um punhado decrescente de imensos monopólios e em quase nenhuma empresa pequena. Os monopólios antes admirados do Japão e da Coreia estão passando pelo processo inverso, à medida que a regressão à média em forma de ondas irresistíveis de importações vem gradualmente enfraquecendo seu poder econômico.

O desempenho dos gerentes de investimentos profissionais também está sujeito à regressão à média. Existe uma forte probabilidade de que o gerente hoje em alta fique em baixa amanhã, ou pelo menos depois de amanhã, e vice-versa. Isso não significa que os gerentes bem-sucedidos inevitavelmente perderão sua magia ou que gerentes com mau desempenho acabarão vendo a luz no final do túnel – embora isso tenda a acontecer. Com frequência, os gerentes de investimentos perdem terreno, simplesmente, porque nenhum estilo gerencial permanece em voga para sempre.

Ao discutirmos anteriormente o Paradoxo de São Petersburgo, observamos a dificuldade dos investidores em avaliar ações que pareciam ter rendimentos infinitos (Capítulo 6). Era inevitável que o otimismo ilimitado dos investidores acabasse elevando o preço dessas ações em crescimento a níveis irreais. Quando a regressão à média fez as ações despencarem, mesmo o melhor gerente de carteiras de ações em crescimento ficou pasmado. Um modismo semelhante dominou os investimentos em ações de empresas pequenas, no final da década de 1970, quando pesquisas acadêmicas demonstraram terem sido o investimento a longo prazo mais bem-sucedido, apesar do maior risco. Em 1983, a regressão à média mais uma vez entrara em ação, e as ações de empresas pequenas tiveram um desempenho sofrível durante os anos seguintes. Dessa vez, mesmo o melhor gerente de investimentos em ações de empresas pequenas não pôde deixar de ficar pasmado.

Em 1994, a *Morningstar,* a principal publicação sobre o desempenho dos fundos mútuos, publicou a tabela a seguir, que mostra o desempenho dos diversos tipos de fundos no quinquênio encerrado em março de 1989 e naquele encerrado em março de 1994.[5]

| Objetivo | *Quinquênio até*<br>*Março de 1989* | *Quinquênio até*<br>*Março de 1994* |
|---|---|---|
| Ações internacionais | 20,6% | 9,4% |
| Renda | 14,3% | 11,2% |
| Crescimento e renda | 14,2% | 11,9% |
| Crescimento | 13,3% | 13,9% |
| Empresas pequenas | 10,3% | 15,9% |
| Crescimento agressivo | 8,9% | 16,1% |
| Média | 13,6% | 13,1% |

Esta é uma demonstração espetacular da regressão à média em funcionamento. O desempenho médio em ambos os períodos foi quase idêntico, mas as variações de resultado do primeiro para o segundo período foram enormes. Os três grupos com desempenho superior à média no primeiro período estiveram abaixo da média no segundo; os três grupos com desempenho inferior à média no primeiro período estiveram acima da média no segundo.

Esta evidência impressionante de regressão à média deve servir de alerta aos investidores que vivem mudando de gerente. Ela indica que a melhor estratégia é rejeitar o gerente com o melhor desempenho recente e transferir os recursos para o gerente que tem se dado pior; esta estratégia não difere de vender as ações que mais subiram e comprar as ações que mais caíram. Se essa estratégia do contra for difícil de seguir, existe outra forma de conseguir a mesma coisa. Vá em frente e siga seus instintos naturais. Despeça o gerente pior e aumente a carteira do gerente vencedor, mas *espere dois anos para fazê-lo.*

E QUANTO AO mercado de ações como um todo? As médias populares, como o índice Dow Jones ou a combinação Standard & Poor de quinhentas ações, são previsíveis?

Os gráficos no Capítulo 8 (pág. 153) mostram que o desempenho do mercado em períodos anuais ou superiores pouco se assemelha a uma distribuição normal, mas que o desempenho mensal e trimestral se assemelha, embora não precisamente. Quetelet interpretaria esses dados como prova de que os movimentos dos preços das ações a curto prazo são independentes – de que as mudanças atuais nada nos informam sobre os preços de amanhã. O mercado de ações é imprevisível. A noção de marcha aleatória foi evocada para explicar por que isso acontece.

Mas e quanto à visão de prazo mais longo? Afinal, a maioria dos investidores, mesmo os impacientes, permanece no mercado por mais de um mês, um trimestre ou um ano. Embora o conteúdo de suas carteiras mude com o tempo, os investidores sérios tendem a manter seu dinheiro no mercado de ações por vários anos, ou mesmo décadas. O longo prazo no mercado de ações difere realmente do curto prazo?

Se a visão da marcha aleatória for correta, os preços atuais das ações encerram todas as informações relevantes. A única coisa que os faria mudar é a disponibilidade de novas informações. Dado que não temos como saber quais poderiam ser essas novas informações, não existe uma média à qual os preços das ações possam regressar. Em outras palavras, não existe algo como um preço de ação *temporário* – ou seja, um preço que permanece no limbo até mudar para algum outro ponto. Esta é outra razão pela qual as mudanças são imprevisíveis.

Mas existem duas outras possibilidades. Se a hipótese de DeBondt-Thaler da super-reação a notícias recentes aplicar-se ao mercado como um todo, e não apenas a ações individuais, a regressão à média no desempenho das grandes médias do mercado deveria se tornar visível, à medida que as realidades de prazo mais longo se façam sentir. Se, por outro lado, os investidores sentirem-se mais temerosos em certos ambientes econômicos do que em outros – digamos, 1932 ou 1974, em contraste com 1968 ou 1986 –, os preços das ações cairão enquanto os investidores sentirem medo e voltarão a subir, quando as circunstâncias mudarem e justificarem uma visão mais esperançosa do futuro.

Ambas as possibilidades demonstram que devemos ignorar a volatilidade de curto prazo e nos ater à tendência de longo prazo. Quaisquer que sejam as reviravoltas do mercado, os retornos aos investidores devem exibir uma média ao redor de alguma espécie de normalidade de longo prazo. Nesse caso, o mercado de ações talvez seja arriscado em termos de meses ou mesmo de uns poucos anos, mas o risco de perda substancial em um período de cinco anos ou superior deverá ser pequeno.

Um apoio impressionante a este ponto de vista apareceu em uma monografia publicada em 1995 pela Association for Investment Management & Research – a organização à qual pertence a maioria dos profissionais norte-americanos de investimentos – e escrita por dois professores da Baylor University, William Reichenstein e Dovalee Dorsett.[6] Com base em pesquisas exaustivas, eles concluem que períodos ruins no mercado são *previsivelmente* seguidos por períodos bons, e vice-versa. Esta descoberta contradiz frontalmente a visão da marcha aleatória, que nega a previsibilidade das mudanças dos preços das ações. Estes, assim como as ervilhas, não mostraram nenhuma tendência de avançar indefinidamente em uma ou outra direção.

A matemática nos ensina que a variância – uma medida de como as observações tendem a se distribuir ao redor de seu nível médio – de uma série de números aleatórios deve aumentar proporcionalmente ao aumento do tamanho da série. Observações durante períodos de três anos devem mostrar o triplo da variância de observações de um ano, e observações durante uma década devem mostrar dez vezes a variância de observações anuais. Se, por outro lado, os números não forem aleatórios, devido à ação da regressão à média, a matemática deve fazer com que a razão entre a variância da mudança e o período de tempo seja inferior a um.*

Reichenstein e Dorsett estudaram o Índice Standard & Poor de 1926 a 1993 e descobriram que a variância de retornos de três anos foi apenas 2,7 vezes a variância de retornos anuais; a variância de retornos de oito anos foi apenas 5,6 vezes a variância de retornos anuais. Ao reunirem carteiras realistas contendo uma mistura de ações e títulos, as razões entre variância e período de tempo foram ainda menores do que nas carteiras exclusivamente de ações.

Claramente, a volatilidade de longo prazo no mercado de ações é inferior ao que seria se os extremos tivessem qualquer chance de assumir o controle. *No final, e após os seus lances, os investidores dão ouvidos a Galton, em vez de correr atrás do canto da sereia.*

---

\* Tendências inversas transparecem no histórico de taxas de juros, que reflete a "aversão" à média. Uma tendência, uma vez ativa, tem mais probabilidade de prosseguir do que de se reverter. Em períodos de dois anos, a variância do rendimento de letras do Tesouro norte-americano de noventa dias é 2,2 vezes maior que a variância anual; em períodos de oito anos, a variância é quase 32 vezes maior; para taxas de juros a prazos mais longos, o padrão é semelhante, mas atenuado.

Essa descoberta teve profundas implicações para os investidores de longo prazo, pois significa que a incerteza sobre as taxas de retorno de longo prazo é bem inferior do que de curto prazo. Reichenstein e Dorsett fornecem uma profusão de dados históricos e de projeções de possibilidades futuras, mas a seguinte passagem resume suas principais descobertas (baseadas em resultados corrigidos de acordo com a inflação):[7]

> Para um período de investimento de um ano, existe uma chance de 5% de que os investidores no mercado de ações percam pelo menos 25% de seu dinheiro e uma chance de 5% de que ganhem mais de 40%. Já em trinta anos, existe apenas 5% de chance de que uma carteira exclusivamente de ações cresça menos de 20% e uma chance de 5% de que os proprietários dessa carteira acabem cinquenta vezes mais ricos do que no início.
>
> No decorrer do tempo, a diferença entre os retornos de títulos arriscados e investimentos conservadores aumenta substancialmente. Em vinte anos, existe apenas 5% de chance de que uma carteira composta apenas de obrigações ao portador de longo prazo mais do que quadruplique, enquanto existe 50% de chance de que uma carteira exclusivamente de ações cresça pelo menos oito vezes.

Todavia, essa pesquisa minuciosa não nos dá uma receita de como enriquecer. Todos achamos difícil perseverar nos bons e maus momentos. *Além disso, Reichenstein e Dorsett contam-nos apenas o que aconteceu entre 1926 e 1993.* Por mais tentador que o investimento de longo prazo pareça à luz desses cálculos, a análise deles é cem por cento retrospectiva. Pior, mesmo pequenas diferenças nos retornos anuais através de muitos anos produzem grandes diferenças na riqueza do investidor no final do longo prazo.

A SUPER-REAÇÃO A informações novas que DeBondt e Thaler descreveram no comportamento dos preços das ações resultava da tendência humana em superestimar as evidências recentes e perder de vista o longo prazo. Afinal, sabemos muito mais sobre o que está acontecendo neste exato momento do que poderemos vir a saber sobre o que acontecerá em alguma data incerta no futuro.

Não obstante, superenfatizar o presente pode distorcer a realidade e levar a decisões insensatas e avaliações erradas. Por exemplo, alguns observadores têm deplorado o que alegam ser um arrefecimento do crescimento da produtividade norte-americana no último quarto de século. Na verdade, o desempenho no período foi bem melhor do que eles nos levariam a crer. O conhecimento da regressão à média corrigiria a visão errônea dos pessimistas.

Em 1986, o economista de Princeton, William Baumol, publicou um estudo esclarecedor das tendências de longo prazo da produtividade. Seus dados provieram de 72 países e remontam a 1870.[8] O estudo focalizou o que Baumol denomina processo de convergência. De acordo com esse processo, os países com os menores níveis de produtividade em 1870 tiveram as maiores taxas de melhoria no decorrer dos anos, enquanto os países mais produtivos em 1870 exibiram as menores taxas de melhoria – as ervilhas novamente em ação, em outras palavras. As diferenças nas taxas de crescimento lenta, mas seguramente, reduziram a diferença de produtividade entre as nações mais atrasadas e as mais avançadas, à medida que cada grupo tem regressado à média.

Nos 110 anos cobertos pela análise de Baumol, a diferença entre a nação mais produtiva e a menos produtiva convergiu de uma razão de 8:1 para uma razão de apenas 2:1. Baumol observa que "... o impressionante é a implicação aparente de que *somente uma variável*, o PIB por hora de trabalho em 1870 de um país... importa em algum grau substancial".[9] Os fatores que os economistas costumam identificar como contribuintes para o crescimento da produtividade – livres mercados, alta propensão em poupar e investir e políticas econômicas "sensatas" – parecem ter sido grandemente irrelevantes. "Qualquer que fosse seu comportamento", conclui Baumol, cada nação estava "fadada a chegar próximo de sua posição predestinada".[10] Eis um fenômeno mundial que imita exatamente as experiências em pequena escala de Galton.

As avaliações do desempenho dos Estados Unidos mudam radicalmente quando realizadas dessa perspectiva. Como a nação com o maior PIB por hora de trabalho entre os países industriais desde a virada do século, a taxa de crescimento relativamente lenta da produtividade norte-americana nos últimos anos não deve surpreender. Cada milagre tecnológico sucessivo conta menos, à medida que aumenta a base em relação à qual medimos. Na verdade, os dados de Baumol mostram que a taxa de crescimento da produtividade norte-americana tem sido "apenas regular" na maioria dos últimos cem anos, e não apenas nas últimas décadas. Entre 1899 e 1913, já era inferior às taxas de crescimento da Suécia, França, Alemanha, Itália e Japão.

Embora o Japão tenha exibido a maior taxa de crescimento de longo prazo de todas as economias desenvolvidas, exceto durante a Segunda Guerra Mundial, Baumol observa que o país teve o menor nível de produção por trabalhador em 1870 e ainda está atrás dos Estados Unidos. Mas o processo de convergência prossegue inexoravelmente, à medida que a tecnologia avança, que a educação se dissemina e que o tamanho crescente facilita a economia de escala.

Baumol crê que a insatisfação com o desempenho norte-americano desde o final da década de 1960 resulta da miopia dos comentaristas, que superenfatizam os últimos resultados e ignoram as tendências de longo prazo. Ele observa que o grande salto dos níveis de produtividade norte--americanos entre cerca de 1950 e 1970 não foi ação de um destino predeterminado, mesmo para uma nação tão tecnologicamente orientada como os Estados Unidos. Visto sob uma perspectiva mais longa, esse salto não passou de uma aberração que compensou em parte o declínio acentuado das taxas de crescimento em relação aos seus níveis históricos na década de 1930 e durante a Segunda Guerra Mundial.

Ainda que o assunto seja inteiramente diferente, as conclusões de Baumol repetem as de DeBondt e Thaler:

> Não podemos compreender os fenômenos atuais... sem um exame sistemático dos eventos anteriores que afetam o presente e que continuarão exercendo profundos efeitos amanhã... O longo prazo é importante, pois não é sensato que os economistas e os formuladores de políticas tentem dissociar as tendências de longo prazo e seus resultados do fluxo de acontecimentos de curto prazo, que podem ser dominados por condições transitórias.[11]

ÀS VEZES, o longo prazo entra em ação tarde demais para nos salvar, mesmo com a regressão à média em ação. Em uma célebre passagem, o grande economista inglês John Maynard Keynes observou certa vez:

> A longo prazo, todos estaremos mortos. Os economistas atribuem-se uma tarefa fácil demais, inútil demais se, nas estações tempestuosas, a única coisa que conseguem prever é que, quando a tempestade passar, o oceano estará calmo.[12]

Mas somos obrigados a viver no curto prazo. Temos de tentar nos manter à tona e não podemos nos dar ao luxo de esperar até o oceano acalmar. Mesmo assim, sua calma poderá não passar de um interlúdio de duração desconhecida entre tempestades.

Depender da regressão à média na previsão do futuro tende a ser perigoso quando a própria média está em constante mudança. As projeções de Reichenstein e Dorsett supõem que o futuro se assemelhará ao passado, mas nenhuma lei natural afirma que sempre se assemelhará. Se o aquecimento global realmente ocorrer, uma longa série de anos quentes não será necessariamente seguida por uma longa série de anos frios. Se uma pessoa se tornar psicótica em vez de apenas neurótica, a depressão poderá ser permanente, em vez de intermitente. Se os seres humanos conseguirem destruir o meio ambiente, aguaceiros poderão não se suceder às secas.

Se a natureza às vezes deixar de regressar à média, as atividades do homem, ao contrário das ervilhas-de-cheiro, certamente experimentarão descontinuidades e nenhum sistema de administração do risco funcionará a contento. Galton reconheceu essa possibilidade e advertiu que "uma média não passa de um fato solitário, enquanto se outro fato individual lhe for acrescentado, todo um esquema normal, quase correspondente àquele observado, virá potencialmente à existência".[13]

No início deste livro, comentamos a estabilidade do dia a dia da maioria das pessoas século após século. Desde o início da Revolução Industrial, há cerca de duzentos anos, tantos "outros fatos individuais" foram acrescentados à "média" que definir o "esquema normal" tornou-se cada vez mais difícil. Sob a ameaça de descontinuidades, é perigoso basear as decisões em tendências estabelecidas que sempre pareceram fazer total sentido, mas que subitamente não mais o fazem.

Eis dois exemplos de como as pessoas podem ser enganadas por confiar demais na regressão à média.

Em 1930, quando o presidente Hoover declarou que a "prosperidade é iminente", não estava tentando enganar o público com lorotas. Ele estava sendo sincero. Afinal, a história sempre comprovara aquela visão. Depressões tinham vindo, mas elas tinham sempre ido embora.* Exceto no período da Primeira Guerra Mundial, a atividade empresarial caíra em apenas sete anos todo o crescimento conquistado de 1869 a 1929. A única queda de dois anos naquele período ocorrera em 1907-1908, a partir de um ponto muito alto; o declínio médio anual do PIB real foi de modesto 1,6%, e isso incluiu um declínio de 5,5%.

Entretanto, a produção caiu 9,3% em 1930 e 8,6% em 1931. No fundo do poço, em junho de 1932, o PIB estava 55% abaixo de seu pico de 1929, ainda abaixo do ponto inferior da breve depressão de 1920. Sessenta anos de história subitamente haviam se tornado irrelevantes. O problema decorreu em parte da perda do dinamismo juvenil durante o longo período de desenvolvimento industrial; mesmo durante a explosão de desenvolvimento da década de 1920, o crescimento econômico foi inferior à tendência de longo prazo definida pelos anos de 1870 a 1918. O enfraquecimento do impulso avante, combinado com uma sequência de erros de política nos Estados Unidos e no exterior e o impacto provocado pelo *crack* do mercado de ações em outubro de 1929, reduziram a prosperidade iminente a uma miragem.

Vamos ao segundo exemplo. Em 1959, exatamente trinta anos após o grande *crack,* deu-se um evento que não fez o menor sentido à luz da história. Até o final da década de 1950, os investidores norte-americanos ganhavam mais possuindo ações do que títulos. Sempre que os rendimentos se aproximavam, os dividendos das ações ordinárias voltavam a superar o rendimento dos títulos. Os preços das ações caíam, de modo que US$1 investido em ações passava a render mais do que antes.

Parecia o certo a fazer. Afinal, ações são mais arriscadas do que títulos. Os títulos são *contratos* que especificam precisamente quando o

---

* Naquela época, as depressões eram chamadas de "pânicos"; "depressão" foi um eufemismo cunhado para a ocasião. Mais tarde, "recessão" tornou-se o eufemismo aceito. Podemos apenas especular que profundeza uma recessão teria de atingir para que os especialistas decidam chamá-la de "depressão".

tomador deverá reembolsar o principal da dívida e que fornecem o cronograma de pagamento de juros. Se os tomadores se tornarem inadimplentes, acabarão falidos, sem crédito na praça e com os bens sob controle dos credores.

Já com as ações, o direito dos acionistas sobre o patrimônio da empresa só vale depois de satisfeitos os credores da empresa. As ações são perpetuidades: elas não têm uma data final em que o patrimônio da empresa deverá ser distribuído aos proprietários. Além disso, os dividendos são pagos ao arbítrio da diretoria; a empresa não tem nenhuma obrigação de pagar dividendos aos acionistas. Os dividendos totais pagos pelas empresas norte-americanas de capital aberto foram reduzidos em dezenove ocasiões entre 1871 e 1929; eles foram cortados em mais de 50% de 1929 a 1933 e em cerca de 40% em 1938.

Assim, não admira que os investidores comprassem ações apenas quando rendessem mais do que os títulos. E não admira que os preços das ações caíssem sempre que seu rendimento se aproximasse daquele dos títulos.

Isso aconteceu até 1959. Àquela altura, os preços das ações estavam disparando e os preços dos títulos, em queda. Isso significava que a razão entre os juros e os preços dos títulos estava crescendo rapidamente e a razão entre os dividendos e os preços das ações estava declinando. A antiga relação entre títulos e ações desapareceu, criando tamanha diferença que, no final, os títulos rendiam mais do que as ações por uma margem ainda maior do que quando as ações rendiam mais do que os títulos.

A causa desse retrocesso não pode ter sido trivial. A inflação era o principal fator que distinguia o presente do passado. De 1800 a 1940, o custo de vida norte-americano subira em média apenas 0,2% ao ano, chegando realmente a cair em 69 ocasiões. Em 1940, o índice do custo de vida era apenas 28% superior ao de 140 anos antes. Sob tais condições, possuir ativos com valor fixo em dólares era uma maravilha; possuir ativos sem valor fixo em dólares era altamente arriscado.

A Segunda Guerra Mundial e o pós-guerra mudaram tudo isso. De 1941 a 1959, a inflação média anual foi de 4,0%, com o índice do custo de vida subindo todos os anos, menos em um. Os níveis de preço em constante ascensão transformaram os títulos de um instrumento financeiro aparentemente inviolável em um investimento extremamente arriscado. Em 1959, o preço dos títulos de 2,5% que o Tesouro emitira em 1945 caíra de US$1 mil para US$820 mil – e esses US$820 mil com metade do poder de compra de 1949!

Nesse ínterim, os dividendos das ações cresceram rapidamente, triplicando entre 1945 e 1959, com apenas um ano de declínio – e mesmo assim, de meros 2%. Os investidores deixaram de perceber as ações como um ativo arriscado cujo preço e rendimento mudavam imprevisivelmente. O preço pago pelos dividendos atuais parecia cada vez mais irrelevante. O que importava era o fluxo crescente de dividendos que o futuro traria. Com o passar do tempo, era de se esperar que esses dividendos excedessem os juros pagos pelos títulos, com um aumento proporcional do valor do capital das ações. A jogada esperta era comprar ações com ágio, devido às oportunidades de crescimento e à proteção contra a inflação que ofereciam, e rejeitar os títulos, com sua renda fixa em dólares.

Embora os contornos desse novo mundo já fossem visíveis bem antes de 1959, as velhas relações nos mercados de capitais tendiam a persistir enquanto as pessoas com memórias dos velhos tempos continuassem sendo os principais investidores. Por exemplo, meus sócios, veteranos do grande *crack*, viviam me assegurando que a aparente tendência não passava de uma aberração. Eles me prometiam que as coisas voltariam ao normal em poucos meses, que os preços das ações cairiam e os preços dos títulos reagiriam.

Estou esperando até hoje. O fato de que algo tão impensável pudesse ocorrer teve um impacto duradouro sobre minha visão da vida e dos investimentos em particular. Ele continua matizando minha atitude para com o futuro e me deixou cético quanto à sabedoria de extrapolar do passado.

ATÉ QUE PONTO podemos confiar, então, na regressão à média ao julgar o que o futuro reserva? Que fazer com um conceito muito poderoso sob certas circunstâncias, mas que leva ao desastre em outras?

Keynes admitiu que "como seres vivos e móveis, somos forçados a agir... mesmo quando nosso conhecimento atual não fornece uma base suficiente para uma expectativa matemática calculada".[14] Com regras práticas, experiência, instinto e convenções – em outras palavras, intuição – conseguimos abrir caminho do presente para o futuro. A expressão "sabedoria convencional", usada originalmente por John Kenneth Galbraith, costuma ter um sentido pejorativo, como se aquilo em que a maioria de nós acredita esteja inevitavelmente errado. Mas sem a sabedoria convencional, não conseguiríamos tomar nenhuma decisão de longo prazo e teríamos dificuldades em encontrar nosso caminho de um dia para o outro.

O segredo está em ser suficientemente flexível para reconhecer que a regressão à média não passa de uma ferramenta; ela não é uma religião com um dogma e cerimônias imutáveis. Usada para extrapolar mecanicamente o passado, como fizeram o presidente Hoover ou meus antigos sócios, a regressão à média não passa de um ritual. Nunca dependa de sua ação sem questionar constantemente a relevância das hipóteses que sustentam o procedimento. Francis Galton falou sabiamente quando nos exortou a "nos deleitar com visões mais abrangentes" do que a média.

# 11

# A ESTRUTURA DA FELICIDADE

ATÉ AGORA, NOSSA HISTÓRIA tem focalizado teorias sobre a probabilidade e formas engenhosas de medi-las: o triângulo de Pascal, a busca de Jacob Bernoulli da certeza moral em seu jarro de bolas pretas e brancas, a mesa de bilhar de Bayes, a curva em sino de Gauss e o Quincunx de Galton. Mesmo Daniel Bernoulli, mergulhando talvez pela primeira vez na psicologia da escolha, tinha certeza de que era possível medir o que denominava utilidade.

Agora voltamo-nos para uma exploração de tipo diferente: que riscos devemos correr, que riscos devemos evitar, que informações são relevantes? Quão confiantemente sustentamos nossas crenças sobre o futuro? Em suma, como introduzimos a *gestão* ao lidar com o risco?

Sob condições de incerteza, a racionalidade e a medição são essenciais para a tomada de decisões. As pessoas racionais processam as informações objetivamente: os erros que cometem na previsão do futuro são erros aleatórios, e não o resultado de uma tendência obstinada para o otimismo ou o pessimismo. Elas respondem às novas informações com base em um conjunto claramente definido de preferências. Elas sabem o que querem, e lançam mão das informações em apoio às suas preferências.

Preferência significa gostar de uma coisa mais do que de outra: o *trade-off* está implícito nesse conceito. Trata-se de uma ideia útil, mas um método de medir preferências a tornaria mais palpável.

Foi isso que Daniel Bernoulli teve em mente ao escrever seu notável artigo em 1738, vangloriando-se: "seria um erro rejeitar [suas ideias] como abstrações baseadas em hipóteses precárias." Bernoulli introduziu a utilidade como a unidade para medir preferências para calcular quanto gostamos mais de uma coisa do que de outra. O mundo está cheio de coisas desejáveis, disse ele, mas a quantia que as pessoas estão dispostas a pagar difere de uma pessoa para a outra. Além disso, quanto mais temos de algo, menos estamos dispostos a pagar para obter mais.[1]

O conceito de utilidade de Bernoulli foi uma inovação impressionante, mas seu tratamento dele foi unidimensional. Nos dias de hoje, reconhecemos que o desejo de não ficar atrás dos outros poderá levar-nos a querer cada vez mais mesmo quando, por qualquer padrão de medição objetivo, já possuímos o suficiente. Além disso, Bernoulli baseou seu caso em um jogo onde Paulo ganha a primeira vez em que der cara na moeda de Pedro, mas *Paulo nada perde quando dá coroa na moeda de Pedro*. A palavra "perda" não aparece no artigo de Bernoulli, nem apareceu nas obras sobre a teoria da utilidade nos próximos duzentos anos. Entretanto, uma vez tendo aparecido, a teoria da utilidade tornou-se o paradigma favorito na definição de quanto risco as pessoas correrão na esperança de obter algum ganho desejado mas incerto.

Mesmo assim, o poder do conceito de utilidade de Bernoulli evidencia-se na forma como seus insights sobre "a natureza do homem" continuam a ressoar. Cada avanço na teoria da tomada de decisões e na avaliação dos riscos deve algo aos seus esforços em fornecer definição, quantificação e diretrizes às decisões racionais.

Seria de se esperar, por conseguinte, que a história da teoria da utilidade e da tomada de decisões fosse dominada por adeptos de Bernoulli, especialmente por Daniel Bernoulli ter sido um cientista tão famoso. Entretanto, isso não aconteceu: a maioria dos progressos posteriores na teoria da utilidade foram descobertas novas, em vez de extensões das formulações originais de Bernoulli.

O fato de Bernoulli ter escrito em latim atrapalhou? Kenneth Arrow observou que o artigo de Bernoulli sobre uma nova teoria da medição do risco só foi traduzido para o alemão em 1896, e que a primeira tradução inglesa apareceu em uma revista científica norte-americana apenas em 1954. No entanto, o latim continuava sendo usado na matemática em pleno século XIX; e o uso do latim por Gauss não foi nenhuma barreira à divulgação de suas ideias. Todavia, a opção de Bernoulli pelo latim talvez ajude a explicar por que suas realizações repercutiram mais entre os matemáticos do que entre economistas e estudiosos da conduta humana.

Arrow sugere uma explicação mais substantiva. Bernoulli lidou com a utilidade em termos de números, enquanto os autores posteriores preferiram pensar nela como uma definidora de preferências: dizer "gosto mais disto do que daquilo" não é o mesmo que dizer "isso vale $x$ úteis para mim".

A TEORIA DA UTILIDADE foi redescoberta no final do século XVIII por Jeremy Bentham, um popular filósofo inglês que viveu de 1748 a 1832. Ele pode ser visto até hoje em ocasiões especiais no University College, em Londres, onde, em cumprimento ao seu testamento, seu corpo mumificado repousa em uma caixa de vidro com uma cabeça de cera em lugar da original e com o chapéu entre os pés.

Sua obra principal, *The principies of morals and legislation* (*Os princípios da moral e da legislação*), publicada em 1789, refletia plenamente o espírito do Iluminismo:

> A natureza pôs a humanidade sob o governo de dois senhores soberanos, a *dor* e o *prazer*. Cabe apenas a eles indicar o que deveríamos fazer, bem como determinar o que faremos... O *princípio da utilidade* reconhece essa sujeição e a pressupõe como fundamento daquele sistema, cujo objetivo é erigir a estrutura da felicidade pelas mãos da razão e da lei.[2]

Em seguida, Bentham explica o que ele quer dizer por utilidade: "... aquela propriedade em qualquer objeto, pela qual ele tende a produzir benefício, vantagem, prazer, bem ou felicidade... quando a tendência que tem de aumentar a felicidade da comunidade supera qualquer tendência que tenha de diminuí-la."

Aqui Bentham se referia à vida em geral. Mas os economistas do século XIX se fixaram na utilidade como uma ferramenta para descobrir como os preços resultam das decisões interativas dos compradores e vendedores. Esse desvio levou diretamente à lei da oferta e da procura.

Segundo os economistas mais respeitados do século XIX, o futuro fica parado enquanto compradores e vendedores contemplam as oportunidades abertas para eles. O foco era se uma oportunidade era melhor do que a outra. A possibilidade de perda não era levada em consideração. Consequentemente, as perturbações da incerteza e do ciclo econômico não apareciam no roteiro. Pelo contrário, esses economistas dedicavam seu tempo à análise dos fatores psicológicos e subjetivos que motivam as pessoas a pagar determinada quantia por uma bisnaga de pão ou por uma garrafa de vinho do Porto – ou por um décimo de garrafa de vinho do Porto. A ideia de que alguém não tivesse dinheiro para comprar sequer uma garrafa de vinho do Porto não lhes ocorria. Alfred Marshall, o proeminente economista da era vitoriana, observou certa vez: "Ninguém deveria exercer uma profissão que tenda a tomá-lo algo inferior a um cavalheiro."[3]

William Stanley Jevons, um seguidor de Bentham com gosto pela matemática, foi um dos primeiros contribuintes para esse corpo de pensamentos. Nascido em Liverpool em 1837, cresceu desejoso de se tornar cientista. No entanto, dificuldades financeiras fizeram-no aceitar um emprego de verificador da casa da moeda de Sydney, Austrália, uma cidade em plena corrida do ouro com uma população que se aproximava rapidamente de 100 mil habitantes. Jevons retornou a Londres dez anos depois para estudar economia, onde passou grande parte da vida como professor de economia política do University College; ele foi o primeiro economista desde William Petty eleito para a Royal Society. Apesar de seu título acadêmico, Jevons foi um dos primeiros a sugerir a retirada da palavra "política" da expressão "economia política". Com isso, revelou o nível de abstração para que sua disciplina estava evoluindo.

Não obstante, sua obra-prima, publicada em 1871, intitulou-se *The theory of political economy* (*A teoria da economia política*).[4] Jevons inicia sua análise declarando que "o *valor depende inteiramente da utilidade*". A seguir, ele declara que "temos apenas de identificar cuidadosamente as leis naturais da variação da utilidade, como dependentes da quantidade de uma mercadoria em nossa posse, para chegar a uma teoria satisfatória da troca".

Trata-se de uma reafirmação da asserção básica de Bemoulli de que a utilidade varia com a quantidade de uma mercadoria já possuída. Ao longo de seu livro, Jevons qualifica essa generalização com uma afirmação típica de um cavalheiro vitoriano: "Quanto mais refinadas e intelectuais se tomam nossas necessidades, menos conseguimos saciá-las."

Jevons estava certo de que solucionara a questão do valor, argumentando que a capacidade de expressar tudo em termos quantitativos tornara irrelevantes as vagas generalidades que caracterizaram a economia até então. Ele eliminou o problema da incerteza anunciando que necessitamos simplesmente aplicar as probabilidades aprendidas com a experiência passada e a observação: "O teste da avaliação correta das probabilidades é os cálculos concordarem com o fato na média... Fazemos esse tipo de cálculo com relativa precisão em todos os assuntos corriqueiros da vida."

Jevons dedica várias páginas a descrever tentativas anteriores de introduzir a matemática na economia, embora não mencione Bernoulli. Entretanto, ele não deixa nenhuma dúvida sobre sua própria realização:

> Antes da época de Pascal, quem pensaria em medir a dúvida e a crença? Quem teria imaginado que a investigação de insignificantes jogos de azar levaria à criação de talvez o mais sublime ramo da ciência matemática – a teoria das probabilidades?
>
> Agora não pode haver dúvida de que o prazer, a dor, o trabalho, a utilidade, o valor, a riqueza, o dinheiro, o capital etc. são noções que admitem a quantidade; mais ainda, todas nossas ações na indústria e no comércio dependem certamente da comparação de quantidades de vantagem e desvantagem.

O ORGULHO DE JEVONS de suas realizações reflete o entusiasmo pela medição característico da era vitoriana. Com o passar do tempo, um número crescente de aspectos da vida sucumbiu à quantificação. A explosão da pesquisa científica a serviço da Revolução Industrial deu um poderoso impulso a essa tendência.

O primeiro censo sistemático da população britânica foi realizado já em 1801, e o uso das estatísticas pelo setor de seguros tornara-se cada vez mais sofisticado através do século. Muitos homens e mulheres preocupados com a justiça social recorreram à medição sociológica na esperança de aliviar as mazelas da industrialização. Eles se puseram a melhorar a vida nos cortiços e a combater o crime, o analfabetismo e o alcoolismo entre os novos pobres.

Entretanto, algumas das sugestões de aplicar à sociedade a medição da utilidade foram menos viáveis. Francis Edgeworth, contemporâneo de Jevons e economista matemático inovador, chegou ao ponto de propor o desenvolvimento de um "hedonímetro".

Alguns vitorianos protestaram que a corrida para a medição sabia a materialismo. Em 1860, quando Florence Nightingale, após consultar Galton e outros, ofereceu-se para financiar uma cadeira de estatística aplicada em Oxford, sua oferta foi categoricamente recusada. Maurice Kendall, notável estatístico e historiador da estatística, observou que "parece que nossas universidades mais antigas ainda estão murmurando de suas torres os últimos encantamentos da Idade Média... Após trinta anos de esforço, Florence desistiu".*[5]

Mas o movimento para trazer as ciências sociais ao mesmo grau de quantificação das ciências naturais tornou-se cada vez mais forte com o passar do tempo. O vocabulário das ciências naturais gradualmente infiltrou-se na economia. Jevons refere-se à "mecânica" da utilidade e do interesse próprio, por exemplo. Conceitos como equilíbrio, momento, pressão e função passaram de um campo para o outro. Hoje em dia, as pessoas no mundo das finanças empregam termos como engenharia financeira, redes neurais e algoritmos genéticos.

Outro aspecto da obra de Jevons como economista merece menção. Como um homem formado em ciências naturais, ele não pôde deixar de observar o que estava diante de seu nariz – a flutuação da economia. Em 1873, apenas dois anos após a publicação de *The theory of political economy*, uma grande bonança econômica que durara mais de vinte anos

---

* Florence Nightingale foi descrita por Edward Cook, um de seus biógrafos, como uma "apaixonada por estatística". Uma colecionadora compulsiva de dados na tradição de Galton, ela também foi uma admiradora entusiasmada da obra de Quetelet, que inspirou sua obra pioneira sobre estatística médica e outras estatísticas sociais. Consulte Kendall e Plackett, 1977, pp. 310-327.

na Europa e nos Estados Unidos chegou ao fim. A atividade econômica caiu sem parar durante três anos e a recuperação tardou a vir. A produção industrial norte-americana em 1878 foi apenas 6% superior à de 1872. Nos 23 anos seguintes, os preços dos produtos e serviços norte-americanos caíram quase ininterruptamente cerca de 40%, trazendo muito infortúnio à Europa ocidental e à América do Norte.

Essa experiência devastadora levou Jevons a questionar se o sistema econômico poderia ser inerentemente estável a níveis ótimos de produção e emprego, como Ricardo e seus seguidores haviam prometido? Absolutamente. Em vez disso, ele formulou uma teoria dos ciclos econômicos baseada na influência das manchas solares sobre o clima, do clima sobre as colheitas e das colheitas sobre os preços, os salários e o nível de emprego. Para Jevons, o problema da economia estava no céu e na Terra, e não em sua filosofia.

Teorias de como as pessoas tomam decisões e fazem escolhas parecem ter-se dissociado da vida diária no mundo real. Entretanto, essas teorias prevaleceram por quase cem anos. Em plena Grande Depressão, persistia a noção de que as flutuações econômicas eram alguma espécie de acaso, e não eventos inerentes a um sistema econômico impulsionado pelo ato de correr riscos. A promessa de Hoover, em 1930, de que a prosperidade era iminente refletiu essa crença de que o Grande Crack fora causado por uma aberração passageira, e não por alguma falha estrutural. Em 1931, o próprio Keynes ainda exibia o otimismo de sua formação vitoriana ao expressar sua "... profunda convicção de que o problema econômico... não passa de uma confusão assustadora, uma confusão transitória e *desnecessária*".[6] O grifo é dele.

# 1900–1960:
# NUVENS DE INCERTEZA E A
# EXIGÊNCIA DE PRECISÃO

# 12

# A MEDIDA DE NOSSA IGNORÂNCIA

OSSA CONFIANÇA na medição muitas vezes falha, e nós a rejeitamos. "Na noite passada, eles atingiram o elefante." Nossa explicação favorita para tais situações é atribuí-las à sorte, boa ou má conforme o caso.

Se tudo for uma questão de sorte, a administração do risco será um exercício sem sentido. Invocar a sorte obscurece a verdade, porque separa um evento de sua causa.

Quando dizemos que alguém foi vítima de má sorte, eximimos tal pessoa de qualquer responsabilidade pelo ocorrido. Quando dizemos que alguém é sortudo, negamos a tal pessoa o crédito pelo esforço que pode ter levado ao resultado feliz. Mas que certeza podemos ter? Foi o destino ou a escolha que decidiu o resultado?

Enquanto não conseguirmos distinguir um acontecimento realmente aleatório de outro resultante de causa e efeito, jamais saberemos se o que vemos é o que obteremos, nem como obtivemos aquilo que obtivemos. Quando corremos um risco, apostamos em um resultado que será consequência de uma decisão que tomamos, embora não saibamos ao certo qual será o resultado. *A essência da administração do risco está em maximizar as áreas onde temos certo controle sobre o resultado, enquanto minimizamos as áreas onde não temos absolutamente nenhum controle sobre o resultado e onde o vínculo entre efeito e causa está oculto de nós.*

EXATAMENTE O QUE queremos dizer por sorte? Laplace estava convencido de que não existe algo como sorte – ou acaso, como ele a denominava. Em seu *Essai philosophique sur les probabilités* (*Ensaio filosófico sobre as probabilidades*), ele declarou:

> Os eventos presentes estão ligados aos eventos precedentes por um vínculo baseado no princípio óbvio de que uma coisa não pode ocorrer sem uma causa que a produza... Todos os eventos, mesmo aqueles que, devido à insignificância, não parecem seguir as grandes leis da natureza, resultam delas tão necessariamente como as revoluções do Sol.[1]

Essa afirmação repete uma observação de Jacob Bernoulli de que se todos os eventos por toda a eternidade pudessem ser repetidos, constataríamos que cada um deles ocorreu em resposta a "causas definidas" e que mesmo os eventos que parecessem mais fortuitos resultaram de "certa necessidade ou, por assim dizer, o DESTINO". Podemos também ouvir de de Moivre submetendo-se ao poder do *PROJETO ORIGINAL*. Laplace, pressupondo a existência de uma "vasta inteligência", capaz de compreender todas as causas e efeitos, removeu a própria ideia de incerteza. No espírito de sua época, ele previu que os seres humanos alcançariam esse mesmo nível de inteligência, citando os avanços já realizados em astronomia, mecânica, geometria e gravidade. Ele atribuiu esses avanços à "tendência, peculiar à raça humana, que a torna superior aos animais; e seu progresso nesse aspecto distingue as nações e as eras e constitui sua verdadeira glória".[2]

Laplace admitiu que é, às vezes, difícil encontrar uma causa onde não parece haver nenhuma, mas ele também adverte contra a tendência de atribuir uma causa específica a um resultado quando, na verdade, apenas as leis da probabilidade estão em ação. Ele fornece um exemplo: "Em uma mesa, vemos as letras dispostas nesta ordem, CONSTANTINO-PLA, e julgamos que essa disposição não resulta do acaso. Contudo, se esta palavra não fosse empregada em nenhum idioma, não suspeitaríamos de ter advindo de alguma causa específica."[3] Se, por acaso, as letras fossem BZUXRQVICPRGAB, não perderíamos mais tempo com esta sequência de letras, embora as chances de obter aleatoriamente esta combinação sejam as mesmas de CONSTANTINOPLA. Ficaríamos surpresos se tirássemos o número 1.000 de uma garrafa contendo mil números; porém, as chances de tirar 457 também são de uma em mil. "Quanto mais extraordinário o evento", conclui Laplace, "maior a necessidade de ser respaldado por provas conclusivas".[4]

No mês de outubro de 1987, o mercado de ações norte-americano caiu mais de 20%. Foi apenas a quarta vez desde 1926 que o mercado caiu mais de 20% em um só mês. Mas a queda de 1987 surgiu do nada. Não existe consenso sobre sua causa, embora muitas sejam as teorias. Ela não poderia ter ocorrido sem uma causa, mas esta é obscura. Apesar de sua natureza extraordinária, ninguém conseguiu apresentar "provas conclusivas" de sua origem.

OUTRO MATEMÁTICO francês nascido cerca de um século após Laplace deu ênfase adicional ao conceito de causa e efeito e à importância da informação na tomada de decisões. Jules-Henri Poincaré (1854-1912) foi, segundo James Newman,

> ...um sábio francês que surpreendentemente parecia um sábio francês. Era baixo e rechonchudo, ostentava uma enorme cabeça realçada por uma espessa barba pontiaguda e um esplêndido bigode, era míope, de ombros curvados, de fala confusa, distraído e usava um pincenê preso a uma fita de seda preta.[5]

Poincaré foi outro matemático na longa sucessão de meninos prodígios que viemos conhecendo neste livro. Ele cresceu para ser o principal matemático francês de sua época.

Não obstante, Poincaré cometeu o grande erro de subestimar as realizações de um estudante chamado Louis Bachelier, que se graduou em 1900 na Sorbonne com uma dissertação intitulada "A Teoria da Especulação".[6]

Poincaré, em sua avaliação da tese, observou que "o Senhor Bachelier demonstrou ter uma mente original e precisa, mas o tema está um tanto distante daqueles que nossos outros candidatos têm o hábito de abordar". A tese recebeu *"mention honorable"*, em vez da avaliação máxima de *"mention très honorable"*, essencial para quem esperasse obter um emprego decente na comunidade acadêmica. Bachelier jamais obteve tal emprego.

A tese de Bachelier veio à luz por mero acaso mais de cinquenta anos depois de escrita. Apesar da sua juventude naquela época, a matemática que desenvolveu para explicar os preços das opções sobre os títulos do governo francês anteciparam em cinco anos a descoberta de Einstein do movimento dos elétrons – que, por sua vez, forneceu a base da teoria da marcha aleatória em finanças. Além disso, sua descrição do processo de especulação antecipou muitas das teorias observadas atualmente nos mercados financeiros. *"Mention honorable!"*

A ideia central de Bachelier foi: "A expectativa matemática do especulador é zero." As ideias que fluíram desta afirmação surpreendente são agora evidentes em toda parte, das estratégias comerciais e o uso de instrumentos derivativos às mais sofisticadas técnicas de gestão de carteiras. Bachelier sabia que estava descobrindo algo grandioso, apesar da indiferença com que foi recebido. "É evidente", escreveu ele, "que a presente teoria soluciona a maioria dos problemas do estudo da especulação através do cálculo da probabilidade".

Mas temos de retornar a Poincaré, a Nêmesis de Bachelier. Assim como Laplace, Poincaré acreditava que tudo possui uma causa, embora os meros mortais sejam incapazes de adivinhar todas as causas de todos os eventos que ocorrem. "Uma mente infinitamente poderosa, infinitamente bem-informada sobre as leis da natureza, poderia ter previsto todos os eventos desde o início dos séculos. Se tal mente existisse, não poderíamos jogar com ela nenhum jogo de azar, pois perderíamos."[7]

Para dramatizar o poder da causa e efeito, Poincaré mostra como seria o mundo sem ela. Ele cita uma fantasia imaginada por Camile Flammarion, astrônomo francês da mesma época, em que um observador viaja pelo espaço acima da velocidade da luz:

Para ele, o tempo teria mudado de sinal (de positivo para negativo). A história se inverteria, e Waterloo precederia Austerlitz... Tudo lhe pareceria advir de uma espécie de caos em equilíbrio instável. Toda a natureza lhe pareceria entregue ao acaso.[8]

Mas em um mundo de causas e efeitos, se conhecermos as causas, poderemos prever os efeitos. Assim, "o acaso para o ignorante não é acaso para o cientista. O acaso é apenas a medida de nossa ignorância".[9]

A seguir, Poincaré indaga se essa definição de acaso é totalmente satisfatória. Afinal, podemos invocar as leis da probabilidade para fazer previsões. Nunca sabemos que time vencerá o campeonato de beisebol, mas o Triângulo de Pascal demonstra que um time que perder o primeiro jogo terá a probabilidade de 22/64 de vencer quatro jogos antes que seus oponentes vençam mais três. Existe uma chance em seis de que o arremesso de um único dado resulte em três. O meteorologista prevê hoje que as probabilidades de chover amanhã são de 30%. Bachelier demonstra que as chances de o preço de uma ação subir na próxima negociação são precisamente de 50%. Poincaré observa que o diretor de uma empresa de seguros de vida ignora a idade em que cada um de seus clientes morrerá, mas "ele confia no cálculo das probabilidades e na Lei dos Grandes Números e não se ilude, pois distribui dividendos aos seus acionistas".[10]

Poincaré também observa que alguns eventos que parecem fortuitos não o são; pelo contrário, suas causas procedem de perturbações mínimas. Um cone perfeitamente equilibrado sobre seu ápice tombará ao menor defeito na simetria e, ainda que não haja defeito, o cone tombará em resposta a "um ligeiríssimo tremor, um sopro de ar". Por isso, explicou Poincaré, os meteorologistas têm tão pouco sucesso em prever o tempo.

> Muitas pessoas acham bastante natural rezar por chuva ou por sol, embora achem ridículo rezar por um eclipse... Um décimo de grau em qualquer ponto, e o ciclone irrompe aqui, e não ali, espalhando a destruição sobre países que teria poupado. Poderíamos ter previsto isso se conhecêssemos aquele décimo de grau, mas... tudo parece dever-se à atividade do acaso.[11]

Mesmo os giros da roleta e os arremessos de dados variarão em resposta a diferenças ligeiras na energia que os põe em movimento. Incapazes de observar tais diferenças minúsculas, supomos que os resultados produzidos são aleatórios, imprevisíveis. Como observou Poincaré a cerca da roleta, "é por isso que meu coração palpita e espero tudo da sorte".[12]

A teoria do caos, uma evolução mais recente, baseia-se em uma premissa semelhante. Segundo essa teoria, muito do que se afigura caótico resulta, na realidade, de uma ordem subjacente, em que perturbações insignificantes são, muitas vezes, a causa de *cracks* predestinados e de duradouros mercados em alta. O *The New York Times*, de 10 de julho de 1994, descreveu uma aplicação singular da teoria do caos por um cientista da computação de Berkeley, chamado James Crutchfield, que "estimou que a atração gravitacional de um elétron, que mude aleatoriamente de posição na orla da Via Láctea, poderá interferir no resultado de um jogo de bilhar na Terra".

LAPLACE E POINCARÉ reconheceram que, às vezes, a informação de que dispomos para aplicar as leis da probabilidade é pouca demais. Certa vez, em uma conferência de investimentos profissionais, um amigo passou-me uma nota com os seguintes dizeres:

*A informação de que você dispõe não é a informação que você deseja.*
*A informação que você deseja não é a informação que você necessita.*
*A informação que você necessita não é a informação que você consegue obter.*
*A informação que você consegue obter custa mais do que você deseja pagar.*

Podemos reunir grandes e pequenas porções de informação, mas nunca conseguimos juntar todas as peças. Nunca conhecemos ao certo a qualidade de nossa amostra. Essa incerteza é o que torna tão difícil chegar a julgamentos e tão arriscado agir baseado neles. Não podemos sequer ter 100% de certeza de que o Sol nascerá amanhã de manhã: os antigos que previram esse evento trabalharam com uma amostra limitada da história do universo.

Na falta de informações, temos de recorrer ao raciocínio indutivo e tentar adivinhar as chances. John Maynard Keynes, em um tratado sobre a probabilidade, concluiu que, no final, os conceitos estatísticos costumam ser inúteis: "Há uma relação entre a evidência e o evento considerado, mas não necessariamente mensurável."[13]

O raciocínio indutivo leva-nos a certas conclusões curiosas, ao tentarmos enfrentar as incertezas com que deparamos e os riscos que assumimos. Algumas das pesquisas mais impressionantes sobre esse fenômeno foram realizadas pelo ganhador do prêmio Nobel, Kenneth Arrow. Arrow nasceu no final da Primeira Guerra Mundial e cresceu em Nova York em uma época em que a cidade era cenário de intensa atividade e controvérsia intelectual. Ele frequentou a escola pública e o City College e tornou-se professor em Harvard e Stanford. Atualmente, é professor emérito em duas cadeiras em Stanford: pesquisa operacional e economia.

Desde cedo, Arrow convenceu-se de que a maioria das pessoas superestimam a quantidade de informação disponível para elas. O fracasso dos economistas em compreender as causas da Grande Depressão na época demonstrou-lhe que o conhecimento deles da economia era "muito limitado". Sua experiência como meteorologista da Força Aérea durante a Segunda Guerra Mundial "acrescentou a informação de que o mundo natural também era imprevisível".[14] Eis uma versão mais extensa da passagem citada na Introdução:

> Para mim, nosso conhecimento do funcionamento das coisas, na sociedade ou na natureza, vem a reboque de nuvens de imprecisão. Grandes males têm se seguido a uma crença na certeza, seja na inevitabilidade histórica, em grandiosos projetos diplomáticos ou em visões extremas na política econômica. No desenvolvimento de políticas com amplos efeitos sobre um indivíduo ou a sociedade, é preciso cautela, pois não podemos prever as consequências.[15]

Um incidente ocorrido enquanto Arrow previa o tempo ilustra a incerteza e a relutância humana em aceitá-la. Alguns oficiais receberam a incumbência de prever o tempo com um mês de antecedência, mas Arrow e seus estatísticos descobriram que suas previsões de longo alcance não eram melhores do que números sorteados de um chapéu. Os meteorologistas concordaram e solicitaram dos superiores a dispensa dessa tarefa. A resposta foi: "O Comando Geral está consciente de que as previsões são falhas. Entretanto, são necessárias para fins de planejamento."[16]

Em um ensaio sobre o risco, Arrow pergunta por que a maioria das pessoas aposta uma vez ou outra em jogos de azar, e por que pagamos regularmente prêmios a uma empresa seguradora. As probabilidades matemáticas indicam que perderemos dinheiro em ambos os casos. No caso do jogo, é impossível esperar – embora seja possível alcançar – mais do que um equilíbrio, pois a margem do cassino inclina as vantagens contra nós. No caso do seguro, os prêmios que pagamos excedem as chances estatísticas de nossa casa pegar fogo ou de nossas joias serem roubadas.

Por que entramos num jogo para perder? Apostamos porque estamos dispostos a aceitar a alta probabilidade de uma perda pequena na esperança de que a baixa probabilidade de ganhar muito dinheiro nos favorecerá; para a maioria das pessoas, de qualquer modo, apostar é mais um entretenimento do que um risco. Compramos seguros porque não podemos nos dar ao luxo de assumir o risco de perder nossa casa em um incêndio – ou nossa vida antes do tempo. Ou seja, preferimos um jogo com 100% de vantagem para uma pequena perda (o prêmio que temos de pagar) e pouca chance de um grande ganho (se a catástrofe nos atingir) a um jogo com um ganho pequeno certo (poupar o custo dos prêmios do seguro), mas consequências incertas e potencialmente ruinosas para nós ou nossas famílias.

Arrow ganhou seu prêmio Nobel em parte como resultado de suas especulações sobre uma empresa seguradora imaginária ou outra instituição compartilhadora de riscos que oferecesse seguros contra qualquer prejuízo, de qualquer espécie ou magnitude, no que descreve como um "mercado completo". O mundo, concluiu ele, seria um lugar melhor se pudéssemos fazer seguros contra toda possibilidade futura. Então, as pessoas estariam mais dispostas a enfrentar riscos, sem o que o progresso econômico é impossível.

Muitas vezes, não conseguimos realizar tentativas suficientes ou obter amostras suficientes para aplicar as leis da probabilidade à tomada de decisões. Decidimos com base em dez arremessos da moeda, em vez de cem. Consequentemente, na ausência de seguro, quase todo resultado parece ser uma questão de sorte. O seguro, ao combinar os riscos de muitas pessoas, permite que cada indivíduo desfrute das vantagens proporcionadas pela Lei dos Grandes Números.

Na prática, o seguro só está disponível quando a Lei dos Grandes Números é observada. A lei requer que os riscos contra os quais fazemos seguros sejam numerosos e independentes entre si, como rodadas sucessivas em um jogo de pôquer.

"Independente" significa várias coisas: significa que a causa de um incêndio, por exemplo, deve ser independente das ações do segurado. Significa também que os riscos contra os quais fazemos seguros não devem estar inter-relacionados, como o movimento provável de qualquer ação individual em uma época de queda vertiginosa de todo o mercado de ações ou a destruição causada por uma guerra. Finalmente, significa que o seguro só estará disponível se houver uma forma racional de calcular as chances do prejuízo, restrição que elimina um seguro de que um novo estilo de vestido será um estrondoso sucesso ou de que a nação estará em guerra em algum ponto nos próximos dez anos.

CONSEQUENTEMENTE, o número de riscos contra os quais podemos nos segurar é bem inferior ao número de riscos que corremos no decorrer da vida. Muitas vezes, enfrentamos a possibilidade de fazer a opção errada e acabar nos arrependendo dela. O prêmio que pagamos à empresa seguradora é apenas um entre muitos custos certos com que arcamos para evitar a possibilidade de um prejuízo maior e incerto, e vamos bem longe para nos proteger das consequências de estar errados. Keynes perguntou certa vez: "Por que alguém que não está em um asilo de loucos quereria possuir dinheiro como um suprimento de riqueza?" Sua resposta: "A posse de dinheiro real acalma nossa inquietação; e a recompensa que exigimos para nos desfazermos do dinheiro é a medida de nossa inquietação."[17]

Nos negócios, selamos um acordo assinando um contrato ou dando as mãos. Essas formalidades prescrevem nossa conduta futura, ainda que as condições mudem a ponto de desejarmos ter feito um acordo diferente. Ao mesmo tempo, elas nos protegem de sermos prejudicados pela outra parte do acordo. As empresas produtoras de bens com preços voláteis, como trigo ou ouro, protegem-se do prejuízo firmando contratos futuros de mercadorias, que lhes permitem vender sua produção antes sequer de tê-la produzido. Elas abrem mão da possibilidade de vender mais tarde a um preço maior para evitar a incerteza quanto ao preço que receberão.

Em 1971, Kenneth Arrow, conjuntamente com o colega economista Frank Hahn, apontou as relações entre o dinheiro, os contratos e a incerteza. Os contratos não seriam firmados em termos monetários "se considerarmos uma economia sem passado ou futuro".[18] Mas o passado e o futuro são para a economia o que a trama e a urdidura são para um tecido. Não tomamos nenhuma decisão sem referência a um passado que compreendemos com certo grau de certeza e um futuro do qual não temos nenhum conhecimento certo. Os contratos e a liquidez protegem-nos de consequências adversas, mesmo quando estamos lidando com as nuvens de incerteza de Arrow.

Algumas pessoas protegem-se dos resultados incertos de outras formas. Elas contratam um serviço de limusines para evitar a incerteza de andar de táxi ou de ônibus. Elas têm sistemas de alarme instalados em suas casas. Reduzir a incerteza sai caro.

A IDEIA DE ARROW de um "mercado completo" baseou-se em seu sentimento do valor da vida humana. "O elemento básico em minha visão da sociedade justa", escreveu ele, "é a centralidade dos outros... Esses princípios implicam um comprometimento geral com a liberdade... Melhorar a posição e a oportunidade econômicas... é um componente básico do aumento da liberdade".[19] Mas o medo do prejuízo às vezes restringe nossas opções. Por isso, Arrow aplaude os seguros e os dispositivos de compartilhamento de riscos como os contratos futuros de mercadorias e os mercados públicos de ações e títulos. Tais facilidades encorajam os investidores a manter carteiras diversificadas, em vez de pôr todos os ovos na mesma cesta.

Arrow adverte, no entanto, que uma sociedade onde ninguém teme as consequências do ato de correr riscos poderá proporcionar um terreno fértil para a conduta antissocial. Por exemplo, como os depositantes nas associações norte-americanas de poupança e empréstimos, na década de 1980, tinham seus depósitos protegidos por seguro, os proprietários dessas associações tiveram a chance de ganhar alto se as coisas dessem certo e de perder pouco se as coisas saíssem errado. Quando as coisas finalmente saíram errado, os contribuintes tiveram de pagar a conta. Onde for possível fazer seguro, o risco moral – a tentação de enganar – estará presente.*

Existe um imenso hiato entre Laplace e Poincaré, por um lado, e Arrow e seus contemporâneos, por outro. Após a catástrofe da Primeira Guerra Mundial, desvaneceu-se o sonho de que algum dia os seres humanos saberiam tudo que precisassem saber e de que a certeza substituiria a incerteza. Em vez disso, a explosão de conhecimentos no decorrer dos anos serviu apenas para tornar a vida mais incerta e o mundo mais difícil de entender.

Visto a essa luz, Arrow é, até agora, o personagem mais moderno de nossa história. O foco de Arrow não recai sobre o funcionamento da probabilidade ou a regressão das observações à média. Pelo contrário, ele focaliza como tomamos decisões sob condições de incerteza e como convivemos com as decisões tomadas. Ele nos trouxe ao ponto em que podemos examinar mais sistematicamente como as pessoas trilham o caminho entre os riscos a serem contemplados e os riscos a serem enfrentados. Os autores da *Lógica* de Port-Royal e Daniel Bernoulli sentiram que linhas de análise no campo do risco poderiam jazer adiante, mas Arrow é o pai do conceito de administração do risco como uma forma explícita de habilidade prática.

O RECONHECIMENTO DA administração do risco como uma habilidade prática repousa sobre um clichê simples, mas de profundas consequências: quando nosso mundo foi criado, ninguém se lembrou de incluir a certeza. *Nunca temos certeza; somos sempre ignorantes em certo grau.* Grande parte da informação de que dispomos é incorreta ou incompleta.

Suponha que uma estranha convide você a apostar em cara ou coroa. Ela assegura que a moeda que lhe entrega é confiável. Como saber se ela diz a verdade? Você decide testar a moeda, arremessando-a dez vezes antes de concordar em apostar.

---

\* É concebível, porém, que o contrário aconteça. O risco serve muitas vezes de estimulante. Sem o risco, uma sociedade poderia se tomar passiva diante do futuro.

Ao obter oito caras e duas coroas, você conclui que a moeda deve estar viciada. A estranha mostra-lhe um livro de estatística que diz que esse resultado desigual pode ocorrer cerca de uma em cada nove vezes em testes de dez arremessos.

Embora persuadido, você invoca os ensinamentos de Jacob Bernoulli e exige tempo suficiente para arremessar a moeda cem vezes. Você obtém oitenta caras! O livro de estatística informa que as probabilidades de obter oitenta caras em cem jogadas são tão baixas que você terá de contar o número de zeros após a vírgula decimal. A probabilidade é de cerca de uma em um bilhão.

Contudo, você ainda não está cem por cento seguro de que a moeda está viciada. Você jamais ficará cem por cento seguro, mesmo que continue arremessando a moeda por cem anos. Uma chance em um bilhão deveria ser suficiente para convencê-lo de que essa é uma parceira de jogos perigosa, mas permanece a possibilidade de que você esteja cometendo uma injustiça contra ela. Sócrates afirmou que a semelhança com a verdade não é a verdade, e Jacob Bernoulli insistiu que a certeza moral é inferior à certeza.

Sob condições de incerteza, a escolha não é entre rejeitar uma hipótese ou aceitá-la, mas entre a rejeição e a não rejeição. Você pode decidir que a probabilidade de estar errado é tão pequena que você não deveria rejeitar a hipótese. Você pode decidir que a probabilidade de estar errado é tão grande que você *deveria* rejeitar a hipótese. Mas com qualquer probabilidade diferente de zero de estar errado – certeza em vez de incerteza –, você não pode *aceitar* uma hipótese.

Essa noção poderosa distingue a maior parte da pesquisa científica válida da tolice. Para serem válidas, as hipóteses devem estar sujeitas à falsificação – ou seja, elas devem ser testáveis de modo que a alternativa entre rejeitar e não rejeitar seja clara e específica e as probabilidades sejam mensuráveis. O enunciado "ele é um sujeito legal" é vago demais para ser posto à prova. O enunciado "aquele homem não come chocolate após cada refeição" é falsificável no sentido de que podemos reunir provas para mostrar se o homem comeu ou não chocolate após cada refeição no passado. Se as provas cobrirem apenas uma semana, a probabilidade de que possamos rejeitar a hipótese (duvidamos de que ele não come chocolates após cada refeição) serão maiores do que se as provas cobrirem um ano. O resultado do teste será de não rejeição se nenhuma prova de consumo regular estiver disponível. Mas mesmo que a falta de provas se estenda por um longo período de tempo, não podemos afirmar com certeza que o homem jamais começará a comer chocolate após cada refeição no futuro. A não ser que tenhamos passado cada minuto de sua vida com ele, jamais poderemos ter certeza de que ele não comeu chocolate regularmente no passado.

Os julgamentos penais fornecem um exemplo útil desse princípio. Sob nosso sistema legal, os acusados de crimes não têm de provar a inocência; não existe um *veredito de inocência*. Pelo contrário, a hipótese a ser comprovada é que o acusado é culpado, e cabe à acusação persuadir os membros do júri de que não devem rejeitar a hipótese de culpa. O objetivo da defesa é simplesmente persuadir os jurados de que os argumentos da acusação são suficientemente duvidosos para justificar a rejeição daquela hipótese. É por isso que o veredicto anunciado pelos jurados é "culpado" ou "não culpado".*

A SALA DO JÚRI NÃO é o único lugar onde o teste de uma hipótese leva a um debate intenso do grau de incerteza que justificaria sua rejeição. Esse grau de incerteza não é predeterminado. No final, temos de chegar a uma decisão subjetiva do grau de incerteza aceitável antes de tomarmos uma decisão.

Por exemplo, os gerentes dos fundos mútuos enfrentam dois tipos de risco. O primeiro é o risco óbvio do mau desempenho. O segundo é o risco de ficar atrás de certo referencial, conhecido pelos investidores potenciais.

O gráfico a seguir[20] mostra a taxa de retorno anual total antes da dedução dos impostos (dividendos pagos mais variação de preço) de 1983 a 1995 para um aplicador no American Mutual Fund, um dos maiores e mais antigos fundos mútuos de ações em atividade nos Estados Unidos.

---

* *Nota do Tradutor*: *"Guilty"* e *"not guilty"* no original. No Brasil, o réu é declarado "culpado" ou "inocente".

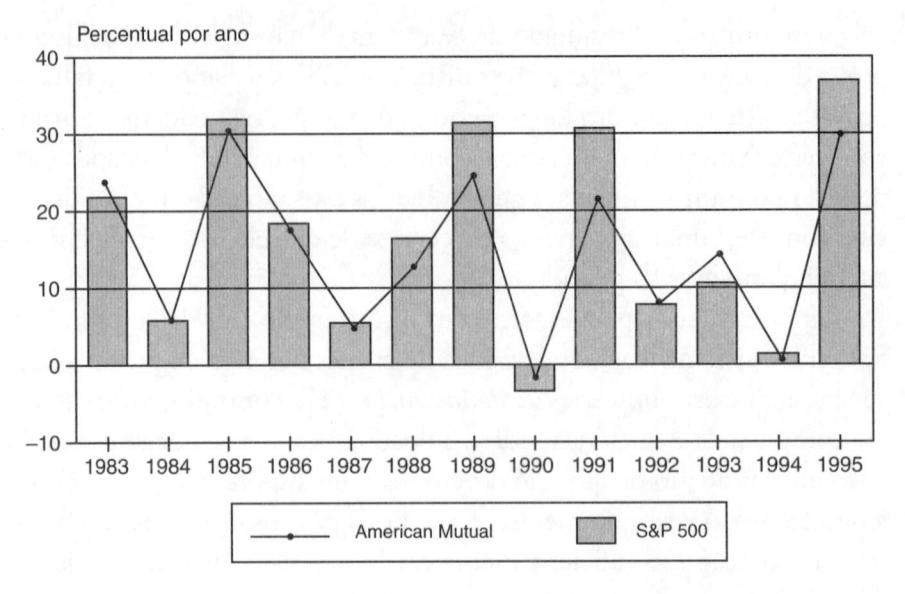

**Taxas de retorno totais, 1983-1995, American Mutual *versus* S&P 500**

O desempenho do American Mutual é representado por uma linha com pontos e o do Índice Standard & Poor de 500 ações, por barras.

Embora o American Mutual acompanhe de perto o Índice Standard & Poor, seus retornos ultrapassaram este índice em apenas três de treze anos – em 1983 e 1993, quando o American Mutual subiu mais, e em 1990, quando caiu menos. Em dez anos, o desempenho do American Mutual foi mais ou menos igual ou inferior ao S&P.

Tratou-se de uma onda de azar ou os gerentes do American Mutual são incapazes de superar um conglomerado de 500 ações que não sofrem nenhuma ação gerencial? Observe que, como o American Mutual é menos volátil do que o S&P, seu desempenho tendeu a ficar para trás nos doze dos treze anos em que o mercado subiu. O desempenho do fundo deveria ter sido muito melhor nos anos em que o mercado caiu ou permaneceu estável.

No entanto, quando submetemos esses dados a um crivo matemático para determinar a importância desses resultados, constatamos que os gerentes do American Mutual provavelmente foram ineptos.[21] Existe apenas 20% de probabilidade de que os resultados se deveram ao acaso. Em outras palavras, se repetíssemos o teste em cinco outros períodos de treze anos, seria de esperar que o American Mutual superasse o S&P 500 em quatro dos períodos.

Muitos observadores discordariam, insistindo que treze anos é uma amostra pequena demais para sustentar uma generalização tão ampla. Além disso, probabilidades de 20% não são baixas, embora inferiores a 50%. A atual convenção no mundo das finanças é que deveríamos ter 95% de certeza de que algo é "estatisticamente importante" (o equivalente moderno à certeza moral) para aceitar o que os números indicam. Jacob Bernoulli afirmou que eram necessárias mil chances em 1.001 para se ter certeza moral; nós exigimos apenas uma chance em vinte de que o que observamos é uma questão de acaso.

Mas se não pudermos estar 95% certos de algo assim com base em apenas treze observações, de quantas observações precisaríamos? Outro crivo revela que precisaríamos comparar o American Mutual com as S&P 500 por cerca de trinta anos para estarmos 95% seguros de que um desempenho inferior dessa magnitude não foi uma mera questão de acaso. Como esse teste é impossível na prática, o melhor julgamento é que os gerentes do American Mutual merecem o benefício da dúvida; seu desempenho foi aceitável sob as circunstâncias.

O gráfico a seguir mostra um quadro diferente. Vemos o desempenho relativo de um fundo pequeno e agressivo chamado AIM Constellation. Esse fundo foi muito mais volátil durante esses anos do que o Índice Standard & Poor ou o American Mutual Fund. Observe que a escala vertical nesse gráfico tem o dobro da altura da mesma escala no gráfico anterior. O ano de 1984 foi desastroso para o AIM, mas em cinco outros anos ele superou o S&P 500 por ampla margem. O retorno anual médio do AIM nos treze anos foi de 19,8%, em comparação com 16,7% do S&P 500 e 15,0% do American Mutual.

Esse desempenho resulta do acaso ou da habilidade? Apesar da ampla diferença de retornos entre o AIM e o S&P 500, a volatilidade maior do AIM torna difícil responder a esta pergunta. Além disso, o AIM não acompanhou o S&P 500 tão fielmente como o American Mutual; ele caiu em um ano em que o S&P 500 estava subindo e em 1986 repetiu o desempenho de 1985, embora o S&P caísse. O padrão é tão irregular que teríamos dificuldade em prever o desempenho desse fundo ainda que fôssemos suficientemente espertos para prever os retornos do S&P 500.

Percentual por ano

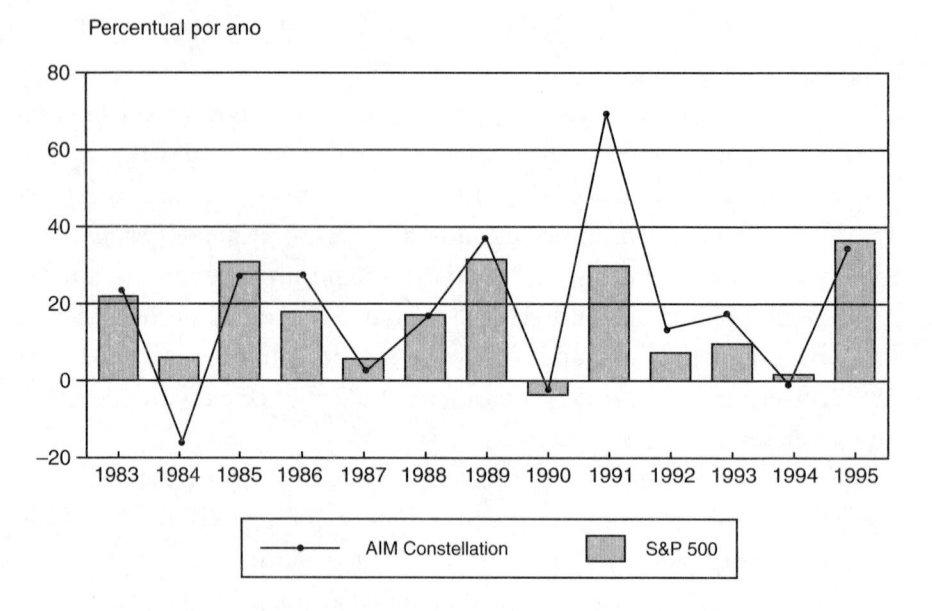

**Taxas de retorno totais, 1983-1995, AIM Constellation *versus* S&P 500**

Devido à alta volatilidade e baixa correlação, nosso crivo matemático revela que o acaso desempenhou um papel relevante no caso do AIM, assim como no caso do American Mutual. De fato, precisaríamos de um histórico superior a um século para estarmos 95% certos de que esses resultados do AIM *não* se deveram ao acaso! Em termos de administração do risco, há indícios de que os gerentes do AIM possam ter enfrentado riscos excessivos no afã de superar o mercado.

Muitos não fumantes preocupam-se com o fumo passivo e apoiam as medidas que proíbem o fumo em locais públicos. Que risco você corre de contrair câncer no pulmão, quando alguém acende um cigarro na mesa vizinha em um restaurante ou no assento ao lado em um avião? Você deveria aceitar o risco ou insistir na proibição imediata dos cigarros?

Em janeiro de 1993, a Environmental Protection Administration (EPA) norte-americana divulgou um relatório de 510 páginas com o terrível título de *Respiratory health effects of passive smoking: Lung cancer and other disorders* (*Efeitos sobre a saúde respiratória do fumo passivo: câncer no pulmão e outras doenças*).[22] Um ano depois, Carol Browner, chefe da EPA, apresentou-se perante uma comissão do Congresso e instou-a a aprovar o Smoke-Free Environmental Act, que estabelece um conjunto complexo de regulamentos visando proibir o fumo em prédios públicos. Browner afirmou que baseava suas recomendação na conclusão do relatório de que a ingestão ambiental de tabaco é "um conhecido carcinógeno do pulmão humano".[23]

Quanto se "conhece" sobre a ingestão ambiental de tabaco? Qual *o* risco de gerar câncer no pulmão quando outra pessoa fuma?

Só existe um meio de se aproximar da certeza na resposta a esta pergunta: analise cada indivíduo que já se expôs à ingestão ambiental de tabaco a qualquer momento desde que as pessoas começaram a fumar tabaco, há centenas de anos. Mesmo assim, uma associação demonstrada entre a ingestão ambiental de tabaco e o câncer do pulmão não seria uma *prova* de que essa foi a causa do câncer.

A impossibilidade prática de examinar todas as pessoas ou coisas em todos os locais e por todo o decorrer da história torna incertos todos os resultados das pesquisas científicas. O que parece uma forte associação pode não passar de acaso na extração, caso em que um conjunto diferente de amostras de um período de tempo diferente ou de um local diferente, ou mesmo um conjunto diferente de cobaias do mesmo período e mesmo local, produziriam conclusões opostas.

Só sabemos ao certo uma coisa: uma associação (que não de causa e efeito) entre a ingestão ambiental de tabaco e o câncer do pulmão tem probabilidade inferior em certo percentual a 100%. A diferença entre 100% e a probabilidade indicada reflete a possibilidade de que a ingestão ambiental de tabaco não tenha nenhuma relação com o câncer do pulmão e de que evidências semelhantes não se manifestem necessariamente com outra amostra. O risco de contrair câncer do pulmão da ingestão ambiental de tabaco se reduz a um conjunto de chances, exatamente como em um jogo de azar.

A maioria dos estudos como a análise da EPA compara o resultado da exposição de um grupo de pessoas a algo, bom ou ruim, com o resultado de um grupo de "controle" não exposto às mesmas influências. A maioria dos novos remédios é testada pela sua administração a um grupo e comparando-se sua resposta à de um grupo que recebeu um placebo.

No caso do fumo passivo, a análise focalizou a incidência de câncer do pulmão entre mulheres não fumantes que viviam com homens que fumavam. Os dados foram, então, comparados com a incidência da doença entre o grupo de controle de mulheres não-fumantes que viviam com companheiros não fumantes. A razão entre as respostas do grupo exposto e aquelas do grupo de controle chama-se *estatística do teste*. O tamanho absoluto da estatística do teste e o grau de incerteza que o cerca formam a base para a decisão de se algum tipo de ação deve ser tomada. Em outras palavras, a estatística do teste ajuda o observador a distinguir entre CONSTANTINOPLA e BZUXRQVICPRGAB e casos com resultados mais significativos. Devido a todas as incertezas envolvidas, a decisão definitiva costuma ser mais uma questão de intuição do que de medição, como na decisão de se uma moeda está ou não viciada.

Os epidemiologistas – os estatísticos da saúde – observam a mesma convenção usada para medir o desempenho de gerentes de investimentos. Geralmente, eles definem um resultado como estatisticamente significativo se a probabilidade de que um resultado foi produto do acaso não superar 5%.

Os resultados do estudo da EPA do fumo passivo não foram nem de longe tão fortes como os resultados do número muito maior de estudos anteriores do fumo ativo. Embora o risco de contrair câncer do pulmão parecesse bem correlacionado com o grau de exposição – quão intensamente o companheiro masculino fumava –, a incidência da doença entre as mulheres expostas à ingestão ambiental de tabaco foi, em média, apenas 1,19 vez superior à das mulheres que viviam com não fumantes. Além disso, essa modesta estatística do teste baseou-se em apenas trinta estudos, dos quais seis não revelaram nenhum efeito da ingestão ambiental de tabaco. Como muitos desses estudos cobriram amostras pequenas, somente nove foram estatisticamente significativos.[24] Nenhum dos onze estudos realizados nos Estados Unidos satisfez àquele critério, mas sete daqueles estudos cobriram menos de 45 casos.[25]

No final, embora admitisse que "nunca alegou que a exposição mínima ao fumo passivo representa um enorme risco de câncer individual",[26] a EPA estimou que "aproximadamente 3 mil não fumantes norte-americanos morrem a cada ano de câncer do pulmão causado pelo fumo passivo".[27] Esta conclusão levou o Congresso a aprovar o Smoke-Free Environmental Act, com suas numerosas restrições ao fumo em locais públicos.

ATINGIMOS O PONTO na narrativa em que a incerteza, e sua criada, o acaso, passaram para o primeiro plano. O cenário mudou, em grande parte porque, nos cerca de 75 anos após a Primeira Guerra Mundial, o mundo enfrentou quase todos os riscos dos velhos tempos, além de muitos riscos novos.

A demanda pela administração do risco cresceu junto com o número crescente de riscos. Ninguém foi mais sensível a essa tendência do que Frank Knight e John Maynard Keynes, cujo trabalho pioneiro examinaremos no próximo capítulo. Embora ambos estejam mortos – suas obras mais importantes antecedem as de Arrow –, quase todas as figuras que encontraremos daqui para a frente, bem como Arrow, ainda vivem. Elas são provas de como são novas as ideias da administração do risco.

Os conceitos que encontraremos no próximo capítulo jamais ocorreram aos matemáticos e filósofos do passado, ocupados demais em estabelecer as leis da probabilidade para abordar os mistérios da incerteza.

# 13

# A NOÇÃO RADICALMENTE DISTINTA

FRANCIS GALTON morreu em 1911 e Henri Poincaré morreu no ano seguinte. Seu passamento marcou o fim da grande era da medição, uma era que retrocedia cinco séculos até o jogo de *balla* de Paccioli. Pois foi seu problema dos pontos (Capítulo 3) que desencadeara a longa marcha da definição do futuro em termos das leis das probabilidades. Nenhum dos grandes matemáticos e filósofos do passado que encontramos até agora duvidou de que tinha em mãos as ferramentas necessárias para determinar o que reservava o futuro. Eram apenas os fatos que exigiam atenção.

Não estou dizendo que Galton e Poincaré concluíram a tarefa: os princípios da administração do risco continuam evoluindo. Mas suas mortes ocorreram – e sua compreensão do risco atingiu o clímax – às vésperas de um dos grandes divisores de águas da história: a Primeira Guerra Mundial.

O otimismo dos vitorianos foi extinguido pela destruição insensata de vidas humanas nos campos de batalha, pela paz instável que se seguiu e pelos fantasmas postos à solta pela Revolução Russa. Nunca mais as pessoas aceitariam a garantia de Robert Browning de que "Deus está no céu:/ Tudo bem com o mundo". Nunca mais os economistas insistiriam que as flutuações na economia eram teoricamente impossíveis. Nunca mais a ciência pareceria tão irrestritamente benigna, nem as instituições religiosas e familiares seriam tão impensadamente aceitas no mundo ocidental.

A Primeira Guerra Mundial acabou com tudo isso. Transformações radicais na arte, na literatura e na música produziram formas abstratas e, muitas vezes, chocantes em perturbador contraste com os estilos confortáveis do século XIX. Quando Albert Einstein demonstrou que uma imperfeição espreitava sob a superfície da geometria euclidiana, e quando Sigmund Freud declarou que a irracionalidade é a condição natural da humanidade, ambos os homens se tornaram celebridades da noite para o dia.

Até então, os economistas clássicos haviam definido a economia como um sistema sem riscos que sempre produzia resultados ótimos. A estabilidade, prometiam eles, estava garantida. Se as pessoas decidissem poupar mais e gastar menos, a taxa de juros cairia, encorajando assim os investimentos ou desencorajando a poupança o suficiente para equilibrar de novo as coisas. Se os homens de negócios decidissem expandir suas empresas rapidamente, mas as famílias não poupassem o suficiente para eles pegarem emprestado o que precisassem para a expansão, a taxa de juros subiria para acertar os ponteiros. Tal economia jamais sofreria do desemprego involuntário ou de lucros desapontadores, exceto talvez durante breves períodos de ajuste. Embora as empresas e os investidores individuais corressem riscos, a economia como um todo estava livre de riscos.

Tais convicções custaram a morrer, mesmo em face dos problemas econômicos que emergiram na esteira da guerra. Mas umas poucas vozes se ergueram proclamando que o mundo não era mais o que parecera outrora. Escrevendo em 1921, o economista da Universidade de Chicago, Frank Knight, emitiu palavras estranhas para um homem da sua profissão: "É altamente questionável até que ponto o mundo chega a ser inteligível... Apenas nos casos muito especiais e cruciais algo como um estudo matemático pode ser realizado."[1] Durante o abismo da Grande Depressão, John Maynard Keynes ecoou o pessimismo de Knight:

Defrontamo-nos a cada passo com o problema da unidade orgânica e da descontinuidade – o todo não equivale à soma das partes, comparações de quantidades nos desapontam, pequenas mudanças produzem grandes efeitos e os pressupostos de um *continuum* uniforme e homogêneo não são satisfeitos.[2]

Em 1936, em sua obra-prima, *The general theory of employment, interest and money* (*Teoria geral do emprego, dos juros e do dinheiro*), Keynes rejeitou categoricamente a fé de Jevons na aplicabilidade universal da medição: "A maioria de nossas decisões de fazer algo positivo... só pode ser tomada por efeito da vitalidade... e não como o resultado de uma média ponderada de benefícios quantitativos multiplicados por probabilidades quantitativas."[3]

Em face das tensões dos anos de pós-guerra, somente o teórico mais ingênuo poderia fazer de conta que todos os problemas poderiam ser resolvidos pela aplicação racional do cálculo diferencial e das leis da probabilidade com preferências bem ordenadas. Os matemáticos e filósofos tiveram de admitir que a realidade englobava conjuntos inteiros de circunstâncias que as pessoas jamais haviam contemplado antes. A distribuição das vantagens não mais seguia aquela definida por Pascal. Ela violava a simetria da curva em sino e estava regressando para médias muito mais instáveis do que Galton especificara.

Os pesquisadores procuraram meios de conduzir uma análise sistemática do inesperado. Antes da guerra, eles se concentraram nos *inputs* que afetavam a tomada de decisões. Agora, eles reconheciam que a decisão é apenas o início. O problema está nas consequências de nossas decisões, e não nas próprias decisões. Como observara Robert Dixon, um economista australiano: "A incerteza está presente no processo de tomada de decisões, menos por haver um futuro do que porque há, e haverá, nosso passado... Somos prisioneiros do futuro, porque seremos capturados por nosso passado."[4] O derradeiro realista, Omar Khayyam, tivera o mesmo pensamento cerca de mil anos antes:

> Dispõe o Eterno Escriba. E havendo escrito,
> A folha vira: e não há ciência ou devoção
> Que cancele uma Linha; e não há pranto aflito
> Que risque uma Palavra! Ah, todo choro é vão!*

O que você faz quando uma decisão leva a um resultado que sequer foi contemplado em seu conjunto de probabilidades? Ou quando resultados

---

* *Nota do Tradutor. Rubaiyat,* LXXIII. Tradução portuguesa de Jamil Almansur Haddad.

pouco prováveis parecem ocorrer com mais frequência do que deveriam? Os padrões do passado não revelam sempre o rumo do futuro?

Knight e Keynes, os dois primeiros a enfrentar seriamente tais questões, foram ambos inconformistas ruidosos; porém, conjuntamente, definiram o risco como veio a ser compreendido atualmente.

FRANK KNIGHT NASCEU em uma fazenda em White Oak Township, Illinois, em 1885, sendo o mais velho de onze filhos.[5] Embora lhe faltasse o diploma do curso secundário, estudou em duas minúsculas faculdades, talvez o melhor que pôde pagar em vista da pobreza da família. A primeira foi a American University (sem nenhuma relação com a universidade de mesmo nome em Washington, DC); essa faculdade enfatizava a *temperança* acima de tudo e chegava a ensinar "os princípios da economia política no tocante ao consumo de bebidas embriagantes". Em sua publicidade nacional, ela exortava os "pais a enviarem seus filhos problemáticos à American University para serem disciplinados". A segunda faculdade foi Milligan. Na graduação de Knight, o presidente da faculdade descreveu-o como "o melhor aluno que tive... o aluno com melhores leituras... e capacidade empresarial prática, além de conhecimentos técnicos".

Knight alegou que a razão de se tornar economista foi que arar lhe cansava demais os pés. Antes de se voltar para a economia, cursou a pós-graduação em filosofia em Cornell, mudando para economia depois que um professor reclamou: "Pare de falar tanto ou deixe o departamento de filosofia!" Mas não foi apenas o abuso de sua voz alta e estridente que lhe trouxe problemas; um de seus professores de filosofia previu: "Ele destruirá o verdadeiro espírito filosófico onde quer que entre em contato com ele." Knight era um cético incurável quanto à natureza humana. Um professor mais solidário certa vez lhe disse: "Você veio de um ambiente malcheiroso onde todo homem com uma mente duvida de tudo."

Knight começou a lecionar economia na Universidade de Iowa em 1919 e mudou para a Universidade de Chicago em 1928. Ele continuava lecionando lá ao falecer em 1972, com 87 anos; "Trabalho para viver", observou certa vez. Suas aulas costumavam ser mal preparadas, apresentadas de forma dispersa e canhestra, repleta de humor negro.

Apesar de sua exposição prematura à religião e de estudá-la constantemente no decorrer da vida, Knight foi um inimigo implacável de tudo relacionado às formas organizadas de religião. Em sua alocução presidencial à American Economic Association, em 1950, equiparou o papa a Hitler e Stalin. Certa vez, afirmou que a religião era responsável por sua insônia: "É aquela maldita religião. Simplesmente não consigo tirá-la da cabeça."

Um homem irascível, dedicado e honesto, deplorava as pessoas que se levavam a sério demais. Alegou que a teoria econômica não era nada obscura ou complicada, mas que a maioria das pessoas tinha um interesse dissimulado em recusar-se a reconhecer o "afrontosamente óbvio". Observando uma citação de Lord Kelvin gravada em pedra no prédio de ciências sociais em Chicago – "Quando você não consegue medi-lo... seu conhecimento é de um tipo escasso e insatisfatório" –, Knight sarcasticamente interpretou-a como significando: "Bem, se você não puder medir, meça mesmo assim."[6]

O CINISMO E A preocupação com os valores morais de Knight dificultaram-lhe aceitar o egoísmo e, com frequência, a violência do capitalismo. Ele desprezava o interesse próprio que motiva tanto compradores como vendedores no mercado, embora acreditasse que somente o interesse próprio explica como o sistema funciona. Contudo, ele permaneceu fiel ao capitalismo, por considerar inaceitáveis as alternativas.

Knight não tinha interesse em coletar provas empíricas de suas teorias. Ele abrigava dúvidas demais quanto à racionalidade e coerência dos seres humanos para acreditar que medir seu comportamento produziria algo de valor. Seu sarcasmo mais cáustico estava reservado ao que ele via como "a quase apropriação da economia por pessoas que adotam um ponto de vista que me parece insustentável e, na verdade, superficial, qual seja, a transferência às ciências humanas dos conceitos e produtos das ciências da natureza".

A atitude refletida nessa observação é evidente na dissertação doutoral de Knight, completada em Cornell em 1916 e publicada como livro em 1921. *Risk, uncertainty and profit* (*Risco, incerteza e lucro*) é a primeira obra de alguma importância, e em qualquer campo de estudo, a lidar explicitamente com a tomada de decisões sob condições de incerteza.

Knight baseia sua análise na distinção entre risco e incerteza:

> A incerteza deve ser tomada em um sentido radicalmente distinto da noção familiar de risco, da qual nunca foi apropriadamente separada... Descobrir-se-á que uma incerteza *mensurável,* ou "risco" propriamente... é tão diferente de uma *imensurável* que, na verdade, não chega a ser uma incerteza.[7]

A ênfase de Knight na incerteza dissociou-o da teoria econômica predominante em sua época, que enfatizava a tomada de decisões sob condições de perfeita certeza ou sob leis estabelecidas da probabilidade – uma ênfase que perdura em certas áreas da teoria econômica atual. Knight referiu-se à incapacidade do cálculo da probabilidade de, nas palavras de Arrow, "refletir a natureza experimental e criativa da mente humana diante do desconhecido".[8] Claramente, Knight foi uma criatura do século XX.

O ELEMENTO-SURPRESA, argumentou Knight, é comum em um sistema onde tantas decisões dependem de previsões do futuro. Sua queixa principal contra a economia clássica, com sua ênfase na denominada concorrência perfeita, proveio de seu pressuposto simplificador da "onisciência prática por parte de cada membro do sistema competitivo".[9] Na economia clássica, compradores e vendedores, e trabalhadores e capitalistas, sempre têm todas as informações de que precisam. Em casos onde o futuro é desconhecido, as leis da probabilidade determinarão o resultado. Mesmo Karl Marx, em sua versão dinâmica da economia clássica, nunca faz referência à previsão. Nessa versão, trabalhadores e capitalistas estão presos em um drama cujo enredo é claro a todos e cujo desenrolar eles são impotentes para mudar.

Knight argumentou que a dificuldade do processo de previsão estende-se bem além da impossibilidade de aplicar proposições matemáticas à previsão do futuro. Embora não faça nenhuma referência explícita a Bayes, ele duvidava que possamos aprender grande coisa através da avaliação empírica da frequência de ocorrências passadas. O raciocínio *a priori,* insistiu ele, não consegue eliminar a indeterminação do futuro.

No final, ele considerou extremamente perigoso depender da frequência de ocorrências passadas.

Por quê? A extrapolação de frequências passadas é o método favorito para se chegar a julgamentos sobre o que jaz à frente. A capacidade de extrapolar a partir da experiência é o que distingue os adultos das crianças. Pessoas experientes vieram a reconhecer que a inflação está, de algum modo, associada a altas taxas de juros, que qualidades morais são desejáveis na escolha de um parceiro de pôquer ou da pessoa com quem nos casamos, que céu nublado costuma pressagiar mau tempo e que dirigir em alta velocidade nas ruas da cidade é perigoso.

Os dirigentes de empresas regularmente extrapolam do passado para o futuro, mas com frequência deixam de reconhecer quando as condições estão começando a mudar de mal para melhor ou de melhor para pior. Eles tendem a identificar momentos críticos somente depois de ocorrido o fato. Se eles fossem melhores em detectar mudanças iminentes, as mudanças abruptas de rentabilidade tão comuns jamais ocorreriam. A predominância da surpresa no mundo dos negócios indica que a incerteza tende mais a prevalecer do que a probabilidade matemática.

A razão, explica Knight, é esta:

> Qualquer "ocorrência"... é tão inteiramente singular que não há outras ou um número suficiente que permita tabular ocorrências iguais o bastante para formar uma base para qualquer inferência de valor sobre quaisquer probabilidades reais no caso em que estamos interessados. *O mesmo se aplica obviamente à maioria das condutas, e não apenas às decisões empresariais.*[10] (O grifo é meu.)

As probabilidades matemáticas estão ligadas a grandes números de observações independentes de eventos homogêneos, como arremessos do dado – no que Knight denomina a "certeza apodítica" dos jogos de azar.*[11] Mas nenhum evento chega a ser idêntico a um evento anterior ou a um evento ainda por acontecer. De qualquer modo, nossa vida é curta demais para reunirmos as grandes amostras que tal análise exige. Podemos fazer afirmações como "estamos 60% certos de que os lucros subirão

---

* Knight raramente emprega tais palavras misteriosas. "Apodítico" significa incontestável, necessariamente verdadeiro porque logicamente certo.

no ano que vem" ou "60% de nossos produtos terão melhor desempenho no ano que vem". Mas Knight insistiu que os erros em tais previsões "devem ser radicalmente distinguidos das probabilidades ou do acaso... É sem sentido e fatalmente enganador falar na probabilidade, em um sentido objetivo, de que um julgamento esteja correto".[12] Knight, assim como Arrow, não gostava de nuvens de imprecisão.

As ideias de Knight são particularmente relevantes aos mercados financeiros, onde todas as decisões refletem uma previsão do futuro e onde a surpresa ocorre regularmente. Louis Bachelier há muito tempo observou: "Claramente, o preço considerado mais provável pelo mercado é o preço atual real: se o mercado julgasse de outra forma, não fixaria esse preço, mas outro preço superior ou inferior." A previsão consensual embutida nos preços dos valores mobiliários é que seus preços não mudarão se o esperado acontecer. A volatilidade dos preços de títulos e ações evidencia a frequência com que as expectativas se frustram e os investidores se revelam equivocados. A volatilidade é um representante da incerteza e deve ser acomodada na avaliação do risco do investimento.

O vitoriano Galton esperaria que os preços fossem voláteis ao redor de uma média estável. Knight e Bachelier, nenhum deles vitoriano, silenciam sobre precisamente que tendência central prevaleceria, se é que existe uma. Voltaremos a abordar a volatilidade adiante.

KNIGHT DETESTAVA John Maynard Keynes, como revelou quando, em 1940, a Universidade de Chicago decidiu conceder a Keynes um diploma honorário. O fato levou Knight a escrever uma incoerente carta de protesto a Jacob Viner, um distinto membro do Departamento de Economia em Chicago. Viner, declarou Knight, era a pessoa supostamente responsável "mais do que qualquer outra" pela decisão de homenagear Keynes e, portanto, "a parte apropriada a quem expressar algo do choque que sofri com a notícia".[13]

Knight murmurou que a obra de Keynes, e o entusiasmo com que fora recebida por acadêmicos e formuladores de políticas, criara "uma de minhas mais importantes... fontes de dificuldades nos últimos anos". Após reconhecer em Keynes "uma inteligência bastante incomum, no sentido de inventividade e habilidade dialética", passou a reclamar:

Passei a considerar tais capacidades, voltadas para fins falsos e subversivos, como um dos perigos mais graves de todo o projeto de educação... Considero as visões de Keynes sobre o dinheiro e a teoria monetária em particular... como, figurativamente falando, entregar as chaves da fortaleza pela janela aos filisteus que estão golpeando os portões.

Embora a maioria dos economistas partidários do livre mercado de Chicago discordasse da convicção de Keynes de que o sistema capitalista precisava de uma dose frequente de intervenção governamental para sobreviver, não compartilhava do desdém de Knight. Eles respeitavam Keynes como um inovador brilhante em teoria econômica.

Knight pode simplesmente ter sentido ciúmes, pois ele e Keynes compartilhavam a mesma abordagem filosófica. Por exemplo, ambos desconfiavam das teorias clássicas baseadas nas leis da probabilidade matemática ou em pressupostos de certeza como guias à tomada de decisões. Além disso, ambos desprezavam "a visão da vida estatística média".[14] Em um ensaio escrito em 1938 e intitulado "My Early Beliefs". ("Minhas crenças iniciais"), Keynes condena como "de bases frágeis e desastrosamente equivocado" o pressuposto dos economistas clássicos de que a natureza humana é sensata.[15] Ele alude a "paixões mais profundas e cegas" e aos "surtos insanos e irracionais de maldade na maioria dos homens". Dificilmente essas eram visões de um homem, que estivesse entregando as chaves da fortaleza pela janela aos filisteus, golpeando os portões.

Knight pode ter-se aborrecido por Keynes levar a distinção entre risco e incerteza bem mais longe do que ele próprio fizera. Além disso, ele decerto deve ter se irritado ao descobrir que a única referência de Keynes a ele em *The general theory of employment, interest and money* fora uma nota de rodapé que deprecia um de seus artigos sobre a taxa de juros como "exatamente no molde tradicional e clássico", embora Keynes também admitisse que o artigo "contém muitas observações interessantes e profundas sobre a natureza do capital".[16] Apenas isso, após as explorações pioneiras de Knight do risco e da incerteza quinze anos antes

KEYNES ERA DO extremo oposto do espectro intelectual e social em relação a Knight. Ele nasceu em 1883 no seio de uma influente e conhecida família britânica, sendo que um de seus ancestrais desembarcara com Guilherme, o Conquistador. Na descrição de Robert Skidelsky, seu biógrafo mais recente, Keynes "não era apenas um homem de instituições, mas parte da elite de cada instituição da qual era membro. Quase sempre, olhava para a Inglaterra, e grande parte do mundo, de uma grande altura".[17] Entre os amigos íntimos de Keynes estavam primeiros-ministros, financistas, os filósofos Bertrand Russell e Ludwig Wittgenstein e artistas e escritores como Lytton Strachey, Roger Fry, Duncan Grant e Virginia Woolf.

Keynes frequentou Eton e Cambridge, onde estudou economia, matemática e filosofia com destacados acadêmicos. Ele era um esplêndido ensaísta, como demonstrou ao apresentar suas ideias e propostas controvertidas.

A carreira profissional de Keynes começou com uma extensa permanência no Tesouro, incluindo serviços na Índia e um intenso envolvimento nas atividades do Tesouro, durante a Primeira Guerra Mundial. Participou então como principal representante do Tesouro das negociações de paz em Versalhes, após a guerra. Achando o tratado tão vingativo que estava convencido de que levaria ao distúrbio econômico e à instabilidade política, renunciou ao posto a fim de escrever um livro intitulado *The economic consequences of the peace* (*As consequências econômicas da paz*). O livro logo se tornou um best-seller e estabeleceu a reputação internacional de Keynes.

Em seguida, Keynes retomou ao seu adorado King's College, em Cambridge, para lecionar, escrever e servir como tesoureiro e diretor de investimentos da faculdade, tudo isso enquanto atuava como presidente – e gerente de investimentos – de uma grande empresa seguradora. Ele aplicava ativamente no mercado de ações, onde sua própria fortuna flutuava desenfreadamente. (Como muitos de seus mais famosos contemporâneos, ele não previu o Grande Crack de 1929.) Ele também aumentou a riqueza do King's College especulando na bolsa. Em 1936, Keynes transformara uma modesta herança em uma fortuna pessoal equivalente a 10 milhões de libras em moeda atual.[18] Ele planejou o financiamento britânico da guerra, durante a Segunda Guerra Mundial, negociou um polpudo empréstimo norte-americano à Grã-Bretanha logo após a guerra e redigiu grande parte do acordo de Bretton Woods, que estabeleceu o sistema monetário internacional do pós-guerra.

As ideias ocorriam a Keynes com tal ímpeto e em tamanho volume que ele muitas vezes se via em desacordo com algo que dissera ou escrevera antes. Isso não o perturbava. "Quando alguém me persuade de que estou errado", escreveu, "mudo de ideia. O que *você* faz?".[19]

EM 1921, KEYNES completou um livro intitulado *A treatise on probability* (*Tratado sobre a probabilidade*). Ele começara a escrevê-lo pouco após graduar-se por Cambridge e trabalhara nele intermitentemente por cerca de quinze anos; chegou a levá-lo consigo nas viagens ao exterior, inclusive uma viagem a cavalo pela Grécia com o pintor Duncan Grant. Ele lutou por transmitir ideias novas com a clareza que prezava. Ele nunca desprendeu-se da formação filosófica em Cambridge, onde, como lembrou mais tarde, "O que *exatamente* você quer dizer?' era a frase mais frequente em nossos lábios. Se um interrogatório rigoroso revelasse que você não exprimiu nada de *exato*, você era altamente suspeito de não ter expresso nada."[20]

*A treatise on probability* é uma exploração brilhante do significado e das aplicações da probabilidade, e grande parte da obra é uma crítica a autores anteriores, muitos dos quais apareceram em páginas anteriores deste livro. Ao contrário de Knight, Keynes não distingue categoricamente entre risco e incerteza; de forma menos precisa, ele contrasta o definível com o indefinível quando contemplamos o futuro. À semelhança de Knight, porém, Keynes tem pouca paciência com as decisões baseadas na frequência de ocorrências passadas: ele sentia que a analogia das ervilhas, de Galton, era aplicável à natureza, mas irrelevante aos seres humanos. Ele rejeita a análise baseada em eventos, mas é favorável às previsões baseadas em proposições. Sua expressão preferida é "graus de crença ou as probabilidades *a priori*, como costumavam ser chamados".[21]

Keynes começa o livro com uma crítica a visões tradicionais da probabilidade; muitos de nossos velhos amigos são vítimas, inclusive Gauss,

Pascal, Quetelet e Laplace. Ele declara que a teoria das probabilidades pouco tem a ver com situações da vida real, especialmente quando aplicada com os "métodos incautos e os argumentos exagerados da escola de Laplace".[22]

Probabilidade objetiva de algum evento futuro existe – "quer dizer, ele não está sujeito ao capricho humano" –, mas nossa ignorância nega-nos o conhecimento certo dessa probabilidade; podemos apenas recorrer a estimativas. "Dificilmente", afirma Keynes, "descobriremos um método de reconhecer probabilidades específicas sem nenhuma ajuda da intuição ou do julgamento direto... Uma proposição não é provável porque achamos que seja."[23]

Keynes observa que "passamos das opiniões dos teóricos à experiência dos homens práticos". Ele zomba do método pouco lógico usado pelas empresas seguradoras para calcular seus prêmios. Ele duvida que dois corretores, igualmente inteligentes, cheguem coerentemente ao mesmo resultado: "É suficiente se o prêmio que ele mencionar *exceder* o risco provável."[24] Ele cita as vantagens calculadas pela Lloyd's em 23 de agosto de 1912 para a corrida presidencial norte-americana, com três candidatos; elas somavam 110%! As taxas de resseguro do mercado segurador para o *Waratagh*, um navio que desaparecera na costa sul-africana, variavam de hora em hora, à medida que partes dos destroços eram descobertas e que um boato se espalhava de que, sob circunstâncias similares, um navio permanecera à tona, sem danos graves, por dois meses até ser descoberto. Contudo, a probabilidade de que o *Waratagh* soçobrara permaneceram constantes, mesmo enquanto a avaliação dessa probabilidade pelo mercado flutuava loucamente.

Keynes desdenhava o que ele denominava "a Lei dos Grandes Números". A simples observação repetida de eventos similares no passado é uma desculpa insatisfatória para acreditar que provavelmente ocorrerão no futuro. Pelo contrário, nossa confiança em um resultado só deveria se fortalecer quando possamos descobrir "uma situação em que cada série nova difere de forma significativa das demais".[25]

Ele escarnece da média aritmética, "um axioma assaz inadequado. Em vez de somar uma série de observações e, depois, dividir a soma pelo número total de observações, suposições iguais teriam considerações iguais se as... estimativas tivessem sido multiplicadas entre si, em vez de somadas."[26] É bem verdade que a média aritmética é de fácil uso, mas Keynes cita um matemático francês que observou que a natureza não se perturba com dificuldades de análise, nem a humanidade deveria se perturbar tanto.

KEYNES REJEITA O termo "eventos" conforme usado por seus predecessores em teoria das probabilidades, por implicar que as previsões dependem forçosamente das frequências matemáticas de ocorrências passadas. Ele preferia o termo "proposição", que reflete graus de crença quanto à probabilidade de eventos *futuros*. Bradley Bateman, um economista que leciona no Grinnell College, observou que a probabilidade para Keynes é a base de nossa análise e avaliação de proposições.[27]

Se Keynes acreditava que a probabilidade reflete graus de crença quanto ao futuro e que os eventos passados não passam de uma parte modesta do *input*, poderíamos concluir que ele considerava a probabilidade como um conceito subjetivo. Isso não é verdade. Por mais moderno que fosse em tantos aspectos, ocasionalmente ele revelava seus antecedentes vitorianos. Na época em que escreveu *A treatise on probability*, ele acreditava que todas as pessoas racionais viriam, com o tempo, a reconhecer a probabilidade correta de certo resultado e abrigariam graus de crença idênticos. "Uma vez dados os fatos que determinam nosso conhecimento, o que é provável ou improvável nessas circunstâncias foi fixado objetivamente e independentemente de nossa opinião."[28]

Cedendo às críticas a essa visão irreal, mais tarde Keynes passou a focalizar cada vez mais como a incerteza influencia as decisões e, por sua vez, a economia mundial. Em certo ponto de seu *Treatise*, declara ele: "A percepção da probabilidade, do peso e do risco dependem grandemente do julgamento" e "a base de nossos graus de crença faz parte de nosso equipamento humano".[29] Charles Lange, um estatístico e velho amigo, observou certa vez que ficava contente por "Maynard não preferir a álgebra à Terra".

A VISÃO DE KEYNES da economia gira, em última análise, em torno da incerteza – incerteza sobre quanto uma família poupará ou gastará, incerteza sobre que parte de sua poupança acumulada uma família gastará no futuro (e quando gastará essa parte) e, mais importante, incerteza sobre que lucro dada despesa em bens de capital dará. As decisões tomadas pelas empresas sobre quanto gastar (e quando gastar) em novos prédios, novo maquinário, nova tecnologia e novas formas de produção constituem uma força dinâmica na economia. Entretanto, o fato de que essas decisões são essencialmente irreversíveis torna-as extremamente arriscadas, dada a ausência de qualquer guia objetivo da probabilidade de resultarem no planejado.

Como observara Frank Knight quinze anos antes de Keynes publicar *The general theory*, "no fundo do problema da incerteza da economia está a natureza prospectiva do próprio processo econômico".[30] Como o ambiente econômico está constantemente mudando, todos os dados econômicos são específicos ao seu próprio período de tempo. Consequentemente, eles fornecem apenas uma base frágil para generalizações. O tempo real importa mais do que o tempo abstrato, e amostras extraídas do passado são pouco relevantes. O que foi 75% provável ontem terá probabilidades desconhecidas amanhã. Um sistema que não pode depender da distribuição da frequência dos eventos passados é peculiarmente vulnerável à surpresa e inerentemente volátil.

Keynes não via sentido em uma economia hipotética em que passado, presente e futuro estão unificados por uma máquina do tempo impessoal em um único momento. O desemprego involuntário e lucros desapontadores são frequentes demais para uma economia funcionar como supunha a economia clássica. Se as pessoas decidirem poupar dinheiro e gastar menos, os gastos em consumo cairão e os investimentos declinarão. A taxa de juros, de qualquer modo, poderia não cair em resposta a uma maior propensão à poupança. Keynes argumentou que os juros são uma recompensa pela renúncia à liquidez, e não pela abstenção do consumo. Mesmo que a taxa de juros decline, ela poderá não declinar o suficiente para encorajar os dirigentes de empresas a arriscar investimentos adicionais de capital em um ambiente econômico em que falta vitalidade e em que mudar para um novo conjunto de decisões é dispendioso. As decisões, uma vez tomadas, criam um novo ambiente sem oportunidade de repetir o antigo.

Outra possível razão para o declínio nos investimentos é que as empresas esgotaram todas as oportunidades de auferir lucros. Keynes observou certa vez: "A Idade Média erguia catedrais e entoava cantos fúnebres... Duas missas de finados valem o dobro de uma, mas o mesmo não se dá com duas ferrovias de Londres a York."[31] A mesma ideia apareceu em uma canção popular durante a Grande Depressão: "Brother, Can You Spare a Dime?" "Once I built a building, now it's done. /Once I built a railroad, made it run." ("Amigo, pode me dar um tostão?" "Já construí um prédio, agora está de pé./Já construí uma ferrovia, a fiz funcionar.")

Keynes e seus seguidores focalizam o dinheiro e os contratos para demonstrar que a incerteza, e não a probabilidade matemática, é o paradigma dominante do mundo real. O desejo de liquidez e o anseio em consolidar arranjos futuros mediante acordos com força legal demonstram o predomínio da incerteza em nossa tomada de decisões. Não estamos mais dispostos a aceitar a orientação que a frequência matemática de eventos passados possa fornecer.

Keynes rejeitou as teorias que ignoravam a incerteza. A "falha patente da doutrina clássica para fins de previsão científica", observou, "diminuiu grandemente, no decorrer do tempo, o prestígio de seus praticantes".[32] Os economistas clássicos, acusou ele, atingiram um estado em que eram encarados como "Cândidos,* que... tendo deixado este mundo para cultivar seus jardins, ensinam que tudo existe para o melhor fim no melhor de todos os mundos possíveis, contanto que evitemos perturbações desnecessárias".[33]

Impaciente com teorias no estilo de Cândido, Keynes propôs um curso de ação diametralmente oposto ao *laissez-faire:* um papel mais ativo do governo, não apenas para substituir a demanda privada minguante pela demanda governamental, mas para reduzir as incertezas em toda a economia. Descobrimos com o passar do tempo que o remédio de Keynes tem sido, às vezes, pior do que a doença e que sua análise possui outras falhas menos visíveis. Porém, nada disso empana sua contribuição fundamental à teoria econômica e à compreensão do risco.

---

\* *Nota do Tradutor.* Alusão ao exageradamente otimista protagonista da novela *Cândido, ou o otimismo,* de Voltaire.

No final do primeiro capítulo, de um único parágrafo, de *The general theory*, escreveu Keynes: "As características... pressupostas pela teoria clássica não são aquelas da sociedade econômica em que realmente vivemos, resultando que seu ensinamento é enganador e desastroso quando tentamos aplicá-la aos fatos da experiência."[34] Dado o estado do mundo em 1936, Keynes dificilmente poderia ter concluído outra coisa. A incerteza deve constituir o núcleo da nova teoria econômica.

EM 1937, em resposta às críticas a *The general theory*, Keynes sintetizou suas visões:

> Por conhecimento "incerto"... não pretendo meramente distinguir o que se sabe ao certo do que é apenas provável. O jogo da roleta não está sujeito, nesse sentido, à incerteza... O sentido em que estou usando o termo é aquele em que a perspectiva de uma guerra europeia é incerta, ou o preço do cobre e a taxa de juros daqui a trinta anos, ou a obsolescência de uma nova invenção... Sobre esses assuntos, não há nenhuma base científica para se formarem quaisquer probabilidades calculáveis. Nós simplesmente não sabemos![35]

Uma tremenda ideia esconde-se na noção de que simplesmente não sabemos. Em vez de nos assustar, as palavras de Keynes trazem-nos boas-novas: não somos prisioneiros de um futuro inevitável. A incerteza nos liberta.

Considere-se a alternativa. Todos os pensadores de Pascal a Galton ensinaram que as leis da probabilidade funcionam porque não temos controle sobre o próximo arremesso dos dados, ou sobre onde ocorrerá nosso próximo erro de medição ou sobre a influência de uma normalidade estática à qual as coisas finalmente reverterão. Nesse contexto, tudo na vida é como o vaso de Jacob Bernoulli: somos livres para apanhar qualquer pedra, mas não podemos escolher sua cor. Como nos lembrou Laplace: "Todos os eventos, mesmo aqueles que, devido à insignificância, não parecem seguir as grandes leis da natureza, resultam delas tão necessariamente como as revoluções do Sol."[36]

Trata-se, em suma, de uma história do inevitável. Onde tudo funciona de acordo com as leis da probabilidade, somos como povos primitivos – ou jogadores – que não têm outro recurso senão recitar sortilégios aos seus deuses. Nada que realizemos, nenhum julgamento que façamos, nenhuma resposta à nossa vitalidade terá a mínima influência sobre o resultado final. Podemos ter a impressão de um mundo bem ordenado em que as probabilidades se submetem à análise matemática cuidadosa, mas cada um de nós poderia igualmente acabar em uma cela de prisão sem janela – um destino que o esvoaçar das asas de uma borboleta há bilhões de anos pode ter determinado.

Que tédio! Felizmente, o mundo da pura probabilidade só existe no papel ou talvez como uma descrição parcial da natureza. Nada tem a ver com seres humanos arfantes, suados, ansiosos e criativos lutando para livrar-se das trevas.

Isso é uma boa, e não uma má notícia. Uma vez que aceitemos que não somos obrigados a aceitar o giro da roleta ou as cartas que recebemos, somos almas livres. Nossas decisões importam. Podemos mudar o mundo. As prescrições econômicas de Keynes revelam que, ao tomarmos decisões, *mudamos* o mundo.

Se essa mudança se revelará para melhor ou para pior, dependerá de nós. O giro da roleta nada tem a ver com ela.

# 14

# O HOMEM QUE CONTAVA TUDO, EXCETO CALORIAS

ACABAMOS DE testemunhar a determinação de Frank Knight em elevar a incerteza a um papel central na análise do risco e na tomada de decisões e a energia e eloquência com que Keynes realizou seu ataque contra os pressupostos dos economistas clássicos. Contudo, a fé na realidade do conhecimento racional e no poder da medição na administração do risco persistiu através de todo o tumulto da Depressão e da Segunda Guerra Mundial. As teorias sobre essas questões começaram a se mover por caminhos bem divergentes, um percorrido pelos seguidores de Keynes ("nós simplesmente não sabemos") e o outro, pelos seguidores de Jevons ("o prazer, a dor, o trabalho, a utilidade, o valor, a riqueza, o dinheiro, o capital etc. são todas noções que admitem a quantidade").

Durante o quarto de século que se seguiu à publicação da *General theory* de Keynes, um importante avanço na compreensão do risco e da incerteza foi dado pela teoria dos jogos de estratégia. Tratou-se de um paradigma prático enraizado na convicção vitoriana de que a medição é indispensável na interpretação da conduta humana. A teoria focaliza a tomada de decisões, mas tem pouca semelhança com as várias outras teorias baseadas nos jogos de azar.

Apesar de seus precursores no século XIX, a teoria dos jogos representa um rompimento drástico com os esforços anteriores de incorporar a inevitabilidade matemática à tomada de decisões. Nas teorias da utilidade de Daniel Bernoulli e Jevons, o indivíduo opta isoladamente, ignorando o que os outros possam estar fazendo. Já na teoria dos jogos, duas ou mais pessoas tentam maximizar sua utilidade simultaneamente, cada uma consciente do que as outras estão fazendo.

A teoria dos jogos traz um novo sentido à incerteza. As teorias anteriores aceitavam a incerteza como um fato consumado e pouco faziam para identificar sua fonte. A teoria dos jogos afirma que *a verdadeira fonte da incerteza reside nas intenções dos outros.*

Da perspectiva da teoria dos jogos, quase toda decisão que tomamos resulta de uma série de negociações em que tentamos reduzir a incerteza trocando o que as outras pessoas desejam pelo que nós próprios desejamos. Como o pôquer e o xadrez, a vida real é um jogo de estratégia, combinada com contratos e apertos de mão para nos proteger dos trapaceiros.

Mas ao contrário do pôquer e xadrez, raramente podemos esperar sairmos "vencedores" nesses jogos. Escolher a alternativa que julgamos nos trará o maior retorno tende a ser a decisão mais arriscada, pois poderá provocar a defesa mais forte dos jogadores que perderão com nosso sucesso. Assim, geralmente aceitamos alternativas de meio-termo, que podem exigir que façamos o melhor de uma barganha ruim; a teoria dos jogos usa termos como "maximin" e "minimax" para descrever tais decisões. Pense no vendedor-comprador, proprietário-inquilino, marido-esposa, credor-mutuário, GM-Ford, pai-filho, presidente-Congresso, motorista-pedestre, patrão-empregado, arremessador-batedor no beisebol, solista-acompanhante.

A TEORIA DOS JOGOS foi inventada por John von Neumann (1903-1957), físico de imensas realizações intelectuais.[1] Von Neumann deu uma grande contribuição à descoberta da mecânica quântica, em Berlim, na década de 1920, e desempenhou papel relevante na criação da primeira bomba atômica norte-americana e, mais tarde, da bomba de hidrogênio. Ele também inventou o computador digital, foi um esplêndido meteorologista e matemático, conseguia multiplicar oito dígitos por oito dígitos de cabeça e adorava contar piadas e recitar versinhos apimentados. Em seu trabalho com os militares, preferia os almirantes aos generais, por serem melhores colegas de copo. Seu biógrafo Norman Macrae descreve-o como "excessivamente polido com todos, exceto... as duas esposas sofredoras", uma das quais observou certa vez: "Ele consegue contar tudo, exceto calorias."[2]

Um colega interessado na análise da probabilidade certa vez pediu a von Neumann que definisse certeza. Von Neumann respondeu que primeiro projetasse uma casa e se assegurasse de que o chão da sala não cederia. Para isso, sugeriu ele, "calcule o peso de um piano de cauda com seis homens acotovelados para cantar. Depois, triplique o peso". Isso garantirá a certeza.

Von Neumann nasceu em Budapeste em uma família abastada, culta e alegre. Na época, Budapeste era a sexta maior cidade da Europa, próspera e florescente, com o primeiro metrô subterrâneo do mundo. Sua taxa de alfabetização superava 90%. Mais de 25% da população era judia, inclusive os von Neumann, embora John von Neumann pouco ligasse para seu judaísmo, exceto como uma fonte de anedotas.

Ele não foi absolutamente o único produto famoso da Budapeste pré-Primeira Guerra Mundial. Entre seus contemporâneos estiveram físicos tão famosos quanto ele – Leo Szilard e Edward Teller –, bem como celebridades do mundo do entretenimento – George Solti, Paul Lukas, Leslie Howard (cujo nome verdadeiro era Lazlo Steiner), Adolph Zukor, Alexander Korda e, talvez a mais famosa de todas, ZsaZsa Gabor.

Von Neumann estudou em Berlim em uma importante instituição científica que considerara Einstein não qualificado para uma bolsa de pesquisa.[3] Ele prosseguiu os estudos em Göttingen, onde conheceu cientistas de renome, como Werner Heisenberg, Enrico Fermi e Robert Oppenheimer. Em sua primeira visita aos Estados Unidos, em 1929, von Neumann apaixonou-se pelo país e despendeu a maior parte de sua carreira subsequente, exceto os extensos períodos em que trabalhou para o governo norte-americano, no Instituto de Estudos Avançados, em Princeton. Seu salário inicial no instituto em 1937 foi de US$10 mil anuais, o equivalente a mais de US$100 mil em poder aquisitivo atual. Quando Einstein veio trabalhar no Instituto, em 1933, pediu um salário de US$3 mil; ele recebeu US$16 mil.

Von Neumann apresentou originalmente sua teoria dos jogos de estratégia em um artigo que entregou, em 1926, aos 23 anos, à Sociedade Matemática da Universidade de Göttingen; o artigo foi publicado dois anos depois. Robert Leonard, da Universidade de Quebec, um importante historiador da teoria dos jogos, conjecturou que esse artigo resultou menos de um "momento de inspiração isolado" do que de um esforço de von Neumann em focalizar sua imaginação inquieta em um assunto que vinha atraindo a atenção de matemáticos alemães e húngaros por algum tempo. Aparentemente, o estímulo para o trabalho foi basicamente matemático, com pouca ou nenhuma ligação com a tomada de decisões como tal.

Embora o tema do artigo pareça trivial à primeira vista, ele é altamente complexo e matemático. O tema é uma estratégia racional para um jogo infantil que consiste em cada um de dois contendores virarem uma moeda ao mesmo tempo. Se ambas as moedas mostrarem cara ou ambas mostrarem coroa, o jogador A vence. Se surgirem lados diferentes, o jogador B vence. Na minha infância, jogávamos uma variação desse jogo em que meu oponente e eu nos revezávamos gritando "par!" ou "ímpar!" ao mesmo tempo em que abríamos a mão para mostrar um ou dois dedos.

Segundo von Neumann, o segredo desse jogo contra "um adversário pelo menos moderadamente inteligente" não está em tentar adivinhar as intenções dele, mas em não revelar as nossas próprias intenções. A derrota certa resulta de qualquer estratégia cujo objetivo seja vencer, e não evitar a derrota. (Observe que lidar com a possibilidade de perder aparece aqui pela primeira vez como parte integral da administração do risco.) Assim, você deveria mostrar cara e coroa de forma aleatória, simulando uma máquina que revelasse sistematicamente cada lado de uma moeda com 50% de probabilidade. Você não pode esperar vencer empregando essa estratégia, mas tampouco pode esperar perder.

Se você tentar vencer mostrando cara seis vezes em cada dez jogadas, seu adversário perceberá seu plano e obterá uma fácil vitória. Ele mostrará coroa seis vezes em cada dez jogadas, caso vença quando as moedas não combinarem, ou cara seis vezes em cada dez jogadas, caso vença quando as moedas combinarem.

Assim, a única decisão racional para *ambos os jogadores* é mostrar caras e coroas de modo aleatório. Então, no longo prazo, as moedas combinarão metade das vezes e deixarão de combinar na outra metade. Divertido por algum tempo, mas depois tedioso.

A contribuição matemática de von Neumann com essa demonstração foi a prova de que esse era o único resultado que poderia emergir da tomada de decisões racional dos dois jogadores. Não são as leis das probabilidades que determinam o resultado de 50-50 nesse jogo. Pelo contrário, são os próprios jogadores que *causam* esse resultado. O artigo de von Neumann é explícito sobre este ponto:

> Mesmo que as regras do jogo não contenham quaisquer elementos de "acaso" (*i.e.*, nenhuma extração de urnas)... a dependência do... elemento estatístico é uma parte tão intrínseca do próprio jogo (se não do mundo) que não há necessidade de introduzi-lo artificialmente.[4]

A ATENÇÃO QUE o artigo de von Neumann despertou dá a entender que ele tinha algo de importância matemática a transmitir. Somente mais tarde, ele percebeu que mais do que matemática estava envolvido na teoria dos jogos.

Em 1938, em atividades sociais com Einstein e seus amigos no Instituto de Estudos Avançados, von Neumann conheceu o economista alemão Oskar Morgenstern. Este tornou-se um seguidor instantâneo. Ele simpatizou com a teoria dos jogos imediatamente e disse a von Neumann que gostaria de escrever um artigo a respeito. Embora a capacidade matemática de Morgenstern evidentemente não estivesse à altura da tarefa, ele persuadiu von Neumann a colaborar com ele em um artigo, colaboração que se estendeu aos anos de guerra. Os resultados de seus esforços conjuntos foi *Theory of games and economic behaviour* (*Teoria dos jogos e comportamento econômico*), a obra clássica sobre a teoria dos jogos e sua aplicação à tomada de decisões em economia e negócios. Eles terminaram as 650 páginas do livro em 1944, mas a escassez de papel durante a guerra fez a Princeton University Press hesitar em publicá-lo. Finalmente, um membro da família Rockefeller subsidiou pessoalmente a publicação do livro em 1953.

O tema da economia não era totalmente novo para von Neumann. Ele se interessara por ele antes, quando tentara ver até onde conseguia ir na aplicação da matemática ao desenvolvimento de um modelo de crescimento econômico. Sempre um físico, além de matemático, seu foco principal recaíra sobre a noção de equilíbrio. "Como a economia lida inteiramente com quantidades", escreveu ele, "deve ser uma ciência matemática na substância, se não na linguagem... uma analogia próxima com a ciência da mecânica estatística".

Morgenstern nasceu na Alemanha em 1902, mas cresceu e foi educado em Viena. Em 1931, alcançara prestígio suficiente como economista para suceder Friedrich von Hayek como diretor do prestigioso Instituto Vienense de Pesquisa dos Ciclos Econômicos. Embora cristão com um toque de antissemitismo, partiu para os Estados Unidos em 1938, após a invasão alemã da Áustria, e logo obteve um cargo na faculdade de economia de Princeton.[5]

Morgenstern não acreditava que a economia servisse para prever a atividade comercial. Os consumidores, os dirigentes de empresas e os formuladores de políticas, argumentou ele, levam tais previsões em consideração e alteram suas decisões e ações de acordo com elas. Essa resposta leva os previsores a alterarem sua previsão, fazendo o público reagir novamente. Morgenstern comparou esse feedback constante com o jogo entre Sherlock Holmes e o Dr. Moriarty em suas tentativas de passar a perna um no outro. Logo, os métodos estatísticos em economia são inúteis, exceto para fins descritivos, "mas os obstinados parecem não enxergar isso".[6]

Morgenstern impacientava-se com o pressuposto de presciência perfeita que dominou a teoria econômica do século XIX. Ninguém, insistia ele, consegue saber o que farão todos os demais em qualquer dado momento: "A presciência ilimitada e o equilíbrio econômico são, portanto, irreconciliáveis entre si."[7] Essa conclusão suscitou grandes elogios de Frank Knight e sua oferta de traduzir o artigo de Morgenstern do alemão para o inglês.

Morgenstern parece não ter sido muito simpático. O ganhador do prêmio Nobel Paul Samuelson, autor de um livro-texto de economia campeão de vendas por muito tempo, certa vez descreveu-o como "napoleônico... Sempre invocando a autoridade de um ou outro físico".*[8]

---

* O sentimento parece ter sido mútuo. Morgenstern não tinha em boa conta o conhecimento de matemática de Samuelson. Reclamando que "Samuelson tem ideias confusas sobre a estabilidade", previu que "nem em trinta anos ele absorveria a teoria dos jogos!". Ver Leonard, 1994, p. 494n.

Outro contemporâneo lembra-se de que o departamento de economia de Princeton "simplesmente odiava Oskar".[9] O próprio Morgenstern reclamava da falta de atenção que sua obra-prima amada recebia dos outros. Após visitar Harvard, em 1945, observou que "nenhum deles" mostrou qualquer interesse pela teoria dos jogos.[10] Em 1947, relatou que um colega economista chamado Röpke tachara a teoria dos jogos de "fofoca de café vienense".* Ao visitar um grupo de eminentes economistas em Rotterdam, em 1950, descobriu que eles "nada queriam saber da teoria dos jogos, porque ela os perturba".

Embora um entusiasta pela aplicação da matemática à análise econômica – ele desprezava o tratamento não rigoroso de Keynes das expectativas e considerou *The general theory* "simplesmente horrível" –, Morgenstern reclamava constantemente de seus problemas com o material avançado a que von Neumann o atraíra.[11] No decorrer de sua colaboração, Morgenstern sempre admirou von Neumann. "Ele é um homem misterioso", escreveu Morgenstern em certa ocasião. "No momento em que aborda algo de científico, mostra-se totalmente entusiasmado, claro, vivo, depois ele afunda, sonha, fala superficialmente em uma estranha mistura... É-se apresentado ao incompreensível."

A COMBINAÇÃO da fria matemática da teoria dos jogos e das tensões da economia parecia o objeto natural para um matemático entusiasta da economia e um economista entusiasta da matemática. Mas o estímulo para combinar as duas coisas surgiu, em parte, de um sentimento compartilhado de que, nas palavras de Morgenstern, a aplicação da matemática à economia estava "em condições lamentáveis".[12]

Uma motivação ambiciosa também estava em jogo – a aspiração de tornar a matemática a mestre triunfante na análise da sociedade, tanto quanto na análise das ciências naturais. Embora esse enfoque fosse bem recebido por muitos cientistas sociais atuais, provavelmente foi a fonte principal da resistência suscitada pela teoria dos jogos, ao ser pela

---

\* Röpke, igualmente um cristão, foi mais enfático do que Morgenstern quanto às suas razões de deixar a Alemanha de Hitler.

primeira vez amplamente apresentada no final da década de 1940. Keynes predominava no meio acadêmico daquela época e rejeitava qualquer tipo de descrição matemática do comportamento humano.

*The theory of games and economic behaviour* não hesita em defender a aplicação da matemática à tomada de decisões econômica. Von Neumann e Morgenstern rejeitam como "totalmente equivocada" a visão de que os elementos humanos e psicológicos da economia impedem a análise matemática. Lembrando a ausência de tratamento matemático na física antes do século XVI e na química e biologia antes do século XVIII, eles alegam que as perspectivas da aplicação da matemática a essas áreas "naquelas épocas iniciais dificilmente podem ter sido melhores do que à economia – *mutatis mutandis* – atualmente".[13]

Von Neumann e Morgenstern rejeitam a objeção de que seus procedimentos rigidamente matemáticos e sua ênfase em quantidades numéricas sejam irreais simplesmente porque "o indivíduo comum... conduz suas atividades econômicas em uma esfera de considerável indistinção".[14] Afinal, as pessoas reagem indistintamente também à luz e ao calor:

> Para se construir uma ciência da física, esses fenômenos (calor e luz) tiveram de ser medidos. Subsequentemente, os indivíduos passaram a usar os resultados de tais medições – direta ou indiretamente – mesmo na vida diária. O mesmo poderá ocorrer em economia numa data futura. Uma vez alcançada uma compreensão mais plena do comportamento humano com a ajuda de uma teoria que faça uso da medição, a vida do indivíduo poderá ser materialmente afetada. Não constitui, portanto, uma digressão desnecessária estudar esses problemas.[15]

A ANÁLISE em *Theory of games and economic behaviour* começa com o caso simples de um indivíduo que tem de optar entre duas alternativas, como na escolha entre cara e coroa no jogo infantil recém-descrito. Mas dessa vez, von Neumann e Morgenstern vão mais fundo na natureza da decisão, com o indivíduo escolhendo entre duas combinações de eventos, em vez de entre duas possibilidades únicas.

Eles tomam como exemplo um homem que prefere café a chá e chá a leite.[16] Nós lhe perguntamos: "Você prefere uma xícara de café a um copo com uma chance de 50-50 de conter chá ou leite?" Ele prefere a xícara de café.

O que acontece quando reordenamos as preferências, mas formulamos a mesma pergunta? Desta feita, o homem prefere leite a café ou chá, mas continua preferindo café a chá. Agora, a decisão entre café com certeza e uma chance de 50-50 de obter chá ou leite tornou-se menos óbvia do que da primeira vez, porque o resultado incerto contém algo de que ele realmente gosta (leite) além de algo que ele dispensaria (chá). Variando as probabilidades de encontrar chá ou leite e perguntando em que ponto o homem é indiferente entre o café com certeza e o jogo de 50-50, podemos desenvolver uma estimativa quantitativa – um número preciso – para medir quanto ele prefere o leite ao café e o café ao chá.

O exemplo torna-se mais realista quando o traduzimos em uma técnica para medir a utilidade – o grau de satisfação – de possuir US$1 comparada com a utilidade de possuir uma nota, perfazendo o total de US$2. O resultado preferido por esse homem deve ser agora US$2, que tomam o lugar do leite no exemplo anterior; nenhum dinheiro toma o lugar do chá, o resultado menos desejado, e US$1 torna-se a opção do meio e toma o lugar do café.

De novo, pedimos à pessoa que escolha entre algo certo e um jogo. Mas nesse caso, a escolha é entre US$1 e um jogo que paga US$2 ou nada. Fixamos as chances do jogo como de 50% de obter US$2 e de 50% de nada obter, com uma expectativa matemática de US$1. Se o homem declarar-se indiferente entre US$1 certo e o jogo, estará se mostrando neutro quanto ao risco nesse nível baixo do jogo. Segundo a fórmula proposta por von Neumann e Morgenstern, a probabilidade da possibilidade favorita neste caso, o resultado de US$2 – define quanto a pessoa prefere US$1 a zero comparado com quanto ele prefere US$2 a zero. Aqui 50% significa que sua preferência por US$1 em relação a zero é metade de sua preferência por US$2 em relação a zero. Sob essas circunstâncias, a utilidade de US$2 é o dobro da utilidade de US$1.

A resposta poderia perfeitamente diferir com outras pessoas ou sob outras circunstâncias. Vejamos o que acontece quando aumentamos a quantidade de dinheiro envolvida e mudamos as probabilidades do jogo.

Suponhamos agora que esse homem seja indiferente entre US$100 certos e um jogo com 67% de probabilidade de pagar US$200 e 33% de probabilidade de resultar em zero. A expectativa matemática desse jogo é de US$133; em outras palavras, a preferência do homem pelo resultado certo, US$100 – é agora maior do que quando apenas uma quantia baixa estava envolvida. Os 67% de probabilidade de US$200 significam que sua preferência por US$100 em relação a zero é de dois terços de sua preferência por US$200 em relação a zero; a utilidade dos primeiros US$100 é maior do que a utilidade dos segundos US$100. A utilidade da quantia maior diminui à medida que a quantidade de dinheiro em risco aumenta de um dígito para três dígitos.

Se tudo isso soa familiar, é mesmo. O raciocínio aqui é exatamente o mesmo do cálculo do "equivalente de segurança" que derivamos do princípio fundamental de Bernoulli de que a utilidade dos aumentos de riqueza será inversamente proporcional à quantidade de riqueza já possuída (Capítulo 6). Eis a essência da aversão ao risco: quão longe estamos dispostos a ir na tomada de decisões que possam provocar os outros a tomar decisões que terão consequências adversas para nós. Essa linha de análise enquadra von Neumann e Morgenstern rigorosamente no modelo clássico de racionalidade, pois pessoas racionais sempre compreendem claramente suas preferências, aplicam-nas sistematicamente e as esquematizam da forma aqui descrita.

ALAN BLINDER, membro de longa data da faculdade de economia de Princeton, coautor de um popular livro-texto de economia e vice-presidente do Federal Reserve Board de 1994 a 1996, forneceu um exemplo interessante da teoria dos jogos.[17] O exemplo apareceu em um artigo publicado em 1982. O tema foi se é possível, ou mesmo desejável, a coordenação entre a política monetária, que envolve o controle das taxas de juros no curto prazo e do suprimento de dinheiro, e a política fiscal, que envolve o equilíbrio entre os gastos do governo federal e a receita fiscal.

Os protagonistas desse jogo são as autoridades monetárias do Federal Reserve System e os políticos que determinam o mix entre os gastos governamentais e as receitas fiscais. As autoridades do Federal Reserve percebem o controle da inflação como sua responsabilidade principal, o que faz com que favoreçam a contração econômica em detrimento da expansão econômica. Elas permanecem no cargo por longos períodos – quatorze anos para os membros do Board e até a aposentadoria para os presidentes do Federal Reserve Bank –, o que lhes permite agir com uma boa dose de independência das pressões políticas. Os políticos, por sua vez, têm de concorrer regularmente às eleições, o que os leva a preferir a expansão à contração econômica.

O objetivo do jogo é um jogador forçar o outro a tomar as decisões desagradáveis. O Fed preferiria que as receitas fiscais excedessem os gastos, em vez de o governo sofrer um déficit orçamentário. Um superávit orçamentário tenderia a conter a inflação, protegendo assim os membros do Fed de serem vistos como os malvados. Os políticos, que se preocupam em serem eleitos, prefeririam que o Fed mantivesse as taxas de juros baixas e o suprimento de dinheiro amplo. Essa política estimularia a atividade empresarial e o emprego e livraria o Congresso e o presidente da necessidade de contrair um déficit orçamentário. Nenhum lado deseja fazer o que o outro lado deseja fazer.

Blinder estabelece uma matriz que mostra as preferências de cada lado em relação a cada uma das três decisões do outro: contrair, nada fazer ou expandir. Os números acima da diagonal em cada quadrado representam a ordem de preferência dos membros do Fed; os números abaixo das diagonais representam a ordem de preferência dos políticos.

As maiores preferências do Fed (1, 2 e 3) aparecem no canto superior esquerdo da matriz, onde pelo menos um lado é de contração, enquanto os outros são de apoio ou de abstenção de agir. Os membros do Fed preferem claramente que os políticos façam o serviço para eles. As três maiores preferências dos políticos aparecem no canto inferior direito, onde pelo menos um lado é de expansão, enquanto os outros são de apoio ou de abstenção de agir. Os políticos preferem claramente fazer com que o Fed adote políticas expansionistas para que eles não precisem fazer nada. As menores preferências dos políticos aparecem na coluna da esquerda, enquanto as menores preferências do Fed aparecem na linha inferior. Trata-se de uma situação onde uma acomodação não é nada fácil.

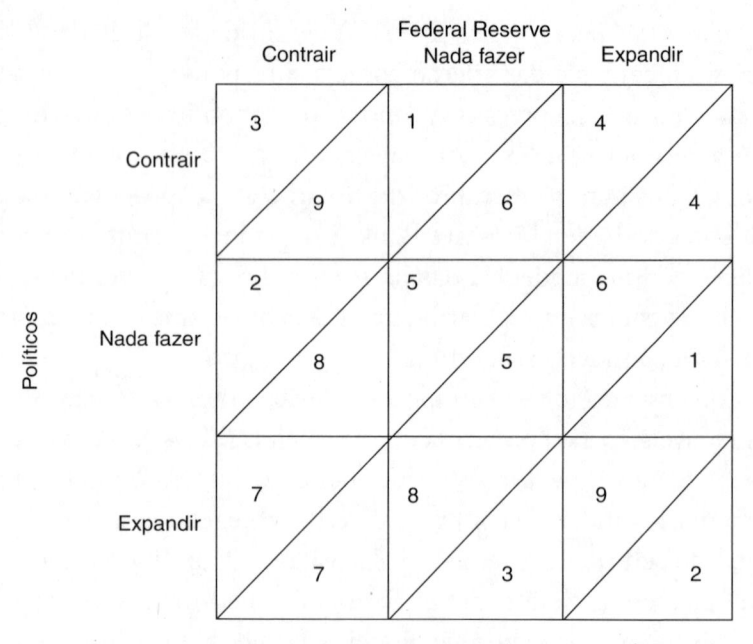

Matriz de preferências de Blinder

*(Adaptado de Alan S. Blinder, 1982. "Issues* in *the Coordination* of *Monetary and Fiscal Policies"* in Monetary policy issues in the 1980s, *Kansas City, Missouri: Federal Reserve Bank* of *Kansas City, pp.* 3-34.)

Como terminará o jogo? Supondo-se que o relacionamento entre o Fed e os políticos impossibilite a colaboração e coordenação, o jogo terminará no canto inferior esquerdo, onde a política monetária é restritiva e a política fiscal é expansionista. Esse é precisamente o resultado que emergiu nos primeiros anos do governo Reagan, quando Blinder escreveu esse artigo.

Por que esse resultado em vez de outro? Primeiro, ambos os lados estão exibindo sua natureza aqui: um Fed austero e políticos generosos. Sob nosso pressuposto de que o Fed não consegue persuadir os políticos a obter um superávit orçamentário e os políticos não conseguem persuadir o Fed a reduzir as taxas de juros, nenhum lado tem qualquer desejo de alterar suas preferências, nem pode ousar mostrar-se simplesmente neutro.

Olhe para cima e para a direita desse duplo sete. Observe que nenhum número abaixo da diagonal (a preferência dos políticos), olhando-se para cima na linha vertical esquerda, é inferior a 7, e que nenhum número acima da diagonal (a preferência do Fed), olhando-se horizontalmente para a direita, é inferior a sete. Na medida em que o Fed é restritivo e os políticos são expansionistas, ambos os lados estão fazendo o melhor de um mau acordo.

Isso não ocorre no canto superior direito, onde a política monetária do Fed é menos rígida e um superávit orçamentário emerge. Olhando horizontalmente para a esquerda e acima das diagonais, notamos que ambas as opções estão mais bem colocadas do que 4: o Fed prefeririia nada fazer ou até ser restritivo a contribuir para uma expansão econômica que possa terminar em uma situação inflacionária. A visão oposta prevaleceria entre os políticos. Olhando verticalmente para baixo, constatamos que ambas as opções estão mais bem colocadas do que 4: os políticos prefeririam nada fazer ou incorrer em um déficit a seguir uma política que lhes custe os empregos se seus eleitores perderem os empregos em consequência.

Esse resultado é conhecido como Equilíbrio de Nash, devido a John Nash, outro professor de Princeton e um dos ganhadores de 1994 do prêmio Nobel, por suas contribuições para a teoria dos jogos.[18] Sob o Equilíbrio de Nash, o resultado, embora estável, está longe de ótimo. Ambos os lados obviamente prefeririam quase todos os outros resultados a este. Entretanto, eles não conseguem alcançar um acordo melhor, a não ser que abandonem suas posições antagônicas e trabalhem conjuntamente em uma política comum em que cada um desempenhe um papel apoiador, ou pelo menos neutro, que os impeça de atrapalhar um ao outro. Um exemplo desse estado de coisas radicalmente diferente surgiu nos Estados Unidos em 1994, quando a política do Fed foi contraditória e os políticos estiveram atipicamente dispostos a observar sem interferir.

O jogo de Blinder fornece uma visão penetrante das relações entre poderes governamentais antagônicos. Mas ele pode ser generalizado para outras situações: atirar a bomba, nada fazer ou suplicar pela paz. Reduzir os preços, nada fazer ou elevá-los. Apostar no pôquer com base nas probabilidades, ficar de fora ou blefar.

No exemplo de Blinder, os contendores conhecem as intenções um do outro, o que raramente acontece. Além disso, ele não inclui as preferências dos consumidores, empregados e dirigentes de empresas, todos eles envolvidíssimos com o resultado. Quando alteramos as regras, aumentando o número de jogadores ou restringindo as informações disponíveis para eles, não temos outra opção senão recorrer à alta matemática. Como observaram von Neumann e Morgenstern, "... que complexidade de formas teóricas deve ser esperada na teoria social".

EM AGOSTO DE 1993, a Federal Communications Commission decidiu leiloar os direitos de comunicações sem fio nos Estados Unidos. Duas licenças seriam concedidas para cada uma das 51 zonas em todo o país; nenhum interessado poderia adquirir mais de uma licença em qualquer zona. O procedimento habitual nesses leilões é solicitar ofertas lacradas e conceder o contrato a quem fez a melhor oferta. Dessa vez, aconselhado por Paul Milgrom, um professor da Universidade de Stanford, a FCC resolveu conduzir o leilão de acordo com a teoria dos jogos, chamando-o de "Leilão de Espectro".

Primeiro, todas as ofertas seriam abertas, de modo que cada concorrente sempre saberia o que todos os outros estavam fazendo. Segundo, haveria sucessivas rodadas de ofertas, até que nenhum concorrente quisesse mais elevar sua oferta. Terceiro, entre as rodadas, os concorrentes poderiam mudar sua oferta de uma zona para outra ou poderiam concorrer simultaneamente por licenças em zonas adjacentes; como existe uma vantagem econômica em possuir licenças em zonas adjacentes, determinada licença poderia valer mais para um disputante do que para outro. Em suma, cada decisão se basearia nas decisões conhecidas dos outros participantes.

Os concorrentes descobriram que tomar decisões não é nada fácil. Cada um deles tinha de adivinhar as intenções dos outros, estudando sua reputação de agressividade, sua capacidade financeira e suas estruturas de licenciamento existentes. Às vezes, uma oferta apropriada de um concorrente sinalizava aos outros claramente suas intenções, evitando-se assim um ciclo de ofertas competitivas por alguma licença específica. A Pacific Telesis, que contratou Milgrom como consultor no leilão, chegou ao ponto de publicar anúncios de página inteira em cidades onde se localizavam concorrentes potenciais para deixar clara sua determinação de vencer a qualquer custo. Alguns concorrentes se uniram para evitar ofertas altas pela mesma licença.

O leilão estendeu-se por 112 rodadas durante três meses e trouxe ao governo US$7,7 bilhões. Embora se argumentasse que o governo poderia ter arrecadado mais dinheiro se a FCC tivesse proibido as alianças, a distribuição das licenças no final provavelmente revelou-se mais eficiente, em termos da economia da formação de concessões, do que sob o procedimento tradicional.

A motivação para se evitarem concorrências destrutivas no leilão é compreensível. O autor da maior oferta em um leilão desse tipo costuma sofrer da denominada Maldição do Vencedor – pagar alto demais devido à determinação de vencer. A Maldição do Vencedor não necessita de um leilão sofisticado – a mesma maldição pode acometer um investidor com pressa de comprar uma ação sobre a qual recebeu uma dica quente. Para se evitar a maldição, a negociação ocorre às vezes em telas de computador, de forma muito semelhante ao leilão de espectro. Os participantes – geralmente grandes instituições financeiras, como fundos de pensão ou fundos mútuos – são anônimos, mas todas as ofertas são exibidas na tela, junto com os preços de reserva acima de que o investidor não comprará e abaixo de que o vendedor não venderá.

Em janeiro de 1995, a publicação *Pensions and investments* relatou outra aplicação em investimentos da teoria dos jogos. O ANB Investment Management & Trust, em Chicago, introduzira uma estratégia explicitamente projetada para evitar a Maldição do Vencedor. O diretor de investimentos, Neil Wright, afirmando ter baseado a estratégia no Equilíbrio de Nash, argumentou que a Maldição do Vencedor costuma estar associada às ações cujas faixas de preços são anormalmente amplas, o que "significa que há muita incerteza quanto ao desempenho futuro da empresa". Uma faixa de preços ampla indica também liquidez limitada, o que significa que um volume de compras ou de vendas relativamente baixo exercerá um impacto significativo sobre o preço da ação. Por isso, Wright planejou selecionar sua carteira de ações com faixas de preço limitadas, uma indicação de que seus preços refletem visões consensuais, com vendedores e compradores mais ou menos equilibrados. O pressuposto é que tais ações podem ser compradas um pouco acima de sua avaliação consensual.

VON NEUMANN e Morgenstern basearam *Theory of games and economic behaviour* em um elemento essencial do comportamento: os ganhos de um indivíduo que maximizar sua utilidade – fizer a melhor troca disponível dentro das limitações fixadas pela teoria dos jogos – dependerão de quanto ele "consegue obter caso se comporte 'racionalmente'. Presume-se que esse 'consegue obter' [os ganhos que pode esperar] seja um mínimo; ele poderá obter mais se os outros cometerem erros (comportarem-se irracionalmente)".[19]

Essa estipulação tem representado um grande problema para os críticos, inclusive eminentes psicólogos do comportamento como Daniel Ellsberg e Richard Thaler, que encontraremos adiante. Em um artigo altamente crítico publicado em 1991, o historiador Philip Mirowski afirmou: "Nem tudo vai bem na casa da teoria dos jogos – em toda casa de sonhos há uma inquietação – e sinais de patologia não podem mais ser ignorados."[20] Ele cita críticas dos ganhadores do prêmio Nobel Henry Simon, Kenneth Arrow e Paul Samuelson. Ele argumenta que a teoria dos jogos jamais adquiriria qualquer importância se von Neumann não a tivesse vendido aos militares; ele chega ao ponto de especular: "Alguns jogaram a culpa pela escalada das armas nucleares diretamente na teoria dos jogos."[21] De fato, Mirowski alega que Morgenstern "caiu do céu" para von Neumann, pois propôs os economistas como um público para a teoria dos jogos quando ninguém mais estava interessado. Mirowski mostra-se mordaz quanto à ingenuidade e supersimplificação de suas definições daquela "palavra tão tristemente maltratada", racionalidade, que ele descreve como "uma estranha *embrulhada*".[22]

Todavia, o pressuposto de comportamento racional da teoria dos jogos – e o sonho de von Neumann e Morgenstern de que tal comportamento pode ser medido e expresso em números – desencadeou uma torrente de teorias empolgantes e aplicações práticas. Como os exemplos que forneci deixam claro, sua influência foi bem além da área militar.

Durante as décadas de 1950 e 1960, renovaram-se os esforços para ampliar o estudo da racionalidade, em particular em economia e finanças. Algumas das ideias então propostas parecem insubstanciais atualmente; nos Capítulos 16 e 17 sujeitaremos tais ideias à análise crítica. Mas temos de entender que, até cerca de 1970, grande parte do entusiasmo pela racionalidade, pela medição e pelo uso da matemática na previsão emergiu do otimismo que acompanhou as grandes vitórias da Segunda Guerra Mundial.

A volta à paz foi anunciada como uma oportunidade de aplicar as lições aprendidas a duras penas durante os longos anos de depressão e guerra. Talvez os sonhos do Iluminismo e da Era Vitoriana pudessem enfim realizar-se para todos os membros da raça humana. A economia keynesiana foi adotada como um meio de controlar o ciclo econômico e de promover o pleno emprego. O objetivo dos Acordos de Bretton Woods era recuperar a estabilidade do padrão-ouro do século XIX. O Fundo Monetário Internacional e o Banco Mundial foram fundados para fomentar o progresso econômico entre os povos destituídos do mundo. Enquanto isso, as Nações Unidas manteriam a paz entre as nações.

Nesse ambiente, o conceito vitoriano de comportamento racional recuperou a popularidade anterior. A medição sempre domina sobre a intuição: pessoas racionais fazem escolhas com base em informações, e não com base no capricho, na emoção ou no hábito. Uma vez analisadas todas as informações disponíveis, elas tomam decisões de acordo com preferências bem definidas. Elas preferem enriquecer e lutam para maximizar a utilidade. Mas elas também são avessas ao risco no sentido bernoulliano de que a utilidade da riqueza adicional é inversamente proporcional à quantidade já possuída.

COM O CONCEITO de racionalidade tão bem definido e tão amplamente aceito nos círculos intelectuais, sua transformação em regras de controle do risco e maximização da utilidade estava fadada a influenciar o mundo do investimento e da gestão da riqueza. O cenário era perfeito.

As realizações que se seguiram trouxeram prêmios Nobel para talentosos pesquisadores, e as definições de risco e as aplicações práticas que emergiram dessas realizações revolucionaram a gestão dos investimentos, a estrutura dos mercados, os instrumentos usados pelos investidores e o comportamento de milhões de pessoas que mantêm o sistema funcionando.

# 15

# O ESTRANHO CASO DO CORRETOR ANÔNIMO

ESTE CAPÍTULO LIDA especificamente com a medição do risco quando investimos em valores mobiliários. Por mais impossível que pareça, a quantificação do risco nos investimentos é um processo que está vivo, vai bem e é regularmente praticado pelos profissionais do atual mundo dos investimentos globalizados. Charles Tschampion, diretor-executivo do fundo de pensão da General Motors, com patrimônio de US$50 bilhões, observou recentemente: "A gestão de investimentos não é uma arte, nem uma ciência, mas engenharia... Dedicamo-nos a gerir e fazer a engenharia do risco dos investimentos financeiros." O desafio da GM, segundo Tschampion, "é primeiro não correr mais riscos do que necessário para gerar o retorno oferecido".[1] Um alto grau de sofisticação filosófica e matemática está por trás das palavras de Tschampion.

ATRAVÉS DA MAIOR parte da história dos mercados de ações – cerca de duzentos anos nos Estados Unidos e ainda mais tempo em alguns países europeus –, nunca ocorreu a ninguém definir numericamente o risco. As ações eram arriscadas, algumas mais arriscadas do que outras, e ponto final. O risco estava na intuição, e não nos números. Para os investidores agressivos, a meta era simplesmente maximizar os retornos; os medrosos contentavam-se com cadernetas de poupança e títulos de longo prazo de alta qualidade.

A declaração mais abalizada sobre o tema do risco fora emitida em 1830 e fora propositadamente vaga.[2] Tratou-se da decisão de um juiz em uma ação judicial sobre a administração do patrimônio de John McLean, de Boston. McLean morrera em 23 de outubro de 1823, deixando US$50 mil em fideicomisso para que sua esposa recebesse seus "lucros e rendas" em vida; quando ela morresse, os legatários deveriam distribuir metade do dinheiro restante ao Harvard College e a outra metade ao Hospital Geral de Massachusets. Quando a Senhora McLean morreu, em 1828, o patrimônio foi avaliado em apenas US$29.450. Harvard College e o hospital prontamente se uniram em uma ação judicial contra os administradores.

Ao anunciar sua decisão sobre o caso, o juiz Samuel Putnam concluiu que os administradores conduziram-se "honesta, discreta e cuidadosamente, de acordo com as circunstâncias existentes, no cumprimento de seus deveres". Segundo ele, administradores não podem ser responsabilizados por uma perda de capital que não se "deveu à sua negligência intencional... Senão, quem aceitaria tal responsabilidade arriscada?". Ele continuou com o que veio a ser imortalizado como a Regra do Homem Prudente:

> Faça você o que fizer, o capital corre risco... Tudo que se pode exigir de um administrador de fundo fiduciário ao investir é que ele seja leal e criterioso. Ele deve observar como homens prudentes, criteriosos e inteligentes gerenciam seus próprios negócios, não no tocante à especulação, mas à disposição permanente de seus fundos, considerando a renda provável, bem como a segurança provável do capital a ser investido.

As coisas ficaram por aí durante 122 anos.

EM JUNHO DE 1952, o *Journal of Finance*, a importante revista acadêmica de finanças, publicou um artigo de quatorze páginas intitulado "Portfolio

Selection" ("Seleção de Carteira"). Seu autor era Harry Markowitz, um desconhecido estudante de 25 anos da pós-graduação na Universidade de Chicago. O artigo foi inovador em tantos níveis, e acabou sendo tão influente tanto teoricamente como em termos práticos, que valeu a Markowitz um prêmio Nobel de ciência econômica em 1990.[3]

Ao escolher como tema os investimentos em ações, Markowitz abordava um assunto que as revistas sérias até então haviam considerado arriscado e especulativo demais para uma análise acadêmica sóbria. Ainda mais ousadamente, Markowitz estava tratando da gestão da riqueza total do investidor, sua *carteira*. Sua tese principal é que uma carteira de valores mobiliários é totalmente diferente das propriedades consideradas individualmente.

Ele não estava interessado na tolice que caracterizava a maior parte da literatura sobre o mercado de ações, como lições de um bailarino de como se tornar milionário sem fazer força, ou como ser reconhecido como um guru entre os analistas do mercado.[4] Tampouco ele se esforçou em apresentar suas ideias na linguagem simplória típica da maioria dos artigos sobre o mercado de ações. Em uma época em que qualquer tipo de tratamento matemático era raro em economia, particularmente em finanças – Jevons e von Neumann tinham exercido muito menos influência até então do que haviam esperado –, dez das quatorze páginas do artigo de Markowitz continham equações ou gráficos complicados.

Markowitz é parcimonioso nas notas de rodapé e na bibliografia: ele faz apenas três referências a outros autores, em uma área em que muitos acadêmicos mediam a qualidade de um trabalho pelo número de notas de rodapé que o autor conseguia compilar. Essa omissão na citação dos antecedentes intelectuais é curiosa: a metodologia de Markowitz é uma síntese das ideias de Pascal, de Moivre, Bayes, Laplace, Gauss, Galton, Daniel Bernoulli, Jevons, von Neumann e Morgenstern. Ela se vale da teoria das probabilidades, da amostragem, da curva em sino e dispersão ao redor da média, da regressão à média e da teoria da utilidade. Markowitz contou-me que conhecia todas essas ideias, mas não estava familiarizado com seus autores, embora tivesse investido bastante tempo no estudo do livro de von Neumann e Morgenstern sobre o comportamento e a utilidade econômicos.

Markowitz situou-se solidamente em companhia dos que veem os seres humanos como tomadores de decisões racionais. Sua abordagem reflete o espírito dos anos imediatamente após a Segunda Guerra Mundial, quando muitos cientistas sociais procuraram reviver a fé vitoriana na medição e a crença de que os problemas mundiais poderiam ser resolvidos.

Estranhamente, Markowitz não tinha nenhum interesse nos investimentos em ações ao voltar sua atenção para as ideias apresentadas em "Portfolio Selection". Ele nada conhecia sobre o mercado de ações. Um "chato de galochas" quando estudante, ele estava trabalhando no então relativamente novo campo da programação linear. A programação linear, uma inovação para a qual John von Neumann contribuíra significativamente, é um meio de desenvolver modelos matemáticos para minimizar os custos, ao mesmo tempo em que se mantém a produção constante, ou para maximizar a produção mantendo os custos constantes. A técnica é essencial para lidar com problemas como os enfrentados por uma empresa de aviação que deseja manter um número limitado de aviões com o máximo de ocupação e voando para o máximo de destinos possível.

Um dia, enquanto esperava para discutir com seu professor um ponto de sua dissertação doutoral, Markowitz iniciou uma conversa com um corretor de ações na sala de espera, que lhe pediu que aplicasse a programação linear aos problemas com que os investidores se defrontam no mercado de ações. O professor de Markowitz apoiou entusiasticamente a sugestão do corretor, embora conhecesse tão pouco sobre o mercado de ações que não pôde aconselhar Markowitz sobre como ou onde iniciar o projeto. Ele encaminhou Markowitz para o reitor da escola de administração que, ele esperava, deveria saber algo sobre o assunto.

O reitor recomendou que Markowitz lesse *The theory of investment value* (*A teoria do valor dos investimentos*), de John Burr Williams, um livro influente sobre finanças e administração de empresas. Williams era um homem beligerante e impaciente que se lançara em uma bem-sucedida carreira de corretor de ações na década de 1920, mas que retomara para Harvard como estudante de doutorado em 1932, aos trinta anos, na esperança de descobrir o que causara a Grande Depressão (ele não descobriu). *The theory of investment value,* publicado em 1938, foi sua tese de PhD.

Markowitz obedientemente foi à biblioteca e pôs-se a ler. A primeira frase do livro foi-lhe reveladora: "Nenhum comprador considera todos os papéis igualmente atraentes por seus preços de mercado atuais... Pelo contrário, ele procura 'o melhor por aquele preço'."[5] Muitos anos depois, ao me contar sobre sua reação, Markowitz recordou: "Fiquei impressionado com a noção de que você deveria se interessar pelo risco, além do retorno."

A "noção" soa bastante trivial na década de 1990, mas atraiu pouca atenção em 1952, ou melhor, por mais de duas décadas depois que o artigo de Markowitz foi publicado. Naquela época, os julgamentos sobre o desempenho dos papéis eram expressos em termos de quanto dinheiro o investidor ganhava ou perdia. O risco nada tinha a ver com isso. No final da década de 1960, os gerentes agressivos e orientados para o desempenho das carteiras dos fundos mútuos passaram a ser encarados como heróis populares, pessoas como Gerry Tsai, do Manhattan Fund ("O que o china anda fazendo?" era uma pergunta popular em Wall Street) e John Hartwell, da Hartwell & Campbell Growth Fund ("Desempenho significa buscar resultados superiores à média em períodos de tempo razoavelmente longos sistematicamente").[6]

Foi necessária a grande baixa de 1973-1974 para convencer os investidores de que aqueles fazedores de milagres não passavam de apostadores perdulários em mercados em alta que também deveriam se interessar pelo risco, além do retorno. Enquanto o Índice Standard & Poor caiu 43% de dezembro de 1972 a setembro de 1974, o Manhattan Fund perdeu 60% e o Hartwell & Campbell Fund caiu 55%.

Essa foi uma época difícil marcada por uma série de eventos terríveis: o escândalo de Watergate, a disparada dos preços do petróleo, a emergência de forças inflacionárias persistentes nos Estados Unidos, o colapso dos Acordos de Bretton Woods e um ataque tão feroz ao dólar que seu valor cambial caiu 50%.

A destruição de riquezas nos mercados em baixa de 1973-1974 foi assustadora, mesmo para investidores que pensavam que vinham investindo conservadoramente. Ajustados os valores à inflação, a queda do valor das ações do pico ao vale chegou a 50%, o pior desempenho da história, exceto o declínio de 1929 a 1931. Ainda pior, enquanto os detentores de títulos na década de 1930 na verdade ganharam dinheiro, o preço dos títulos no longo prazo do Tesouro caiu 28% de 1972 ao fundo do poço, em 1974, enquanto a inflação atingia 11% ao ano.

As lições aprendidas com esse colapso persuadiram os investidores de que o "desempenho" é uma quimera. Os mercados de capitais não são máquinas amoldáveis que cospem riqueza para todo mundo a pedido. Exceto em casos limitados, como certas obrigações da dívida ou certificados de depósito de taxa fixa, os investidores em ações e títulos não têm poder sobre o resultado que auferirão. Mesmo a taxa das cadernetas de poupança é fixada ao capricho do banco, que responde às taxas de juros em mudança dos próprios mercados. O retorno de cada investidor depende do que os outros investidores pagarão por ativos em certo ponto do futuro incerto, e o comportamento de um sem-número de outros investidores é algo que ninguém consegue controlar ou mesmo prever confiavelmente.

Por outro lado, os investidores podem administrar os riscos que correm. Os riscos maiores deveriam, no devido tempo, produzir mais riqueza, mas apenas para os investidores com nervos de aço. À medida que essas verdades simples se tornaram cada vez mais óbvias no decorrer da década de 1970, Markowitz tornou-se um nome conhecido entre os investidores profissionais e seus clientes.

O OBJETIVO DE MARKOWITZ em "Portfolio Selection" foi usar a noção de risco para formar carteiras para investidores que "consideram o retorno esperado uma coisa desejável *e* a variância do retorno uma coisa indesejável".[7] O "e" grifado que liga retorno à variância é o fulcro sobre o qual Markowitz baseia seu argumento.

Markowitz não faz nenhuma menção à palavra "risco" ao descrever sua estratégia de investimentos. Ele simplesmente identifica a variância do retorno como a "coisa indesejável" que os investidores tentam minimizar. Risco e variância tomaram-se sinônimos. Von Neumann e Morgenstern quantificaram a utilidade; Markowitz quantificou o risco dos investimentos.

A variância é uma medida estatística da oscilação do rendimento de um ativo ao redor da média. O conceito está matematicamente ligado ao desvio-padrão; na verdade, ambos são intercambiáveis. Quanto maior a variância ou o desvio-padrão ao redor da média, menos o retorno médio indicará qual deverá ser o resultado. Uma situação de alta variância traz-nos de volta à síndrome da cabeça no forno e pés no refrigerador.

Markowitz rejeita a premissa de Williams de que investir é um processo com um só objetivo em que o investidor aposta tudo no que parece ser "o melhor por aquele preço". Os investidores diversificam seus investimentos porque isso constitui sua melhor arma contra a variância do retorno. "A diversificação", declara Markowitz, "é observada e sensata; uma regra de comportamento que não implique a superioridade da diversificação deve ser rejeitada tanto como hipótese quanto como máxima".

O papel estratégico da diversificação é o insight-chave de Markowitz. Como observara Poincaré, o comportamento de um sistema que consiste em apenas poucas peças com forte interação será imprevisível. Com tal sistema, você pode fazer uma fortuna ou perder tudo em uma só aposta grande. Já em uma carteira diversificada, alguns ativos aumentarão de preço mesmo quando outros ativos se desvalorizarem; no mínimo, as taxas de retorno entre os ativos diferirão. O uso da diversificação para reduzir a volatilidade vai ao encontro da preferência naturalmente avessa ao risco de todos por resultados certos, em vez de incertos. A maioria dos investidores prefere o retorno menor esperado de uma carteira diversificada a pôr todos os ovos na mesma cesta, ainda que a aposta mais arriscada tenha maiores chances de gerar um retorno maior – se o resultado for o esperado.

Embora Markowitz nunca mencione a teoria dos jogos, há uma forte semelhança entre a diversificação e os jogos de estratégia de von Neumann. Neste caso, um jogador é o investidor e o outro, o mercado de ações – aliás, um poderoso oponente, além de reticente quanto às suas intenções. Jogar para vencer desse oponente é uma receita quase certa para o fracasso. Ao fazer o melhor de uma barganha ruim – ao diversificar, em vez de tentar dar uma tacada –, o investidor pelo menos maximiza as probabilidades de sobrevivência.

A matemática da diversificação ajuda a explicar sua atração. Enquanto o retorno de uma carteira diversificada equivalerá à média das taxas de retorno de seus componentes individuais, sua volatilidade será *inferior* à volatilidade média de seus componentes individuais. Isso significa que a diversificação é uma espécie de dádiva, em que você pode combinar um grupo de papéis arriscados e com altos retornos esperados em uma carteira de risco relativamente baixo, na medida em que você minimiza as covariâncias, ou correlações, entre os retornos dos papéis individuais.

Por exemplo, até a década de 1990, a maioria dos norte-americanos considerava os papéis estrangeiros especulativos demais e difíceis demais de gerenciar para serem investimentos apropriados. Assim, eles investiam quase todo o dinheiro no próprio país. Essa visão paroquial custou caro, como demonstram os cálculos a seguir.

De 1970 a 1993, o Índice Standard & Poor de quinhentas ações contemplou seus investidores com uma valorização do capital mais renda total média de 11,7% ao ano. A volatilidade do retorno do índice, medida por seu desvio-padrão, foi em média de 15,6% ao ano; isso significou que cerca de dois terços dos retornos anuais situaram-se entre 11,7% + 15,6%, ou 27,3% na extremidade superior, e 11,7% – 15,6%, ou – 3,9% na extremidade inferior.

Os principais mercados fora dos Estados Unidos costumam ser acompanhados por um índice publicado pela Morgan Stanley & Company que cobre a Europa, a Austrália e o Extremo Oriente. Esse índice é conhecido como EAFE. O retorno anual médio do EAFE para um investidor norte-americano de 1970 a 1993 foi de 14,3% – contra 11,7% do S&P –, mas o EAFE foi mais volátil. Em grande parte devido ao Japão e porque os retornos dos mercados internacionais são convertidos em um dólar cujo valor flutua em relação às outras moedas, o desvio-padrão do EAFE de 17,5% esteve dois pontos percentuais acima da volatilidade do S&P 500.

O EAFE e os mercados norte-americanos não costumam subir ou cair conjuntamente, razão pela qual a diversificação internacional faz sentido. Se a carteira de um investidor contivesse 25% dos ativos em ações do EAFE e 75% em ações do S&P desde 1970, seu desvio-padrão de 14,3% teria sido *inferior tanto ao do S&P como ao do EAFE*, embora seu retorno médio superasse o do S&P 500 sozinho por uma média de 0,6% ao ano.

Um exemplo ainda mais contundente do poder da diversificação aparece no gráfico a seguir, que mostra o desempenho de treze dos denominados mercados de ações emergentes na Europa, América Latina e Ásia de janeiro de 1992 a junho de 1994. O retorno mensal médio de cada mercado é indicado pelo eixo vertical; o desvio-padrão mensal

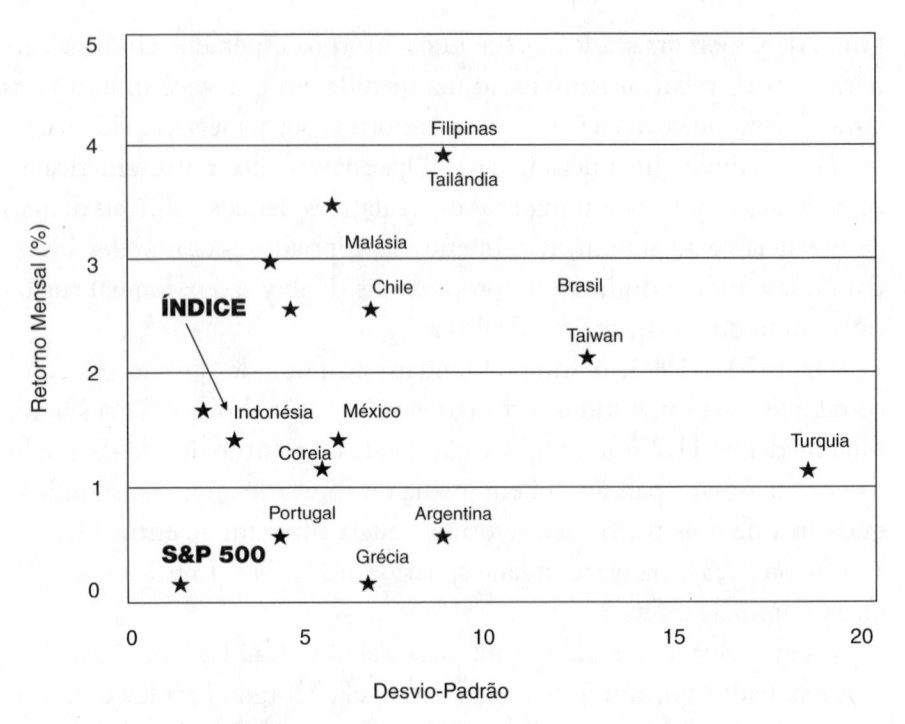

As vantagens da diversificação. O desempenho de treze mercados de ações emergentes comparado com o índice (média dos treze) e o S&P 500 de janeiro de 1992 a junho de 1994. Os dados são em porcentagens mensais.

do retorno de cada mercado é indicado pelo eixo horizontal. O gráfico mostra também um índice ponderado dos treze mercados, além do desempenho do S&P 500 no mesmo período.

Embora muitos investidores imaginem os mercados emergentes como um grupo homogêneo, o gráfico mostra que esses treze mercados tendem a ser grandemente independentes entre si. A Malásia, a Tailândia e as Filipinas tiveram retornos de 3% ao mês ou superiores, mas Portugal, Argentina e Grécia mal tiveram rentabilidade. As volatilidades oscilaram de cerca de 6% até cerca de 20% *ao mês*. Há bastante lenha na fogueira.

A falta de correlação, ou a baixa covariância, entre os mercados fez com que o índice ponderado tivesse um desvio-padrão inferior ao de qualquer um de seus treze componentes. A média simples dos desvios-padrão mensais dos treze mercados resulta em 10,0%; o desvio-padrão real da carteira diversificada foi de apenas 4,7%. A diversificação funciona.

Observe que os mercados emergentes foram muito mais arriscados do que o mercado de ações norte-americano nesse período de dezoito meses. Eles também foram muito mais rentáveis, o que explica por que os investidores revelaram tanto entusiasmo por esses mercados na época.

O risco desses mercados tornou-se claro apenas oito meses após o final do período de tempo coberto pelo gráfico. Se a análise se estendesse até fevereiro de 1995, teria incluído o colapso mexicano no final de 1994; o mercado mexicano caiu 60% entre junho de 1994 e fevereiro de 1995. De janeiro de 1992 a fevereiro de 1995, o retorno médio dos treze mercados foi apenas ligeiramente superior a 1% mensal, bem inferior aos quase 2% no intervalo de tempo mostrado no gráfico, enquanto o desvio-padrão do índice saltou de menos de 5% para 6% ao mês; um investidor no México ou na Argentina teria acabado perdendo dinheiro.* Nas Filipinas, o mercado de melhor desempenho, a lucratividade caiu de 4% para apenas 3% ao mês. Nesse ínterim, o desempenho do S&P 500 praticamente não mudou.

AO SUBSTITUIR A PURA intuição por um cálculo estatístico da incerteza, Markowitz transformou a escolha tradicional de ações em um procedimento de seleção do que ele denominou carteiras "eficientes". Eficiência, um termo adotado da engenharia pelos economistas e estatísticos, significa maximizar a saída em relação à entrada ou minimizar a entrada em relação à saída. As carteiras eficientes minimizam aquela "coisa indesejável" chamada variância ao mesmo tempo em que maximizam aquela "coisa desejável" chamada enriquecer. Foi esse processo que levou Tschampion, trinta anos depois, a chamar os gerentes do fundo de pensão da General Motors de "engenheiros".

Os investidores sempre desejarão papéis que representem "o melhor por aquele preço". O retorno esperado de uma carteira constituída de tais papéis será a média das expectativas para cada ação individual. Mas ações que parecem oferecer os melhores retornos com frequência desapontam,

---

* O desvio-padrão somente do mercado mexicano saltou de 8% a 10% ao mês (quatro vezes a volatilidade mensal do S&P 500) para mais de 15% ao mês na primeira metade de 1995.

enquanto outras excedem as esperanças mais otimistas dos investidores. Markowitz presumiu que as probabilidades de retornos reais da carteira acima e abaixo da expectativa média se distribuirão em uma exata curva normal de Gauss simetricamente equilibrada.

A distribuição dessa curva ao redor da média, do prejuízo ao lucro, reflete a variância da carteira – com a faixa de resultados possíveis refletindo a probabilidade de que a taxa de retorno real da carteira diferirá da taxa de retorno esperada. Foi isso que Markowitz quis dizer ao introduzir o conceito de variância para medir o risco, ou a incerteza do retorno; a abordagem combinada em relação ao risco e retorno costuma ser chamada pelos profissionais liberais e acadêmicos de otimização da média/variância. As ações ordinárias têm uma faixa de resultados possíveis muito maior do que uma obrigação do Tesouro norte-americano com vencimento em noventa dias; o retorno da obrigação do Tesouro quase não tem incerteza, pois os compradores terão o dinheiro de volta brevemente.

Markowitz reservou o termo "eficiente" para carteiras que combinam as melhores ações por aquele preço com o mínimo de variância – "otimização" é o termo técnico. A abordagem combina dois clichês que os investidores aprendem desde cedo: sem risco não há lucro e não ponha todos os ovos na mesma cesta.

É importante reconhecer que não existe uma carteira individual que seja mais eficiente do que todas as outras. Graças à programação linear, o método de Markowitz produz um menu de carteiras eficientes. Como qualquer menu, ele possui dois lados: o que você deseja está de um lado e o custo do que você deseja está do outro. Quanto maior o retorno esperado, maiores os riscos envolvidos. Mas cada carteira eficiente no menu terá o maior retorno esperado para qualquer dado nível de risco ou o menor nível de risco para qualquer retorno esperado.

Os investidores racionais selecionarão a carteira que melhor se adapte ao seu gosto por objetivos agressivos ou defensivos. Na tradição de von Neumann e Morgenstern, o sistema fornece um método para maximizar a utilidade de cada investidor. Esse é o único ponto no sistema de Markowitz em que a intuição importa. Todo o resto é medição.

～

"PORTFOLIO SELECTION" revolucionou a atividade de gerência de investimentos, ao elevar o risco à mesma importância do retorno esperado. O artigo, junto com o livro de mesmo nome que Markowitz escreveu em 1959, foi a base de quase todos os trabalhos teóricos de finanças que se seguiram. Além disso, ele apoiou uma variedade de aplicações no decorrer do tempo: de técnicas de seleção de ações e alocação de carteiras entre ações e títulos à avaliação e gerência de opções e de papéis derivativos mais complexos.

Apesar de sua importância, os críticos de "Portfolio Selection" transformaram a obra de Markowitz em um saco de pancadas, atacando de todos os lados todo o conjunto de pressupostos que a apoiam. Alguns dos problemas levantados são mais mecânicos e técnicos do que substantivos e foram superados. Outros problemas continuam gerando controvérsia.

O primeiro é se os investidores são bastante racionais na tomada de decisões para seguir a prescrição que Markowitz formulou para eles. Se a intuição triunfar sobre a medição nos investimentos, todo o exercício poderá se revelar uma perda de tempo e uma explicação falha do comportamento dos mercados.

Outra crítica questiona se a variância representa apropriadamente o risco. Aqui as consequências são menos claras. Se os investidores perceberem o risco como algo diferente da variância, alguma outra medida poderá ser igualmente válida e preservar a abordagem otimizadora de Markowitz em relação ao risco e retorno. Ou não.

Finalmente, o que aconteceria se o pressuposto de Markowitz da existência de uma relação positiva entre risco e retorno não sobreviver aos testes empíricos? Se altos retornos forem sistematicamente obtidos com papéis de baixo risco ou se você se der mal com papéis que pensou fossem de baixo risco, uma reavaliação da teoria será necessária.

Abordaremos aqui brevemente os problemas técnicos e, depois, em mais detalhes, a questão de quão bem a variância representa o risco. A racionalidade do investidor é um assunto tão importante que lhe dedicamos os Capítulos 16 e 17; os investidores, afinal, não passam de pessoas, embora engajadas em uma atividade específica, o que significa que toda a questão da racionalidade humana está envolvida.

Os problemas técnicos surgem do pressuposto de Markowitz de que os investidores não terão dificuldades em estimar as entradas de seu

modelo: os retornos esperados, as variâncias e as covariâncias entre todas as ações individuais. Mas, como Keynes enfatizou em *A treatise on
probability,* bem como mais tarde, usar dados do passado é perigoso.
Além disso, graus de crença nem sempre se prestam à medição precisa,
particularmente com a precisão exigida pela abordagem de Markowitz.
Em termos práticos, a maioria das aplicações da abordagem combina a
experiência passada com previsões, embora os investidores reconheçam
que uma margem de erro significativa cerca os resultados de tais cálculos.
Ademais, a sensibilidade do processo a pequenas diferenças nas estimativas das entradas torna os resultados ainda mais incertos.

O passo mais difícil é realizar os cálculos necessários para medir
como cada ação ou título individual poderia variar em relação a cada
uma das outras ações ou títulos. William Baumol, o autor do artigo que
demonstra a regressão à média de tendências no longo prazo da produtividade, calculou já em 1966 – quatorze anos após a aparição de "Portfolio
Selection" – que uma única execução para selecionar carteiras eficientes
nos computadores da época custaria entre 150 e 350 dólares, mesmo
pressupondo-se que as estimativas das entradas necessárias fossem exatas. Uma pesquisa mais elaborada chegaria aos milhares de dólares.[8]

O próprio Markowitz preocupou-se com os obstáculos à aplicação
prática de suas ideias. Em cooperação com William Sharpe – um estudante do doutorado que mais tarde compartilhou o prêmio Nobel com
ele –, Markowitz tornou possível saltar todo o problema do cálculo de
covariâncias entre os papéis individuais. Sua solução foi estimar a variação de cada papel em relação ao mercado como um todo, um cálculo
bem mais simples. Essa técnica levou subsequentemente ao desenvolvimento, por Sharpe, do que passou a ser conhecido como o Modelo de
Determinação de Preço de Bens de Capital (CAPM), que analisa como
os ativos financeiros seriam avaliados se todos os investidores seguissem
à risca as recomendações de Markowitz para a formação de carteiras. O
modelo usa o termo "beta" para descrever a volatilidade média de ações
individuais ou de outros ativos em relação ao mercado como um todo,
durante um período de tempo específico. O AIM Constellation Fund
examinado no Capítulo 12, por exemplo, teve um beta de 1,36 durante
os anos de 1983 a 1995, o que significa que o fundo tendia a subir ou cair
1,36% sempre que o S&P 500 subia ou caía 1%; ele tendia a cair 13,6%

sempre que o mercado caía 10% e assim por diante. O mais conservador, American Mutual Fund, teve um beta de apenas 0,80%, o que indica que era bem menos volátil do que o S&P 500.

Outro problema matemático resulta da ideia de que uma carteira, ou o próprio mercado de valores mobiliários, pode ser descrita por apenas dois números: retorno esperado e variância. Depender apenas desses dois números será válido se, e somente se, os retornos dos papéis estiverem normalmente distribuídos em uma curva em sino como a de Gauss. Nenhum caso atípico é permitido, e a distribuição dos resultados em ambos os lados da média deverá ser simétrica.

Quando os dados não estão normalmente distribuídos, a variância poderá não refletir 100% das incertezas na carteira. Nada é perfeito no mundo real, de modo que isso representa um problema – mas o problema é maior para alguns investidores do que para outros. Para muitos, os dados se enquadram suficientemente na distribuição normal para serem um guia útil nas decisões sobre a carteira e nos cálculos do risco. Para outros, tais imperfeições levaram ao desenvolvimento de novos tipos de estratégia que descreveremos à frente.

A QUESTÃO DA DEFINIÇÃO do risco em termos de um número é crucial. Como os investidores decidirão quanto risco correr se não puderem atribuir alguma ordem de grandeza aos riscos com que se defrontam?

Os gerentes de carteira da BZW Global Investors (ex-Wells FargoNikko Investment Advisors) certa vez transformaram esse dilema em uma história interessante. Um grupo de excursionistas na selva chega a uma ponte que encurtará grandemente o trajeto de volta ao acampamento. Notando que a ponte era alta, estreita e fraca, eles se muniram de cordas e outros apetrechos de segurança antes de iniciar a travessia. Ao atingirem o outro lado, toparam com um faminto puma esperando pacientemente por sua chegada.[9]

Tenho um palpite de que Markowitz, com seu foco na volatilidade, seria pego de surpresa pelo puma. Kenneth Arrow, um homem que pensa sobre os riscos em várias dimensões diferentes e que compreende a diferença entre o quantificável e o confuso, estaria mais propenso a se preocupar com a possibilidade de que o puma, ou algum outro perigo, aguardasse do outro lado da ponte.

Não obstante, a volatilidade – ou variância – exerce um apelo intuitivo como representante do risco. A análise estatística confirma o que a intuição sugere: quase sempre, um aumento da volatilidade está associado a um declínio no preço do ativo.[10] Além disso, segundo nossa intuição, a incerteza deve estar associada a algo cujo valor oscila grandemente dentro de uma ampla faixa. A maioria dos ativos cujo valor costuma subir violentamente tende a cair com a mesma violência. Se lhe pedissem para classificar o risco de ações do Fundo Brasil, ações da General Electric, um título do Tesouro norte-americano com vencimento em trinta anos e uma letra do Tesouro norte-americana com vencimento em noventa dias, a classificação seria óbvia, bem como a volatilidade relativa desses quatro papéis. A importância esmagadora da volatilidade é evidente no papel que desempenha na formação dos instrumentos de proteção contra riscos conhecidos como derivativos: opções, *swaps* e outros instrumentos ajustados a necessidades específicas dos investidores.

O Morningstar, o serviço de Chicago que analisa o desempenho dos fundos mútuos, forneceu um exemplo interessante de quão bem a volatilidade representa o risco.[11] Em maio de 1995, o Morningstar informou que os fundos mútuos que investem em títulos e que cobram taxas (as chamadas taxas 12b-1) para cobrir as despesas promocionais – taxas que saem dos bolsos dos acionistas – tiveram desvios-padrão médios cerca de 10% superiores aos dos fundos de títulos que não cobram essas taxas. O Morningstar chegou a esta conclusão: "O verdadeiro custo das taxas 12b-1, pelo menos para os fundos de títulos, não é um retorno ligeiramente inferior, mas um investimento de maior risco... Trata-se da consequência lógica de transferir custos de marketing para a equação de investimento."

Contudo, não há um forte consenso sobre o que faz a volatilidade flutuar ou mesmo sobre qual a sua causa original. Podemos dizer que a volatilidade se manifesta quando o inesperado acontece. Mas isso não ajuda nada, pois, por definição, ninguém sabe como prever o inesperado.

Por outro lado, nem todos se preocupam com a volatilidade. Embora o risco signifique que podem acontecer mais coisas do que acontecerão

– uma definição que capta a ideia de volatilidade –, essa afirmação não especifica nenhuma dimensão de tempo. Uma vez introduzido o elemento temporal, a ligação entre risco e volatilidade começa a diminuir. O tempo altera o risco em vários aspectos, não apenas em sua relação com a volatilidade.

A falecida tia de minha esposa, uma senhora alegre, costumava se vangloriar de ser minha única parente que nunca pedia minha opinião sobre os rumos do mercado. A razão, explicava ela, era esta: "Eu não comprei pensando em vender." Se você não for vender uma ação, o que acontecer com seu preço será indiferente. Para investidores realmente de longo prazo aquele pequeno grupo de pessoas como Warren Buffett que podem fechar os olhos às flutuações a curto prazo e que não têm dúvidas de que o que cai voltará a subir –, a volatilidade representa uma oportunidade, e não um risco, pelo menos na medida em que papéis voláteis tendem a fornecer retornos superiores aos de papéis mais plácidos.

Robert Jeffrey, um ex-executivo industrial que agora administra um substancial patrimônio familiar, expressou a mesma ideia de maneira mais formal: a volatilidade não representa o risco porque "a volatilidade em si, esteja ligada ao clima, aos retornos de uma carteira ou ao horário da entrega do jornal matutino, não passa de um fator de probabilidade estatística benigno que só nos informa sobre o risco quando unida a uma consequência".[12] A consequência da volatilidade para a tia de minha esposa era nula; a consequência da volatilidade para um investidor que precisará sacar do capital amanhã é fundamental. Jeffrey sintetiza a questão com estas palavras: "O verdadeiro risco de uma carteira é ela não conseguir fornecer ao proprietário, quer em sua duração, em alguma data terminal ou em ambos, o *dinheiro* de que ele precisa para desembolsos essenciais." (O grifo é meu.)

Jeffrey reconheceu que o risco inerente a diferentes ativos só faz sentido quando relacionado com as obrigações do investidor. Essa definição de risco reaparece sob vários disfarces diferentes, todos eles úteis. A ideia central é que a variabilidade deve ser estudada em relação a certo referencial ou a alguma taxa de retorno mínima que o investidor tem de ultrapassar.

Na versão mais simples dessa abordagem, o risco é apenas a chance de perder dinheiro. Nessa visão, um retorno nominal zero torna-se o referencial, conforme os investidores tentam formar carteiras que minimizem as probabilidades de retornos negativos em algum período de tempo.

Essa visão está bem distante da de Markowitz, como mostra o seguinte exemplo. Sejam dois investidores: um deles investiu tudo nas ações do S&P 500 no início de 1955, mantendo-as por quarenta anos. O outro investiu em um título do Tesouro com vencimento em trinta anos. Para manter o vencimento em trinta anos, esse investidor vende seu título original (agora um título com vencimento em 29 anos) ao final de cada ano e compra um novo título de trinta anos.

De acordo com o método de medição do risco de Markowitz, o título do segundo investidor, com um desvio padrão anual de 10,4%, foi muito menos arriscado do que a carteira de ações do primeiro investidor, cujo desvio padrão chegou a 15,3%. Por outro lado, o retorno total da carteira de ações (valorização do capital mais renda) foi bem superior ao retorno total do título – uma média anual de 12,2% contra apenas 6,1%. O alto retorno da carteira de ações mais do que compensou sua maior volatilidade. A probabilidade de um ano sem nenhum retorno foi de 22% para a carteira de ações; o detentor do título encarou probabilidade de 28% de um ano ruim. A carteira de ações retomou mais do que o retorno *médio* do título em dois terços dos anos no mesmo período. Que investidor correu o maior risco?

Ou considere os treze mercados emergentes recém-mencionados. Do final de 1989 a fevereiro de 1994, eles foram três vezes mais voláteis do que o S&P 500, mas um investidor no pacote de mercados emergentes amargou menos meses de prejuízo, foi sistematicamente mais rico e, mesmo após a queda acentuada no final de 1994, terminou três vezes mais rico do que o investidor no S&P 500. Qual o mais arriscado: o S&P 500 ou o índice dos mercados emergentes?

O grau de risco de uma carteira volátil, em outras palavras, depende daquilo com que a estamos comparando. Alguns investidores, e muitos gerentes de carteiras, não consideram arriscada uma carteira volátil se for baixa a probabilidade de seus retornos terminarem abaixo de um referencial especificado.* Esse referencial não tem de ser zero. Pode ser um alvo móvel, como o retorno mínimo necessário para uma empresa manter

---

* Para uma discussão extensa e informativa dessas questões, consulte *The Journal of Investing*, outono de 1994.

solvente seu fundo de pensão, a taxa de retorno de certo índice ou carteira modelo (como o S&P 500) ou os 5% dos ativos que as fundações de caridade são obrigadas por lei a gastar todo ano. A Momingstar classifica os fundos mútuos por risco em termos da frequência com que seus retornos ficam abaixo do retorno das letras do Tesouro de 90 dias.

No entanto, medir o risco como a probabilidade de ficar aquém de um referencial não invalida em absoluto a prescrição de Markowitz para a administração de carteiras. O retorno continua sendo desejável e o risco continua indesejável; o retorno esperado deve ser maximizado ao mesmo tempo em que o risco deve ser minimizado; a volatilidade continua indicando a probabilidade de ficar aquém das expectativas. A otimização sob essas condições pouco difere do que Markowitz tinha em mente. O processo é válido mesmo quando o risco é visto como um conceito multidimensional que incorpora a sensibilidade de um ativo a mudanças inesperadas em variáveis econômicas importantes, como a atividade econômica, a inflação e as taxas de juros, bem como a sensibilidade às flutuações do mercado em que o ativo é negociado.

Existe ainda outra forma baseada na probabilidade de medir o risco, esta baseada exclusivamente na experiência passada. Suponha que um investidor procure detectar o momento certo de agir, tentando comprar antes que os preços subam e vender antes que eles caiam. Com que margem de erro ele pode conviver para, mesmo assim, superar uma estratégia simples de comprar e manter?

Um dos riscos da estratégia de compras e vendas no momento certo é estar fora do mercado durante uma alta acentuada. Consideremos o período de 26 de maio de 1970 a 29 de abril de 1994. Suponhamos que nosso investidor ficou com dinheiro em vez de ações apenas nos cinco melhores dias do mercado, dentre os 3.500 dias de negociação daquele período de 14 anos. Pode ser que se sentisse muito bem por ter praticamente dobrado o investimento inicial (antes dos impostos), até calcular qual teria sido o desempenho se tivesse meramente comprado as ações no início e as mantido, sem tentar nenhuma jogada. Comprar e manter teria *triplicado* seu investimento. A estratégia de compras e vendas no momento certo é arriscada!

A medição do risco fica ainda mais complicada quando os parâmetros são fluidos, e não estacionários. A própria volatilidade não permanece constante no decorrer do tempo. O desvio-padrão anual dos retornos mensais das ações do S&P 500 chegou a 17,7% do final de 1984 ao final de 1990; nos quatro anos seguintes, o desvio-padrão foi de apenas 10,6% ao ano. Mudanças abruptas semelhantes ocorreram na volatilidade do mercado de títulos. Se índices amplamente diversificados estão sujeitos a tal variação, ela se manifestará muito mais provavelmente no caso de ações ou títulos individuais.

O problema não termina aqui. Poucas pessoas têm o mesmo sentimento em relação ao risco durante toda a vida. À medida que ficarmos mais velhos, mais sábios, mais ricos ou mais pobres, nossa percepção do risco e nossa aversão a ele mudará, ora em uma direção, ora em outra. Os investidores como um grupo também alteram suas visões sobre o risco, mudando consideravelmente a avaliação dos fluxos de rendimentos futuros que esperam das ações e dos títulos no longo prazo.

Uma abordagem engenhosa dessa possibilidade foi desenvolvida por William Sharpe, aluno, colaborador e colega de prêmio Nobel de Markowitz. Em 1990, Sharpe publicou um artigo que analisou a relação entre as mudanças na riqueza e a disposição dos investidores de ter ativos arriscados.[13] Embora, segundo a visão de Bernoulli e Jevons, as pessoas ricas sejam talvez mais avessas ao risco do que as outras pessoas, Sharpe formulou a hipótese de que *mudanças* na riqueza também influenciam a aversão de um investidor ao risco. Aumentos de riqueza proporcionam às pessoas um amortecedor maior para absorver os prejuízos; prejuízos tornam o amortecedor menor. A consequência é que aumentos da riqueza tendem a aumentar o apetite pelo risco, enquanto prejuízos tendem a diminuí-lo. Segundo Sharpe, essas variações na aversão ao risco explicam por que mercados em alta ou mercados em baixa tendem a atingir extremos, até finalmente a regressão à média entrar em ação, à medida que investidores contrários reconhecem a reação exagerada ocorrida e corrigem os erros de avaliação que se acumularam.

APESAR DAS CRÍTICAS à teoria da seleção de carteiras de Markowitz, sua contribuição foi imensa. Ela forneceu a base para os principais trabalhos teóricos realizados desde 1952 e deu origem a aplicações práticas que dominam o campo dos investimentos. De fato, a diversificação tornou-se uma verdadeira religião entre os investidores. Mesmo os ataques a Markowitz desencadearam novos conceitos e novas aplicações que talvez nunca tivessem surgido sem suas contribuições inovadoras.

Contudo, grande parte das aplicações do feito de Markowitz e a estrutura cuja base ele estabeleceu dependem de como nos sentimos quanto à questão controvertida da racionalidade dos investidores. Assim que Wall Street começou a aplicar as novas teorias de investimentos, o som da dissidência fez-se ouvir. Os importantíssimos trabalhos sobre o comportamento racional, grande parte dos quais do tumultuado início da década de 1970, provocaram um rompimento drástico com as visões otimistas da racionalidade que caracterizaram as inovações das décadas de 1950 e 1960. O terreno estava preparado para o ataque aos modelos de Daniel Bernoulli, Jevons e von Neumann, sem falar nos pressupostos centrais da teoria econômica tradicional.

A resposta a esse ataque violento aos princípios consagrados do comportamento foi hesitante de início, em parte porque os acadêmicos nem sempre se expressam com clareza e em parte devido aos enormes interesses velados que haviam se acumulado em torno das teorias estabelecidas da tomada de decisões e escolha. Mas o ambiente sombrio da década de 1970 forneceu o impulso que desencadeou o poder, a inventividade e o senso comum que marcaram as novas ideias e que acabaram trazendo-as para o primeiro plano da pesquisa acadêmica e para a atenção dos profissionais. Atualmente, as revistas acadêmicas estão cheias de ataques aos conceitos de comportamento racional e aversão ao risco.

Daniel Bernoulli admitira, em seu artigo, que havia "raríssimas exceções" às suas proposições. Ele subestimou a frequência com que os seres humanos se afastam do caminho estreito e apertado que ele lhes traçara. Pesquisas recentes revelam que muitos dos desvios das normas de comportamento racional estabelecidas são sistemáticos.

Existe outra possibilidade. Talvez as pessoas não sejam irracionais, mas o modelo tradicional de racionalidade especifique um padrão de comportamento que capta apenas em parte a forma como os seres humanos racionais tomam suas decisões. Nesse caso, o problema está no modelo de racionalidade, e não nos seres humanos. Se as escolhas das pessoas forem lógicas e previsíveis, mesmo com preferências variáveis, e não constantes, ou com preferências que não se ajustam às prescrições rigorosas da racionalidade, o comportamento poderá ser modelado por técnicas matemáticas. A lógica poderá seguir uma variedade de caminhos, além daqueles especificados no modelo tradicional.*

Um volume crescente de pesquisas revela que as pessoas são vítimas de incoerências, falta de visão e outras formas de distorção no decorrer do processo de tomada de decisões. Isso pode ser irrelevante quando está em jogo a sorte grande na máquina caça-níquel ou na loteria. Mas as evidências indicam que essas falhas são ainda mais aparentes em áreas onde as consequências são mais graves.

A palavra "irracional" talvez seja forte demais para se aplicar a tal comportamento, pois irracionalidade conota loucura e a maioria das pessoas não é louca (talvez por definição?). Richard Thaler, um economista da Universidade de Chicago, observou que as pessoas não são "consumados idiotas" nem "autômatos hiper-racionais".[14] Não obstante, os estudos pioneiros de Thaler de como as pessoas fazem escolhas na vida real revelam desvios significativos em relação àquilo em que Bernoulli e Markowitz acreditavam.

Essa é uma área fascinante, um curso sobre autodescoberta. Quanto mais aprendemos a respeito, mais percebemos que cada um de nós fracassa nos testes tradicionais de racionalidade de formas talvez insuspeitadas. Von Neumann, apesar do brilho de sua visão, omitiu partes importantes da história.

---

* Jack Benny teve um quadro em um programa de rádio dominical em que permaneceu em silêncio quando atacado por um assaltante que lhe pediu "a bolsa ou a vida". Após uma longa pausa, o bandido gritou: "Decida-se!", ao que Benny previsivelmente respondeu: "Estou pensando."

# GRAUS DE CRENÇA: EXPLORANDO A INCERTEZA

# 16

# A FALTA DE INVARIÂNCIA

NÓS TODOS NOS IMAGINAMOS como seres racionais, mesmo em épocas de crise, aplicando as leis das probabilidades de forma fria e calculista às escolhas com que nos defrontamos. Gostamos de acreditar que estamos acima da média em habilidade, inteligência, visão, experiência, refinamento e liderança. Quem admite ser um motorista barbeiro, um debatedor fraco, um investidor burro ou uma pessoa de mau gosto no trajar?

Todavia, quão realistas são tais imagens? Nem todos podem estar acima da média. Além disso, as decisões mais importantes que tomamos costumam ocorrer sob condições complexas, desconcertantes, indistintas ou assustadoras. Não resta muito tempo para consultar as leis das probabilidades. A vida não é um jogo de *balla*. Muitas vezes, ela vem envolta nas nuvens de incerteza de Kenneth Arrow.

Não obstante, a maioria dos seres humanos não são seres completamente irracionais que assumem riscos sem se prevenir ou que se escondem no armário quando a ansiedade ataca. Como veremos, as evidências indicam que tomamos decisões de acordo com uma estrutura subjacente que nos permite funcionar previsivelmente e, na maioria dos casos, sistematicamente. O problema, porém, é o grau de desvio da realidade na qual tomamos nossas decisões, em relação aos modelos de decisão racional dos Bernoulli, de Jevons e de von Neumann. Os psicólogos criaram uma indústria caseira para explorar a natureza e as causas desses desvios.

Os modelos clássicos de racionalidade – em que se baseiam a teoria dos jogos e a maioria dos conceitos de Markowitz – especificam como as pessoas *deveriam* tomar decisões em face do risco e como seria o mundo se as pessoas de fato se comportassem desse modo, Entretanto, extensas pesquisas e experiências revelam que desvios desse modelo ocorrem com mais frequência do que a maioria de nós admite. Você descobrirá a si mesmo em muitos dos exemplos seguintes.

A PESQUISA MAIS influente sobre como as pessoas administram o risco e a incerteza foi conduzida por dois psicólogos israelenses, Daniel Kahneman e Amos Tversky. Embora vivam atualmente nos Estados Unidos – um em Princeton e o outro em Stanford –, ambos serviram nas forças armadas israelenses na década de 1950. Kahneman desenvolveu um sistema de seleção psicológica para avaliar recrutas para o Exército israelense que continua em uso até hoje. Tversky serviu como capitão de paraquedistas e foi condecorado por bravura, Os dois colaboram entre si há quase trinta anos e conquistaram adeptos entusiasmados entre acadêmicos e profissionais no ramo das finanças e investimentos, onde a incerteza influencia todas as decisões.[1]

Kahneman e Tversky chamam seu conceito de Teoria da Perspectiva. Depois de ler sobre essa teoria e discuti-la pessoalmente com Kahneman e Tversky, quis saber por que seu nome era tão diferente do assunto. Perguntei a Kahneman de onde tirara o nome, "Apenas quisemos um nome que as pessoas notassem e de que se lembrassem", respondeu ele.

Sua colaboração começou em meados da década de 1960, quando ambos eram professores assistentes na Universidade Hebraica de Jerusalém. Em um de seus primeiros encontros, Kahneman contou a Tversky sobre uma experiência que tivera ao ensinar psicologia educacional para instrutores de voo. Citando estudos do comportamento dos pombos, ele estava tentando mostrar que a recompensa é uma ferramenta didática mais eficaz do que a punição. De repente, um de seus alunos exclamou: "Com todo respeito, mestre, o que o senhor está dizendo é literalmente para as aves... Minha experiência contradiz isso."[2] Segundo o aluno, os treinandos que ele elogiava por ótimo desempenho quase sempre pioravam no voo seguinte, enquanto os que ele criticava por mau desempenho quase sempre melhoravam.

Kahneman percebeu que esse padrão era exatamente o que Francis Galton teria previsto. Assim como grandes ervilhas-de-cheiro dão origem a ervilhas-de-cheiro menores, e vice-versa, o desempenho em uma área dificilmente vai melhorando ou piorando por tempo indeterminado. Oscilamos de um lado para outro em tudo que fazemos, continuamente regressando ao que se revelará como nosso desempenho médio. As chances são de que a qualidade da próxima aterrissagem de um aluno não terá nenhuma relação com o fato de alguém ter-lhe ou não dito que sua última aterrissagem foi boa ou ruim.

"Uma vez que você se sensibilize para isso, passa a ver regressão em toda parte", observou Kahneman a Tversky.[3] Se seus filhos fazem o que lhes mandam, se um jogador de basquete vai barbarizar esta noite ou se o desempenho de um gerente de investimentos piorará neste trimestre, seu desempenho futuro provavelmente refletirá a regressão à média, independentemente de se serão punidos ou recompensados pelo desempenho passado.

Logo, os dois homens estavam especulando sobre a possibilidade de que ignorar a regressão à média não era a única forma pela qual as pessoas erram ao prever o desempenho futuro com base nos fatos do passado. Uma colaboração frutífera desenvolveu-se entre eles, ao passarem a conduzir uma série de experiências engenhosas concebidas para revelar como as pessoas fazem escolhas em face de resultados incertos.

A Teoria da Perspectiva descobriu padrões de comportamento nunca antes reconhecidos pelos proponentes da tomada racional de decisões. Kahneman e Tversky atribuem esses padrões a duas deficiências humanas. Primeira, a emoção muitas vezes destrói o autocontrole que é essencial à tomada racional de decisões. Segunda, as pessoas muitas vezes não conseguem entender plenamente com que estão lidando. Elas experimentam o que os psicólogos denominam dificuldades cognitivas.

O núcleo de nossa dificuldade está na amostragem. Como Leibniz lembrou a Jacob Bernoulli, a natureza é tão variada e complexa que temos dificuldades em extrair generalizações válidas do que observamos. Usamos atalhos que nos levam a percepções errôneas ou interpretamos amostras pequenas como representativas do que amostras maiores revelariam.

Consequentemente, tendemos a recorrer a tipos mais subjetivos de medição: os "graus de crença" de Keynes figuram com mais frequência em nossa tomada de decisões do que o Triângulo de Pascal, e a intuição domina mesmo quando pensamos que estamos usando a medição. Sete milhões de pessoas e um elefante!

Exibimos aversão ao risco quando nos oferecem uma opção em um cenário e, depois, *procuramos* o risco quando nos oferecem a mesma opção em outro cenário diferente. Tendemos a ignorar os componentes comuns de um problema e concentramo-nos em cada parte isoladamente – uma razão pela qual a prescrição de Markowitz para a formação de carteiras custou a ser aceita. Temos dificuldade em reconhecer quanta informação é suficiente e quanta é excessiva. Damos atenção demais a eventos de baixa probabilidade, mas altamente dramatizados, e negligenciamos eventos de ocorrência rotineira. Tratamos diferentemente os custos e os prejuízos não ressarcidos, embora tenham o mesmo impacto sobre a riqueza. Começamos com uma decisão puramente racional de como administrar nossos riscos e, depois, extrapolamos do que pode não passar de um golpe de sorte. Como resultado, esquecemos a regressão à média, aferramo-nos às nossas posições e acabamos em apuros.

Eis uma pergunta usada por Kahneman e Tversky para mostrar como as percepções intuitivas nos enganam: a letra K aparece com mais frequência como inicial ou como terceira letra nas palavras inglesas? Você talvez responderá que ela aparece mais frequentemente como inicial. Na verdade, K aparece duas vezes mais amiúde como terceira letra. Por que o erro? Temos mais facilidade em recordar palavras com certa letra inicial do que palavras com a mesma letra em outra posição.

A ASSIMETRIA ENTRE o modo como tomamos decisões envolvendo ganhos e decisões envolvendo perdas é uma das descobertas mais impressionantes da Teoria da Perspectiva. Também é uma das mais úteis.

Onde somas vultosas estão envolvidas, a maioria das pessoas rejeitará uma aposta equilibrada a favor de um ganho certo – US$100 mil certos são preferíveis a uma possibilidade de 50-50 de US$200 mil ou nada. Somos avessos ao risco, em outras palavras.

Mas e quanto às perdas? O primeiro artigo de Kahneman e Tversky sobre a Teoria da Perspectiva, surgido em 1979, descreve uma experiência que mostra que nossas escolhas entre resultados negativos são imagens invertidas de nossas escolhas entre resultados positivos.[4] Em uma de suas experiências, eles primeiro pediram aos participantes que escolhessem entre 80% de chances de ganhar US$4 mil e 20% de nada ganhar ou 100% de chances de receber US$3 mil. Embora a expectativa matemática da opção arriscada fosse maior – US$3,2 mil –, 80% dos participantes escolheram US$3 mil certos. Essas pessoas eram avessas ao risco, exatamente como Bernoulli teria previsto.

Depois, Kahneman e Tversky ofereceram uma escolha entre correr o risco de 80% de chances de *perder* US$4 mil e 20% de chances de não sofrer prejuízo ou 100% de chances de perder US$3 mil. Agora, 92% dos entrevistados escolheram a aposta, embora sua expectativa matemática de uma perda de US$3,2 mil superasse novamente a perda certa de US$3 mil. Quando a escolha envolve perdas, somos favoráveis, e não avessos, ao risco.

Kahneman e Tversky e muitos de seus colegas descobriram que esse padrão assimétrico aparece sistematicamente em uma ampla variedade de experiências. Em uma ocasião posterior, por exemplo, Kahneman e Tversky propuseram o seguinte problema.[5] Imagine que uma doença rara irrompeu em certa comunidade e que deverá matar 600 pessoas. Dois diferentes programas estão disponíveis para o combate à ameaça. Se o programa A for adotado, 200 pessoas serão salvas; se o programa B for adotado, existe 33% de probabilidade de que todos serão salvos e 67% de probabilidades de que ninguém será salvo.

Que programa você escolheria? Se a maioria de nós for avessa ao risco, as pessoas racionais preferirão a certeza do Plano A de salvar 200 vidas à aposta do Plano B, que tem a mesma expectativa matemática, mas envolve assumir o risco de 67% de chance de que todos morrerão. Na experiência, 72% dos indagados escolheram a resposta avessa ao risco representada pelo Programa A.

Agora, consideremos o mesmo problema com outra formulação. Se o Programa C for adotado, 400 das 600 pessoas morrerão, enquanto o Programa D oferece 33% de probabilidade de que ninguém morrerá e 67% de probabilidade de que 600 pessoas morrerão. Observe que a primeira alternativa está agora expressa em termos de 400 mortes, em vez de 200 sobreviventes, enquanto o segundo programa oferece 33% de chance de que ninguém morrerá. Kahneman e Tversky relatam que 78% dos entrevistados preferiram o risco, optando pela aposta: eles não puderam tolerar a perspectiva da perda certa de 400 vidas.

Esse comportamento, embora compreensível, é incompatível com os pressupostos de conduta racional. A resposta a uma pergunta deveria ser a mesma, independentemente do cenário em que foi formulada. Kahneman e Tversky interpretam as evidências produzidas por essas experiências como demonstração de que as pessoas não são avessas ao risco: elas estão perfeitamente dispostas a escolher uma aposta quando julgam apropriado. Mas se elas não são avessas ao risco, o que são? "A principal força propulsora é a *aversão à perda*", escreve Tversky (o grifo é meu). "Não se trata tanto de que as pessoas odeiam a incerteza – mas, pelo contrário, de que odeiam perder."[6] As perdas sempre parecerão maiores do que os ganhos. De fato, perdas irremediáveis – como a perda de um filho ou uma elevada indenização de seguro que nunca é paga – tendem a provocar uma intensa, irracional e permanente aversão ao risco.[7]

Tversky oferece uma especulação interessante sobre esse curioso comportamento:

> Provavelmente, a característica mais significativa e dominante da máquina de prazer humana é o fato de que as pessoas são muito mais sensíveis a estímulos negativos do que positivos... Pense sobre quão bem você se sente hoje e, depois, tente imaginar quão melhor você *poderia* se sentir... Existem algumas coisas que o fariam sentir-se melhor, mas o número de coisas que o fariam sentir-se pior é ilimitado.[8]

Um dos insights que emergem dessa pesquisa é que Bernoulli errou ao declarar: "A utilidade resultante de qualquer pequeno aumento da riqueza será inversamente proporcional à quantidade de bens anteriormente possuídos." Bernoulli acreditava que o nível preexistente de riqueza determina o valor de uma oportunidade arriscada de se tornar mais rico. Kahneman e Tversky descobriram que a avaliação de uma oportunidade arriscada parece depender muito mais do ponto de referência do qual o possível ganho ou perda ocorrerá do que do valor final dos ativos que resultaria. Não é quão rico você é que motiva sua decisão, mas se essa decisão o tornará mais rico ou mais pobre. Por conseguinte, adverte Tversky, "nossas preferências... podem ser manipuladas por mudanças nos pontos de referência".[9]

Ele cita uma pesquisa em que se pediu aos entrevistados que escolhessem entre uma política de alto nível de emprego e inflação elevada ou uma política de nível de emprego e inflação menores. Quando a questão foi formulada em termos de taxas de desemprego de 10% ou 5%, os votos foram fortemente favoráveis a uma inflação maior para diminuir a taxa de desemprego. Quando se pediu aos entrevistados que escolhessem entre uma força de trabalho 90% empregada e uma força de trabalho 95% empregada, uma inflação reduzida pareceu mais importante do que aumentar o nível de emprego em cinco pontos percentuais.

Richard Thaler descreveu uma experiência que usa a riqueza inicial para ilustrar a advertência de Tversky.[10] Thaler propôs a uma turma de alunos que eles tinham acabado de ganhar US$30 e podiam fazer a seguinte opção: um arremesso de moeda em que o indivíduo ganha US$9 com cara e perde US$9 com coroa ou abster-se de jogar. Setenta por cento dos alunos escolheram o arremesso de moeda. Thaler ofereceu à próxima turma esta opção: riqueza inicial zero e um arremesso de moeda em que o indivíduo ganha US$39 com cara e ganha US$21 com coroa *versus* US$30 certos. Somente 43% optaram pelo arremesso da moeda.

Thaler descreve esse resultado como o efeito do "dinheiro no bolso". Embora as opções de remuneração oferecidas por ambos os casos sejam idênticas – independentemente da riqueza inicial, o indivíduo acabará com US$39 ou US$21 *versus* US$30 certos –, as pessoas que começam com dinheiro no bolso escolherão a aposta, enquanto aquelas que começam com os bolsos vazios rejeitarão a aposta. Bernoulli teria previsto que a decisão seria determinada pelas quantias US$39, US$30 ou US$21, enquanto os alunos basearam suas decisões no ponto de referência, que foi US$30 no primeiro caso e zero no segundo.

Edward Miller, um professor de economia interessado por questões comportamentais, descreve uma variação sobre esses temas. Embora Bernoulli empregue a expressão "qualquer pequeno aumento da riqueza", ele dá a entender que sua afirmação é independente do tamanho do aumento.[11] Miller cita vários estudos psicológicos que mostram diferenças significativas de resposta conforme o ganho é grande ou pequeno. Grandes ganhos ocasionais parecem sustentar o interesse de investidores e jogadores por períodos de tempo maiores do que pequenos ganhos regulares. Essa reação é típica de investidores que veem o investimento como um jogo e não diversificam; diversificar é maçante. Investidores bem informados diversificam por não acreditarem que investir seja uma forma de entretenimento.

KAHNEMAN E TVERSKY usam a expressão "falta de invariância" para descrever escolhas incoerentes (não necessariamente incorretas) quando o mesmo problema aparece sob perspectivas diferentes. Invariância significa que, se A for preferível a B e B preferível a C, então pessoas racionais preferirão A a C; esta característica é o núcleo do enfoque da utilidade de von Neumann e Morgenstern. Ou, no caso anterior, se o salvamento certo de 200 vidas constituir a decisão racional no primeiro cenário, salvar ao certo 200 vidas deverá ser a decisão racional também no segundo cenário.

Só que as pesquisas indicam o contrário.

> A falta de invariância é generalizada e firme. Ela é comum entre respondentes sofisticados, bem como entre ingênuos... Os respondentes, confrontados com suas respostas conflitantes, costumam ficar intrigados. Mesmo depois de reler os problemas, eles continuam avessos ao risco na versão das "vidas salvas", embora procurem o risco na versão das "vidas perdidas"; e eles também querem obedecer à invariância e dar respostas coerentes a ambas as versões...
>
> A moral desses resultados é perturbadora. A invariância é normativamente essencial (o que *deveríamos* fazer), intuitivamente irresistível e psicologicamente inviável.[12]

A falta de invariância é bem mais predominante do que a maioria de nós percebe. O modo como as questões são enquadradas na propaganda pode persuadir as pessoas a comprar algo apesar das consequências negativas que, sob um enquadramento diferente, poderiam persuadi-las a deixar de comprar. Pesquisas de opinião costumam produzir resultados contraditórios, quando a mesma pergunta recebe contornos diferentes.

Kahneman e Tversky descrevem uma situação em que médicos estavam preocupados de que pudessem influenciar os pacientes que tinham de optar entre os riscos de vida ou morte de diferentes formas de tratamento.[13] A opção era entre a terapia por radiação e a cirurgia no tratamento do câncer do pulmão. Segundo os dados médicos daquele hospital, nenhum paciente morre durante o tratamento por radiação, embora sua expectativa de vida seja inferior à dos pacientes que sobrevivem ao risco da cirurgia; a diferença geral na expectativa de vida não era suficientemente grande para permitir uma escolha segura entre as duas formas de tratamento. Quando a questão era formulada em termos do risco de morte durante o tratamento, mais de 40% dos pacientes preferiam a radiação. Quando a questão era colocada em termos da expectativa de vida, apenas cerca de 20% favoreciam o tratamento por radiação.

Uma das manifestações mais familiares da falta de invariância está no velho ditado de Wall Street: "Você nunca empobrece realizando lucros." Seria de se concluir que reduzir as perdas também é uma boa ideia, mas os investidores detestam sofrer prejuízos, pois, considerações fiscais à parte, um prejuízo sofrido é um reconhecimento de erro. A aversão à perda, aliada ao ego, leva os investidores a aferrar-se aos seus erros na vã esperança de que um dia o mercado justificará seu julgamento e os fará ir à forra. Von Neumann não aprovaria essa conduta.

A falta de invariância com frequência assume a forma da denominada "contabilidade mental", um processo em que separamos os componentes do quadro total. Com isso, deixamos de reconhecer que uma decisão que afeta cada componente exercerá um efeito sobre a configuração do todo. A contabilidade mental compara-se a focalizar o buraco em vez da rosca. Ela leva a respostas conflitantes à mesma pergunta.

Kahneman e Tversky pedem-lhe que imagine estar a caminho para assistir a uma peça na Broadway para a qual você comprou um ingresso de US$40.[14] Ao chegar no teatro, você descobre que perdeu o ingresso. Você gastaria US$40 com outro?

Agora, suponha, em vez disso, que você pretende comprar o ingresso ao chegar no teatro. Ao se aproximar da bilheteria, você descobre que tem no bolso US$40 a menos do que pensou que tivesse ao sair de casa. Mesmo assim, você compraria um ingresso?

Em ambos os casos, quer você tenha perdido o ingresso ou US$40, você seria privado de um total de US$80 se decidisse assistir à peça. Você seria privado de apenas US$40 se desistisse da peça e voltasse para casa. Kahneman e Tversky descobriram que a maioria das pessoas relutaria em gastar US$40 para substituir um ingresso perdido, embora cerca do mesmo número estaria perfeitamente disposto a despender outros US$40 no ingresso, ainda que tivesse perdido os US$40 originais.

Este é um caso claro de falta de invariância. Se US$80 forem mais do que você deseja gastar no teatro, você não deveria substituir o ingresso no primeiro caso, nem comprar o ingresso no segundo. Se, por outro lado, você estiver disposto a gastar US$80 para ir ao teatro, deverá estar tão disposto a substituir o ingresso perdido como a gastar US$40 no ingresso apesar do desaparecimento dos US$40 originais. *Não existe nenhuma diferença além das convenções contábeis entre um custo e uma perda.*

Segundo a Teoria da Perspectiva, as respostas incoerentes a essas opções resultam de duas contas mentais separadas, uma para a ida ao teatro e a outra para outros empregos dos US$40 – os almoços do próximo mês, digamos. A conta do teatro foi debitada em US$40 quando o ingresso foi comprado, esgotando aquela conta. Os US$40 perdidos foram debitados do dinheiro dos almoços do próximo mês, sem nenhuma relação com a conta do teatro e, de qualquer modo, distante no futuro. Consequentemente, a conta do teatro continua aguardando seu débito de US$40.

Thaler conta um divertido exemplo da vida real de contabilidade mental.[15] Um professor de finanças conhecido dele tem uma estratégia sagaz para se conformar com os pequenos infortúnios. No início do ano, o professor planeja uma doação generosa para sua instituição de caridade favorita. Todos os contratempos ocorridos durante o ano – um ingresso extraviado, a reposição de um objeto perdido, um pedido indesejado por um parente em dificuldades – são, então, debitados da conta de caridade. O sistema torna as perdas indolores, pois a instituição de caridade é que paga. A instituição acaba recebendo o que sobrar na conta. Thaler nomeou o amigo o primeiro Contador Mental Autorizado do mundo.

Em uma entrevista a um repórter de uma revista, o próprio Kahneman confessou ter sucumbido à contabilidade mental. Em sua pesquisa com Tversky, ele descobrira que uma perda que não passa de um acréscimo a uma perda maior é menos dolorosa do que uma perda isolada: perder outros US$100 após já ter perdido US$100 é menos doloroso do que perder US$100 em ocasiões totalmente separadas. Tendo em mente esse conceito ao se mudar para uma casa nova, Kahneman e sua esposa compraram toda a mobília uma semana após terem comprado a casa. Se tivessem considerado a mobília como uma conta separada, poderiam ter hesitado diante do custo e comprado menos peças do que precisavam.[16]

TENDEMOS A ACREDITAR que a informação é um ingrediente necessário à tomada racional de decisões e que, quanto mais informações tivermos, melhor conseguiremos lidar com os riscos que enfrentamos. Porém, os psicólogos descrevem circunstâncias em que informações adicionais atrapalham e distorcem as decisões, levando a faltas de invariância e fornecendo oportunidades às autoridades de manipular os tipos de risco que as pessoas estão dispostas acorrer.

Dois pesquisadores médicos, David Redelmeier e Eldar Shafir, descreveram no *Journal of the American Medical Association* um estudo destinado a revelar como os médicos reagem ao aumento do número de opções de tratamento possíveis.[17] Qualquer decisão médica é arriscada – ninguém sabe ao certo quais serão as consequências. Em cada uma das experiências de Redelmeier e Shafir, a introdução de opções adicionais aumentou a probabilidade de que os médicos escolhessem a opção original ou decidissem não agir.

Em uma experiência, solicitou-se a várias centenas de médicos que prescrevessem um tratamento para um homem de 67 anos com dores crônicas no quadril direito. Os médicos tiveram duas opções: prescrever um remédio especificado ou "encaminhar o doente ao ortopedista e não iniciar nenhuma medicação nova"; cerca de metade votou contra qualquer medicação. Quando o número de alternativas foi aumentado de duas para três, com o acréscimo de um segundo medicamento, além do "encaminhamento ao ortopedista", três quartos dos médicos votaram contra a medicação e pelo "encaminhamento ao ortopedista".

Tversky acredita que os "julgamentos probabilísticos não estão ligados aos eventos, mas às descrições dos eventos... a probabilidade atribuída a um evento depende da clareza de sua descrição".[18] À guisa de exemplo, ele descreve uma experiência em que se pediu a 120 estudantes de pós-graduação de Stanford que avaliassem as probabilidades de diferentes causas possíveis de morte. Cada estudante avaliou uma dentre duas listas diferentes de causas; a primeira arrolava causas específicas de morte e a segunda agrupava as causas sob um título genérico como "causas naturais".

A tabela seguinte mostra algumas das probabilidades de morte estimadas apuradas nessa experiência:

|  | Grupo I | Grupo II | Real |
| --- | --- | --- | --- |
| Doença cardíaca | 22 | | 34 |
| Câncer | 18 | | 23 |
| Outras causas naturais | 33 | | 35 |
| Total das causas naturais | 73 | 58 | 92 |
| | | | |
| Acidente | 32 | | 5 |
| Homicídio | 10 | | 1 |
| Outras causas não naturais | 11 | | 2 |
| Total das causas não naturais | 53 | 32 | 8 |

Esses estudantes superestimaram grandemente as probabilidades de mortes violentas e subestimaram as mortes por causas naturais. Mas a revelação impressionante da tabela é que as probabilidades estimadas de morrer sob qualquer um dos dois conjuntos de circunstâncias, quando estas foram explícitas, superaram as estimativas nos casos em que se pediu aos estudantes que estimassem apenas o total de causas naturais ou não naturais.

Em outro estudo médico descrito por Redelmeier e Tversky, foram pesquisados os diagnósticos de dois grupos de médicos da Universidade de Stanford de uma mulher com fortes dores abdominais.[19] Após o primeiro grupo receber uma descrição detalhada dos sintomas, solicitou-se que avaliasse as probabilidades de essa mulher sofrer de gravidez ectópica, de um problema de gastroenterite ou de "nenhuma das alternativas acima". Ao segundo grupo ofereceram-se três diagnósticos possíveis adicionais, além das opções de gravidez, gastroenterite e "nenhuma das alternativas acima" oferecidas ao primeiro grupo.

O aspecto interessante dessa experiência foi o manuseio da opção "nenhuma das alternativas acima" pelo segundo grupo de médicos. Supondo-se que ambos os grupos de médicos fossem, em média, igualmente competentes, seria de se esperar que essa opção, conforme apresentada ao primeiro grupo, incluísse os três diagnósticos adicionais oferecidos ao segundo grupo. Nesse caso, as probabilidades atribuídas pelo segundo grupo aos três diagnósticos adicionais mais "nenhuma das alternativas acima" deveriam coincidir aproximadamente com os 50% de probabilidade atribuídos pelo primeiro grupo a "nenhuma das alternativas acima".

Só que isso não aconteceu. O segundo grupo de médicos atribuiu 69% de probabilidade a "nenhuma das alternativas acima" mais os três diagnósticos adicionais e apenas 31% à possibilidade de gravidez ou gastroenterite − à qual o primeiro grupo atribuíra probabilidade de 50%. Aparentemente, quanto maior o número de possibilidades, maiores as probabilidades atribuídas a elas.

DANIEL ELLSBERG (aquele que se notabilizou pela divulgação no *Washington Post* dos Documentos do Pentágono, durante a Guerra do Vietnã) publicou um artigo nos idos de 1961 em que definiu um fenômeno a que denominou "aversão à ambiguidade".[20] Aversão à ambiguidade significa que as pessoas preferem assumir riscos com base em probabilidades conhecidas, em vez de desconhecidas. Em outras palavras, a informação importa. Por exemplo, Ellsberg ofereceu a vários grupos de pessoas uma chance de apostar no sorteio de uma bola vermelha ou preta de duas urnas diferentes, cada uma com cem bolas. A Urna 1 continha 50 bolas de cada cor; a composição da Urna 2 era desconhecida. Segundo a teoria das probabilidades, a Urna 2 também estaria dividida em 50-50, pois não havia nenhuma base para qualquer outra distribuição. Contudo, a maioria esmagadora dos respondentes preferiu apostar no sorteio da Urna 1.

Tversky e outro colega, Craig Fox, exploraram mais profundamente a aversão à ambiguidade e descobriram que as coisas são mais complicadas do que Ellsberg indicou.[21] Eles projetaram uma série de experiências para descobrir se as pessoas preferem probabilidades claras a vagas em todos os casos ou somente em jogos de azar.

A resposta foi gritante e clara: as pessoas apostarão em crenças vagas em situações onde se sintam especialmente competentes ou bem informadas, mas preferirão apostar segundo as chances em caso contrário. Tversky e Fox concluíram que a aversão à ambiguidade "é impelida pelo sentimento de incompetência... e estará presente quando as pessoas avaliarem perspectivas claras e vagas conjuntamente, mas diminuirá grandemente ou desaparecerá quando elas avaliarem cada perspectiva isoladamente".[22]

As pessoas que sabem jogar dardos, por exemplo, prefeririam uma partida de dardos aos jogos de azar, embora a probabilidade de sucesso nos dardos seja vaga, enquanto a probabilidade de sucesso nos jogos de azar seja matematicamente predeterminada. As pessoas bem informadas sobre política e ignorantes sobre futebol preferem apostar em eventos políticos a apostar em jogos de azar fixados com as mesmas vantagens, mas elas preferirão os jogos de azar aos eventos esportivos sob as mesmas condições.

EM UM ARTIGO DE 1992 que sintetizava os avanços da Teoria da Perspectiva, Kahneman e Tversky fizeram a seguinte observação: "As teorias da escolha são, na melhor hipótese, aproximadas e incompletas... A escolha é um processo construtivo e contingente. Quando diante de um problema complexo, as pessoas... usam atalhos computacionais e operações de edição."[23] As evidências neste capítulo, que sintetiza apenas uma amostra reduzida do imenso corpo de literatura, revelam repetidos padrões de irracionalidade, inconsistência e incompetência nas formas como os seres humanos chegam às decisões e escolhas diante da incerteza.

Devemos, então, abandonar as teorias de Bernoulli, Bentham, Jevons e von Neumann? Não. Não há razão para concluir que a frequente ausência de racionalidade, *como originalmente definida*, dê razão a Macbeth quando afirma que a vida é uma história contada por um idiota.

O julgamento da humanidade implícito na Teoria da Perspectiva não é, necessariamente, pessimista. Kahneman e Tversky discordam do pressuposto de que "somente o comportamento racional consegue sobreviver em um ambiente competitivo, e do medo de que qualquer tratamento que abandone a racionalidade venha a ser caótico e incontrolável". Pelo contrário, eles afirmam que a maioria das pessoas consegue sobreviver em um ambiente competitivo mesmo sucumbindo às peculiaridades que tornam seu comportamento menos do que racional pelos padrões de Bernoulli. "Talvez mais importante", afirmam Tversky e Kahneman, "as evidências indicam que as escolhas humanas são ordeiras, embora nem sempre racionais no sentido tradicional da palavra".[24] Thaler acrescenta: "A semirracionalidade não é fatal nem imediatamente autoderrotadora."[25] Como as decisões ordeiras são previsíveis, não há base para o argumento de que o comportamento será aleatório e inconstante meramente por não se ajustar perfeitamente a pressupostos teóricos rígidos.

Thaler faz a mesma afirmação em outro contexto. Se fôssemos sempre racionais na tomada de decisões, não precisaríamos dos mecanismos elaborados que empregamos para respaldar nosso autocontrole – dos spas para dietas de emagrecimento e da retenção do imposto de renda na fonte a, no outro extremo, apostar alguns trocados nos cavalos, mas não a ponto de precisarmos contrair uma segunda hipoteca. Aceitamos a perda certa que sofremos ao adquirir um seguro, o que é um reconhecimento explícito da incerteza. Empregamos esses mecanismos, e eles funcionam. Poucas pessoas acabam no asilo de indigentes ou no hospício como resultado de sua própria tomada de decisões.

Mesmo assim, os verdadeiros crentes no comportamento racional levantam outra questão. Com tantas dessas evidências danosas geradas nos laboratórios de psicologia, em experiências com estudantes jovens, em situações hipotéticas onde as penalidades pelos erros são mínimas, que confiança podemos ter de que as descobertas são realistas, confiáveis ou relevantes à forma como as pessoas se comportam quando têm de tomar decisões?

Esta é uma questão importante. Existe um nítido contraste entre as generalizações baseadas na teoria e aquelas baseadas em experiências. De Moivre concebeu originalmente a curva em sino escrevendo equações em uma folha de papel, e não, como Quetelet, medindo as dimensões de soldados. Mas Galton concebeu a regressão à média – um conceito poderoso que torna a curva em sino operacional em muitos casos – estudando ervilhas-de-cheiro e mudanças de geração nos seres humanos; ele chegou à teoria após examinar os fatos.

Alvin Roth, um especialista em economia experimental, observou que Nicolaus Bernoulli conduziu a primeira experiência psicológica conhecida há mais de 250 anos: ele propôs o jogo da moeda entre Pedro e Paulo que levou seu tio Daniel à descoberta da utilidade.[26] Experiências conduzidas por von Neumann e Morgenstern levaram-nos a concluir que os resultados "não são tão bons como seria de se esperar, mas sua direção geral está correta".[27] A progressão da experiência à teoria possui uma história ilustre e respeitável.

Não é fácil projetar experiências que superem a artificialidade da sala de aula e a tendência dos respondentes a mentir ou a abrigar preconceitos destrutivos – especialmente quando têm pouco a perder. Mas é impressionante a notável persistência manifestada na ampla variedade de experiências que testaram a hipótese da escolha racional. A pesquisa experimental elevou-se a uma arte sofisticada.*

Estudos do comportamento dos investidores nos mercados de capitais revelam que grande parte das hipóteses que Kahneman e Tversky formularam no laboratório são confirmadas pelo comportamento dos investidores que geram a avalanche de números que enchem as páginas financeiras dos jornais diários. Distante do laboratório das salas de aula, essa pesquisa empírica confirma grande parte do que os métodos experimentais indicaram sobre a tomada de decisões, não apenas entre investidores, mas entre seres humanos em geral.

Como veremos, a análise suscitará outra questão irresistível. Se as pessoas são tão estúpidas, por que tão poucos de nós, os espertos, enriquecemos?

---

* Kahneman descreveu sua apresentação à experimentação quando um de seus professores contou a história de uma criança a quem se permitiu optar entre um pirulito pequeno hoje ou um pirulito maior amanhã. A resposta da criança a esta pergunta simples correlacionava-se com aspectos críticos da vida da criança, como a renda familiar. a presença de pai e mãe ou apenas um dos dois e o grau de confiança.

# 17

# A POLÍCIA DA TEORIA

O S INVESTIDORES DEVEM esperar perder ocasionalmente nos riscos que assumem. Qualquer outra suposição seria tola. Mas a teoria prevê que as expectativas de investidores racionais serão equilibradas: um investidor racional superestimará uma parte do tempo e subestimará outra parte do tempo, mas não superestimará ou subestimará o tempo todo ou mesmo a maior parte do tempo. Os investidores racionais não estão entre as pessoas que sempre veem o copo metade vazio ou metade cheio.

Ninguém realmente acredita que os fatos da vida real se ajustem àquela descrição estilizada dos investidores sempre equilibrando racionalmente risco e retornos. A incerteza é assustadora. Por mais que tentemos comportar-nos racionalmente, nossas emoções muitas vezes nos levam a procurar proteção contra surpresas desagradáveis. Recorremos a todo tipo de ardis e artifícios que nos levam a violar as prescrições racionais. Como observa Daniel Kahneman: "A falha do modelo racional não está em sua lógica, mas no cérebro humano que ele requer. Quem conseguiria projetar um cérebro capaz de agir segundo as prescrições desse modelo? Cada um de nós teria de conhecer e *compreender* tudo, completamente e de uma só vez."[1] Kahneman não foi o primeiro a reconhecer as rígidas limitações do modelo racional, mas foi um dos primeiros a explicar as consequências dessa rigidez e o modo como seres humanos perfeitamente normais regularmente o violam.

Se os investidores têm uma tendência a violar o modelo racional, esse modelo talvez não seja uma descrição muito confiável do comportamento dos mercados de capitais. Nesse caso, novas medidas do risco dos investimentos se justificariam.

Considere o seguinte cenário. Na semana passada, após semanas de indecisão, você finalmente liquidou sua posição de longa data em ações da IBM, vendendo-as por US$80 a ação. Nesta manhã, você consulta o jornal e constata que a ação da IBM está cotada a US$90. A ação que você comprou em seu lugar caiu um pouco. Qual sua reação a esse fato desapontador?

Seu primeiro pensamento talvez seja se você deve contar à esposa o que aconteceu. Ou você pode maldizer sua impaciência. Você decerto resolverá ser mais cauteloso no futuro, antes de se desfazer de um investimento de longo prazo, por melhor que pareça a ideia. Você pode até desejar que a IBM tivesse sumido do mercado no momento em que você vendeu suas ações, de modo que jamais tivesse que saber seu desempenho posterior.

O psicólogo David Bell observou que o "arrependimento por uma decisão" resulta de enfocar os ativos que você poderia ter tido se tomasse a decisão correta.[2] Bell cita a escolha entre uma loteria que paga US$10 mil se você ganhar e nada se você perder *versus* US$4 mil certos. Se você optar por jogar na loteria e perder, você dirá que foi ganancioso e que foi punido pelo destino, mas depois retomará sua vida normal. Mas suponha que você escolha os US$4 mil certos, a opção mais conservadora, e depois descubra que teria ganho os US$10 mil na loteria. Quanto você daria para nunca saber este resultado?

O arrependimento por uma decisão não se limita ao caso em que você vende uma ação e, depois, a vê subir às alturas. E aquelas ações que você nunca comprou, muitas das quais estão bem melhores do que as que você comprou? Embora todos saibam ser impossível escolher *apenas* as melhores ações, muitos investidores arrependem-se por não as ter comprado. Acredito que esse tipo de insegurança emocional explique muito mais as decisões de diversificar do que todas as perorações intelectuais mais elegantes de Harry Markowitz sobre o assunto – quanto mais ações você tiver, maiores as chances de possuir as campeãs!

Uma motivação semelhante leva os investidores a confiar seus investimentos a gerentes de carteiras em atividade, apesar das evidências de que a maioria deles não consegue, a longo prazo, superar os principais índices do mercado. Os poucos ocasionalmente bem-sucedidos mostram pouca coerência de ano para ano; já vimos como é difícil distinguir entre sorte e habilidade nos casos do American Mutual Fund e do AIM Constellation.* Contudo, a lei das médias prevê que cerca de metade dos gerentes em atividade superará o mercado este ano. Será que o *seu* gerente não está entre eles? *Alguém* irá ganhar, afinal.

As tentações geradas por pensamentos de ativos não comprados são irresistíveis para certas pessoas. Tomemos Barbara Kenworthy, gerente de uma carteira de títulos de US$600 milhões na Prudential Investment Advisors em maio de 1995. O *The Wall Street Journal* citou estas palavras de Barbara Kenworthy: "Somos todos criaturas do que nos queimou mais recentemente."[3] Para explicar o que quis dizer, comentou o *Journal,* "Barbara Kenworthy está mergulhando nos títulos de longo prazo novamente, apesar de reconhecer que não são lá muito lucrativos, pois deixar de investir seria ficar momentaneamente para trás do rebanho". O repórter, com um senso de ironia, então observou: "Trata-se de um horizonte de tempo intrigante para um investidor em títulos de 30 anos."

Imagine que você é um analista de investimentos que tenta decidir se recomendará a um cliente ações da Johnson & Johnson ou de uma empresa de biogenética principiante. Se tudo correr bem, as perspectivas da empresa principiante são estonteantes; a Johnson & Johnson, embora bem menos empolgante, é uma boa escolha ao preço atual. Além disso, a Johnson & Johnson é uma empresa "sólida" com uma equipe gerencial amplamente respeitada. O que você fará se fizer a escolha errada? Um dia após recomendar a empresa principiante, seu novo e mais promissor remédio revela-se um fiasco. Ou logo depois de recomendar a Johnson & Johnson, outra empresa farmacêutica lança um novo produto para competir com seu remédio

---

* Uma excelente análise deste assunto está em "The Triumph of Indexing", um livreto publicado pelo Vanguard Group de fundos mútuos em maio de 1995. Este assunto controvertido receberá um tratamento mais detalhado adiante neste capítulo.

mais vendido. Que resultado gerará menos arrependimento e facilitará mais continuar lidando com um cliente insatisfeito?

Keynes adiantou esta pergunta em *The general theory*. Após descrever um investidor com coragem de ser "excêntrico, anticonvencional e precipitado aos olhos da opinião média", Keynes afirma que seu sucesso "apenas confirmará a crença geral em sua precipitação; e... se suas decisões levarem ao fracasso... ninguém terá muita piedade dele. A sabedoria mundana ensina que é melhor para a reputação falhar convencionalmente do que ter sucesso anticonvencionalmente".[4]

A Teoria da Perspectiva confirma a conclusão de Keynes ao prever que decisão você tomará. Primeiro, o desempenho absoluto da ação que você selecionar é relativamente desimportante. O desempenho da empresa principiante em comparação com o desempenho da Johnson & Johnson tomado como um ponto de referência é o que importa. Segundo, a aversão à perda e a ansiedade provocada por ela farão a alegria de ganhar com a empresa principiante inferior à dor se você perder com ela. A Johnson & Johnson é um investimento "de longo prazo" aceitável, ainda que muitas vezes mostre um mau desempenho.

As ações de boas empresas não são necessariamente boas ações, mas você facilitará sua vida se concordar com seus clientes que são. Assim, você aconselhará seu cliente a comprar Johnson & Johnson.

Não estou imaginando coisas. Um artigo do *The Wall Street Journal* de 24 de agosto de 1995 descreve em detalhes como gerentes de investimentos profissionais passaram a suspeitar dos investimentos nos instrumentos financeiros conhecidos como derivativos – o tema do próximo capítulo – devido aos desastres amplamente divulgados na Procter & Gamble e em Orange County, Califórnia, entre outros. O artigo cita John Carroll, gerente do fundo de pensão de US$12 bilhões da GTE Corporation: "Se você fizesse a opção de compra certa e usasse derivativos, poderia obter um pequeno retorno adicional. Mas se você fizesse a opção errada, poderia acabar desempregado, com uma grande mancha em sua credibilidade como investidor." Andrew Turner, diretor de pesquisa de uma destacada empresa de consultoria a investidores institucionais, acrescenta: "Mesmo que você mantenha seu emprego, você não quer ser rotulado como alguém que foi enganado por um banco de investimentos." Um grande gerente financeiro de Boston concorda:

"Se você comprar ações tradicionais como as da Coca-Cola, quase não arriscará sua carreira, pois os clientes culparão o idiota do mercado se as coisas não derem certo."

COM RICHARD THALER na vanguarda, um grupo de economistas acadêmicos reagiu às falhas no modelo racional inaugurando um novo campo de estudos chamado "finanças comportamentais". As finanças comportamentais analisam como os investidores lutam para abrir caminho através do toma lá dá cá entre risco e retorno, ora empenhando-se no frio cálculo, ora cedendo aos impulsos emocionais. O resultado dessa mescla de racional com nem-tão-racional é um mercado de capitais cujo desempenho está longe do desempenho coerente previsto pelos modelos teóricos.

Meir Statman, professor há quase cinquenta anos na Universidade de Santa Clara, descreve as finanças comportamentais "não como um ramo das finanças comuns: é sua substituição por um modelo melhor da humanidade".[5] Podemos intitular os membros desse grupo de Polícia da Teoria, pois estão constantemente fiscalizando se os investidores estão obedecendo ou não às leis do comportamento racional delineadas pelos Bernoulli e por Jevons, von Neumann, Morgenstern e Markowitz.

Richard Thaler começou a matutar sobre esses problemas no início da década de 1970, enquanto preparava sua dissertação doutoral na Universidade de Rochester, uma instituição conhecida pela ênfase na teoria racional.[6] Seu tema era o valor de uma vida humana, e ele estava tentando provar que a medida certa desse valor é a quantia que as pessoas estariam dispostas a pagar para salvar uma vida. Após estudar profissões arriscadas, como a de mineiro ou lenhador, ele decidiu fazer uma interrupção na complexa modelagem estatística que estava realizando e passou a indagar às pessoas que valor dariam às próprias vidas.

Ele começou fazendo duas perguntas: "Quanto você estaria disposto a pagar para eliminar uma chance de um em mil de morte imediata?" e "Quanto teriam de lhe pagar para você aceitar uma chance de um em mil de morte imediata?" Ele relata que "as diferenças entre as respostas às duas perguntas foram espantosas. Uma resposta típica foi 'eu não pagaria mais de US$200, mas não aceitaria um risco extra nem por US$50 mil!'" Thaler concluiu que "a disparidade entre os preços de compra e venda era *assaz* interessante".

Em seguida, ele decidiu preparar uma lista do que denominou "comportamentos anômalos" – comportamentos que violavam as previsões da teoria racional corrente. A lista incluía exemplos de grandes diferenças entre os preços por que uma pessoa estaria disposta a comprar e vender o mesmo item. Ela também incluía exemplos do não reconhecimento de custos empatados – dinheiro gasto que jamais seria recuperado –, como o ingresso de teatro de US$40 no capítulo anterior. Muitas das pessoas entrevistadas por ele "optariam por não se arrepender". Em 1976, ele usou a lista como base de um artigo informal que fez circular apenas entre amigos íntimos e "colegas que eu queria aborrecer".

Pouco depois, ao assistir a uma conferência sobre risco, Thaler conheceu dois jovens pesquisadores que haviam sido convertidos por Kahneman e Tversky à ideia de que o denominado comportamento anômalo é, muitas vezes, realmente um comportamento normal, a adesão às regras do comportamento racional constituindo a exceção. posteriormente, um deles remeteu a Thaler um artigo de Kahneman e Tversky chamado "Judgement Under Uncertainty" ("Julgamento sob incerteza"). Após sua leitura, observa Thaler, "mal pude me conter".[7] Um ano depois, ele conheceu Kahneman e Tversky e nada mais o deteve.

MEIR STATMAN COMEÇOU a se interessar pelo comportamento irracional quando, como estudante de economia, notou que as pessoas revelam uma tendência a examinar os problemas em partes, e não agregadamente. Mesmo acadêmicos qualificados em respeitáveis revistas técnicas chegavam a conclusões equivocadas por não reconhecer que o todo é produto da *interação* de suas partes – ou o que Markowitz denominou covariâncias – e não uma mera coleção de partes separadas. Statman logo reconheceu que as distorções causadas pela contabilidade mental não se limitavam, de modo algum, ao grande público.

Statman cita um caso encontrado em uma revista sobre a opção de um proprietário de imóvel entre uma hipoteca de taxa fixa e uma de taxa variável.[8] O artigo tratava da covariância entre os pagamentos da hipoteca e a renda do mutuário e concluía que taxas variáveis eram apropriadas para pessoas cuja renda costuma acompanhar a inflação, enquanto taxas fixas eram apropriadas para pessoas cujas rendas são relativamente constantes. Mas Statman notou que os autores ignoraram a covariância entre o valor da própria casa e as duas variáveis mencionadas; por exemplo, um aumento inflacionário no valor da casa poderia facilitar suficientemente o pagamento da hipoteca com taxa variável, independentemente do que acontecesse com a renda do proprietário.

Em 1981, Hersh Shefrin, um colega de Statman na Universidade de Santa Clara, mostrou a Statman um artigo intitulado "An Economic Theory of Self-Control" ("Uma teoria econômica do autocontrole"), que Shefrin escrevera com Thaler.[9] O artigo defendia a tese de que as pessoas que têm dificuldades em exercer o autocontrole limitam deliberadamente suas opções. As pessoas com problema de peso, por exemplo, evitam ter um bolo ao alcance. O artigo também notou que as pessoas optam por ignorar a covariância positiva entre seus pagamentos de hipotecas e o valor de sua casa como caução do empréstimo; elas veem sua casa como um "cofrinho" intocável, embora disponham sempre da opção de contrair novos empréstimos usando-a como caução e, graças aos empréstimos imobiliários, às vezes chegam a fazê-lo.* Após ler esse artigo, nada mais tampouco deteve Statman.

Um ano depois, Shefrin e Statman colaboraram em um artigo esclarecedor sobre finanças comportamentais intitulado "Explaining Investor Preference for Cash Dividends" ("Explicando a preferência dos investidores por dividendos em dinheiro"),[10] que apareceu no *Journal of Financial Economics* em 1984.

---

* Em um discurso para a Associação Nacional de Corretores de Imóveis norte-americana, em maio de 1995, ninguém mais do que o presidente do Federal Reserve Board, Alan Greenspan, confirmou a metáfora do cofrinho: "Não se pode subestimar a importância das tendências dos preços dos imóveis para as psiques e o comportamento dos consumidores... Os consumidores veem suas casas próprias como um amortecedor ou uma segurança para a possibilidade de tempos difíceis futuros." Em consequência do aumento dos empréstimos em forma de empréstimos imobiliários, as casas próprias caíram de 73% do valor das casas para cerca de 55% atualmente, provocando o que a edição de 10 de julho de 1995 da *BusinessWeek* denominou "um grande impedimento aos gastos desenfreados".

Por que as empresas pagam dividendos é uma questão que tem intrigado os economistas por muito tempo. Por que elas pagam seus ativos aos acionistas, especialmente quando elas próprias pegam dinheiro emprestado ao mesmo tempo? De 1959 a 1994, as empresas não financeiras dos Estados Unidos contraíram empréstimos totalizando mais de US$2 trilhões, enquanto pagaram dividendos de US$1,8 trilhões.* Elas poderiam ter evitado cerca de 90% do aumento de seu endividamento se não tivessem pago nenhum dividendo.

De 1959 a 1994, pessoas físicas receberam US$2,2 trilhões dos dividendos distribuídos por todas as empresas, financeiras ou não, e contraíram um débito com o imposto de renda sobre cada dólar recebido. Se as empresas tivessem usado o dinheiro para recomprar no mercado aberto ações em mãos do público, em vez de distribuí-las como dividendos, o rendimento por ação teria sido maior, o número de ações em mãos do público, menor, e o preço das ações, maior. Os acionistas restantes poderiam ter desfrutado de dividendos "feitos em casa", vendendo suas ações valorizadas para financiar o consumo, e teriam pago a alíquota menor do imposto sobre ganhos de capital que prevaleceu durante a maior parte desse período. No cômputo geral, os acionistas teriam ganho mais dinheiro.

Para explicar o enigma, Shefrin e Statman recorreram à contabilidade mental, ao autocontrole, ao arrependimento por uma decisão e à aversão à perda. No espírito do "espectador imparcial" de Adam Smith e do "superego" de Sigmund Freud, os investidores recorrem a esses desvios da tomada de decisões racional por acreditarem que limitar seu gasto em consumo à quantidade de renda recebida em forma de dividendos é o certo; financiar o consumo pela venda de ações está errado.

Shefrin e Statman formulam a hipótese da existência de uma divisão na mente humana. Um lado de nossa personalidade é um planejador interno com uma perspectiva de longo prazo, uma autoridade que insiste em decisões que dão mais peso ao futuro do que ao presente. O outro lado procura a gratificação imediata. Esses dois lados estão em constante conflito.

---

* Excluímos as empresas financeiras desses cálculos para evitar a dupla contagem. Os bancos e outras organizações financeiras reemprestam para o setor não financeiro a maior parte do dinheiro que tomam emprestado.

O planejador pode ocasionalmente ganhar o dia simplesmente enfatizando as recompensas do espírito de sacrifício. Mas quando surge a necessidade, o planejador pode sempre recorrer aos dividendos. Assim como o medidor de doses "esconde" a garrafa de bebida do alcoólatra, os dividendos "escondem" o capital disponível para financiar a gratificação imediata. Ao recitar repetidamente a lição de que gastar os dividendos é aceitável, mas invadir o principal é condenável, o planejador mantém restrita a quantia gasta em consumo.

Entretanto, uma vez assimilada essa lição, os investidores passam a insistir que as ações que possuem paguem dividendos seguros e que ofereçam a promessa de aumentos regulares. Sem dividendos não se gasta dinheiro: não há outra escolha. Vender algumas ações e receber dividendos são perfeitos substitutos um do outro para o financiamento do consumo *em teoria* – e a venda de ações custa até menos impostos –, mas em um ambiente de mecanismos de autocontrole, não são substitutos muito perfeitos na prática.

Shefrin e Statman pedem ao leitor que considere dois casos. Primeiro, você pega US$600 da renda em dividendos e compra um televisor. Segundo, você vende US$600 das ações e, com o dinheiro apurado, compra um televisor. Na semana seguinte, a empresa torna-se candidata a uma incorporação e a ação dispara. Que caso o deixa mais arrependido? Em teoria, você deveria ficar indiferente. Você poderia ter usado os US$600 de dividendos para comprar mais daquelas ações, em vez da televisão. Portanto, aquela foi uma decisão tão dispendiosa como a de vender ações para financiar a televisão. Em ambos os casos, você perdeu a valorização de US$600 daquelas ações.

No entanto, que horror se os dividendos forem cortados! Em 1974, quando a quadruplicação dos preços do petróleo forçaram a Consolidated Edison a eliminar seus dividendos, após 89 anos de pagamentos ininterruptos, irrompeu a histeria na assembleia anual de acionistas da empresa. Foi típica uma pergunta dirigida ao presidente da empresa: "O que faremos agora? Ninguém sabe quando voltarão os dividendos. Quem pagará meu aluguel? Eu tinha um marido. Agora, a Consolidated Edison tem de ser meu marido." Jamais passou pela cabeça dessa acionista que pagar dividendos com prejuízo apenas enfraqueceria a empresa e poderia acabar levando-a à falência. Que tipo de marido seria aquele?

Vender suas ações para pagar o aluguel não estava entre as opções que ela se permitia considerar; a renda dos dividendos e o capital eram mantidos em escaninhos separados. Como em um bom casamento, o divórcio era inadmissível.

Em uma discussão do trabalho de Shefrin e Statman, Merton Miller, um ganhador do prêmio Nobel, membro da Universidade de Chicago e um dos mais formidáveis defensores da teoria racional, fez esta observação sobre os investidores que não recorrem a analistas de investimentos profissionais:

> Para esses investidores, as ações costumam ser mais do que os meros "pacotes de retorno" abstratos de nossos modelos econômicos. Por trás de cada ação pode estar uma história de negócio familiar, brigas em família, heranças recebidas e acordos de divórcio... quase totalmente irrelevante para nossas teorias de seleção de carteiras. Abstraímos todas essas histórias na formação de nossos modelos não porque as histórias são desinteressantes, mas porque podem ser interessantes demais e, assim, desviar-nos das forças de mercado generalizadas que devem ser nossa principal preocupação.[11]

NO CAPÍTULO 10, mencionei um artigo intitulado "Does the Stock Market Overreact?" ("O mercado de ações super-reage?") que Thaler e um de seus alunos de pós-graduação, Werner DeBondt, apresentaram na assembleia anual da American Finance Association, em dezembro de 1985. Ali o artigo serviu como exemplo da regressão à média. Ele também pode servir como exemplo do fracasso da teoria do comportamento racional.

Eu era um dos debatedores na sessão em que Thaler e DeBondt apresentaram suas descobertas, e comecei observando: "Enfim, o mundo acadêmico descobriu o que os investidores já sabiam o tempo todo."[12] Sua resposta à pergunta formulada pelo título fora um incondicional "sim".

Como um exemplo da Teoria da Perspectiva, Thaler e DeBondt demonstraram que, com a chegada de novas informações, os investidores revisam suas crenças não de acordo com os métodos objetivos preconizados por Bayes, mas supervalorizando as novas informações e subvalorizando informações anteriores e de prazo mais longo. Ou seja, eles avaliam as probabilidades dos resultados com base na "distribuição de impressões", e não em um cálculo objetivo baseado em distribuições probabilísticas históricas. Em consequência, os preços das ações sistematicamente disparam tanto em uma das duas direções que sua reversão é previsível, independentemente dos rendimentos, dos dividendos ou de qualquer outro fator objetivo.

O artigo provocou críticas de membros da plateia chocados com essa evidência de determinação irracional do preço. A discussão prosseguiu durante vários anos, focalizando sobretudo a forma como Thaler e De-Bondt coletaram e testaram seus dados. Um problema dizia respeito ao calendário: uma proporção excessiva dos lucros da venda das ações em alta e da compra das ações em baixa apareceu apenas no mês de janeiro; o resto do ano pareceu ter sido equilibrado. Mas diferentes testes por diferentes pessoas continuaram produzindo resultados conflitantes.

Em maio de 1993, um artigo correlato intitulado "Contrarian Investment, Extrapolation, and Risk" ("Investimento divergente, extrapolação e risco") apareceu sob os auspícios do prestigioso National Bureau of Economic Research.[13] Os três autores acadêmicos, Josef Lakonishok, André Shleifer e Robert Vishny, forneceram uma elaborada análise estatística que confirmou que as ações "a bom preço" – ações vendidas a preços baixos em relação ao rendimento, aos dividendos ou ao ativo da empresa – tendem a superar o desempenho de ações mais valorizadas, mesmo após os ajustes à volatilidade e a outros indicadores de risco aceitos.

O artigo foi memorável não pela conclusão atingida, que não foi nada original, nem pela minúcia e elegância da apresentação estatística. Sua importância esteve em sua confirmação da explicação comportamental de Thaler e DeBondt desses tipos de resultado. Em parte por temerem arrepender-se da decisão e em parte devido à falta de visão, os investidores subvalorizam os preços das ações de empresas em dificuldades de curto prazo, quando a regressão à média provavelmente restauraria a saúde financeira da maioria no longo prazo. Pelo mesmo critério, as empresas com informações recentes de melhorias acentuadas são supervalorizadas pelos investidores, que não reconhecem que as coisas não podem continuar melhorando indefinidamente.

Lakonishok, Shleifer e Vishny certamente se convenceram. Em 1995, eles abriram sua própria empresa para gerir dinheiro de acordo com seu próprio modelo divergente.

THALER JAMAIS SE recuperou de seu fascínio inicial por aquela disparidade *"assaz* interessante" entre os preços pelos quais as pessoas estão dispostas a comprar ou vender os mesmos itens. Ele cunhou a expressão "efeito da dotação" para descrever nossa tendência de fixar um preço de venda pelo que possuímos (por aquilo de que estamos dotados) superior ao que pagaríamos pelo mesmo item se não o possuíssemos.*

Em um artigo escrito em 1990 com Daniel Kahneman e outro colega, Jack Knetsch, Thaler relatou uma série de experiências em sala de aula projetadas para testar a predominância do efeito da dotação.[14] Em uma experiência, alguns alunos ganharam de Cornell canecas de café, podendo levá-las para casa; além disso, foi-lhes mostrada uma série de preços e pedido que fixassem o menor preço pelo qual concordariam em vender suas canecas. A outros estudantes, perguntou-se qual o maior preço que estariam dispostos a pagar para comprar uma caneca. O proprietário médio não venderia sua caneca por menos de US$5,25, enquanto o comprador médio não pagaria mais de US$2,25 por ela. Uma série de experiências adicionais forneceu resultados compatíveis.

O efeito da dotação exerce uma influência poderosa sobre as decisões dos investidores. A teoria clássica prevê que, como todos os investidores racionais concordariam quanto aos valores dos investimentos, todos deteriam carteiras idênticas de ativos arriscados como ações. Se essa carteira se mostrasse arriscada demais para um dos investidores, ele a poderia combinar com dinheiro vivo, enquanto um investidor que buscasse mais risco poderia usar a carteira como caução de um empréstimo para comprar mais das mesmas ações.

---

* Como sempre, Shakespeare chegou na frente. No Ato 1, Cena 1 de *Timão de Atenas*, o joalheiro diz para Timão: "Senhor, sua avaliação é o que um mercador pagaria; sabeis perfeitamente que coisas de mesmo valor são estimadas diferentemente, segundo seus diferentes proprietários."

O mundo real não é nada assim. É verdade que os principais investidores institucionais possuem muitas ações em comum, pois o mero volume monetário que têm de investir os limita às ações com maior valor de mercado – ações como as da General Electric e Exxon. Mas os investidores menores possuem uma gama de opções bem maior. De fato, é raro encontrar dois investidores com carteiras idênticas, ou mesmo semelhanças significativas nas carteiras de ações. Uma vez que algo é possuído, seu proprietário não se separa dele facilmente, independentemente do que revelaria uma avaliação objetiva.

Por exemplo, o efeito da dotação resultante da nacionalidade da empresa emissora exerce uma influência poderosa sobre a avaliação. Embora a diversificação internacional das carteiras de investimentos tenha aumentado nos últimos anos, os investidores norte-americanos continuam possuindo ações predominantemente de empresas norte-americanas, e os investidores japoneses, predominantemente de empresas japonesas. No entanto, o mercado de ações norte-americano equivale atualmente a apenas 35% – e o japonês a apenas 30% – do mercado mundial.

Uma explicação para essa tendência é que é mais caro obter informações sobre papéis de um mercado estrangeiro do que do mercado doméstico. Mas essa explicação parece insuficiente para justificar tamanhas diferenças nas carteiras de ações. Deve haver razões mais fortes pelas quais os investidores relutam em possuir papéis domiciliados em mercados que representam de 65% a 70% do universo de investimentos.

Um estudo magistral da influência do efeito da dotação sobre os investimentos internacionais foi realizado em 1989 por Kenneth French, então na Universidade de Chicago e agora em Yale, e James Poterba, do MIT.[15] O objeto de sua pesquisa foi a ausência de investidores norte-americanos com ações japonesas, e vice-versa. Naquela época, os investidores japoneses detinham apenas pouco mais de 1% do mercado de ações norte-americano, enquanto os investidores norte-americanos detinham menos de 1% do mercado de Tóquio. O volume de negócios entre os países era grande; compras e vendas substanciais de ações norte-americanas prosseguiram no Japão e de ações japonesas, nos Estados Unidos. Mas as compras líquidas em ambos os países foram minúsculas.

O resultado foi uma distorção impressionante das avaliações de um mercado pelo outro. Os cálculos de French e Poterba indicaram que a posse reduzida de ações japonesas por investidores norte-americanos só se justificaria se os norte-americanos esperassem retornos reais anuais (descontada a inflação) de 8,5% nos Estados Unidos e de 5,1% no Japão. A posse reduzida de ações norte-americanas por investidores japoneses só se justificaria se os japoneses esperassem retornos reais anuais de 8,2% no Japão e de 3,9% nos Estados Unidos. Nem a tributação, nem as restrições institucionais eram suficientes para explicar disparidades que fariam voa Neumann contorcer-se na tumba.* Tampouco as teorias da tomada racional de decisões pelos investidores as explicavam. O efeito da dotação deve ser a resposta.**

AS EVIDÊNCIAS APRESENTADAS neste capítulo fornecem apenas um indício da diligência da Polícia da Teoria em capturar as pessoas no ato de violar os preceitos do comportamento racional. A literatura sobre essa atividade é grande, crescente e diversificada.

Agora chegamos à maior de todas as anomalias. Embora milhões de investidores, prontamente, se confessariam culpados de agir contra a racionalidade, o mercado – onde realmente importa – age *como se* a racionalidade predominasse.

O que significa dizer "onde realmente importa"? E se esse for o caso, quais as consequências para a gestão do risco?

Keynes forneceu uma definição precisa do que significa dizer "onde realmente importa". Em uma passagem famosa em *The general theory of employment, interest and money*, Keynes descreve o mercado de ações como "... por assim dizer, um jogo de *snap*, *** de mico-preto, da dança das cadeiras – um passatempo em que vence quem grita *snap* no momen-

---

\* De fato, no Capítulo 7 de Thaler, 1987, este declarou que a utilidade de von Neumann-Morgenstern foi reprovada no teste psicológico. Confira a página 139.
\*\* Essa afirmação simples deve ser interpretada de forma ampla. Problemas interculturais e preocupações com a saúde financeira do país natal aumentam o valor dos papéis domésticos e diminuem o valor dos papéis estrangeiros.
\*\*\* *Nota do Tradutor.* Jogo de cartas em que os jogadores gritam *"snap"*, quando duas cartas de mesmo valor são expostas.

to certo, quem passa o mico-preto adiante antes do fim do jogo, quem segura uma cadeira quando a música para".[16]

A metáfora de Keynes sugere um teste para determinar sé o mercado age como se prevalecesse a racionalidade, onde importa: a predominância do comportamento irracional deveria fornecer incessantes oportunidades para os investidores racionais gritarem *snap*, passarem adiante o mico-preto ou pegarem uma cadeira antes dos outros na rodada da Polícia da Teoria. Se essas oportunidades não se apresentarem, ou se forem breves demais para propiciar uma vantagem, poderemos igualmente supor que o mercado é racional, embora reconheçamos a atuação de muitas forças irracionais nele. "Onde importa" significa que existem pouquíssimas oportunidades de lucrar apostando contra investidores irracionais, embora sejam tantos os indícios de sua presença no mercado. Onde importa, o comportamento do mercado conforma-se ao modelo racional.

Se todos os investidores passassem pelo mesmo processo de pensamento racional, os retornos esperados e os ajustes para levar em conta os riscos pareceriam os mesmos a todos em posse das mesmas informações no mesmo momento. Na eventualidade improvável de que uns poucos investidores sucumbissem ao comportamento irracional, eles acabariam comprando caro e vendendo barato, enquanto os investidores melhor informados estariam impelindo os preços de volta à avaliação racional. Senão, os preços mudariam apenas quando novas informações se tornassem disponíveis, e novas informações chegam de modo aleatório.

É assim que funcionaria um mercado plenamente racional. Ninguém conseguiria superar o desempenho do mercado como um todo. Todas as oportunidades seriam exploradas. Em qualquer nível de risco, todos os investidores aufeririam a mesma taxa de retorno.

No mundo real, os investidores parecem ter grandes dificuldades em superar uns aos outros de algum modo convincente ou sistemático. O herói de hoje será, muitas vezes, o cabeça-dura de amanhã. A longo prazo, os gerentes de investimentos ativos – investidores que supostamente escolhem a dedo suas ações e cujas carteiras diferem, na composição, do mercado como um todo – parecem ser passados para trás por índices do mercado como o S&P 500, ou mesmo índices mais amplos como o Wilshire 5000 ou o Russell 3000. Nos últimos dez anos, por exemplo, 78% dos fundos de ações ativamente geridos ficaram para trás do fundo mútuo Vanguard Index 500, que acompanha a combinação do S&P 500 e não sofre nenhuma ação gerencial; os dados de períodos anteriores não são tão claros, mas o S&P tem sido um campeão sistemático durante períodos de tempo maiores.

Não há nada de novo nesse padrão. Em 1933, Alfred Cowles, um rico investidor e um brilhante pesquisador amador, publicou um estudo que abrangeu um grande número de previsões financeiras publicadas, bem como todas as compras e vendas, durante quatro anos de vinte importantes empresas de seguros contra incêndios. Cowles concluiu que a melhor de uma série de previsões aleatórias baseadas no sorteio de cartas de um baralho eram tão boas quanto a melhor de uma série de previsões reais, e que os resultados alcançados pelas empresas seguradoras "poderiam ter sido obtidos por uma seleção puramente aleatória de ações".[17] Atualmente, com investidores institucionais grandes, sofisticados e bem informados dominando a atividade do mercado, ultrapassar o mercado e permanecer na frente está bem mais difícil do que foi no passado.

Se os investidores são incapazes de superar uns aos outros com qualquer grau de confiabilidade, talvez o computador possa explorar o comportamento irracional do mercado; afinal, máquinas estão imunes a falhas humanas como o efeito da dotação, a falta de visão e o arrependimento por uma decisão. Até agora, os modelos de computadores que instruem o investidor a comprar quando os outros estão assustados e a vender quando os outros estão superconfiantes produziram resultados mistos ou irregulares. Os investidores tornam-se ainda mais assustados ou mais superconfiantes do que o modelo de computador prevê, ou seu comportamento está fora dos padrões reconhecíveis pelo computador. Entretanto, as transações computadorizadas são uma área promissora para novas pesquisas, como veremos adiante.

Os investidores humanos obtêm desempenhos excepcionais de tempos em tempos. Mas mesmo que atribuamos tais realizações à habilidade, e não à sorte, dois problemas permanecem.

Primeiro, o desempenho passado é um guia frágil para o futuro. Em retrospecto, os vitoriosos são plenamente visíveis, mas falta um método confiável de identificar *de antemão* os investidores cujas habilidades os levarão ao sucesso nos anos vindouros. O período de tempo também importa. Mesmo os investidores mais bem-sucedidos, pessoas como

Benjamin Graham e Warren Buffett, tiveram longos períodos de desempenho sofrível que fariam qualquer gerente estremecer. Outros são guindados à fama em uma ou duas tacadas brilhantes, apenas para fracassar quando seu público de adeptos alcança um grande número. Ninguém sabe quando será a próxima decolada, se é que ela virá.

O bom histórico de desempenho dos fundos que seguem algum índice do mercado, sem sofrer nenhuma ação gerencial, é vulnerável aos mesmos tipos de críticas; afinal, a orientação fornecida pelo desempenho passado não é mais confiável do que no caso dos fundos ativamente gerenciados. De fato, mais acentuadamente do que qualquer outra carteira, os índices refletem todos os modismos e comportamentos irracionais que assolam o mercado. Contudo, uma carteira projetada para acompanhar um dos grandes índices, como o S&P 500, ainda goza de claras vantagens em relação às carteiras ativamente gerenciadas. Como os movimentos só ocorrem quando se faz uma mudança no índice, os custos das transações e os impostos sobre ganhos de capital podem ser mantidos no mínimo. Além disso, as taxas cobradas pelos administradores dos fundos que seguem algum índice do mercado ficam em torno de 0,01% do patrimônio; os administradores ativos cobram muitas vezes isso, com frequência ultrapassando 1% do patrimônio. Essas vantagens intrínsecas não se devem à sorte nem dependem de certo período de tempo específico; elas beneficiam o investidor o tempo todo.

O segundo problema para se confiar em evidências de habilidades administrativas superiores é que as estratégias vitoriosas tendem a ter uma meia-vida breve. Mercados de capitais ativos e líquidos como os nossos são tão intensamente competitivos que os resultados do teste de ideias sobre dados passados são difíceis de replicar ou sustentar em tempo real. Muitas pessoas espertas deixam de enriquecer, porque pessoas menos espertas logo seguem seus passos e destroem a vantagem que sua estratégia foi concebida para criar.

Devido ao perigo de que estranhos peguem carona em uma estratégia bem-sucedida, é bem possível que haja investidores que superam o mercado sistematicamente além das probabilidades da sorte, mas que se mantêm na obscuridade. O ganhador do prêmio Nobel Paul Samuelson, um defensor eloquente da hipótese de que os mercados agem como se fossem racionais, admitiu essa possibilidade: "As pessoas diferem na altura, beleza e temperamento, por que não em seu QD, ou quociente de desempenho?" Mas ele prossegue observando que as poucas pessoas com QD elevado dificilmente alugarão seus talentos "à Fundação Ford ou ao departamento de custódia do banco local. Seu QI é elevado demais para isso".[18] Você não as encontrará na Wall Street Week, na capa da *Time* ou escrevendo artigos sobre teoria das carteiras para revistas acadêmicas.

Pelo contrário, eles estão gerindo sociedades privadas que limitam o número de investidores aceitos e que exigem investimentos mínimos na casa dos milhões. Como participam da valorização do capital, além de receber uma taxa de administração, acrescentar o dinheiro de outras pessoas ao seu próprio fornece-lhes uma oportunidade de alavancar o QD. É bem possível que alguns deles se revelem campeões de *snap*.

No Capítulo 19, veremos o que alguns desses investidores estão tentando fazer. Suas estratégias utilizam conceitos teóricos e empíricos que remontam às origens da probabilidade e ao próprio cavaleiro de Méré. Mas essas estratégias incorporam uma visão do mercado mais complexa do que a que apresentei. Se é válida a noção de que risco equivale a oportunidade, essa pequena tribo está mostrando o caminho.

Não obstante, as sociedades privadas são periféricas ao mercado predominante. A maioria dos investidores tem dinheiro insuficiente para participar ou, como os gigantescos fundos de pensão, é grande demais para alocar uma porção significativa de seu patrimônio às sociedades. Além disso, os fundos podem ser inibidos pelo medo do arrependimento pelas decisões, caso esses investimentos anticonvencionais fracassem. De qualquer modo, quando os investidores maiores começam a experimentar conceitos quantitativos exóticos, devem ter cuidado para não atrapalhar uns aos outros.

QUAIS AS CONSEQUÊNCIAS de tudo isso para a administração do risco? A presença do comportamento irracional torna os investimentos mais dispostos a correr riscos do que normalmente seriam? A resposta a esta pergunta requer uma análise da perspectiva histórica.

Os mercados de capitais sempre foram voláteis, pois transacionam com nada mais do que apostas no futuro, que é cheio de surpresas.

Comprar ações, que não têm nenhuma data de vencimento, é um negócio arriscado. A única forma de os investidores liquidarem suas posições acionárias é vender suas ações entre si: todos estão à mercê das expectativas e do poder de compra de todos os outros. Considerações semelhantes aplicam-se aos títulos, que devolvem aos seus detentores seu valor principal em dinheiro, mas apenas em certa data futura.

Trata-se do ambiente perfeito para o comportamento irracional: a incerteza é assustadora. Se os protagonistas irracionais do drama superarem em número e em riqueza os protagonistas racionais, é provável que os preços dos ativos se afastem grandemente dos níveis de equilíbrio para permanecer ali por extensos períodos de tempo. Esses períodos são, muitas vezes, longos o suficiente para esgotar a paciência do mais racional dos investidores. Na maioria das circunstâncias, portanto, o mercado é mais volátil do que se todos aderissem ao modelo racional e mandassem Kahneman e Tversky cultivar outras searas.[19]

Não obstante, a atenção explícita ao risco do investimento e ao *trade-off* entre risco e retorno é uma noção relativamente nova. Harry Markowitz delineou pela primeira vez a ideia básica somente em 1952, que parece há muito tempo, mas é realmente recente na história dos mercados. Além disso, com a grande alta do mercado no início da década de 1950, o foco de Markowitz nos riscos da seleção de carteiras despertou pouca atenção na época. O interesse acadêmico aumentou na década de 1960, mas somente após 1974 os profissionais do mercado abriram os olhos.

A explicação dessa reação retardada está ligada às mudanças na volatilidade do mercado. De 1926 a 1945 – um período que incluiu o Grande Crack, a Depressão e a Segunda Guerra Mundial –, o desvio-padrão dos retornos anuais totais (renda mais mudança no valor do capital) foi de 37% ao ano, enquanto os retornos foram, em média, de apenas cerca de 7% ao ano. Um negócio realmente arriscado!

Os investidores trouxeram esse conjunto de memórias aos mercados de capitais no fim da década de 1940 e pela década de 1950 adentro. Gato escaldado tem medo de água fria. Uma renovação da febre especulativa e do otimismo desenfreado custou a se desenvolver, apesar da forte alta do mercado que levou o Dow Jones Industrial Average de menos de 200, em 1945, a 1.000, em 1966. De 1946 a 1969, apesar de um retorno polpudo superior a 12% ao ano e de um breve surto de entusiasmo especulativo em 1961, o desvio-padrão dos retornos totais foi de apenas um terço do de 1926 a 1945.

Foi essa a memória que os investidores trouxeram à década de 1970. Quem se preocuparia com o risco em um mercado como aquele? Na verdade, todos deveriam ter se preocupado. Do final de 1969 ao final de 1975, o retorno do S&P 500 foi de apenas metade do de 1946 a 1969, enquanto o desvio-padrão anual quase dobrou, atingindo 22%. Durante 12 dos 24 trimestres do período, um investidor no mercado de ações teria se dado melhor se possuísse letras do Tesouro.

Os analistas de investimentos profissionais, que em 1969 haviam levado as carteiras dos clientes a possuir até 70% de ações ordinárias, ficaram com cara de bobos. Seus clientes ficaram ainda mais decepcionados. No outono de 1974, a nova edição de *The Journal of Portfolio Management* publicou um artigo de fundo de um alto executivo do Wells Fargo Bank que admitiu a triste verdade:

> Os analistas de investimentos profissionais e seus adeptos são incoerentes, imprevisíveis e estão em apuros... Os clientes estão com medo de nós e dos prejuízos adicionais que nossos métodos possam produzir, medo semelhante ou superior ao que têm das ações... O setor necessita urgentemente substituir seus métodos de funcionamento amadores.[20]

Pela primeira vez, a administração do risco se tornou a maior sensação da cidade. Primeiro veio uma forte ênfase na diversificação, não apenas no segmento das ações, mas em toda a carteira, de ações e títulos aos bens de liquidez imediata. A diversificação também forçou os investidores a explorar novas áreas e a desenvolver técnicas de gestão apropriadas. A estratégia tradicional de comprar e manter até o vencimento os títulos de longo prazo, por exemplo, foi substituída por uma gestão ativa e computadorizada dos ativos de renda fixa. As pressões pela diversificação também levaram os investidores a voltar os olhos para fora do país. Ali eles encontraram oportunidades de altos retornos, independentemente dos benefícios da diversificação dos investimentos internacionais.

Entretanto, mesmo enquanto a busca de técnicas de administração do risco ganhava popularidade, as décadas de 1970 e 1980 deram origem a novas incertezas, desconhecidas por pessoas cujas visões de mundo haviam sido moldadas pelas experiências benignas do pós-guerra. Calamidades irromperam, inclusive a explosão dos preços do petróleo, a crise institucional norte-americana causada pelo escândalo de Watergate e pela renúncia de Nixon, a crise dos reféns em Teerã e o desastre de Chernobyl. As dissonâncias cognitivas criadas por esses choques assemelharam-se às experimentadas pelos vitorianos durante a Primeira Guerra Mundial.

Além da desregulamentação financeira e de um forte surto inflacionário, o ambiente gerou um grau de volatilidade nas taxas de juros, nas taxas de câmbio e nos preços dos produtos primários inconcebível nas três décadas precedentes. As formas convencionais de administração do risco foram incapazes de dar conta de um mundo tão novo, instável e assustador.

Essas condições deram origem a um exemplo perfeito da aversão à ambiguidade de Ellsberg. Para podermos calcular as probabilidades a partir de situações da vida real, experiências semelhantes devem ter ocorrido com frequência suficiente para se assemelharem aos padrões dos jogos de azar. Sair sem guarda-chuva em um dia nublado é arriscado, mas vimos dias nublados e ouvimos previsões do tempo suficientes para podermos calcular, com certa precisão, a probabilidade de chuva. Mas quando os eventos são únicos, quando as nuvens assumem formas e cores nunca dantes vistas, a ambiguidade passa a dominar e os prêmios de risco disparam. Ou você fica em casa, ou leva o guarda-chuva sempre que sair, por mais inconveniente que seja. Foi isso que aconteceu na década de 1970, quando as cotações das ações e dos títulos estiveram extremamente deprimidas, comparadas com as cotações predominantes na década de 1960.

A alternativa é descobrir métodos para amortecer o impacto do inesperado, para controlar o risco do desconhecido. Embora a diversificação nunca perdesse sua importância, os investidores profissionais reconheceram, há algum tempo, ser inadequada como técnica de administração do risco e primitiva demais para o novo ambiente de volatilidade e incerteza.

Felizmente, talvez, impressionantes inovações tecnológicas coincidiram com a demanda premente por novos métodos de controle do risco. A introdução de computadores na gestão dos investimentos coincidiu com a escalada da preocupação com o risco. A novidade e o poder extraordinário dos computadores aumentaram a sensação de alienação, mas ao mesmo tempo expandiram grandemente a capacidade de manipulação de dados e de execução de estratégias complexas.

Se, como afirmava a Teoria da Perspectiva, os investidores haviam encontrado o inimigo – qual seja, eles próprios –, agora a busca era por medidas protetoras que fizessem mais sentido do que o arrependimento pela decisão, a falta de visão ou o efeito da dotação. Uma nova era de administração do risco se anunciava, com conceitos, técnicas e metodologias que faziam uso do sistema financeiro, mas cujos clientes estavam espalhados bem além dos recintos paroquiais dos mercados de capitais.

O passo decisivo da superstição ao supercomputador estava prestes a ser dado.

# 18

# O SISTEMA FANTÁSTICO
# DE APOSTAS LATERAIS

OS DERIVATIVOS SÃO OS mais sofisticados instrumentos financeiros, os mais intricados, os mais misteriosos, mesmo os mais arriscados. Típicos da década de 1990 e, para muitas pessoas, um palavrão.

Eis o que disse a revista *Time* em um artigo de capa de abril de 1994.

> Esse sistema fantástico de apostas laterais não se baseia em intuições humanas ultrapassadas, mas em cálculos concebidos e monitorados por feras da computação usando fórmulas matemáticas obscuras... desenvolvidas pelos denominados *quants,* abreviação de analistas quantitativos.

Acabamos de examinar o fantástico sistema de apostas laterais baseado em intuições humanas ultrapassadas. Agora nos voltaremos ao sistema fantástico idealizado pelos *quants.*

Apesar do mistério que se formou em torno desses instrumentos nos últimos anos, não há nada de particularmente moderno neles. Os derivativos são tão antigos que não têm um inventor identificável: nenhum Cardano, Bernoulli, Graunt ou Gauss. O uso de derivativos surgiu da necessidade de reduzir a incerteza, e certamente não há nada de novo nisso.

Os derivativos são instrumentos financeiros sem valor próprio. Isso pode soar estranho, mas é o segredo a que eles se reduzem. Eles têm esse nome por derivarem seu valor do valor de algum outro ativo, exatamente o motivo pelo qual servem tão bem para limitar o risco de flutuações inesperadas de preço. Eles limitam o risco da posse de coisas como arrobas de trigo, francos franceses, títulos governamentais e ações ordinárias – em suma, qualquer ativo cujo preço seja volátil.

Frank Knight observou certa vez: "Todo ato de produção é uma especulação no valor relativo do dinheiro e do bem produzido."[1] Os derivativos não podem reduzir os riscos inerentes à posse de ativos voláteis, mas podem determinar quem se encarrega da especulação e quem a evita.

Os derivativos atuais diferem de seus predecessores apenas em certos aspectos: eles são avaliados matematicamente, e não por métodos empíricos: os riscos contra os quais devem se proteger são mais complexos; eles são projetados e controlados por computadores e lhes são atribuídos novos propósitos. Nenhum desses aspectos é a causa básica do aumento drástico do uso de derivativos ou da badalação em torno deles.

Os derivativos só têm valor em um ambiente de volatilidade; sua proliferação é um sinal de nossos tempos. Nos últimos cerca de vinte anos, a volatilidade e incerteza emergiram em áreas tradicionalmente caracterizadas pela estabilidade. Até o início da década de 1970, as taxas de câmbio eram legalmente fixadas, o preço do petróleo variava dentro de uma margem estreita e o nível geral de preços não subia mais de 3% ou 4% ao ano. A aparição abrupta de novos riscos em áreas consideradas por tanto tempo estáveis desencadeou uma busca de ferramentas de administração do risco novas e mais eficazes. Os derivativos são sintomáticos do estado da economia e dos mercados financeiros, e não a causa da volatilidade que é o foco de tanta preocupação.

OS DERIVATIVOS VÊM em duas modalidades: como contratos a termo (contratos de entregas futuras a preços especificados) e como opções que fornecem a um lado a oportunidade de comprar de ou vender para o outro lado a um preço prefixado. Por mais sofisticados que pareçam na roupagem extravagante em que os vemos atualmente, seu papel na administração do risco surgiu provavelmente há vários séculos no campo. As particularidades podem ter mudado através do tempo, mas a necessidade fundamental do agricultor de controlar o risco não mudou. Os agricultores não toleram a volatilidade, pois vivem endividados. Seus enormes investimentos em terras, equipamentos e estoques de sementes e fertilizantes tornam inevitável o financiamento bancário. Antes de ganhar qualquer dinheiro, o agricultor deve pagar por seus insumos, plantar sua cultura e, depois, no constante temor de enchentes, seca e granizo, esperar meses até a época da colheita. Sua grande incerteza é qual será o preço quando, enfim, estiver em condições de entregar a colheita ao mercado. Se o preço que receber for inferior ao custo de produção, ele poderá não conseguir pagar as dívidas e perder tudo.

O agricultor é impotente diante dos riscos do clima e dos insetos, mas pode ao menos escapar da incerteza quanto ao preço de venda. Para isso, ele vende a colheita ao plantá-la, prometendo ao comprador a entrega futura a um preço prefixado. Seu lucro poderá ser menor se os preços subirem, mas o contrato a termo o protegerá da catástrofe se os preços caírem. Ele passou adiante para outra pessoa o risco de preços menores.

Essa outra pessoa costuma ser um processador de alimentos que enfrenta o risco oposto: ele ganhará se os preços de seus insumos caírem enquanto a cultura ainda estiver plantada, mas estará em apuros se os preços subirem e aumentarem o custo de suas matérias-primas. Ao fechar o contrato com o agricultor, o processador deixa que este assuma o risco de elevação dos preços agrícolas. Essa transação, envolvendo supostamente contratos arriscados para ambas as partes, na verdade *diminui* o risco total na economia.

Às vezes, o outro lado do acordo é um especulador – alguém disposto a livrar os outros da incerteza por uma convicção sobre como as coisas se desenrolarão. Ao menos em teoria, os especuladores em produtos primários ganharão dinheiro a longo prazo, porque existem tantas pessoas cuja sobrevivência financeira é vulnerável aos riscos da volatilidade. Como resultado, a volatilidade tende a ser subavaliada, especialmente nos mercados de produtos primários, e a aversão à perda do produtor fornece uma vantagem intrínseca ao especulador. Esse fenômeno tem, em inglês, o estranho nome de *backwardation*.

No século XII, os vendedores nas feiras medievais assinavam contratos, denominados *lettres de faire*, prometendo a entrega futura dos itens vendidos. No século XVII, os senhores feudais japoneses vendiam seu arroz para entrega futura em um mercado chamado *cho-ai-mai* sob contratos que os protegiam do mau tempo ou da guerra. Durante muitos anos, em mercados como de metais, de câmbio, de produtos agrícolas e, mais recentemente, de ações e títulos, os contratos para entrega futura têm sido um meio de proteção comum contra os riscos de preços voláteis. Contratos a termo para produtos primários como trigo, carne de suíno e cobre têm sido fechados no Chicago Board of Trade desde 1865.

As opções também têm uma longa história. No Livro I da *Política*, Aristóteles descreveu uma opção como "um dispositivo financeiro que envolve um princípio de aplicação universal". Grande parte da famosa febre das tulipas na Holanda no século XVII envolveu a comercialização de opções de compra e venda de tulipas, em vez das próprias tulipas, em muitos aspectos tão sofisticada como o que acontece em nossa própria época. Os revendedores de tulipas compravam *opções de compra* quando queriam a garantia de poder aumentar seus estoques quando os preços estivessem subindo; essas opções davam ao revendedor o direito, mas não a obrigação, de solicitar ao outro lado a entrega de tulipas a um preço prefixado. Os plantadores que buscassem proteção contra preços em queda compravam *opções de venda* que lhes davam o direito de vender para o outro lado a um preço prefixado. O outro lado dessas opções – os vendedores – assumia esses riscos em troca dos prêmios pagos pelos compradores das opções, prêmios que presumivelmente compensariam os vendedores de opções de compra pelo risco de aumento dos preços e os vendedores de opções de venda pelo risco de queda dos preços.

Aliás, pesquisas recentes desmentiram algumas crenças falsas sobre a famosa febre das tulipas na Holanda do século XVII, supostamente alimentada pelo uso de opções. Na verdade, parece que as opções deram a mais pessoas a oportunidade de participar de um mercado antes fechado para elas. O opróbrio imputado às opções durante a febre das tulipas foi, na verdade, cultivado por grupos de interesses descontentes com a invasão de intrusos em sua seara.[2]

Nos Estados Unidos, as opções surgiram cedo. Corretores transacionavam com opções de venda e de compra de ações já na década de 1790, pouco depois de o famoso Acordo de Button Wood Tree estabelecer o que se tornaria a Bolsa de Valores de Nova York.

Um engenhoso contrato de administração do risco foi divulgado em 1º de junho de 1863, quando os Estados Confederados da América,* necessitados de créditos e desesperados por dinheiro, lançaram o "7 Per Cent Cotton Loan". O empréstimo tinha algumas cláusulas incomuns que lhe davam o aspecto de um instrumento derivativo.[3]

A quantia principal não era reembolsável em dólares confederados, nem na capital confederada em Richmond, Virgínia. Pelo contrário, ela foi fixada em "3 milhões de libras esterlinas ou 75 milhões de francos" e era reembolsável em quarenta prestações semestrais em Paris, Londres, Amsterdã ou Frankfurt, à escolha do detentor do título – que tinha a opção adicional de receber o pagamento em algodão, em vez de dinheiro, à taxa de seis *pence* esterlinos por libra "a qualquer momento não posterior a seis meses após a ratificação do Tratado de Paz entre os beligerantes".

O governo confederado em luta valia-se de uma sofisticada forma de administração do risco para induzir os investidores ingleses e franceses a emprestar-lhes moeda estrangeira, de que precisavam urgentemente para financiar suas compras de armamentos no exterior. Ao mesmo tempo, estava formando um grupo estrangeiro com um interesse pessoal na sobrevivência da Confederação. O risco de desvalorização do dólar confederado era neutralizado pela opção de reembolso em moeda britânica ou francesa.** A opção de receber a dívida em algodão era uma proteção contra a inflação e era adocicada pela oferta do algodão a seis *pence*, quando o preço predominante na Europa era 24 *pence*. Além disso, como a obrigação era conversível "a qualquer momento" em algodão, essa opção era uma espécie de proteção contra as vicissitudes da guerra aos emprestadores suficientemente ágeis para arrecadar seu algodão antes que os Estados Confederados ruíssem.

Os Estados Confederados foram os vendedores dessas opções: eles assumiram obrigações incertas porque não tinham outra opção. Uma promessa de reembolsar o empréstimo em dólares confederados teria sido ridicularizada pelos mercados de crédito ou exigiria uma intolerável

---

* *Nota do Tradutor:* Estados sulinos que se separaram dos Estados Unidos, dando origem à Guerra da Secessão.
** O título chegava a oferecer proteção contra a possibilidade de uma libra esterlina vir a comprar, no futuro, mais ou menos do que 25 francos. Os franceses abandonaram o padrão-ouro em 1870, época em que uma libra esterlina comprava substancialmente mais do que 25 francos.

taxa de juros de dois dígitos. A recompensa recebida em troca pelos confederados dos emprestadores que adquiriram essas opções foi uma redução na taxa de juros do empréstimo: 7% era apenas um ponto percentual superior ao que o governo norte-americano estava pagando por dinheiro no longo prazo naquela época. A introdução das opções fez dessa uma transação de que *a própria incerteza era uma parte integral*.

A história desses títulos é interessante. Os livros de subscrição foram abertos em março de 1863, mas, segundo as convenções da época, o dinheiro apurado só deveria ser recebido em setembro. Os títulos foram vendidos acima do preço de oferta por um breve período após a oferta de março, mas depois o preço despencou, com a circulação de histórias sobre a relação de Jefferson Davis com alguns títulos rejeitados no Mississippi. Preocupados de que os subscritores não cumprissem os pagamentos devidos em setembro, o Tesouro confederado interveio no mercado para apoiar o preço, comprando cerca de £1,4 milhão dos £3 milhões emitidos. Os confederados cumpriram com os pagamentos vencidos em setembro de 1863 e com dois pagamentos semestrais em 1864, mas isso foi tudo. Somente um valor nominal de cerca de £370 mil chegou a ser resgatado em algodão.

Muitas pessoas são compradoras dispostas, mas involuntárias, de opções. Quem já contraiu uma hipoteca com um privilégio de pagamento antecipado possui uma opção. Aqui é o mutuário – o proprietário do imóvel –, e não o emprestador, que tem a opção de determinar as condições de reembolso. Qual é o preço dessa opção? A taxa de juros que o mutuário paga ao banco é superior ao que seria sem a opção de pagamento antecipado. Se as taxas das hipotecas caírem, o proprietário do imóvel antecipará o pagamento da antiga hipoteca e contrairá uma nova a uma taxa inferior, deixando o banqueiro com a perda decorrente da substituição de um empréstimo a juros altos por um a juros baixos. Essa opção é tão comum – muitas vezes, obrigatória por lei – nas hipotecas imobiliárias atuais que a maioria dos proprietários de imóveis sequer tem consciência de estar pagando extra pelo privilégio – e nem a maioria dos banqueiros!*

---

\* Esta é uma supersimplificação para expor o argumento básico. A maioria das hipotecas imobiliárias individuais forma pacotes com outras hipotecas e é vendida no mercado aberto, para uma ampla variedade de investidores. Com efeito, os banqueiros repassam os riscos do pagamento antecipado a um mercado mais disposto a arcar com ele; esses papéis respaldados por hipotecas são complexos, voláteis e arriscados demais para os investidores amadores.

Há mais do que mostram as aparências na concepção dos títulos dos Confederados, dos contratos a termo do agricultor, das opções envolvendo tulipas e dos privilégios de pagamento antecipado das hipotecas. A maioria das transações comerciais e financeiras é uma aposta em que o comprador espera estar comprando barato e o vendedor espera estar vendendo caro. Um lado está sempre fadado ao desapontamento. Os produtos da administração do risco são diferentes. Eles existem não necessariamente porque alguém está buscando lucro, mas porque existe uma demanda por instrumentos que transferem o risco de uma parte avessa ao risco a alguém disposto a arcar com ele. No caso do empréstimo aos Confederados, estes assumiram um risco em moeda estrangeira, e mesmo o risco da própria vitória, para poupar a diferença entre 7% e os juros que teriam sido exigidos sem as opções; eles podem até ter recebido dinheiro que não teria sido oferecido sob outras condições. Os emprestadores – os compradores dos títulos da Confederação – adquiriram opções que reduziram seus riscos o suficiente para compensar a taxa de juros menor ou a possibilidade de que os Confederados perdessem a guerra. Ao negociar a incerteza, ambas as partes saíram ganhando.

QUANTO VALE UMA OPÇÃO? Como os negociantes de opções envolvendo tulipas decidiam quanto pagar por uma opção de compra ou de venda, e por que esses valores mudavam com o tempo? Como os emprestadores aos Confederados decidiam que as opções de receber o pagamento em libras esterlinas, francos ou algodão eram compensações suficientes aos riscos assumidos na concessão dos empréstimos? Quanto o proprietário do imóvel está pagando a mais ao banqueiro da hipoteca pelo privilégio do pagamento antecipado?

As respostas a estas perguntas poderão se tornar mais claras se examinarmos um exemplo de uma opção amplamente negociada envolvendo ações. Em 6 de junho de 1995, quando a ação da AT&T estava sendo vendida por US$50, uma opção à venda oferecia ao seu detentor o direito de comprar a ação da AT&T por US$50,25 até 15 de outubro de 1995. A ação estava sendo transacionada por menos de US$50,25 – o "preço de exercício"; se a ação permanecesse abaixo do preço de exercício durante o prazo da opção, esta não teria valor e seu detentor perderia todo o prêmio pago por ela. Contudo, aquele prêmio era tudo que o comprador da opção arriscava e tudo que o vendedor da opção poderia esperar ganhar. Se a ação da AT&T subisse além do preço de exercício, antes de 15 de outubro, em uma quantia superior ao prêmio da opção, esta geraria lucro. De fato, o lucro potencial da opção seria ilimitado.

A opção sobre a ação da AT&T estava sendo vendida por US$2,50 em 6 de junho de 1995. Por que US$2,50?

Resolver o problema do jogo inacabado de *balla* é brincadeira comparado com isto! Será que dois analistas quantitativos como Pascal e Fermat teriam chegado a uma resposta – e por que sequer tentaram? A febre das tulipas holandesa, um exemplo impressionante do que acontece quando "intuições humanas ultrapassadas" assumem o controle, ocorrera apenas vinte anos antes de Pascal e Fermat delinearem pela primeira vez os princípios da teoria das probabilidades; a memória do fenômeno devia ainda estar viva quando eles começaram suas considerações históricas. Talvez eles ignorassem o desafio de avaliar uma opção devido ao fato de que a chave do enigma está no preço da incerteza, um conceito que parece mais apropriado ao nosso próprio tempo do que pode ter parecido então.

O primeiro esforço de aplicação da matemática, em vez da intuição, na avaliação de uma opção foi realizado por Louis Bachelier ainda em 1900. Nas décadas de 1950 e 1960, algumas outras pessoas também realizaram tentativas, inclusive Paul Samuelson.

O enigma foi enfim resolvido no final da década de 1960 por uma estranha trinca, todos os seus integrantes com menos de trinta anos ao começar sua colaboração.[4] Fischer Black era um físico-matemático com doutorado por Harvard que jamais fizera um curso de economia ou finanças. Ele logo achou seus estudos científicos acadêmicos abstratos demais para seu gosto e foi trabalhar na empresa de consultoria gerencial de Arthur D. Little, com sede em Boston. Myron Scholes acabara de obter o PhD em finanças da Graduate School of Business da Universidade de Chicago, para onde fora a fim de escapar da empresa editorial de sua família; ele acabara de ser contratado pelo MIT. Robert C. Merton, cujo primeiro artigo publicado intitulava-se "The 'Motionless' Motion of Swift's Flying Island" ("O movimento 'imóvel' da ilha voadora de

Swift"), bacharelara-se em engenharia matemática pela Universidade de Columbia, mas estava lecionando economia no MIT como assistente de Samuelson e ainda não obtivera o PhD.

Black faleceu em 1995 aos 57 anos. Era um homem frio e lacônico; seu discurso presidencial na American Economic Association, em 1985, tivera um título de uma só palavra – "Ruído" – e durara menos de quinze minutos. Scholes é sombrio, intenso e volúvel. Merton é amistoso e irrepreensível. Todos os três têm sido brilhantes inovadores em finanças, além de sua contribuição à teoria das opções.

A história começa em 1965, quando Black fez amizade com um colega chamado Jack Treynor; Treynor estava iniciando um caminho que o tornaria uma potência teórica no campo das finanças. Na época, ele estudava economia nas horas vagas sob a orientação de Franco Modigliani, do MIT, futuro ganhador do prêmio Nobel de economia. Quando Treynor mostrou a Black seu antigo trabalho em um modelo para explicar como os mercados equilibram risco e retorno, Black ficou fascinado. Um crente incondicional no livre mercado, Black decidiu aplicar as ideias de Treynor à avaliação de opções e, para ajudar nesse trabalho, aceitou o conselho de Treynor de aderir a um *workshop* de finanças nas noites de quinta-feira no MIT.

Três anos depois, Black continuava fitando equações que se recusavam a fornecer uma resposta. A análise de Treynor de como as flutuações do mercado influenciam a avaliação dos papéis individuais simplesmente não solucionava o problema. A essa altura, recorda Black, "Myron e eu começamos a trabalhar juntos". Eles haviam se conhecido nos *workshops* das noites de quinta-feira, onde Black descobriu que Scholes se frustrara ao aplicar a mesma abordagem ao mesmo problema. Quanto mais analisavam juntos as equações, mas claro ficava que a resposta não tinha nenhuma relação com os modelos de Treynor de risco e recompensa.

Na primavera de 1970, Scholes contou a Merton as dificuldades que ele e Black estavam tendo. O problema despertou imediatamente o interesse de Merton. Em pouco tempo, ele resolveu o dilema dos colegas, mostrando que eles estavam no caminho certo por motivos que eles próprios haviam ignorado. O modelo logo foi completado.

Apesar da aparência algébrica complexa, as ideias básicas por trás do modelo são fáceis de entender. O valor de uma opção depende de quatro elementos: tempo, preços, taxas de juros e volatilidade. Esses elementos aplicam-se tanto às opções de venda como às opções de compra; no que se segue, explico seu funcionamento em termos de uma opção de compra, que dá ao detentor o direito de comprar a ação a um preço especificado.

O primeiro elemento é o período de tempo até a expiração da opção; quando esse período é longo, a opção vale mais do que quando é curto. O segundo elemento é a diferença entre o preço atual da ação e o preço especificado no contrato de opção pelo qual o detentor pode comprar ou vender a ação – o denominado preço de exercício; a opção valerá mais quando o preço real estiver acima do preço de exercício do que quando estiver abaixo dele. Terceiro, o valor também depende dos juros que o comprador consegue obter de seu dinheiro, enquanto espera pelo exercício da opção, bem como a renda que o vendedor consegue receber do ativo subjacente durante o mesmo período de tempo. Mas o que realmente importa é o quarto elemento: a volatilidade esperada do ativo subjacente, como a ação da AT&T no exemplo anterior, vendida a US$ 50, enquanto o detentor da opção tinha o direito de comprá-la a US$50,25 em qualquer momento entre 6 de junho e 15 de outubro de 1995.

A probabilidade de que o preço da ação da AT&T possa subir – ou cair – é irrelevante. A única coisa que importa é até onde o preço da ação pode ir, e não a direção em que se move. A noção de que a direção da mudança de preço é irrelevante para a avaliação de uma opção é tão anti-intuitiva que explica em parte a demora de Black e Scholes em alcançar a resposta que procuravam – embora estivesse diante de seus narizes. Mas ela decifra o enigma devido à natureza assimétrica da própria opção: o potencial de perda do investidor limita-se ao prêmio, enquanto o potencial de lucro é ilimitado.

Se a ação da AT&T cair para US$45,40 ou mesmo US$20 durante a vigência da opção, seu detentor não perderá mais de US$2,50. Entre US$50,25 e US$52,75, o detentor ganhará menos de US$2,50. Acima de US$52,75, o potencial de lucro é infinito – pelo menos em teoria. Com todas as variáveis incluídas, o modelo de Black-Scholes indica que a opção da AT&T valia US$2,50 em junho de 1995, porque os investidores esperavam que a ação da empresa variasse em uma extensão de cerca de 10%, ou cinco pontos, em cada direção durante os quatro meses de existência da opção.

A volatilidade é sempre o determinante-chave. Em contraste com a AT&T, vejamos a ação da líder do ramo de software Microsoft. No mesmo dia em que a ação da AT&T estava cotada a US$50 e sua opção era vendida por US$2,50, a ação da Microsoft era vendida por US$83,125 e sua opção de compra em quatro meses a US$90 era negociada por US$4,50. O preço desta opção era 80% maior do que o preço da opção da AT&T, embora a ação da Microsoft fosse apenas cerca de 60% mais cara do que a da AT&T. O preço da ação da Microsoft diferia quase sete pontos do preço de exercício, comparado com o mero quarto de ponto de diferença no caso da AT&T. O mercado esperava claramente que a Microsoft fosse mais volátil do que a AT&T. Segundo o modelo de Black-Scholes, o mercado esperava que a Microsoft fosse exatamente duas vezes mais volátil do que a AT&T nos quatro meses seguintes.

A ação da Microsoft é muito mais arriscada do que a da AT&T. Em 1995, a AT&T teve receitas de quase US$90 bilhões, tinha 2,3 milhões de acionistas, um cliente em quase todo lar e em todas as empresas norte-americanas, uma posição monopolista enfraquecida, mas ainda poderosa, em seu setor, e um longo histórico de pagamento ininterrupto de dividendos. A ação da Microsoft estava disponível ao público apenas desde 1982, a receita da empresa na época foi de apenas US$6 bilhões, sua base de clientes era bem mais limitada do que a da AT&T, concorrentes brilhantes tentavam romper seu domínio no ramo de software e a empresa nunca pagara dividendos.

Os negociantes de opções entendem tais diferenças. O que quer que faça uma ação se mover é o que importa, pois ações que tendem a cair com rapidez também tendem a subir rapidamente. Os compradores de opções estão atrás de ação; os investidores que vendem opções gostam de ações estáveis. Se a ação da Microsoft subir a US$100 e o detentor da opção exercer seu direito de comprar a ação por US$90 do vendedor da opção, este estará dez pontos distante. Mas se a ação permanecer ao redor do US$83, valor em que era comercializada quando a transação ocorreu, o vendedor da opção embolsará o prêmio de US$4,50. Pelo mesmo princípio, o direito de pagar antecipadamente uma hipoteca imobiliária vale muito mais com taxas de juros aos saltos do que com elas estáveis.

As opções guardam uma forte semelhança com as apólices de seguros e são muitas vezes compradas e vendidas pelas mesmas razões. De fato, se as apólices de seguros fossem convertidas em papéis negociáveis, seus preços seriam fixados no mercado exatamente como os das opções. Durante o período de tempo coberto pelo pagamento do prêmio, o comprador de uma apólice de seguro tem o direito de oferecer algo à empresa seguradora por um preço prefixado – sua casa incendiada, seu automóvel destruído, contas médicas, mesmo seu corpo morto –, em troca de que a empresa seguradora é obrigada a pagar-lhe o valor acordado do prejuízo que ele sofreu. Se a casa não se incendiar, se o automóvel nunca se acidentar, se o segurado gozar de saúde perfeita e viver além da expectativa de vida, este perderá os prêmios pagos e nada receberá. O próprio prêmio dependerá do grau de incerteza de cada resultado – a estrutura da casa, a idade do automóvel (e de seus motoristas), o histórico médico do segurado, se trabalha como mineiro ou operador de computador. Os derivativos que denominamos opções, ao expandir a variedade de riscos que podem ser segurados, ajudam a criar o mundo ideal de Kenneth Arrow onde todos os riscos são seguráveis.

Os derivativos não são transações envolvendo ações ou taxas de juros, vidas humanas, casas vulneráveis a incêndios ou hipotecas imobiliárias. *O produto das transações com derivativos é a própria incerteza.* É por isso que as opções sobre a Microsoft custam mais do que as opções sobre a AT&T, que um seguro contra terremotos na Califórnia é mais caro do que no Maine, que os emprestadores aos Estados Confederados conseguiram extrair condições tão onerosas e que os banqueiros se preocupam com o declínio das taxas das hipotecas.

BLACK E SCHOLES reuniram suas ideias sobre a avaliação das opções em um artigo enviado em outubro de 1970 ao *Journal of Political Economy*, uma prestigiosa revista publicada pela Universidade de Chicago. Os editores rejeitaram prontamente o artigo, alegando que Black e Scholes puseram nele finanças demais e economia de menos.* A *Review of Economics and Statistics* de Harvard foi igualmente rápida em devolver o artigo.

---

* Black suspeitou de que algo mais desagradável estivesse envolvido: que a falta de um diploma em economia o excluísse da panelinha que os editores consideravam digna de figurar no *JPE*.

Nenhuma das publicações sequer se deu ao trabalho de pedir a um perito que o examinasse. O artigo veio enfim a lume na edição de maio-junho de 1973 do *Journal of Political Economy*, mas somente depois da intercessão de dois membros influentes da Universidade de Chicago. O artigo se revelou um dos mais influentes trabalhos de pesquisa já publicados no campo da economia ou das finanças.

Em uma dessas estranhas coincidências em que os eventos parecem vir em grupo, a Chicago Board Options Exchange iniciou suas atividades em abril de 1973, apenas um mês antes da publicação do artigo de Black-Scholes. Essa bolsa de opções, mais conhecida pelas iniciais CBOE, iniciou suas operações no salão de fumar do Chicago Board of Trade, o centro tradicional de negociação de *commodities*. A CBOE forneceu pela primeira vez aos negociantes de opções de ações contratos padronizados e corretores que davam liquidez às opções, mantendo-se disponíveis para comprar ou vender as opções a pedido. A CBOE também prometeu uma regulamentação rigorosa das práticas de negociação, bem como a rápida informação pública de todas as transações.

No primeiro dia de negociações, 911 opções de dezesseis emissões individuais de ações mudaram de mãos. Em 1978, o volume diário subira para uma média de 100 mil contratos. Em meados de 1995, um milhão de opções de ações mudavam de mãos diariamente. Outras 300 mil opções eram negociadas em quatro outras bolsas norte-americanas. Com cada opção representando cem ações, a atividade desses mercados de opções é significativa em relação ao volume das próprias bolsas de valores.

A CBOE agora ostenta um dos centros de negociação tecnologicamente mais sofisticados do mundo. Ele consiste em um espaçoso saguão principal, um porão com 6.000m² de computadores, fiação suficiente para circundar duas vezes o Equador e um sistema telefônico capaz de atender a uma cidade de 50 mil habitantes.

Houve uma segunda coincidência. Na mesma época em que o artigo de Black-Scholes apareceu no *Journal of Political Economy* e em que a CBOE iniciou suas operações, surgiu em cena a calculadora eletrônica portátil. Seis meses após a publicação do modelo de Black-Scholes, a Texas Instruments publicou um anúncio de meia página no *Wall Street Journal* proclamando: "Agora você pode encontrar o valor de Black-

Scholes usando nossa... calculadora." Em pouco tempo, os negociantes de opções empregavam termos técnicos diretamente saídos do artigo de Black-Scholes, como coeficientes de *hedge,* deltas e equações diferenciais estocásticas. O mundo da administração do risco ascendera a uma nova era.

EM SETEMBRO DE 1976, Hayne Leland, professor de finanças de Berkeley com 35 anos, teve uma noite insone preocupado com as finanças da família. Nas palavras de Leland, "a qualidade de vida corria perigo, e estava na hora de inventar".[5]

A necessidade é a mãe da invenção: Leland teve uma ideia súbita. Sozinho, ele superaria a intensa aversão ao risco que dominava os mercados de capitais na esteira das quedas simultâneas dos mercados de títulos e de ações, em 1973-1974. Começou a desenvolver um sistema que seguraria as carteiras de investimentos contra prejuízos da mesma forma como uma empresa seguradora protege um segurado da perda em caso de acidente. Os investidores segurados poderiam, então, assumir o risco de aplicar grande parte de sua riqueza – ou mesmo toda ela – em ações. Como qualquer detentor de opção, eles teriam lucros ilimitados e uma perda limitada a nada mais do que um prêmio de seguro. Cifrões começaram a cintilar na cabeça de Leland.

De madrugada, ele se convenceu de que havia matado a charada. "Eureca!", exclamou. "Agora sei como fazer." Mas antes de levantar e enfrentar o dia, foi acometido por um rol de dificuldades teóricas e mecânicas. Dirigiu-se imediatamente ao escritório de seu amigo Mark Rubinstein, um colega de Berkeley a quem Leland sabia poder confiar seu segredo. Além de um teórico arguto e sério estudioso, Rubinstein tivera experiência negociando opções no saguão da Bolsa de Valores do Pacífico.

Grogue mas maníaco, Leland expôs seu plano. A reação inicial de Rubinstein foi de surpresa por nunca lhe ter ocorrido a ideia. Ele se tornou um colaborador dedicado, a ponto de os dois homens, já nesse encontro inicial, concordarem em formar uma empresa para comercializar seu produto, que se chamaria, naturalmente, seguro de carteiras.

Segundo a descrição de Leland, o seguro de carteiras imitaria o desempenho de uma carteira que possui uma ação de venda – o direito de vender um ativo a outra pessoa a um preço fixado e por um período de tempo específico. Suponha que um investidor compre 100 ações da AT&T a US$50 e, simultaneamente, compre uma opção de venda da AT&T com um preço de exercício de US$45. Por mais que caia a ação da AT&T, o investidor não poderá perder mais de cinco pontos. Se a ação cair para US$42 antes do vencimento da opção, o investidor poderá vender a ação ao vendedor da opção, receber US$4.500 e recomprar a ação no mercado a um custo de apenas US$4.200. A opção de venda nessas circunstâncias teria um valor de US$300. A perda líquida do investidor não poderia ultrapassar US$500.

A ideia de Leland foi reproduzir o desempenho de uma opção de venda através do que denominou um sistema dinamicamente programado que instruiria um cliente a vender ações e aumentar a posição em dinheiro à medida que caíssem os preços das ações. Quando as ações atingissem o limite mínimo designado pelo cliente – US$45 no exemplo da AT&T –, a carteira conteria 100% de dinheiro e não poderia sofrer novas perdas. Se as ações voltassem a subir, a carteira reinvestiria o dinheiro em um esquema semelhante. Se as ações nunca caíssem abaixo do preço inicial, a carteira desfrutaria de toda a valorização. À semelhança de uma opção de venda comum, os detalhes do programa dinâmico dependeriam da distância entre o ponto de partida e o limite mínimo, do período de tempo envolvido e da volatilidade esperada da carteira.

A distância entre o ponto de partida e o limite mínimo era comparável à franquia de um seguro: essa parcela da perda teria de ser coberta pelo segurado. O custo da apólice estaria em sua natureza gradual. À medida que o mercado começasse a cair, a carteira seria gradualmente liquidada, mas continuaria contendo algumas ações. À medida que o mercado começasse a subir, a carteira começaria a comprar, mas continuaria portando algum dinheiro. O resultado seria uma carteira com um desempenho ligeiramente prejudicado em ambas as direções; esse prejuízo do desempenho constituiria o prêmio. Quanto mais volátil o mercado, maior o prêmio em forma de prejuízo do desempenho, assim como os prêmios dos seguros convencionais dependem da incerteza do que é segurado.

Dois anos após aquele encontro fatídico, Leland e Rubinstein estavam prontos para implantar o sistema, convencidos de que tinham contornado todos os obstáculos. Eles passaram por muitos sobressaltos no caminho, inclusive um erro catastrófico na programação do computador que os levara a acreditar, por um período, que a ideia toda era impossível. Rubinstein começou a aplicar o sistema com seu próprio dinheiro e teve tanto sucesso que foi elogiado pela revista *Fortune*. A comercialização do sistema começou para valer em 1979, mas o conceito se revelou de difícil venda por dois acadêmicos. Eles recorreram a John O'Brien, um negociante profissional e especialista em teoria de carteiras; O'Brien conquistou o primeiro cliente no outono de 1980. Em pouco tempo, a demanda por seguros de carteiras tornou-se tamanha que grandes concorrentes entraram na área, notadamente o destacado grupo de administração de carteiras do Wells Fargo Bank, em San Francisco. Em 1987, cerca de US$60 bilhões em ações estavam cobertos por seguros de carteiras, a maioria em nome de grandes fundos de pensão.

De início, a implementação foi difícil, pois manusear ordens simultâneas de compra ou venda de dezenas de ações era complicado e dispendioso. Além disso, gerentes de carteiras ativos de fundos de pensão ressentiam-se por receber ordens de intrusos, com pouco ou nenhum aviso prévio, para aumentar suas carteiras ou vender parte delas.

Esses problemas foram resolvidos com a abertura, em 1983, do mercado de contratos a termo do S&P 500. Esses contratos assemelham-se ao contrato do agricultor já descrito, pois prometem a entrega em uma data específica e por um preço prefixado. Mas há duas importantes diferenças. A outra parte do contrato a termo do S&P 500 é uma bolsa organizada e regulamentada, e não um indivíduo ou uma empresa; isso já vinha ocorrendo há muito tempo com os contratos a termo de *commodities*. Mas ao contrário dos *commodities* tangíveis, as quinhentas ações do Índice Standard & Poor não são literalmente entregáveis no vencimento do contrato. Pelo contrário, o detentor do contrato faz uma liquidação em dinheiro baseada na variação do índice entre a assinatura do contrato e seu vencimento. Os investidores têm de providenciar dinheiro à bolsa diariamente para cobrir essas variações, de modo que os contratos sejam plenamente garantidos o tempo todo; desse modo, a bolsa está em condições de bancar a outra parte quando um investidor deseja comprar ou vender um contrato a termo do índice.

Os contratos a termo do S&P têm outro atrativo. Eles fornecem ao investidor um método eficaz e barato de comprar ou vender um representante do mercado como um todo, em vez de tentar vender ou comprar grande número de papéis em um período de tempo limitado. A carteira subjacente do investidor, e os administradores dessa carteira, permanecem imperturbados. Os contratos a termo simplificaram grandemente a aplicação de programas de seguro de carteiras.

Para os clientes que os contrataram, os seguros de carteiras pareceram a forma ideal de administração do risco com que todos os investidores sonharam – uma chance de enriquecer sem qualquer risco de perda. Sua operação diferia em apenas um aspecto de uma opção de venda real e em apenas um aspecto de uma apólice de seguro real.

Mas essas diferenças eram enormes e acabaram se revelando críticas. Uma opção de venda é um contrato: o vendedor da opção de venda da AT&T é legalmente obrigado a comprar caso o detentor da opção a exerça. As opções de venda no CBOE exigem que o vendedor forneça uma garantia em dinheiro para assegurar a proteção do comprador potencial. As empresas seguradoras também assinam contratos obrigando-as a compensar uma perda eventual, e elas formam reservas para cobrir tais eventualidades.

De onde provém o dinheiro necessário para dar liquidez às carteiras seguradas quando os preços das ações estão caindo? Do próprio mercado de ações – de todos os outros investidores a quem os investidores segurados quererão vender suas ações. Mas não existe nenhuma reserva ou garantia para assegurar a liquidez quando necessária. O mercado não tinha nenhuma obrigação legal de salvar dos prejuízos os clientes de Leland e Rubinstein e outras carteiras seguradas. Esses outros investidores sequer tinham consciência do papel que se esperava que desempenhassem. A ideia brilhante de Leland pressupunha que os compradores estariam ali, mas não havia como garantir que eles realmente surgiriam quando conclamados a cumprir seu dever.

O esquema que Leland e Rubinstein idealizaram em seu laboratório enfrentou sua prova de fogo em 19 de outubro de 1987, uma segunda-feira. A semana anterior havia sido um desastre. O índice Dow Jones caíra 250 pontos, ou cerca de 10%, quase metade da queda ocorrendo na sexta-feira. Uma profusão de ordens de venda se acumulara no fim de semana, esperando serem cumpridas na abertura do pregão da segunda-feira. O mercado caiu 100 pontos até o meio-dia, quase outros 200 pontos nas próximas duas horas e quase 300 pontos na última hora e um quarto. Nesse ínterim, ao lutar para realizar suas vendas programadas, os administradores das carteiras seguradas contribuíam para as ondas de vendas que inundaram o mercado.

Quando a poeira assentou, os detentores de carteiras seguradas estavam em melhores condições do que muitos outros investidores. Todos eles haviam realizado algumas vendas na semana negativa que precedeu 19 de outubro, e a maioria caiu fora do mercado no limite mínimo ou ligeiramente abaixo dele. Mas as vendas ocorreram a preços bem inferiores aos previstos. Os programas dinâmicos que orientavam os seguros de carteiras subestimaram a volatilidade do mercado e superestimaram sua liquidez. O que aconteceu foi como um seguro de vida com prêmio variável, em vez de fixo, em que a empresa tem o direito de elevar o prêmio com o aumento da temperatura do corpo, grau a grau, aumentando a probabilidade de morte prematura. O custo do seguro de carteiras naquele mercado febril revelou-se bem superior ao que os cálculos no papel haviam previsto.

A EXPERIÊNCIA NEGATIVA com os seguros de carteiras não acabou com o apetite crescente por produtos de administração do risco, embora os próprios seguros de carteiras praticamente desaparecessem de cena. Durante as décadas de 1970 e 1980, a volatilidade pareceu irromper por toda parte, mesmo onde estivera ausente ou atenuada. A volatilidade irrompeu nos mercados de câmbio depois que o dólar foi desatrelado do ouro, em 1981, para flutuar livremente; a volatilidade dominou o mercado normalmente sereno de títulos, durante as oscilações frenéticas das taxas de juros de 1979 a meados da década de 1980; e a volatilidade aterrorizou os mercados de *commodities* nos saltos gigantescos dos preços do petróleo em 1973 e, novamente, em 1978.

Esses surtos inesperados de volatilidade logo coalharam a paisagem empresarial com um número crescente de carcaças, em macabras advertências aos executivos de que estava ocorrendo uma mudança fundamental no ambiente econômico. Por exemplo, a Laker Airlines, uma empresa novata com fabuloso sucesso nas viagens aéreas transatlânticas, acabou falindo após encomendar novas aeronaves da McDonnell-Douglas, em resposta à demanda crescente; com a maior parte de sua receita em libras e a valorização vertiginosa do dólar, a Laker não conseguiu ganhar o suficiente para saldar seus débitos em dólares referentes aos DC-10s. Reputadas associações de poupanças e empréstimos quebraram, à medida que as taxas de juros que tinham de pagar aos depositantes subiam, enquanto a receita recebida pelos empréstimos hipotecários a prazo fixo mantinha-se constante. A Continental Airlines soçobrou com a disparada dos preços do petróleo durante a Guerra do Golfo.

Por conseguinte, um novo tipo de cliente surgiu nos mercados financeiros: a empresa que procurava transferir os novos riscos nas taxas de câmbio, nas taxas de juros e nos preços dos produtos primários para alguém melhor equipado para enfrentá-los. A empresa estava reagindo como teriam previsto Kahneman e Tversky, mas com um detalhe adicional. Como seria de esperar, a dor com prejuízos potenciais parecia maior do que a satisfação com lucros potenciais, de modo que a aversão ao risco influenciava as decisões estratégicas. Entretanto, quando a volatilidade explodiu em áreas onde nunca representara uma grande ameaça, os dirigentes das empresas – à semelhança dos agricultores do passado – passaram a se preocupar com a própria sobrevivência de suas empresas, e não apenas com uma sequência de rendimentos mais irregular do que eles ou seus acionistas gostariam.

Embora as empresas pudessem efetuar operações de *hedging* nos mercados líquidos e ativos de opções e a termo – que agora incluíam contratos de taxa de juros e câmbio, além de *commodities* e índices de ações –, esses contratos eram expressamente projetados para atrair o máximo de investidores possível. As necessidades de administração do risco da maioria das empresas são específicas demais em termo de cobertura e intervalo de tempo para encontrar clientes dispostos nos mercados públicos.

Wall Street sempre foi um viveiro de inovações financeiras, e as corretoras ocupam rapidamente as novas brechas quando surge uma nova demanda por seus talentos. Os grandes bancos, as empresas seguradoras e os bancos de investimentos com conexões empresariais pelo mundo inteiro não perderam tempo em formar novas unidades de negociantes e engenheiros financeiros especializados a fim de projetarem produtos de administração do risco sob medida para os clientes empresariais, alguns relacionados às taxas de juros, outros a moedas e ainda outros aos preços das matérias-primas. Em pouco tempo, o valor dos ativos subjacentes envolvido nesses contratos – o denominado "valor nacional" – atingia os trilhões de dólares, quantias que de início aturdiram e assustaram as pessoas ignorantes de como os contratos realmente funcionavam.

Embora aproximadamente duzentas empresas atuem nesse ramo atualmente, ele está fortemente concentrado nos gigantes. Em 1995, somente os bancos comerciais detiveram derivativos com um valor nacional de US$18 trilhões, dos quais US$14 trilhões correspondiam a apenas seis instituições: Chemical, Citibank, Morgan, Bankers Trust, Bank of America e Chase.[6]

Quase todos esses sistemas funcionam como as condições de liquidação em dinheiro dos contratos a termo recém-descritos. Cada lado é obrigado a pagar ao outro somente as *mudanças* nos valores subjacentes, e não as quantias nacionais bem maiores. Quando a mesma instituição ou a mesma empresa tem uma variedade de contratos em vigor com uma contraparte, os pagamentos com frequência representam o resultado líquido de todo um conjunto de contratos, em vez de se tratar cada contrato como um negócio separado, diluindo-lhes assim o impacto. Como resultado, o passivo funcional é bem inferior às magnitudes estonteantes dos valores nacionais. Segundo uma pesquisa conduzida durante 1995 pelo Bank for International Settlements, o valor nacional de todos os derivativos existentes no mundo, exceto aqueles negociados em bolsas organizadas, montava a US$41 trilhões, mas se cada parte obrigada a pagar renegasse seus pagamentos, o prejuízo dos credores seria de apenas US$1,7 trilhão, ou 4,3% do valor nacional![7]

Esses produtos novos são, em essência, combinações de contratos de opções ou contratos a termo convencionais; porém, em suas versões mais sofisticadas, incorporam todas as invenções de administração do risco que descrevi, do Triângulo de Pascal à distribuição normal de Gauss, da regressão à média de Galton à ênfase na covariância de Markowitz, e das ideias sobre amostragem de Jacob Bernoulli à busca do seguro universal de Arrow. A responsabilidade de fixar o preço de tais arranjos complexos vai bem além do que Black, Scholes e Merton cuidadosamente calcularam. De fato, esses três homens acabaram aparecendo em Wall Street para ajudar a projetar e avaliar esses produtos de administração do risco.

Mas quem representa a outra parte de contratos que surgem exatamente por serem específicos demais em suas coberturas para serem negociados nos mercados públicos? Quem estaria em condições de representar o papel de especulador e assumir a volatilidade de que as empresas tentavam se proteger tão desesperadamente? Poucas das contrapartes desses negócios sob medida para as empresas são especuladores.

Em alguns casos, a contraparte é outra empresa com necessidades opostas. Por exemplo, uma empresa petrolífera que busca proteção contra uma queda no preço do petróleo poderia cobrir uma empresa de aviação que busque proteção contra um aumento no preço do petróleo. Uma empresa francesa que necessite de dólares para uma subsidiária norte-americana poderia assumir as obrigações em francos de uma empresa norte-americana com uma subsidiária francesa, enquanto a empresa norte-americana cuidaria das obrigações em dólares da subsidiária francesa.

Mas casamentos perfeitos são difíceis de achar. Na maioria dos casos, o banco ou o negociante que originou o negócio assume o papel de contraparte em troca de uma taxa ou *spread* por realizá-lo. Esses bancos e negociantes agem como uma empresa seguradora: eles são capazes de assumir a volatilidade que as empresas tentam de qualquer modo evitar porque, ao contrário de seus clientes, podem diversificar sua exposição, servindo um grande número de clientes com diferentes necessidades. Se suas contas se desequilibram, podem recorrer aos mercados públicos, valendo-se dos contratos de opções e a termo lá negociados para proteger suas posições, ao menos em parte. Combinada com os aspectos redutores do risco da diversificação, a inventividade dos mercados financeiros transformou os padrões de volatilidade na era moderna em riscos muito mais manejáveis pelas empresas do que seria o caso sob quaisquer outras condições.

EM 1994, alguns desses esquemas de administração do risco aparentemente seguros, sensatos, racionais e eficientes subitamente estouraram, causando enormes prejuízos aos clientes que os negociantes de instrumentos de administração do risco estavam supostamente protegendo do desastre. A surpresa não se deveu apenas aos próprios eventos; a coisa realmente chocante foi o prestígio e a elevada reputação das vítimas, que incluíam gigantes como a Procter & Gamble, Gibson Greetings e German Metallgesellschaft AG.[8]

Não há razão inerente pela qual um instrumento de *hedging* deva trazer o desastre ao seu detentor. Pelo contrário, perdas significativas em um desses instrumentos devem significar que a aposta principal da empresa está simultaneamente fornecendo grandes retornos. Se uma empresa petrolífera perder em um *hedge* contra um declínio no preço do petróleo, deverá estar lucrando grandemente com o preço maior que provocou a perda no contrato de *hedging;* se uma empresa de aviação perder em um *hedge* contra um aumento no preço do petróleo, deverá ser porque o preço caiu e diminuiu seus custos operacionais.

Esses desastres nos negócios com derivativos entre empresas de renome ocorreram pela simples razão de que seus executivos acabaram aumentando a exposição à volatilidade, em vez de limitá-la. Eles transformaram a tesouraria da empresa em um centro de lucros. Eles trataram eventos pouco prováveis como sendo impossíveis. Dada uma opção entre a perda certa e o jogo, eles escolheram o jogo. Eles esqueceram o princípio mais fundamental da teoria dos investimentos: não *se podem realizar grandes lucros sem assumir* o *risco de grandes prejuízos.*

Em profundos apuros em uma série de transações derivativas com o Bankers Trust, a Gibson Greetings foi o exemplo perfeito da teoria da perspectiva em ação. O Bankers Trust informou ao tesoureiro, a certa altura de 1994, que os prejuízos da Gibson montavam a US$17,5 milhões, mas, segundo o tesoureiro, o Bankers Trust também lhe contara que os prejuízos poderiam ser "potencialmente sem limites".[9] A Gibson prontamente assinou um novo acordo que limitou o prejuízo a US$27,5 milhões, mas, se tudo funcionasse a contento, poderia reduzir o prejuízo a apenas US$3 milhões. A teoria da perspectiva prevê que as pessoas com prejuízo preferirão apostar a aceitar uma perda certa. A Gibson poderia ter liquidado o débito por US$17,5 milhões certos, mas preferiu apostar. Um diretor de outra empresa descreveu o que acontece em tais situações: "É quase como um jogo. Você vai fundo. E você pensa: 'Vou livrar a cara nesta última tacada'." Mas Gibson não livrou a cara em uma última tacada. Quando a coluna de prejuízo aproximou-se de US$20,7 milhões,

Gibson deu por encerrado o assunto: processou a Bankers Trust por violação de uma "relação fiduciária".

A Procter & Gamble, segundo a descrição de Carol Loomis, uma repórter da revista *Fortune,* estava sendo "prejudicada (durante 1994) por derivativos que incorporavam uma alavancagem estonteante e uma complexidade desconcertante". Esses derivativos também foram criados pelo Bankers Trust, cujos anúncios de página inteira em publicações financeiras e de negócios proclamavam: "O risco assume vários disfarces. Ajudá-lo a ver sob sua superfície é a força do Bankers Trust."

A direção da Procter & Gamble seguiu os passos da Gibson em representar a teoria da perspectiva. O desempenho de Raymond Mains, o tesoureiro da empresa, não era determinado pelo nível absoluto das taxas de juros que a empresa pagava para obter empréstimos, mas por quanto a menos Mains estava pagando comparado com o que o dinheiro lhe custara no ano anterior. As coisas foram esquentando. Em um comentário sarcástico sobre o desastre da empresa, o ganhador do prêmio Nobel Merton Miller brincou: "Conhece a Procter & Gamble? A Procter é a viúva, e Gamble, o órfão."

O negócio que desencadeou todo o problema foi complicadíssimo em seus detalhes – divertido de negociar, como analisar um caso na Harvard Business School. Ele foi fechado no outono de 1993, após quatro anos em que as taxas de juros de curto prazo caíram quase ininterruptamente de cerca de 10% para menos de 3%; o negócio refletia a crença da P&G de que, após tão prolongado declínio, um aumento significativo nas taxas de juros era tão improvável a ponto de ser impossível. Claramente, ninguém dentre seus executivos lera Galton – a regressão à média parece ter sido desconhecida por eles.

Eles apostaram tudo no que não passaria de uma modesta poupança se as taxas de juros permanecessem estáveis ou continuassem caindo. O negócio envolveu uma quantia nacional de US$200 milhões em forma de um empréstimo de cinco anos do Bankers à P&G, mas o *máximo* que a empresa teria economizado nos juros, em relação ao que teria pago em um empréstimo convencional, seriam US$7,5 milhões pela duração do empréstimo. Segundo o artigo da *Fortune,* se as coisas, em vez de dar certo, saíssem errado – se as taxas de juros subissem em vez de continuar a cair –, a exposição obrigaria a empresa a "cobrir os riscos de terremotos nas taxas de juros".

Em 4 de fevereiro de 1994, apenas quatro meses após o fechamento do acordo, o Federal Reserve surpreendeu os mercados elevando as taxas de juros de curto prazo. Relatou Loomis: "Com uma fúria notável, esses terremotos então ocorreram." Obviamente, os executivos da P&G tampouco haviam ouvido falar de Kahneman e Tversky, pois, em 14 de fevereiro, já exibindo prejuízos, a empresa fechou outro contrato, dessa vez de US$94 milhões durante 4 anos e 3 meses, em que voltava a apostar na queda da taxa de juros.

A taxa de juros não caiu. A taxa de juros dos títulos comerciais subira de 3,25%, em fevereiro, para 6,5% em dezembro, enquanto a *prime rate* passara de 6% para 8,5%. Foi uma catástrofe para a P&G. Sob o contrato inicial, a empresa ficou obrigada a pagar ao Bankers Trust juros de 14,5% até o final de 1998 e, sob o segundo contrato, juros de 16,4% durante o mesmo período.

A Bankers Trust está sendo processada também neste caso e, até agora, não recebeu nenhum pagamento da P&G. Raymond Mains não trabalha mais na empresa.

QUE CONCLUSÃO tirar disso tudo? Serão os derivativos uma invenção suicida do demônio ou a última palavra em administração do risco?* É triste que ótimas empresas como a Procter & Gamble e a Gibson Greetings possam entrar em apuros, mas será que todo o sistema financeiro corre risco porque tantas pessoas estão tentando evitar os riscos e repassá-los a outra pessoa? Quão bem essa outra pessoa pode dar conta da responsabilidade? Em um sentido mais fundamental, à medida que o século XX chega ao termo, o que a imensa popularidade dos derivativos nos informa sobre a visão que a sociedade tem do risco e sobre o futuro incerto à frente? Minha resposta a esta última pergunta fica para o próximo – e derradeiro – capítulo.

James Morgan, um colunista do *Financial Times*, observou certa vez: "Um derivativo é como uma lâmina. Você pode usá-la para se barbear... Ou pode se suicidar com ela."[10]

---

* A literatura sobre os derivativos é enorme, mas recomendo especialmente a edição de outono de 1994 do *Journal* of *Applied Corporate Finance*, inteiramente dedicada ao assunto, e o livro de Smithson e Smith sobre administração do risco (Smithson e Smith, 1995).

Precisamente quem persuadiu quem a fazer o que no caso da Procter & Gamble e das outras empresas permanece obscuro, mas a causa dos desastres é bastante clara: elas assumiram o risco da volatilidade, em vez de se proteger dele. Elas subordinaram a estabilidade de seus fluxos de caixa e, portanto, a integridade de seu futuro no longo prazo à precisão de suas previsões da taxa de juros. Enquanto o Bankers Trust e os outros negociantes de derivativos geriam sua contabilidade com base no Triângulo de Pascal, nas curvas em sino de Gauss, nas covariâncias de Markowitz, os responsáveis pelo enfrentamento de riscos das empresas confiavam nos graus de crença de Keynes. Esse era o caso de apostar tudo no mesmo negócio ou de se basear em falhas da invariância.

Os especuladores que julgam saber o que o futuro encerra sempre se arriscam a estarem enganados e perder tudo. A longa história das finanças está cheia de histórias de fortunas perdidas em grandes apostas. Você não precisa de derivativos para falir da noite para o dia. Você não falirá mais rapidamente só porque os derivativos se tornaram um instrumento financeiro amplamente empregado em nossa época. O instrumento é o mensageiro; o investidor é a mensagem.

Os prejuízos de umas poucas empresas, em 1994, geraram manchetes gritantes, mas não ameaçaram mais ninguém. Entretanto, suponhamos que os erros ocorressem na outra direção – ou seja, suponhamos que as empresas tivessem lucros enormes, em vez de prejuízos. As contrapartes dessas transações teriam conseguido lhes pagar? As contrapartes da maioria dos grandes contratos de derivativos sob medida são grandes bancos comerciais, bem como bancos de investimentos e empresas seguradoras de escalão superior. Todos os grandes protagonistas ganharam muito menos dinheiro em 1994, o ano das surpresas, do que haviam ganho em 1993, mas *nenhum deles em momento algum esteve em apuros*. A Bankers Trust, por exemplo, informou que as perdas "estiveram todas dentro de nossos limites de capital e conhecíamos a extensão de nossas exposições o tempo todo... Os processos de controle do risco funcionaram bem".

A solvência financeira dessas instituições respalda a solvência financeira do próprio sistema econômico mundial. A cada dia, elas se envolvem em milhões de transações envolvendo trilhões de dólares em um conjunto complexo de arranjos cujo funcionamento tranquilo é essencial. A margem para erros é minúscula. Controles inadequados do tamanho e da diversificação das exposições são intoleráveis quando a volatilidade subjacente dos derivativos é tão alta e quando está em jogo tanta coisa além das fortunas de qualquer instituição individual.

Todos estão conscientes dos perigos inerentes a essa situação, da direção de cada instituição até os órgãos regulamentadores do governo que supervisionam o sistema. O denominado "risco sistêmico" tornou-se uma preocupação constante nesses círculos, sendo o foco da atenção dos bancos centrais e dos ministérios das finanças em todo o mundo. A medição da exposição ao risco global do sistema vem progredindo em abrangência e sofisticação.*

Mas é tênue a linha divisória entre garantir a segurança absoluta e sufocar o desenvolvimento de inovações financeiras que, propriamente manuseadas, poderiam reduzir a volatilidade dos fluxos de caixa das empresas. As empresas que protegem os fluxos de caixa da volatilidade podem assumir maiores riscos internos na forma de níveis de investimentos ou de despesas em pesquisa e desenvolvimento maiores. As próprias instituições financeiras são vulneráveis à volatilidade das taxas de juros e do câmbio; na medida em que podem se proteger dessa volatilidade, podem estender o crédito a um universo maior de mutuários merecedores.

A sociedade só pode se beneficiar de tal ambiente. Em novembro de 1994, Alan Greenspan, presidente do Federal Reserve Board, declarou:

> Existem pessoas que acham que o papel do supervisor do banco é minimizar, ou mesmo eliminar, seus fracassos; mas essa visão é equivocada, em minha opinião. A disposição em assumir riscos é essencial ao crescimento de uma economia de livre mercado... Se todos os poupadores e seus intermediários financeiros investissem somente em ativos livres de risco, o potencial de crescimento das empresas jamais se realizaria.[11]

---

* Em julho de 1995, o Federal Reserve Board, o Departamento do Tesouro norte-americano e o FDIC solicitaram comentários sobre uma proposta de revisão de suas exigências de controles de riscos dos bancos comerciais em transações que envolvessem o câmbio, *commodities* e instrumentos de crédito e capital. O documento possui 130 páginas em espaço um. A denominada Comissão da Basileia, constituída de representantes dos bancos centrais das grandes economias, tem fornecido o arcabouço respeitado para a supervisão das atividade com derivativos de bancos e corretoras; ele foi publicado como um *press release* do Federal Reserve em 16 de maio de 1995.

# 19

# A ESPERA DA TURBULÊNCIA

O GRANDE ESTATÍSTICO Maurice Kendall certa vez escreveu: "A humanidade não assumiu o controle da sociedade, retirando-o do domínio da providência divina... para deixá-la à mercê das leis do acaso."[1] Ao vislumbrarmos o novo milênio, quais são as perspectivas de conseguirmos concluir a tarefa, de podermos esperar controlar mais riscos e, ao mesmo tempo, progredir?

A resposta deve focalizar a advertência de 1703 de Leibniz, que continua tão pertinente como quando ele a enviou a Jacob Bemoulli: "A natureza estabeleceu padrões que dão origem ao retorno dos eventos, mas apenas na maior parte dos casos." Como observei na Introdução, esta ressalva é a chave de toda a história. Sem ela, não haveria risco, pois tudo seria previsível. Sem ela, não haveria acaso, pois todo evento seria idêntico a um evento anterior. Sem ela, a vida não teria mistério.

O esforço para compreender o significado da tendência da natureza de se repetir, mas apenas imperfeitamente, é o que motivou os heróis deste livro. Mas apesar das muitas ferramentas engenhosas que criaram para atacar o enigma, muita coisa permanece sem solução. As descontinuidades, as irregularidades e a volatilidade parecem estar proliferando, em vez de diminuir. No mundo das finanças, novos instrumentos aparecem a um ritmo estonteante, novos mercados estão crescendo mais rapidamente do que os antigos e a interdependência global torna a administração do risco cada vez mais complexa. A insegurança econômica, sobretudo no mercado de trabalho, também gera manchetes diárias. O meio ambiente, a saúde, a segurança pessoal e o próprio planeta Terra parecem estar sob o ataque de inimigos nunca antes encontrados.

O objetivo de resgatar a sociedade do poder das leis do acaso continua nos frustrando. Por quê?

PARA LEIBNIZ, a dificuldade de generalizar a partir de amostras de informações resulta da complexidade da natureza, e não de sua irregularidade. Ele acreditava que acontecem coisas demais para que possamos entender tudo pelo estudo de um conjunto de experiências finitas; porém, como a maioria de seus contemporâneos, estava convencido da existência de uma ordem subjacente a todo o processo, ordenada pelo Todo-poderoso. A parte faltante a que aludiu com "apenas na maior parte dos casos" não era aleatória, mas um elemento invisível da estrutura completa.

Trezentos anos depois, Albert Einstein retomou o mesmo tema. Em um famoso comentário em uma carta ao seu colega, o físico Max Born, declarou Einstein: "Você acredita em um Deus que joga dados e eu, na completa lei e ordem em um mundo objetivamente existente."[2]

Bernoulli e Einstein podiam estar certos quanto ao fato de Deus não jogar dados, mas, aconteça o que acontecer e apesar de todos os nossos esforços, os seres humanos não possuem o conhecimento completo sobre as leis que definem a ordem do mundo objetivamente existente.

Bernoulli e Einstein eram cientistas preocupados com o comportamento do mundo natural, mas os seres humanos têm de enfrentar o comportamento de algo além dos padrões da natureza: eles próprios. De fato, com o progresso da civilização, os caprichos da natureza têm importado menos e as decisões das pessoas têm importado mais.

Contudo, a interdependência crescente da humanidade não preocupava nenhum dos inovadores desta história, até chegarmos a Knight e Keynes no século XX. A maioria desses homens viveu no fim do Renascimento, no Iluminismo ou na era vitoriana, de modo que pensaram na probabilidade em termos da natureza e visualizaram as ações dos seres humanos com o mesmo grau de regularidade e previsibilidade encontradas na natureza.

O *comportamento* simplesmente não fazia parte de suas considerações. Sua ênfase recaía nos jogos de azar, nas doenças e nas expectativas de vida, cujos resultados são ordenados pela natureza, e não pelas decisões humanas. Supunha-se sempre que os seres humanos fossem racionais (Daniel Bernoulli descreve a racionalidade como "a natureza do homem"), o que simplifica a questão, pois torna o comportamento humano tão previsível quanto o da natureza – talvez até mais. Essa visão levou à introdução da terminologia das ciências naturais para explicar os fenômenos econômicos e sociais. O processo de quantificar entidades subjetivas como as preferências e a aversão ao risco foi considerado normal e incontestável. Em todos os seus exemplos, nenhuma decisão de nenhum indivíduo isolado exercia qualquer influência sobre o bem-estar de qualquer outro indivíduo.

O rompimento veio com Knight e Keynes, ambos escrevendo após a Primeira Guerra Mundial. Sua "noção radicalmente distinta" da incerteza não tinha nenhuma relação com a natureza ou com o debate entre Einstein e Bohr. A incerteza é uma consequência das irracionalidades que Knight e Keynes perceberam na *natureza humana*, o que significa que a análise da decisão e escolha deixaria de se limitar a seres humanos em ambientes isolados como o de Robinson Crusoe. Mesmo von Neumann, com sua crença apaixonada na racionalidade, analisa decisões arriscadas em um mundo onde as decisões de cada indivíduo exercem um impacto sobre os outros e onde cada indivíduo deve considerar as respostas prováveis dos outros às suas próprias decisões. Dali, a distância é curta às pesquisas de Kahneman e Tversky sobre a falta de invariância e às investigações comportamentais da Polícia da Teoria.

Embora as soluções para grande parte do mistério que Leibniz percebeu na natureza estivessem à mão no século XX, continuamos tentando compreender o mistério ainda mais intrigante de como os seres humanos fazem escolhas e respondem ao risco. Ecoando Leibniz, G. K. Chesterton, um romancista e ensaísta, em vez de cientista, descreveu a visão moderna nestes termos:

O verdadeiro problema deste nosso mundo não é que seja irracional, nem mesmo que seja racional. O principal tipo de problema é que é quase racional, mas não totalmente. A vida não é uma ilogicidade; contudo, ela é uma armadilha para os lógicos. Ela parece um pouco mais matemática e regular do que é; sua exatidão é óbvia, mas sua inexatidão está oculta; sua turbulência jaz à espera.[3]

Em um tal mundo, serão inúteis as probabilidades, a regressão à média e a diversificação? Será possível adaptar as ferramentas poderosas que interpretam as variações da natureza à busca das raízes da inexatidão? A turbulência sempre jazerá à espera?

OS PROPONENTES DA teoria do caos, uma alternativa relativamente nova às ideias de Pascal e de outros, argumentam ter revelado a fonte oculta da inexatidão. De acordo com os teóricos do caos, ela é fruto de um fenômeno denominado "não linearidade". Não linearidade significa que os resultados não são proporcionais à causa. Mas a teoria do caos também adere a Laplace, Poincaré e Einstein ao insistir que *todos os resultados têm uma causa* – à semelhança do cone equilibrado que tomba em resposta a "um ligeiríssimo tremor".

Os estudiosos da teoria do caos rejeitam a simetria da curva em sino como uma descrição da realidade. Eles desprezam os sistemas estatísticos lineares em que, por exemplo, se supõe que a magnitude de uma recompensa esperada seja proporcional à dos riscos assumidos para alcançá-la, ou, em geral, que os resultados alcançados guardam uma relação sistemática com os esforços realizados. Por conseguinte, eles rejeitam as teorias convencionais da probabilidade, finanças e economia. Para eles, o triângulo aritmético de Pascal é um brinquedo infantil, Francis Galton foi um tolo e a adorada curva em sino de Quetelet é uma caricatura da realidade.

Dimitris Chorafas, um eloquente comentarista da teoria do caos, descreve o caos como "... uma evolução no tempo sensivelmente dependente das condições iniciais".[4] O exemplo mais popular desse conceito é o bater de asas de uma borboleta no Havaí como causa derradeira de um furacão no Caribe. De acordo com Chorafas, os teóricos do caos veem o mundo "em um estado de vitalidade... caracterizado pela turbulência e volatilidade".[5] Trata-se de um mundo em que os desvios da norma não se distribuem simetricamente em ambos os lados da média, como prevê a distribuição normal de Gauss. Trata-se de um mundo irregular em que a regressão à média de Galton não faz sentido, porque a média está em um constante estado de fluxo. A ideia de uma norma não existe na teoria do caos.

A teoria do caos leva a noção de Poincaré da ubiquidade de causa e efeito ao seu extremo lógico, ao rejeitar o conceito de descontinuidade. O que parece descontínuo não é um rompimento abrupto com o passado, mas a consequência lógica dos eventos precedentes. Em um mundo de caos, a turbulência está sempre aguardando para se mostrar.

Tornar a teoria do caos operacional é outro problema. Segundo Chorafas, "a característica inconfundível de uma série temporal caótica... é que a precisão das previsões diminui com a passagem crescente do tempo". Essa visão torna os adeptos da teoria do caos prisioneiros de um mundo de minúcias, em que todos os sinais são minúsculos e todo o resto é mero ruído.

Como os analistas dos mercados financeiros que focalizam a volatilidade, os adeptos da teoria do caos acumularam enormes quantidades de dados de transações que lhes permitiram, com certo sucesso, prever mudanças nos preços dos papéis e nas taxas de câmbio, além de variações no risco, no futuro próximo.[6] Eles até descobriram que as roletas não produzem resultados completamente aleatórios, embora a vantagem proporcionada por essa descoberta seja pequena demais para enriquecer qualquer jogador.

Até agora, as realizações da teoria parecem modestas comparadas com suas pretensões. Seus adeptos conseguiram prender a borboleta na mão, mas ainda não detectaram todas as correntes de ar provocadas pelo bater de suas asas. Mas eles estão tentando.

Nos últimos anos, outras inovações sofisticadas para prever o futuro têm assomado, com nomes estranhos como algoritmos genéticos e redes neurais.[7] Esses métodos focalizam em grande parte a natureza da volatilidade; sua implementação explora ao máximo a capacidade dos mais poderosos computadores.

O objetivo dos algoritmos genéticos é reproduzir a forma como os genes são passados de uma geração para a próxima. Os genes sobreviventes criam os modelos que formam a descendência mais durável e eficaz.* As redes neurais são projetadas para simular o comportamento do cérebro humano, extraindo das experiências programadas nelas as inferências que serão mais úteis ao se lidar com a próxima experiência. Os adeptos desse procedimento descobriram padrões de comportamento em um sistema que podem utilizar para prever resultados em sistemas totalmente diferentes, a teoria sendo que todos os sistemas complexos, como a democracia, o desenvolvimento tecnológico e os mercados de ações, compartilham padrões e respostas comuns.[8]

Esses modelos fornecem importantes insights sobre a complexidade da realidade, mas não há prova de causa e efeito no reconhecimento de padrões que precedem a chegada de outros padrões nos mercados financeiros ou no girar de uma roleta. Sócrates e Aristóteles se mostrariam tão céticos em relação à teoria do caos e às redes neurais quanto os teóricos destas abordagens em relação às abordagens convencionais.

A semelhança com a verdade não equivale à verdade. Sem nenhuma estrutura teórica para explicar por que os padrões parecem se repetir através do tempo e dos sistemas, essas inovações oferecem poucas garantias de que os sinais de hoje desencadearão os eventos de amanhã. Restam-nos apenas as sutis sequências de dados que o enorme poder do computador consegue revelar. Assim, as ferramentas de previsão baseadas em modelos não lineares ou em ginásticas do computador estão sujeitas a muitas das mesmas barreiras que atrapalham a teoria das probabilidades convencional: a matéria-prima do modelo são os dados do passado.

O PASSADO RARAMENTE nos revela quando irromperá a turbulência no futuro. Guerras, depressões, altas e quedas acentuadas do mercado de ações e massacres étnicos se sucedem, mas sempre parecem chegar como surpresas. Entretanto, após o fato, quando estudamos a história do que ocorreu, a fonte da turbulência parece tão óbvia que não compreendemos como as pessoas presentes ignoraram o que as aguardava.

---

* Al-Khowârizmî, o matemático cujo nome constitui a raiz da palavra "algoritmo", decerto se espantaria com a descendência do que ele criou há quase 1.200 anos.

A surpresa é endêmica sobretudo no mundo das finanças. Por exemplo, no final da década de 1950, uma relação consagrada por mais de oitenta anos de experiência subitamente ruiu, quando os investidores descobriram que US$1 mil investidos em títulos de confiança e de baixo risco, pela primeira vez na história, gerariam mais renda do que US$1 mil investidos em ações ordinárias.* No início da década de 1970, as taxas de juros de longo prazo ultrapassaram 5% pela primeira vez desde a Guerra Civil e ousaram *permanecer* acima de 5% desde então.

Dada a notável estabilidade das relações-chave entre os rendimentos dos títulos e das ações e a falta de uma tendência definida das taxas de juros de longo prazo por tantos anos, ninguém jamais sonhara com algo diferente. Nem as pessoas tinham qualquer razão para isso antes do desenvolvimento da política monetária e fiscal anticíclica e antes de experimentarem um nível de preços apenas crescente, em vez de subir em algumas ocasiões e cair em outras. Em outras palavras, essas mudanças de paradigma podem não ter sido imprevisíveis, mas eram impensáveis.

Se esses eventos foram imprevisíveis, como esperar que os elaborados dispositivos quantitativos da administração do risco os preveja? Como programar no computador conceitos que não conseguimos programar em nós mesmos, que chegam a estar além de nossa imaginação?

Não podemos informar ao computador dados sobre o futuro, porque eles nos são inacessíveis. Assim, despejamos para dentro dados do passado para alimentar os mecanismos de tomada de decisões criados por nossos modelos, sejam eles lineares ou não lineares. Mas aí está a armadilha do lógico: dados passados da vida real constituem uma sequência de eventos, e não um conjunto de observações independentes, que é o que as leis das probabilidades exigem. A história nos fornece apenas uma amostra da economia e dos mercados de capitais, e não milhares de números separados e aleatoriamente distribuídos. Embora muitas variáveis

---

* De 1871 a 1958, os rendimentos das ações superaram os dos títulos em uma média de 1,3 ponto percentual, com apenas três reversões transitórias, a última em 1929. Em um artigo na revista *Fortune* de março de 1959, Gilbert Burke declarou: "Tem sido praticamente um artigo de fé nos Estados Unidos que boas ações devem render mais do que bons títulos, e que, quando não rendem, seus preços rapidamente cairão." (Ver *Bank Credit Analyst*, 1995.) Há razões para se acreditar que as ações renderam mais do que os títulos mesmo antes de 1871, o ponto de partida dos dados confiáveis sobre o mercado de ações. Desde 1958, os rendimentos dos títulos têm excedido os das ações em uma média de 3,5 pontos percentuais.

econômicas e financeiras caiam dentro de distribuições que se aproximam de uma curva em sino, o quadro nunca é perfeito. Novamente, a semelhança com a verdade não corresponde à verdade. É nessas atipicidades e imperfeições que se esconde a turbulência.

Finalmente, a ciência da administração do risco cria às vezes novos riscos, ainda que leve o controle a antigos riscos. Nossa fé na administração do risco encoraja-nos a assumir riscos que, normalmente, não assumiríamos. Na maioria das vezes, isso é benéfico, mas precisamos ter cuidado para não aumentar a quantidade de risco do sistema. Pesquisas revelam que os cintos de segurança encorajam os motoristas a dirigir mais agressivamente. Por conseguinte, o número de acidentes aumenta, ainda que a gravidade dos danos em qualquer acidente individual diminua.* Os instrumentos financeiros derivativos concebidos como proteções têm tentado os investidores a transformá-los em veículos especulativos com altos retornos e envolvendo riscos que nenhum gerente de riscos de uma empresa deveria considerar. A introdução do seguro de carteiras, no final da década de 1970, encorajou um nível maior de exposição do capital do que predominara antes. Da mesma forma, investidores institucionais conservadores tendem a recorrer à ampla diversificação para justificar a maior exposição ao risco em áreas não testadas – mas a diversificação não é uma garantia contra o prejuízo, apenas contra perder tudo de uma vez.

Nada é mais tranquilizante ou mais persuasivo do que a tela do computador, com seu arranjo imponente de números, cores brilhantes e gráficos elegantemente estruturados. Ao fitarmos o espetáculo exibido, somos tão absorvidos que tendemos a esquecer que o computador apenas responde a perguntas; ele nunca as formula. Sempre que ignoramos essa verdade, o computador nos apoia em nossos erros conceituais. Os que vivem apenas pelos números poderão descobrir que o computador simplesmente substituiu os oráculos a quem as pessoas recorriam nos tempos antigos para se orientar na administração do risco e tomada de decisões.

Ao mesmo tempo, devemos evitar rejeitar os números quando prometem mais precisão do que intuição, onde, como demonstraram Kahneman e Tversky, a incoerência e falta de visão predominam com tanta

---

* Para uma análise detalhada desses casos, consulte Adams, 1995.

frequência. G. B. Airy, um dos muitos matemáticos brilhantes que serviram como diretores do Observatório Real britânico, escreveu em 1849: "Sou um admirador devotado da teoria, de hipóteses, de fórmulas e de todas as outras emanações do puro intelecto, que mantêm o homem errante no rumo certo em meio aos obstáculos e atoleiros das observações factuais."[9]

O tema central de toda esta história é que as realizações quantitativas dos heróis que abordamos moldaram a trajetória do progresso nos últimos 450 anos. Na engenharia, na medicina, na ciência, nas finanças, nos negócios e mesmo no governo, decisões que afetam as vidas de todos são agora tomadas segundo procedimentos disciplinados que superam de longe os métodos empíricos do passado. Muitos erros de julgamento catastróficos são, assim, evitados, ou suas consequências são atenuadas.

Cardano, o jogador do Renascimento, seguido por Pascal, o geômetra, e Fermat, o advogado, os monges de Port-Royal e os pastores de Newington, o homem das noções e o homem com o cérebro torcido, Daniel Bernoulli e seu tio Jacob, o reservado Gauss e o volúvel Quetelet, von Neumann, o brincalhão, e Morgenstern, o ponderoso, o religioso de Moivre e o agnóstico Knight, o conciso Black e o loquaz Scholes, Kenneth Arrow e Harry Markowitz – todos eles transformaram a percepção do risco da chance de perder em oportunidade de ganhar, de DESTINO e PROJETO ORIGINAL em previsões do futuro sofisticadas e baseadas nas probabilidades e de impotência para escolher.

Embora se opusesse às aplicações mecânicas das leis da probabilidade e da quantificação da incerteza, Keynes reconheceu que esse corpo de pensamentos tinha profundas implicações para a humanidade:

A importância da probabilidade só pode ser deduzida do julgamento de que é *racional* ser guiado por elas na ação; e uma dependência prática delas só se justifica por um julgamento de que, na ação, *deveríamos* agir de modo a levá-la um pouco em conta.

É por essa razão que a probabilidade é, para nós, o "guia da vida", pois para nós, como diz Locke, "na maior parte de nossos interesses, Deus proporcionou apenas o crepúsculo, por assim dizer, da Probabilidade, adequado, suponho eu, àquele estado de Mediocridade e Noviciado em que Se satisfez em nos colocar aqui".[10]

# NOTAS

## INTRODUÇÃO

1. Citado em Keynes, 1921, frontispício do Capítulo XXVIII.
2. Conversa pessoal.
3. Arrow, 1992, p. 46.

## CAPÍTULO 1

1. Citado em Ignatin e Smith, 1976, p. 80. A citação é do Livro I, Capítulo X de *A riqueza das nações.*
2. Keynes, 1936, p. 159.
3. *Ibid.,* p. 150.
4. Todo este parágrafo é de Bolen, 1976.
5. Excelentes informações de pano de fundo sobre tudo isso se encontram em David, 1962, pp. 2-21.
6. Ver David, 1962, p. 34.
7. Hayano, 1982.
8. Johnson, 1995.
9. Ver David, p. 2.
10. Sambursky, 1956, p. 36. 11. *Ibid.,* p. 37.
12. *Ibid.,* pp. 36-40.
13. Rabinovitch, 1969.
14. Frankfort, 1956; citado em Heilbroner, 1995, p. 23. Ver também David, 1962, pp. 21-26.
15. Ver Eves, 1983, p. 136.

## CAPÍTULO 2

1. A maioria do material de pano de fundo e biográfico sobre Fibonacci provém de *Encyclopedia Brittanica;* Eves, 1983, p. 161; Hogben, 1968, p. 250; e Garland, 1987.
2. Dois comentários estimulantes sobre os números de Fibonacci são Garland, 1987, e Hoffer, 1975. Os exemplos aqui foram extraídos dessas duas fontes.
3. O material de pano de fundo apresentado aqui provém sobretudo de Hogben, 1968, Capítulo I.

4. Ver Hogben, 1968, p. 35; também Eves, 1983, Capítulo I.
5. Ver Hogben, 1968, p. 36 e pp. 246-250.
6. O material de pano de fundo sobre Diofante provém de Turnbull, 1951, p.113.
7. *Ibid.*, p.110.
8. *Ibid.*, p. 111.
9. Ver Hogben, 1968, pp. 244-246.
10. Extraído de Newman, 1988a, p. 433.
11. O material de pano de fundo sobre Al-Khowârizmî provém principalmente de Muir, 1961 e Hogben, 1968.
12. Hogben, 1968, p. 243.
13. Ver Hogben, 1968, Capítulo VI, para uma discussão extensa e estimulante do desenvolvimento da álgebra e dos usos do zero.
14. O material de pano de fundo sobre Omar Khayyam provém de Fitzgerald.
15. Hogben, 1968, p. 245.

## CAPÍTULO 3

1. O material de pano de fundo sobre Paccioli provém sobretudo de David, 1962, pp. 36-39 e Kemp, 1981, pp. 146-148.
2. O material sobre Paccioli e Leonardo provém de Kemp, 1981, pp. 248-250.
3. David, 1962, p. 37.
4. Sambursky, 1956.
5. *Ibid.*
6. *Ibid.*
7. O material de pano de fundo sobre Cardano e as citações provêm sobretudo de Ore, 1965, e Morley, 1854, com algumas citações de Cardan, 1930.
8. David, 1962, p. 61.
9. Ver Sarton, 1957, pp. 29-32; também Muir, 1961, pp. 35-38.
10. Hacking, 1975, p. 18. A discussão completa, que percorre o Capítulo 3, "Opinion", merece um estudo cuidadoso.
11. Hacking, 1975, p. 22.
12. *Ibid.*, p. 26.
13. *Ibid.*, p. 44.
14. David, 1962, p. 58.
15. Kogelman e Heller, 1986, pp. 164-165.
16. O material de pano de fundo sobre Galileu provém sobretudo de David, 1962, Capítulo 7, pp. 61-69.
17. David, 1962, p. 65.
18. *Ibid.*, p. 13.
19. Stigler, 1988.

## CAPÍTULO 4

1. O material de pano de fundo sobre Pascal provém de Muir, 1961, pp. 77-100; David, 1962, pp. 34-79; e Hacking, 1975, pp. 55-70.
2. Ver David, 1962, p. 74.
3. Muir, 1961, p. 90.
4. *Ibid.*, p. 93.
5. *Ibid.*, p. 94.
6. *Ibid.*, p. 95.
7. David, 1961, p. 69; ver também Apêndice 4.
8. Ver Huff, 1959, pp. 63-69.
9. Ver Hogben, 1968, p. 551; ver também Hacking, 1975, pp. 58-59.
10. Ver David, 1962, pp. 71-75.
11. Turnbull, 1951, p. 130.

12. *Ibid.*, p. 131.
13. Ver Hogben, 1968, pp. 277-279; ver também David, 1962, p. 34.
14. Turnbull, 1951, p. 131; também Eves, 1984, p. 6.
15. Agradeço a Stanley Kogelman por me ajudar a formular esses exemplos.
16. Este ponto, e a citação de Pascal que se segue, são de Guilbaud, 1968; a tradução inglesa é minha.
17. David, 1962, p. 252.
18. Todo o material que se segue é de Hacking, 1975, Capítulo 8, "The Great Decision", pp. 63-70.
19. Hacking, p. 62.
20. O material sobre o mosteiro de Port-Royal é de Hacking, 1975, pp. 73-77.
21. *Ibid.*, p. 25.
22. *Ibid.*, p. 74.
23. *Ibid.*, p. 77.
24. *Ibid.*, p. 77.
25. *Ibid.*, p. 77.
26. *Ibid.*, p. 77.

## CAPÍTULO 5

1. Agradeço a Stigler (1977) por esta descrição e a Stephen Stigler pessoalmente por chamar minha atenção ao Teste do Pyx.
2. O material de pano de fundo sobre Graunt provém de Muir, 1961; David, 1962; e Newman, 1988g. (As citações diretas de *Natural and political obligations* são sobretudo de Newman.)
3. Newman, 1988g, p. 1394.
4. O material de pano de fundo sobre Petty provém de Hacking, 1975, pp. 102-105.
5. O material sobre Wilkins e a Royal Society provém de Hacking, 1975, pp. 169-171.
6. Graunt, p. 1401.
7. *Ibid.*, p. 1401.
8. Hacking, 1975, p. 103.
9. Agradeço a Stephen Stigler por me esclarecer este ponto.
10. Ver Hacking, 1975, pp. 103-105.
11. A ilustração é de Stigler, 1996.
12. David, 1962, p. 107. Uma explicação mais ampla dos cálculos e dos procedimentos de estimativa de Graunt aparece nas pp. 107-109.
13. Hacking, 1975, p. 107.
14. *Ibid.*, p. 110.
15. Ver discussão em Hacking, 1975, pp. 105-110.
16. O material de pano de fundo sobre Naumann e Halley e as citações de Halley provêm sobretudo de Newman, 1988g, pp. 1393-1396 e 1414-1432.
17. Ver discussão em Hacking, 1975, pp. 111-121.
18. O material a seguir sobre a história dos seguros em geral e da Lloyd's em particular provém de Flower e Jones, 1974; também Hodgson, 1984.
19. Macaulay, 1848, p. 494. O relato pleno e fascinante de Macaulay sobre a dívida nacional inglesa está no capítulo inteiro que vai da p. 487 à p. 498.
20. Flower e Jones, 1974.
21. American Academy of Actuaries, 1994 e Moorehead, 1989.
22. Um interessante material de pano de fundo sobre o papel de Monte dei Paschi pode ser encontrado em Chichilnisky e Heal, 1993.
23. Ver, em particular, Townsend, 1995 e Besley, 1995.
24. Flower e Jones, 1974, p. 13.

## CAPÍTULO 6

1. Bernoulli, Daniel, 1738.
2. O material de pano de fundo sobre a família Bernoulli provém de Newman, 1988f.

3. Bell, 1965, p. 131.
4. Newman, 1988f, p. 759. 5. *Ibid.* 6. *Ibid.* 7. *Ibid.*
8. Esta história e as citações são de David, 1962, pp. 133-135.
9. Stigler, 1993.
10. Todas as citações de Bernoulli são de Bernoulli, 1738.
11. Um exemplo amplo e lúcido de utilidade esperada e risco encontra-se em Bodie, Kane e Marcus, 1992, Capítulo 7, pp. 183-209. Ver também Kritzman, 1995, Capítulo 3, pp. 21-32.
12. Todhunter, 1949. Ver também Bassett, 1987 e sua lista de referências.
13. Siegel, 1994, Capítulo 8, pp. 95-104.

## CAPÍTULO 7

1. O material de pano de fundo sobre Jacob Bernoulli provém de Newman, 1988f.
2. Hacking, 1975, p. 166; ver também Kendall, 1974.
3. Citado em Keynes, 1921, Capítulo XXVIII no latim e grego originais; agradeço a Marta Steele e Doris Bullard pela tradução para o inglês. O Capítulo XXX de Keynes, 1921 possui uma ampla e esclarecedora discussão desse intercâmbio entre Leibniz e Bernoulli.
4. Uma excelente análise da *Ars conjectandi* encontra-se em David, 1962, pp. 133-139 e em Stigler, 1986, pp. 63-78.
5. Bernoulli, Jacob, 1713, p. 1430.
6. *Ibid.*, p. 1431.
7. Hacking, 1975, p. 145.
8. *Ibid.*, p. 146.
9. *Ibid.*, p. 163.
10. David, 1962, p. 137.
11. Stigler, 1986, p. 71. Esse livro foi uma fonte de informações valiosa para este capítulo.
12. O material de pano de fundo sobre de Moivre provém de Stigler, 1986, Capítulo 2 e David, 1962, Capítulo XV.
13. Stigler, 1986, p. 85.
14. Este exemplo foi adaptado livremente de Groebner e Shannon, 1993, Capítulo 20.
15. O material de pano de fundo sobre Bayes provém de Stigler, 1986 e Cone, 1952.
16. Groebner e Shannon, 1993, p. 1014.
17. Stigler, 1986, p. 123.
18. Cone, 1952, p. 50.
19. *Ibid.*, p. 41.
20. *Ibid.*, pp. 42-44.
21. Bayes, 1763.
22. A carta de transmissão de Price e o ensaio de Bayes foram reimpressos em Kendall e Plackett, 1977, pp. 134-141.
23. Uma excelente descrição dessa experiência pode ser encontrada em Stigler, 1986, pp. 124-130.
24. Smith, 1984.. Esse artigo contém uma análise excelente da abordagem de Bayes.
25. David, 1962, p. 177.

## CAPÍTULO 8

1. O material biográfico sobre Gauss provém sobretudo de Schaaf, 1964 e Bell, 1965.
2. Shaaf, 1964, p. 40.
3. Bell, 1965, p. 310.
4. O pano de fundo biográfico de Laplace provém de Newman, 1988d, pp. 1291-1299.
5. Newman, 1988d, p. 1297.
6. *Ibid.*, p. 1297.
7. *Ibid.*, p. 1297.
8. Bell, 1965, p. 324.
9. *Ibid.*, p. 307.

10. A discussão e os exemplos seguintes são de Schaaf, 1964, pp. 23-25.
11. Bell, 1965, p. 321.
12. *Ibid.*, p. 331.
13. Citado em Schaaf, 1964, p. 114.
14. Detalhes sobre a experiência de Roberts encontram-se em Bernstein, 1992, pp. 98-103.

CAPÍTULO 9

1. O pano de fundo biográfico sobre Galton provém sobretudo de Forrest, 1974.
2. Newman, 1988e, p. 1142.
3. *Ibid.*, p. 1143.
4. Kelves, 1985.
5. Os detalhes desses episódios africanos, inclusive as citações, são de Forrest, 1974, pp. 38-57.
6. Forrest, 1974, p. 4.
7. *Ibid.*, p. 12.
8. *Ibid.*, p. 12.
9. Newman, 1988e.
10. Galton, 1869, p. 20. Stigler chamou-me a atenção para esta citação em uma correspondência pessoal.
11. O material de pano de fundo sobre Quetelet provém de Keynes, 1921, pp. 334-335 e Stigler, 1986, pp. 161-182 e 206-268.
12. Stigler, 1986, p. 162.
13. *Ibid.*, p. 169.
14. *Ibid.*, p. 170.
15. *Ibid.*, p. 171.
16. Uma excelente discussão das visões de Cournot sobre probabilidade encontra-se em Stigler, 1986, pp. 195-201.
17. Stigler, 1986, p. 172.
18. Uma descrição detalhada da experiência de Quetelet encontra-se em Galton, 1869, e no resumo de Newman, p. 1157.
19. Stigler, 1986, p. 171.
20. *Ibid.*, p. 203.
21. Forrest, 1974, p. 202.
22. Stigler, 1986, p. 268.
23. Forrest, 1974, p. 89:
24. Galton, 1883, p. 49. Também citado em Stigler, 1986, p. 271.
25. Forrest, 1974, p. 92.
26. *Ibid.*, p. 91.
27. Galton, 1869, no resumo de Newman, p. 1153.
28. Forrest, 1974, p. 201.
29. Galton, 186,9, no resumo de Newman, p. 1162.
30. Forrest, 1974, p. 89.
31. *Ibid.*, p. 217.
32. *Ibid.*, p. 101.
33. Uma descrição detalhada do Quincunx, inclusive uma ilustração e fotografias das notas originais de Galton, encontram-se em Stigler, 1986, pp. 275-281.
34. Stigler, 1986, p. 281.
35. Forrest, 1974, p. 189.
36. *Ibid.*, p. 189.
37. *Ibid.*, p. 190.
38. Essa discussão, inclusive a tabela que se segue, é de Stigler, 1986, pp. 283-290.
39. Stigler, 1986, p. 289.
40. Forrest, 1974, p. 199.
41. *Ibid.*, pp. 201-202.

## CAPÍTULO 10

1. Sanford C. Bernstein & Co., 1995.
2. DeBondt e Thaler, 1986.
3. *Ibid.*
4. Ver Dreman e Berry, 1995.
5. Morningstar Mutual Funds, 1º de abril de 1994.
6. Reichenstein e Dorsett, 1995, pp. 46-47.
7. Essas conclusões foram destiladas de Reichenstein e Dorsett, 1995, Tabela 11, p. 32.
8. Baumol, 1986. Para uma análise extensa desse processo, ver Baumol, Nelson e Wolff, 1994.
9. Baumol, 1986, p. 1077.
10. *Ibid.*, p. 1077.
11. *Ibid.*, p. 1084.
12. Keynes, 1924, p. 88.
13. Forrest, 1974, pp. 201-202.
14. Apesar da ajuda de outras pessoas, não consegui localizar a fonte dessa citação, que está há muito tempo em meus arquivos. Um comentário semelhante aparece em Keynes, 1936, pp. 152-153.

## CAPÍTULO 11

1. Bernoulli, 1738.
2. Jevons cita essas passagens em *The theory of political economy*. Um resumo aparece em Newman, 1988a, pp. 1193-1212, e a citação em questão aparece na p. 1197.
3. Citado em Skidelsky, 1983, p. 47.
4. Kendall, 1972, p. 43.
6. Keynes, 1931, p. vii.

## CAPÍTULO 12

1. Laplace, 1814, p. 1301.
2. *Ibid.*, p. 1302.
3. *Ibid.*, p. 1307.
4. *Ibid.*, p. 1308.
5. Newman, 1988b, p. 1353.
6. A história sobre Louis Bachelier é contada em mais detalhes em Bernstein, 1992, pp. 19-20.
7. Poincaré em Newman, 1988a, p. 1359.
8. *Ibid.*, pp. 1362-1363.
9. *Ibid.*, p. 1359.
10. *Ibid.*, p. 1360.
11. *Ibid.*, p. 1361.
12. *Ibid.*, p. 1362.
13. Keynes, 1921, p. 3.
14. Correspondência pessoal.
15. Arrow, 1992, p. 46.
16. *Ibid.*, p. 47.
17. Keynes, 1937, p. 213.
18. Arrow e Hahn, 1971.
19. Arrow, 1992, p. 45.
20. Os dados para os dois gráficos seguintes são de *Morningstar Mutual Funds,* uma publicação quinzenal.
21. Este crivo específico deriva de Rubinstein, 1991. Mark Kritzman ajudou-me a desenvolver essa aplicação.
22. EPA, 1992.
23. *Ibid.*, p. 1-1.

24. *Ibid.*, p. 1-8.
25. *Ibid.*, Tabela 5-2.
26. *Ibid.*, 1994, p. 3.
27. *Ibid.*, 1992, p. 1-1.

CAPÍTULO 13

1. Knight, 1921, p. 209.
2. Keynes, 1933, em Moggridge, 1972, vol. X, p. 262.
3. Keynes, 1936, p. 161.
4. Dixon, 1986, p. 587.
5. A maior parte do material de pano de fundo sobre Knight foi-me generosamente forneci-da por Donald Dewey e foi extraída de Dewey, 1987; Dewey, 1990; e de correspondência pessoal.
6. Citado por Herbert Stein em *Wall Street journal*, 1º de novembro de 1995, p. A14.
7. Knight, 1921, p. 205.
8. Arrow, 1951.
9. Knight, 1921, p. 197.
10. *Ibid.*, p. 226.
11. *Ibid.*, p. 223.
12. *Ibid.*, p. 227.
13. Donald Dewey forneceu-me o texto dessa carta.
14. Citado em Newman, 1988c, p. 1336, que cita o *Suplemento Literário do Times* de 23 de feve-reiro de 1951, p. 111.
15. Keynes, 1971, p. 98.
16. Keynes, 1936, p. 176n.
17. Skidelsky, 1986, p. 1.
18. Ver Blaug, 1994, p. 1209 para citações sobre os assuntos financeiros pessoais de Keynes.
19. Essa citação aparece em Moggridge, vol. X, p. 440. Ver também Keynes, 1921, p. 408.
20. Keynes, 1971, p. 88.
21. Keynes, 1933, em Keynes, 1972, pp. 338-339.
22. Keynes, 1921, p. 51.
23. *Ibid.*, pp. 3-4.
24. *Ibid.*, pp. 22-26.
25. *Ibid.*, p. 407.
26. *Ibid.*, pp. 206-209.
27. Bateman, 1987, p. 101.
28. Keynes, 1921, pp. 3-4.
29. *Ibid.*, p. 5.
30. Knight, 1921, p. 237.
31. Keynes, 1936, p. 171.
32. *Ibid.*, p. 33.
33. *Ibid.*, p. 33.
34. *Ibid.*, p. 3.
35. Keynes, 1937.
36. Laplace, 1814, p. 1301.

CAPÍTULO 14

1. A maior parte do material de pano de fundo e grande parte dos detalhes sobre Newman pro-vêm de Macrae, 1992.
2. *Ibid.*, p. 20.
3. *Ibid.*, p. 87.
4. Citado em Leonard, 1995, p. 7.
5. Sobre o antissemitismo de Morgenstern, ver Leonard, 1995, Seção III.1.

6.  *Ibid.*, p. 16.
7.  *Ibid.*
8.  Leonard, 1994, nota de rodapé 3.
9.  *Ibid.*, nota de rodapé 4.
10. Esta e as citações subsequentes neste parágrafo são de Mirowski, 1991, p.239.
11. Leonard, 1995, p. 22n.
12. *Ibid.*, p. 22.
13. Von Neumann, 1994, p. 3.
14. *Ibid.*, p. 9.
15. *Ibid.*, p. 20.
16. Este exemplo foi adaptado de von Neumann, 1944, Capítulo I, Seção 3.3, pp. 17-20.
17. Blinder, 1982, sobretudo pp. 22-24.
18. Para uma interessante biografia de Nash e suas contribuições para a teoria dos jogos, ver Nasar, 1994.
19. Von Neumann, 1994, p. 33.
20. Mirowski, 1991, p. 234.
21. *Ibid.*, p. 229.
22. *Ibid.*, pp. 231 e 237.

## CAPÍTULO 15

1.  De um discurso em 7 de fevereiro de 1995 sobre a questão de investir no mundo todo.
2.  O texto completo de "A decisão do homem prudente" encontra-se em *The Journal of Portfolio Management,* outono de 1976, pp. 67-71.
3.  Um esboço biográfico completo de Markowitz e uma análise detalhada de seu artigo de 1952 encontram-se em Bernstein, 1992, Capítulo 2.
4.  Darvan, 1994 (reimpressão). 5. Williams, 1938, p. 1.
6.  Kaplan e Welles, 1969, p. 168.
7.  Todas as citações de Markowitz são de Markowitz, 1952.
8.  Baumol, 1966.
9.  Wells Fargo-Nikko Investment Advisors, *Global Currents,* março de 1995, p. 1.
10. Ver Sorensen, 1995, p. 12.
11. Phillips, 1995.
12. Jeffrey, 1984.
13. Sharpe, 1990, p. 34.
14. Thaler, correspondência pessoal.

## CAPÍTULO 16

1.  Uma vasta literatura está disponível sobre as teorias e o pano de fundo de Kahneman e Tversky, mas McKean, 1985 é a mais esclarecedora para leitores leigos.
2.  McKean, 1985, p. 24.
3.  *Ibid.*, p. 25.
4.  Kahneman e Tversky, 1979, p. 268.
5.  McKean, 1985, p. 22; ver também Kahneman e Tversky, 1984.
6.  Tversky, 1990, p. 75. Para aprofundar esse tema, ver Kahneman e Tversky, 1979.
7.  Agradeço ao dr. Richard Geist, da Harvard Medica! School, por me chamar a atenção para esse ponto.
8.  Tversky, 1990, p. 75.
9.  *Ibid.*, p. 75.
10. *Ibid.*, p. 58-60.
11. Miller, 1995.
12. Kahneman e Tversky, 1984.
13. McKean, 1985, p. 30.
14. *Ibid.*, p. 29.

15. Esse episódio aparece em um artigo inédito de Thaler intitulado "Mental Accounting Matters".
16. McKean, 1985, p. 31.
17. Redelmeier e Shafir, 1995, pp. 302-305.
18. Tversky e Koehler, 1994, p. 548.
19. Redelmeier, Koehler, Lieberman e Tversky, 1995.
20. Ellsberg, 1961.
21. Fox e Tversky, 1995.
22. *Ibid.*, pp. 587-588.
23. Kahneman e Tversky, 1992.
24. Kahneman e Tversky, 1973.
25. Thaler, 1995.
26. Kagel e Roth, 1995, p. 4.
27. Von Neumann e Morgenstern, 1953, p. 5.

## CAPÍTULO 17

1. Conversa pessoal.
2. Bell, 1983, p. 1160.
3. "A recente corrida por títulos a longo prazo é impelida pela especulação a curto prazo." Roger Lowenstein, INTRINSIC VALUE, *The Wall Street Journal,* 1º de junho de 1995, p. C1.
4. Keynes, 1936, p. 158.
5. Correspondência pessoal.
6. O episódio seguinte provém de Thaler, 1991, pp. xi-xii.
7. *Ibid.,* p. xii.
8. Statman, 1982, p. 451.
9. Thaler e Shefrin, 1981.
10. Shefrin e Statman, 1984.
11. Miller, 1987, p. 15.
12. Bernstein, 1986, p. 805.
13. Lakonishok, Shleifer e Vishny, 1993.
14. Kahneman, Knetsch e Thaler, 1990, pp. 170-177.
15. French e Poterba, 1989.
16. Keynes, 1936, pp. 155-156.
17. Bernstein, 1992, p. 34.
18. *Ibid.,* p. 143.
19. Para uma análise detalhada desta questão e sua literatura, ver Shiller, 1989.
20. Vertin, 1974, p. 10.

## CAPÍTULO 18

1. Citado em "Unemployment and Mr. Keynes's Revolution in Economic Thought", *Canadian Journal of Economics and Political Science,* vol. 3 (1977), p.113.
2. Ver Garber, 1989.
3. Para detalhes sobre esta nota, ver Smithson e Smith, 1995, pp. 26-28 (que contém uma ilustração) e Ball, 1991, pp. 74-79 e Apêndice E.
4. Para a história completa da evolução da fórmula de avaliação de opções, ver Bernstein, 1992, Capítulo 11. A narrativa aqui baseia-se grandemente nesse capítulo. Todas as citações aqui foram extraídas dessa fonte.
5. Para a história completa da evolução do seguro de carteiras, ver Bernstein, 1992, Capítulo 14. A narrativa aqui baseia-se grandemente nesse capítulo. Todas as citações aqui foram extraídas dessa fonte.
6. Fonte: Office of the Comptroller of the Currency, publicado em *The New York Times* de 15 de junho de 1995.
7. "Global Market for Derivatives", *The Wall Street Journal,* 19 de dezembro de 1995, p. 1.

8. A fonte primária e de todas as citações desta parte da história é Loomis, 1995.

9. A não ser quando especificado de outra forma, todas as citações daqui até o fim do capítulo são de Loomis, 1995.

10. Citado em *Grant's Interest Rate Observer,* 17 de março de 1995.

11. Discurso no Garn Institute of Finance, Universidade de Utah, 30 de novembro de 1994.

## CAPÍTULO 19

1. Kendall, 1972, p. 42.

2. Citado em Adams, 1995, p. 17.

3. Ignoro a fonte precisa desta citação, mas ela aparece no frontispício de Macaulay, 1938.

4. Chorafas, 1994, p. 15.

5. *Ibid.,* p. 16.

6. Ver especialmente Hsieh, 1995 e Focardi, 1996.

7. Para descrições interessantes e lúcidas de avanços nessas áreas, ver Focardi, 1996, e Leinweber e Arnott, 1995. *The Journal of Investing,* inverno de 1995, tem cinco excelentes artigos sobre o assunto.

8. Ver "Can the Complexity Gurus Explain It All", *BusinessWeek,* 6 de novembro de 1995, pp. 22-24; esse artigo inclui resenhas de dois livros sobre o assunto.

9. Kruskal e Stigler, 1994, p. 7.

10. Keynes, 1921, p. 323.

# BIBLIOGRAFIA

*Nota:* As referências identificadas com um asterisco foram especialmente valiosas.

Adams, John, 1995. *Risk.* Londres: UCL Press.

Alderfer, C. P. e H. Bierman, Jr., 1970. "Choices with Risk: Beyond the Mean and Variance" *in Journal of Business,* vol. 43, nº 3, pp. 341-353.

American Academy of Actuaries, 1994. *Fact Book. American Demographics, fevereiro de 1995.*

Ansell, Jack e Frank Wharton, eds., 1992. *Risk Analysis, Assesment and Management.* Chichester, Inglaterra: John Wiley & Sons.

Arrow, Kenneth.J., 1951. "Alternative Approaches to the Theory of Choice in Risk-taking Situations." *In* Arrow, 1971, pp. 1-21.

Arrow, Kenneth J., 1971. *Essays in the Theory of Risk-bearing.* Chicago: Markham Publishing Company.

Arrow, Kenneth J., 1992. "I Know a Hawkfrom a Handsaw." *In* M. Szenberg, ed., *Eminent economists: Their Life and Philosophies.* Cambridge e Nova York: Cambridge University Press, pp. 42-50.

Arrow, Kenneth e Frank Hahn, 1971. *General Competitive Analysis.* San Francisco: Holden-Day.

Baker, H. K. e J. A. Haslem, 1974. "The Impact of Investor Socio-Economic Characteristics on Risk and Return Preferences." *Journal of Business Research,* pp. 469-476.

Ball, Douglas B., 1991. *Financial Failure and Confederate Defeat.* Urbana: University of Illinois Press.

*Bank Credit Analyst,* 1995. Suplemento Especial de dezembro. Montreal, Canadá.

Barnett, A. e A. J. Lofasco, 1983. "After the Crash: The Passenger Response to the DC-10 Disaster." *Management Science,* vol. 29, nº 11, pp. 1225-1236.

Bassett, Gilbert W., Jr., 1987. "The St. Petersburg Paradox and Bounded Utility." *History of Political Economy,* vol. 19, nº 4, pp. 517-522.

Bateman, W. Bradley, 1987. "Keynes's Changing Conception of Probability." *Economics and Philosophy,* pp. 97-119.

Bateman, W. Bradley, 1991. "Das Maynard Keynes Problem." *Cambridge Journal of Economics,* vol. 15, pp. 101-111.

Baumol, William J., 1966. "Mathematical Analysis of Portfolio Selection." *Financial Analysts Journal*, vol. 22, nº 5 (setembro-outubro), pp. 95-99.

Baumol, William J., 1986. "Productivity Growth, Convergence, and Welfare: What the Long-Run Data Show." *American Economic Review*, vol. 76, nº 5 (dezembro), pp. 1072-1086.

Baumol, William J., e Hilda Baumol, 1994. "On the Economics of Musical Composition in Mozart's Vienna." *Journal of Cultural Economics*, vol. 18, nº 3, pp. 171-198.

Baumol, William J., e J. Benhabib, 1989. "Chaos: Significance, Mechanism and Economic Applications." *Journal of Economic Perspectives*, vol. 3, nº 1, pp. 77-106.

Baumol, William J., Richard R. Nelson e Edward N. Wolff, 1994. *Convergence of Productivity: Cross-national Studies and Historical Evidence.* Oxford e Nova York: Oxford University Press.

Bayes, Thomas, 1763. "An Essay Toward Solving a Problem in the Doctrine of Chances." *Philosophical Transactions*, Ensaio LII, pp. 370-418. O texto aparece também em Kendall e Plackett, 1977, com a carta de transmissão de Price, pp. 134-150.

Bell, David E., 1983. "Risk Premiums for Decision Regret." *Management Science*, vol. 29, nº 10 (outubro), pp. 1156-1166.

Bell, Eric Temple, 1965. "Gauss, the Prince of Mathematics." *In Men of Mathematics*, Nova York: Simon and Schuster. Resumido em Newman, 1988a, pp. 291-332.

Bernoulli, Daniel, 1738. "Specimen Theoriae Novae de Mensura Sortis (Exposition of a New Theory on the Measurement of Risk)." Tradução do latim para o inglês de Louise Sommer em *Econometrica*, vol. 22, 1954, pp. 23-36.

Bernoulli, Jacob, 1713. *Ars Conjectandi.* Resumido em Newman, 1988, pp. 1425-1432.

Bernstein, Peter L., 1986. "Does the Stock Market Overreact?" *Journal of Finance*, vol. XL, nº 3, pp. 793-807.

Bernstein, Peter L., 1992. *Capital Ideas: The Improbable Origins of Modern Wall Street.* NovaYork: The Free Press.

Besley, Timothy, 1995. "Nonmarket Institutions for Credit and Risk Sharing in Low-Income Countries." *Journal of Economic Perspectives*, vol. 9, nº 3 (verão), pp. 115-127.

Blaug, Mark, 1994. "Recent Biographies of Keynes." *Journal of Economic Literature*, vol. XXXII, nº 3 (setembro), pp. 1204-1215.

Blinder, Alan S., 1982. "Issues in the Coordination of Monetary and Fiscal Policies." *In Monetary Policy Issues in the 1980s.* Kansas City, Missouri: Federal Reserve Bank of Kansas City, pp. 3-34.

Bodie, Zvi, Alex Kane e Alan J. Marcus, 1992. *Essentials of Investments.* Homewood, Illinois: Irwin.

Boge, Steve, 1988. *Exploration into the Lives of Athletes on the Edge.* Berkeley, Califórnia: North Atlantic Books.

Bolen, Darrell W., 1976. "Gambling: Historical Highlights and Trends and Their Implications for Contemporary Society." *In* Eadington, 1976.

Brenner, Reuven, 1987. *Rivalry: In Business, Science, among Nations.* Nova York: Cambridge University Press.

Breyer, Stephen, 1993. *Breaking the Vicious Circle: Towards Effective Risk Regulation.* Cambridge, Massachusetts: Cambridge University Press.

Bühler, Walter, 1981. *Gauss: A Biographical Study.* Nova York: Springer-Verlag.

Cardan, Jerome, 1930. *De Vita Propria Liber: The Book of my Life.* Tradução do latim para o inglês de Jean Stoner. Nova York: E. F. Dutton & Co.*

Chichilnisky, Graciela e Geoffrey Heal, 1993. "Global Environmental Risks." *Journal of Economic Perspectives*, vol. 7, nº 4 (outono), pp. 65-86.

Chorafas, Dimitris N., 1994. *Chaos Theory in the Financial Markets.* Chicago: Probus.

Cohen, John e Mark Hansel, 1956. *Risk and Gambling: The Study of Subjective Probability.* Nova York: Philosophical Library.

Cone, Carl, 1952. *Torchbearer of Freedom: The Influence of Richard Price on Eighteenth Century Thought.* Lexington, Kentucky: University of Kentucky Press.

Darvan, Nicholas, 1994. *How I Made US$2 million in the Stock Market.* Reedição. Nova York: Carol Publishing Group, A Lyle Stuart Book.

David, Florence Nightingale, 1962. *Games, Gods, and Gambling*. Nova York: Hafner Publishing Company.

Davidson, Paul, 1991. "Is Probability Theory Relevant for Uncertainty? A Post Keynesian Perspective." *Journal of Economic Perspectives*, vol. 5, nº 1 (inverno), pp. 129-143.

Davidson, Paul, 1996. "Reality and Economic Theory." *Journal of Post Keynesian Economics*, verão.

DeBondt, Werner, e Richard H. Thaler, 1986. "Does the Stock Market Overreact?" *Journal of Finance*,vol. XL, nº 3, pp. 793-807.

Dewey, Donald, 1987. "The Uncertain Place of Frank Knight in Chicago Economics." Artigo preparado para a American Economic Association, Chicago, 30 de dezembro de 1987.

Dewey; Donald, 1990. "Frank Knight before Cornell: Some Light on the Dark Years." *Research in the History of Economic Thought and Methodology*, vol. 8, pp. 1-38. NovaYork: JAI Press.

Dewey, Donald, 1997. "Frank Hyneman Knight." *Dictionary of American NationalBiography*. No prelo. NovaYork: Oxford University Press.

Dixon, Robert, 1986. "Uncertainty, Unobstructedness, and Power." *Journal of Post Keynesian Economics*, vol. 8, nº 4 (verão), pp. 585-590.

Dreman, David e Michael Berry, 1995. "Overreaction, Underreaction, and the Low P/E Effect." *Financial Analysts Journal*, julho-agosto de 1995, pp. 21-30.

Durand, David, 1959. "Growth Stocks and the Petersburg Paradox." *Journal of Finance*, vol. XII, nº 3 (setembro), pp. 348-363.

Eadington, W. R., 1976. *Gambling and Society: Interdisciplinary Studies on the Subject of Gambling*. Londres: Charles C. Thomas.

Edwards, W., 1953. "Probability Preferences in Gambling." *American Journal of Psychology*, vol. LXIV, pp. 349-364.

Ellsberg, Daniel, 1961. "Risk, Ambiguity, and the Savage Axioms." *Quarterly Journal of Economics*, vol. LXXV, pp. 643-669.

Environmental Protection Agency (EP A), Office of Research and Development, Office of Health and Environmental Assessment, 1992. *Respiratory Health Effects of Passive Smoking: Lung Cancer and Other Disorders*.

Environmental Protection Agency (EPA), Office of Researth and Development, Office of Health afid Environmental Assessment, 1994. *Setting the Record Straight: Secondhand Smoke is a Preventable Health Risk.*

Eves, Howard, 1983. *Great Moments in Mathematics (before 1650)*. The Mathematical Association of America.

Finney, P. D., 1978. "Personality Traits Attributed to Risky and Conservative Decision Makers: Cultural Values More Than Risk." *Journal of Psychology*, pp.187-197.

Fischoff, Baruch, Stephen R. Watson e Chris Hope, 1990. "Defining Risk" *In* Glickman e Glough, 1990, pp. 30-42.

Flower, Raymond e Michael Wynn Jones, 1974. *Lloyd's of London: An Illustrated History*. Newton Abbot, Inglaterra: David and Charles.

Focardi, Sergio, 1996. "From Equilibrium to Nonlinear Dynamics in Investment Management." A ser publicado no *Journal of Portfolio Management.*

Fox, Craig R. e Amos Tversky, 1995. "Ambiguity Aversion and Comparative Ignorance." *Quarterly Journal of Economics*, vol. CX, nº 3, pp. 585-603.

Forrest, D. W., 1974. *Francis Galton: The Life and Work of a Victorian Genius*. Nova York: Taplinger.

Frankfort, Henri. *The Birth of Civilization in the Near East*. Garden City, Nova York: Doubleday, 1956, p. 9.

French, Kenneth e James Poterba, 1991. "International Diversification and International Equity Markets." *American Economic Review*, vol. 81, nº 1, pp. 222-226.

Friedman, Milton e Leonard J. Savage, 1948. "The Utility Analysis of Choices Involving Risk" *in Journal of Political Economy*, vol. LVI, nº 4 (agosto), pp. 279-304.

Galton, Francis, 1869. *Hereditary Genius: An Inquiry into its Laws and Consequences*. Londres: Macmillan. Resumido em Newman, 1988a, pp. 1141-1162.

Galton, Francis, 1883. *Inquiries into Human Faculty and its Development*. Londres: Macmillan.

Garber, Peter M., 1989. "Who Put the Mania in Tulipmania?" *The Journal of Portfolio Management,* vol. 16, nº 1 (outono), pp. 53-60.

Garland, Trudi Hammel, 1987. *Fascinating Fibonaccis: Mystery and Magic in numbers.* Palo Alto, Califórnia: Dale Seymour Publications.

Georgescu-Roegen, Nicholas, 1994. "Utility." *In* Douglas Greenwald, ed., *The McGraw-Hill Encyclopedia of Economics,* 2ª edição, Nova York: McGraw-Hill, pp. 998-1010.

Glickman, Theodore S. e Michael Gough, 1990. *Readings in Risk.* Washington, D.C.: Resources for the Future.

Graunt, John. "Natural and Political Observations made upon the Bills of Mortality". Resumido em Newman, 1988, pp. 1399-1411.

Greenspan, Alan, 1994. "Remarks before the Boston College Conference on Financial Markets and the Economy". Boston, Massachusetts, setembro. (Publicado pelo Federal Reserve Board, Washington, DC)

Groebner, David F. e Patrick Shannon, 1993. *Business Statistics: A Decision-making Approach,* 4ª edição. Nova York: Macmillan.

Guilbaud, G. Th., 1968. *Éléments de la Théorie Mathématique des Jeux.* Paris: Dunod. Hacking, Ian, 1975. *The Emergence of Probability: A Philosophical Study of Early Ideas about Probability, Induction, and Statistical Inference.* Londres: Cambridge University Press.

Hald, Anders, 1990. *A History of Probability & Statistics and their Applications Before 1750.* Nova York: John Wiley and Sons.

Hancock, J. G. e Teevan, R. C., 1964. "Fear of Failure and Risk-Taking Behavior." *Journal of Personality,* vol. 32, nº 2, pp. 200-209.

Hayano, David M., 1982. *Poker Face: The Life and Work of Professional Card Players.* Berkeley e Los Angeles: University of California Press.

Heilbroner, Robert L., 1995. *Visions of the Future.* Nova York: New York Public Library/Oxford University Press.

Herrnstein, Richard I., 1990. "Rational Choice Theory: Necessary But Not Sufficient." *American Psychologist,* vol. 45, nº 3, pp. 356-367.

Herrnstein, Richard J. e Drazen Prelec, 1991. "Melioration: A Theory of Distributed Choice." *Journal of Economic Perspectives,* vol. 5, nº 3 (verão), pp.137-156.

Hodgson, Godfrey, 1984. *Lloyd's of London: A Reputation at Risk.* Londres: Allen Lane.

Hoffer, William, 1975. "A Magic Ratio Recurs Through Art and Nature." *Smithsonian,* vol. 6, nº 9 (dezembro), pp. 111-124.

Hogben, Lancelot, 1968. *Mathematics for the Millions: How to Master the Magic Art of Numbers.* Nova York: Norton. Publicado originalmente em 1937.*

Howard, R. A., 1984. "On Fates Comparable to Death." *Management Science,* vol. 30, nº 3, pp. 407-422.

Howey, Richard S., 1983. "Frank Hyneman Knight and the History of Economic Thought." *In Research in the History of Economic Thought and Methodology,* vol. 1, pp. 163-186. Nova York: JAI Press.

Hsieh, David A., 1995. "Nonlinear Dynamics in Financial Markets: Evidence and Implications." *Financial Analysts Journal,* vol. 51, nº 4 (julho-agosto), pp. 55-62.

Huff, Daniel, 1959. *How to Take a Chance.* Nova York: Norton.

Ignatin, George e Robert Smith. "The Economics of Gambling." *In* Eadington, 1976.

Jackson, Norma e Pippa Carter. "The Perception of Risk." *In* Ansell e Warthon, 1992.

Jeffrey, Robert H., 1984. "A New Paradigm for Risk." *Journal of Portfolio Management,* vol. 11, nº 1 (outono), pp. 33-40.

Jevons, W. Stanley, 1970. *The Theory of Political Economy.* Harmondsworth: Penguin Books. Publicado originalmente em 1871. Segunda edição 1879.

Johnson, Dirk, 1995. "More Casinos, More Players Who Bet Until They Lose All." *The New York Times,* 25 de setembro, p. A1.

Jones, Charles P. e Jack W. Wilson, 1995. "Probability Estimates of Return from Common Stock Investing." *Journal of Portfolio Management,* vol. 22, nº 1 (outono), pp. 21-32.

Kagel, John H. e Alvin E. Roth, eds., 1995. *The Handbook of E.xperimental Economics*. Princeton, Nova Jersey: Princeton University Press.

Kahneman, Daniel e Amos Tversky, 1979. "Prospect Theory: An Analysis of Decision under Risk". *Econometrica*, vol. 47, nº 2, pp. 263-291.

Kahneman, Daniel e Amos Tversky, 1984. "Choices, Values and Frames." *American Psychologist*, vol. 39, nº 4 (abril), pp. 342-347.

Kahneman, Daniel, Jack L. Knetsch e Richard H. Thaler, 1990. "Experimental Tests of the Endowment Effect and the Coase Theorem." *Journal of Political Economy*, vol. 98, nº 6, pp. 1325-1348.

Kaplan, Gilbert Edmund e Chris Welles, eds., 1969. *The Money Managers*. Nova York: Random House.

Kelves, Daniel J., 1985. *In the Name of Eugenics*. Nova York: Knopf.

Kemp, Martin, 1981. *Leonardo da Vinci: The Marvellous Works of Nature and Man*. Cambridge, Massachusetts: Harvard University Press.

Kendall, Maurice G., 1972. "Measurement in the Study of Society." *In* Kendall e Plackett, 1977, pp. 35-49.

Kendall, Maurice G. e R. L. Plackett, eds., 1977. *Studies in the History of Statistics and Probability*, vol. II. Nova York: Macmillan.*

Keynes, John Maynard, 1921. *A Treatise on Probability*. Londres: Macmillan.*

Keynes, John Maynard, 1924. *A Tract on Monetary Reform*. Nova York: Harcourt Brace. *In* Moggridge, 1972, vol. IV.

Keynes, John Maynard, 1931. *Essays in Persuasion*. Londres: Macmillan & Co.

Keynes, John Maynard, 1933. *Essays in Biography*. Londres: Macmillan. Essa obra também aparece como o Vol. X de Moggridge, 1972.

Keynes, John Maynard, 1936. *The General Theory of Employment, Interest and Money*. Nova York: Harcourt, Brace.*

Keynes, John Maynard, 1937. "The General Theory." *Quarterly Journal of Economics*, vol. LI, fevereiro, pp. 209-233. Reeditado em Moggridge, 1972, vol. XIV.

Keynes, John Maynard, 1971. *Two Memoirs*. Nova York: Augustus M. Kelley.

Knight, Frank H., 1964. *Risk, Uncertainty & Profit*. Nova York: Century Press. Publicado originalmente em 1921.*

Kogelman, Stanley e Barbara R. Heller, 1986. *The Only Math Book you'll ever Need*. Nova York: Facts on File.

Kritzman, Mark, 1995. *The Portable Financial Analyst*. Chicago, Illinois: Probus.*

Kruskal, William H. e Stephen M. Stigler, "Normative Terminology: 'Normal' in Statistics and Elsewhere." Manuscrito inédito, 15 de setembro de 1994.

Lakonishok, Josef, André Shleifer e Robert Vishny, 1993. "Contrary Investment, Extrapolation, and Risk". Cambridge, Massachusetts: National Bureau of Economic Research.

Laplace, Pierre Simon, 1814. "Concerning Probability." *In* Newman, 1988a, pp. 1301-1309.

Lease, Ronald C., Wilbur G. Lewellen e Gary G. Schlarbaum, 1974. "The Individual Investor, Attributes and Attitudes." *Journal of Finance*, vol. XXIX, nº 2 (maio), pp. 413-433.

Leinweber, David J. e Robert D. Arnott, 1995. "Quantitative and Computational Innovation in Investment Management." *Journal of Portfolio Management*, vol. 22, nº 1 (inverno), pp. 8-16.

Leonard, Robert J., 1994. "Reading Cournot, Reading Nash: The Creation and Stabilisation of Nash Equilibrium." *Economic Journal*, vol. 104, nº 424 (maio), pp. 492-511.

Leonard, Robert J., 1995. "From Parlor Games to Social Science: Von Neumann, Morgenstern, and the Creation of Game Theory." *Journal of Economic Literature*, vol. XXXIII, nº 2 (junho), pp. 730-761.

Loomis, Carol J., 1995. "Cracking the Derivatives Case." *Fortune*, 28 de março, pp.50-68.

Macaulay, Frederick R., 1938. *Some Theoretical Problems Suggested by the Movements of Interrest Rates, Bond Yields and Stock Prices in the United States since 1856*. Nova York: National Bureau of Economic Research.

Macaulay, Thomas Babington, 1848. *The History of England*. Reedição. Nova York: Penguin Books, 1968.

Macrae, Norman, 1992. *John von Neumann*. Nova York: Pantheon Books.*

Markowitz, Harry M., 1952. "Portfolio Selection." *Journal of Finance*, vol. VII, nº 1 (março), pp. 77-91.

Markowitz, Harry M., 1952. "The Utility of Wealth." *Journal of Political Economy*, vol. LIX, nº 3 (abril), pp. 151-177.

McCusker, John J., 1978. *Money and Exchange in Europe and America, 1600-1775*. Chapel Hill, North Carolina: The University of North Carolina Press.

McKean, Kevin, 1985. "Decisions." *Discover*, junho, pp. 22-31.

Miller, Edward M., 1995. "Do the Ignorant Accumulate the Money?". Documento de trabalho. Universidade de New Orleans, 5 de abril.

Miller, Merton H., 1987. "Behavioral Rationality in Finance." *Midland Corporate Finance Journal* (atual *Journal of Applied Corporate Finance*), vol. 4, nº 4 (inverno), pp. 6-15.

Millman, Gregory J., 1995. *The Vandals' Crown: How Rebel Currency Traders Overthrewthe World's Central Banks*. Nova York: The Free Press.

Mirowski, Philip, 1991. "When Games Grow Deadly Serious: The Military Influence on the Evolution of Game Theory." *History of Political Economy*, vol. 23, pp. 227-260.

Mirowski, Philip, 1992. "What Were von Neumann and Morgenstern Trying to Accomplish?" *History of Political Economy*, vol. 24, pp. 113-147.

Moggridge, Donald, ed., 1972. *The Collected Writings of John Maynard Keynes*, vols. I-XXX. NovaYork: St. Martin'sPress.

Moorehead, E. J., 1989. *Our Yesterdays: The History of the Actuarial Profession in North America, 1809-1979*. Schaumburg, Illinois: Society of Actuaries.

Morgan, M. Granger e Max Henrion, 1990. *Uncertainty: A Guide to Dealing with Uncertainty in Quantitative Risk and Policy Analysis*. Cambridge, Massachusetts: Cambridge University Press.

Morley, Henry, 1854. *Jerome Cardan: The life of Girolamo Cardano of Milan, Physician*. Londres: Chapman and Hall.

*Morningstar Mutual Funds*. Chicago, Illinois. Quinzenal.

Muir, Jane, 1961. *Of Men and Numbers: The Story of the Great Mathematicians*. Nova York: Dodd, Mead.*

Nasar, Sylvia, 1994. "The Lost Years of a Nobel Laureate." *The New York Times*, 13 de novembro de 1994, seção 3, p. 1.

Newman, James R., 1988a. *The World of Mathematics: A Small Library of the Literature of Mathematics from A 'h-mosé the Scribe to Albert Einstein*. Redmond, Washington: Tempus Press.*

Newman, James R., 1988b. "Commentary on an Absent-Minded Genius and the Laws of Chance." *In* Newman, 1988a, pp. 1353-1358.

Newman, James R., 1988c. "Commentary on Lord Keynes." *In* Newman, 1988a, pp. 1333-1338.

Newman, James R., 1988d. "Commentary on Pierre Simon de Laplace." *In* Newman, 1988a, pp. 1291-1299.

Newman, James R., 1988e. "Commentary on Sir Francis Galton." *In* Newman, 1988a, pp. 1141-1145.

Newman, James R., 1988f. "Commentary on the Bernoullis." *In* Newman, 1988a, pp. 759-761.

Newman, James R., 1988g. "Commentary on an Ingenious Army Captain and on a Generous and Many-sided Man." *In* Newman, 1988a, pp. 1393-1397.

Oldman, D., 1974. "Chance and Skill: A Study of Roulette." *Sociology*, pp. 407-426.

Ore, O., 1953. *Cardano, The Gambling Scholar*. Princeton, Nova Jersey: Princeton University Press.

Osborne, Martin J. e Ariel Rubinstein, 1994. *A Course in Game Theory*. Cambridge, Massachusetts: MIT Press.

Passell, Peter, 1994. "Game Theory Captures a Nobel." *The New York Times*, 12 de outubro, p. D1.

Phillips, Don, 1995. "A Deal with the Devil." *Morningstar Mutual Funds*, 26 de maio de 1995.

Poincaré, Henri, data não-especificada. "Chance." *In* Newman, 1988a, pp. 1359-1372.

Poterba, James M. e Lawrence H. Summers, 1988. "Mean Reversion and Stock Prices." *Journal of Financial Economics*, vol. 22, nº 1, pp. 27-59.

Pratt, John W., 1964. "Risk Aversion in the Small and in the Large." *Econometrica*, vol. 32, nº 1-2 (janeiro; abril), pp. 122-136.

Rabinovitch, Nachum L., 1969. "Studies in the History of Probability and Statistics: Probability in the Talmud." *Biometrika*, vol. 56, nº 2. *In* Kendall e Plackett, 1977, pp. 15-19.

Raiffa, Howard, 1968. *Decision Analysis: Introdutory Lectures on Choice under Uncertainty*. NovaYork: McGraw-Hill.

Redelmeier, Donald A. e Eldar Shafir, 1995. "Medical Decision Making in Situations That Offer Multiple Alternatives." *Journal of the American Medical Association*, vol. 273, nº 4, pp. 302-305.

Redelmeier, Donald A. e Amos Tversky, 1990. "Discrepancy Between Medical Decisions for Individual Patients and for Groups." *New England Journal of Medicine*, vol. 322 (19 de abril), pp. 1162-1164.

Redelmeier, Donald A., D. J. Koehler, v. z. Lieberman e Amos Tversky, 1995. "Probability Judgment in Medicine: Discounting Unspecified Alternatives." *Medical Decision-Making*, vol. 15, nº 3, pp. 227-231.

Reichenstein, William e Dovalee Dorsett, 1995. *Time Diversification Revisited*. Charlottesville, Virgínia: The Research Foundation of the Institute of Chartered Financial Analysts.

Rescher, Nicholas, 1983. *Risk: A Philosophical Introduction to the Theory of Risk Evaluation and Management*. Washington, D.C.: University Press of America.*

Rubinstein, Mark, 1991. "Continuously Rebalanced Investment Strategies." *Journal of Portfolio Management*, vol. 18, nº 1, pp. 78-81.

Sambursky, Shmuel, 1956. "On the Possible and Probable in Ancient Greece." *Osiris*, vol. 12, pp. 35-48. *In* Kendall e Plackett, 1977, pp. 1-14.*

Sanford C. Bernstein & Co., 1994. *Bemstein Discipline Strategies Monitor*, dezembro.

Sarton, George, 1957. *Six Wings of Science: Men of Science in the Renaissance*. Bloomington, Indiana: Indiana University Press.

Schaaf, William L., 1964. *Carl Friedrich Gauss: Prince of Mathematicians*. Nova York: Franklin Watts.*

Seitz, Frederick, 1992. *The Science Matrix: The Journey, Travails, and Triumphs*. Nova York: Springer-Verlag.

Shapira, Zur, 1995. *Risk taking: A Managerial Perspective*. Nova York: Russell Sage Foundation.

Sharpe, William F., 1990. "Investor Wealth Measures and Expected Return." *In* Sharpe, William F., ed., 1990. *Quantifying the Market Risk Premium Phenomenon for Investment Decision Making*. Charlottesville, Virgínia: The Institute of Chartered Financial Analysts, pp. 29-37.

Shefrin, Hersh, e Meir Statman, 1984. "Explaining Investor Preference for Dividends." *Journal of Financial Economics*, vol. 13, nº 2, pp. 253-282.

Shiller, Robert J., 1981. "Do Stock Prices Move Too Much?" *American Economic Review*, vol. 71, nº 3 (junho), pp. 421-436.

Shiller, Robert J., 1989. *Market Volatility*. Cambridge, Massachusetts: Cambridge University Press.

Siegel, Jeremy J., 1994. *Stocks for the Long Run: a Guide to Selecting Markets for Long-term Growth*. Burr Ridge, Illinois: Irwin Profissional Publishing.

Siskin, Bernard R., 1989. *What are the Chances?* Nova York: Crown.

Skidelsky, Robert, 1986. *John Maynard Keynes*. Vol. 1: *Hopes Betrayed*. Nova York: Viking.

Slovic, Paul, Baruch Fischoff e Sarah Lichtenstein, 1990. "Rating the Risks". *In* Glickman e Gough, 1990, pp. 61-75.

Smith, Clifford W., Jr., 1995. "Corporate Risk Management: Theory and Practice." *Journal of Derivatives*, verão, pp. 21-30.

Smith, M. F. M, 1984. "Present Position and Potential Developments: Some Personal Views of Bayesian Statistics." *Journal of the Royal Statistical Association*, vol. 147, parte 3, pp. 245-259.

Smithson, Charles W. e Clifford W. Smith, Jr., 1995. *Managing Financia/Risk: A Guide to Derivative Products, Financia/Engineering, and Value Maximization*. NovaYork: Irwin.*

Sorensen, Eric, 1995. "The Derivative Portfolio Matrix-Combining Market Direction with Market Volatility." 1nstitute for Quantitative Research in Finance, seminário da primavera de 1995.

Statman, Meir, 1982. "Fixed Rate or Index-Linked Mortgages from the Borrower's Point of View: A Note." *Journal of Financial and Quantitative Analysis*, vol. XVII, nº 3 (setembro), pp. 451-457.

Stigler, Stephen M., 1977. "Eight Centuries fo Sampling Inspection: The Trial of the Pyx." *Journal of the American Statistical Association*, vol. 72, pp. 493-500.

Stigler, Stephen M., 1986. *The History of Statistics: The Measurement of Uncertainty Before 1900.* Cambridge: Massachusetts: The Belknap Press of Harvard University Press.*

Stigler, Stephen M., 1988. "The Dark Ages of Probability in England: The Seventeenth Century Work of Richard Cumberland and Thomas Strode." *International Statistical Review*, vol. 56, nº 1, pp. 75-88.

Stigler, Stephen M., 1993. "The Bernoullis of Basel." Discurso de abertura da Conferência Econométrica Bayesiana, Basileia, 29 de abril de 1993.

Stigler, Stephen M., 1996. "Statistics and the Question of Standards". A ser publicado no *Journal of Research of the National Institute of Standa.rds and Technology.*

Thaler, Richard H., 1987. "The Psychology of Choice and the Assumptions of Economics". *In* Thaler, 1991, Capítulo 7, p. 139.

Thaler, Richard H., 1991. *Quasi-rationaleconomics.* Nova York: Russell Sage Foundation.

Thaler, Richard H., 1992. *The Winner's Curse: Paradoxes and Anomalies of Economic Life.* Nova York: The Free Press.

Thaler, Richard H., 1993. *Advances in Behavioral Finance.* Nova York: Russell Sage Foundation.*

Thaler, Richard H., 1995. "Behavioral Economics." *NBER Reporter,* National Bureau of Economic Research, outono, pp. 9-13.

Thaler, Richard H. e Hersh Shefrin, 1981. "An Economic Theory of Self-Control." *Journal of Political Economy,* vol. 89, n. Q 2 (abril), pp. 392-406. *In* Thaler, 1991.

Thaler, Richard H., Daniel Tversky e Jack L. Knetsch, 1990. "Experimental Tests of the Endowment Effect." *Journal of Political Economy,* vol. 98, n.Q 6, pp. 1325-1348.

Thaler, Richard H., Daniel Tversky e Jack L. Knetsch, 1991. "Endowment Effect, Loss Aversion, and Status Quo Bias." *Journal of Economic Perspectives,* vol. 5, nº 1, pp. 193-206.

Todhunter, Isaac, 1931. *A History of the Mathematical Theory of Probability from the Time of Pascal to that of Laplace.* Nova York: G. E. Stechert & Co. Originalmente publicado em Cambridge, Inglaterra, em 1865.

Townsend, Robert M., 1995. "Consumption Insurance: An Evaluation of Risk-Bearing Systems in Low-Income Economies." *Journal of Economic Perspectives,* vol. 9, nº 3 (verão), pp. 83-102.

Tsukahara, Theodore, Jr. e Harold J. Brumm, Jr. "Economic Rationality, Psychology and Decision-making Under Uncertainty". *In* Eadington, 1976, pp.92-10(;;

Turnbull, Herbert Westren, 1951. "The Great Mathematicians." *In* Newman, 1988a, pp. 73-160.

Tversky, Amos, 1990. "The Psychology of Risk". *In* Sharpe, 1990, pp. 73-77.

Tversky, Amos e Daniel Kahneman, 1981. "The Framing of Decisions and the Psychology of Choice." *Science,* vol. 211, pp. 453-458.

Tversky, Amos e Daniel Kahneman, 1986. "Rational Choice and the Framing of Decisions." *Journal of Business,* vol. 59, nº 4, pp. 251-278.

Tversky, Amos e Daniel Kahneman, 1992. "Advances in Prospect Theory: Cumulative Representation of Uncertainty." *Journal of Risk and Uncertainty,* vol. 5, nº 4, pp. 297-323.

Tversky, Amos e Derek J. Koehler, 1994. "Support Theory: A Nonextensional Representation of Subjective Probability." *Psychological Review,* vol. 101, nº 4, pp. 547-567.

Urquhart, John, 1984. *Risk Watch: The Odds of Life.* Nova York: Facts on File. Vertin, James, 1974. "The State of the Art in Our Profession." *Journal of Portfolio Management,* vol. I, nº 1, pp. 10-12.

Von Neumann, John, 1953. "Can We Survive Technology?" *Fortune,* junho de 1955.

Von Neumann, John e Oskar Morgenstern, 1944. *Theory of Games and Economic Behaviour,* Princeton, Nova Jersey: Princeton University Press.*

Wade, H., 1973. *The Greatest Gambling Stories ever Told.* Ontario: Greywood Publishing Ltd.

Waldrop, M. Mitchell, 1992. *Complexity: The Emerging Science at the Edge of Order and Chaos.* Nova York: Simon & Schuster.

Wallach, M. A. e C. W. Wing, Jr., 1968. "Is Risk a Value?" *Journal of Personality and Social Psychology*, vol. 9, nº 1 (maio), pp. 101-106.

Warren, George F. e Frank A. Pearson, 1993. *The Price Series*. Nova Jersey: The Haddon Craftsmen.

Whitman, Marina von Neumann, 1990. "John von Neumann: A Personal View." *Proceedings of Symposia in Pure Mathematics*, vol. 50, 1990.

Wildavsky, Aaron, 1990. "No Risk Is the Highest Risk of All." *In* Glickman e Gough, 1990, pp. 120-128.

Willems, E. P., 1969. "Risk is a Value." *Psychological Reports*, vol. 24, pp. 81-82.

Williams, John Burr, 1938. *The Theory of Investment Value*. Cambridge, Massachusetts: Harvard University Press.

Wilson, R., 1981. "Analyzing the Daily Risks of Life." *Technology Review*, pp. 40-46.

Winslow, E. G., 1986. "'Human Logic' and Keynes's Economics." *Eastern Economic Journal*, vol. XII, nº 4 (outubro-dezembro), pp. 413-430.

# ÍNDICE ONOMÁSTICO

# ÍNDICE DE ASSUNTOS

Este livro foi impresso nas oficinas gráficas da Editora Vozes Ltda.,
Rua Frei Luís, 100 – Petrópolis, RJ.